ACTION

BAND 63

VINCE FLYNN

ORDER TO KILL

TOD AUF BESTELLUNG

EIN *MITCH RAPP*-THRILLER VON KYLE MILLS

Aus dem Amerikanischen von Alexander Rösch

FESTA

Die amerikanische Originalausgabe *Order to Kill*
erschien 2016 im Verlag
Emily Bestler/Atria Books, Simon & Schuster.

1. Auflage Oktober 2018

Titelbild: Arndt Drechsler

ISBN 978-3-86552-689-2
eBook 978-3-86552-690-8

PROLOG

Grischa Asarow mied die Hauptstraße und durchquerte das, was von einer der vielen im Rahmen des russischen Ölbooms wie Pilze aus dem Boden geschossenen Städte übrig geblieben war, auf einem wie zufällig wirkenden Pfad durch die Nebengassen. Die veralteten Satellitenfotos, die man ihm zur Verfügung gestellt hatte, zeigten einen Grad an Wohlstand und Aktivität, von dem man sich inzwischen kaum vorstellen konnte, dass er an diesem Ort je existiert hatte.

Holzbauten, die wesentlich bessere Zeiten erlebt hatten, flankierten die Straßenränder. Die Lackierung blätterte überall ab, Rußflecken bedeckten die Außenwände. Die meisten Wohnungen standen leer. Vorhänge, durchnässt von den jüngsten Regenfällen, wurden durch die zerbrochenen Fenster nach draußen geweht und klatschten mit sattem Geräusch gegen die Rahmen.

Die Einwohnerzahl dieser spezifischen Arbeiterstadt war um mehr als 80 Prozent gesunken, nachdem der weltweite Einbruch der Ölpreise die Förderung unrentabel gemacht hatte. Die fähigsten Köpfe arbeiteten inzwischen für profitablere Unternehmen. Viele andere waren in die Heimat zurückgekehrt oder verdienten ihr Geld in Branchen außerhalb des Energiesektors. Jene, die noch hier lebten – und denen er gelegentlich in den engen Straßen begegnete –, hatten keinen anderen Platz. Sie saßen in diesem aufgegebenen Winkel Sibiriens fest und kämpften gegen zunehmende Armut sowie den Alkohol und andere

Süchte. Beim nächsten Wintereinbruch würden einige ihr Heil in der Flucht suchen, und andere würden das Ende des Winters nicht mehr erleben.

Trotz des zunehmenden Verfalls war der russische Oligarch, mit dem er sich hier treffen wollte – ein mehrfacher Milliardär –, geblieben. Er war in einer ganz ähnlichen Stadt wie dieser aufgewachsen. Seinen Vater hatte er durch einen Unfall in einem nur wenige Hundert Kilometer entfernten Bergwerk zu Sowjetzeiten verloren.

Dimitri Utkin gab sich viel Mühe, das Image des Aufsteigers aus einfachen Verhältnissen zu pflegen. Er trug die ausgefranste Arbeitskleidung, wie man sie beim Großteil des Proletariats in Russland nach wie vor antraf, und versuchte gar nicht erst, die sichtbaren und unsichtbaren Narben zu kaschieren, die eine Kindheit mit harter Arbeit bei ihm hinterlassen hatte. Hinter der Fassade des Helden der Arbeiterklasse versteckte er eine wunderschöne Ehefrau, teure italienische Sportwagen und Uhren, die mehr Geld kosteten, als die meisten seiner Landsleute im ganzen Leben verdienten.

Trotzdem wurde er von genau diesen Menschen geliebt, weil er ihnen die Illusion vermittelte, dass sich im Expresszug Richtung Wohlstand noch freie Plätze finden ließen. Dass es so gut wie jedem vergönnt war, aus dem Elend in die oberste Riege Russlands aufzusteigen.

Asarow bog in einen schlammigen Seitenpfad ab und näherte sich mit gemächlichen Schritten dem Stadtrand. Die Luftaufnahmen hatten einen verwirrenden Übergang von Grau und Schwarz zu Grün und Weiß angedeutet. Er war davon ausgegangen, dass der Kontrast vor Ort nicht so krass ausfiel, doch das genaue Gegenteil schien der Fall zu sein.

Die verschwenderische Villa, vor fast zehn Jahren errichtet, verbarg sich hinter einer Reihe hoher Bäume, die ihr Besitzer mit Frachthelikoptern aus Militärbeständen hatte einfliegen lassen. Gerüchteweise verfügte das Anwesen über knapp 100 Zimmer. Die Baupläne, die man Asarow zur Verfügung gestellt hatte, korrigierten die Zahl sogar leicht nach oben. Es gab 106.

Fotos von der Fassade ließen sich überraschend schwer auftreiben, deshalb blieb er kurz stehen, um sie durch die schwankenden Zweige der künstlich hierher verfrachteten Landschaft zu begutachten. Der übliche großkotzige und geschmacklose Versuch, den Prunk der Vergangenheit wiederzubeleben. Die Schatten eines längst untergegangenen Kaiserreichs, zu dem sich Männer wie Utkin so stark hingezogen fühlten.

Sicherheitspersonal zeigte sich auf dem Grundstück, während er sich dem Haus näherte. Dass sie bei seinem Anblick verwirrt wirkten, verwunderte ihn nicht. Er kam zwar exakt pünktlich, aber unter Garantie hatte man ihnen einen Mann im teuren europäischen Maßanzug angekündigt, der in einer noch teureren europäischen Limousine vorfuhr. Stattdessen kam Asarow zu Fuß, trug verblichene Jeans, Arbeitsschuhe und den typischen dicken Wollmantel, mit dem sich die Leute in dieser Region vor der Kälte schützten.

»Was wollen Sie?«, sprach ihn ein Mann in glatt gebügelter Uniform an, der ein AK-103 vor die Brust geschnallt trug. »Sie wissen doch, dass Arbeiter hier nichts verloren haben.«

Offenbar zog Utkin sehr enge Grenzen, was den Umgang mit jenen anging, deren Schicksal er angeblich teilte.

»Ich habe einen Termin.«

Der irritierte Gesichtsausdruck des Mannes schlug in Alarmiertheit um. Er packte sein Sturmgewehr ein wenig fester. »Sie sind Grischa?«

Asarow nickte und wurde im selben Moment von fünf Wachen umrundet, die früher mal bei den russischen Spezialkräften gedient hatten. Einer fuhr mit einem Metalldetektor an seinem Körper entlang. Nachdem er sich vergewissert hatte, dass der Besucher keine Waffen am Leib trug, forderte er ihn auf, ihm zu folgen. Sie entfernten sich vom Hauptgebäude und liefen zurück Richtung Stadt. Zwei weitere Bewaffnete bildeten die Nachhut.

Es überraschte ihn kaum, dass die Unterredung nicht in Utkins Haus stattfand. Der Milliardär ahnte sicher, dass Asarow sich mit dem Grundstück vertraut gemacht hatte, und verlagerte das Treffen deshalb auf unbekanntes Terrain. Eine intelligente Vorsichtsmaßnahme eines intelligenten Mannes. Letzten Endes machten solche Tricks allerdings keinen Unterschied.

Sie kämpften sich über unbefestigte Lehmpfade voran. Männer in schäbiger Kleidung wichen in Gassen und unbewohnte Gebäude zurück, um ihnen aus dem Weg zu gehen. Ihr Marsch endete vor einem rostigen Tor, in das der Schriftzug einer einst bedeutenden russischen Ölgesellschaft eingeätzt war.

Sie traten ein und man winkte Asarow zu einem Stuhl – dem einzigen Möbelstück, das noch in der Eingangshalle stand. Die Wände waren freigelegt worden, der kostbare Teppich fleckig und verschlissen. Einer der Security-Leute verschwand durch eine Tür, die anderen beiden behielten Asarow im Auge. Natürlich ließ ihn der Mann, mit dem er verabredet war, ein bisschen zappeln, um deutlich zu machen, dass er als Bittsteller kam. Die üblichen Spielchen.

Nach seinen Informationen verfügte Dimitri Utkin über keine nennenswerte Schulbildung. Beim Zusammenbruch der Sowjetunion war er kaum mehr als ein kleiner Ganove gewesen, allerdings gesegnet mit enormer Raffinesse und Weitblick. Er hatte keine Zeit verloren, um die sich bietenden Chancen nach dem Fall der Berliner Mauer auszunutzen und sich Boris Jelzin als Unterstützer anzudienen. Als Jelzin an die Macht kam und die Reichtümer Russlands an seine loyalsten Helfer verteilte, hatte Utkin ganz weit vorn in der Schlange gestanden.

Die Vermögensgegenstände, Steuererleichterungen und Regierungsaufträge, die er einheimste, summierten sich auf mehrere Hundert Millionen Dollar. Utkin hatte dieses Startkapital eingesetzt, um einen Giganten im Energiesektor mit weltweitem Einfluss zu erschaffen. Seine wachsende Macht und sein enormer Einfluss in Russland waren der Grund für Asarows Anwesenheit.

Ein dünner Mann mit ergrauten Haaren und getönter Brille erschien im Durchgang und eilte ihm entgegen. Michail Schestakow war der Vorstandsvorsitzende von Utkins Hauptbeteiligungsgesellschaft – Anfang 40, unbelastet von Verbindungen zum organisierten Verbrechen und der Korruption früherer Tage. Er wurde allseits als hoch kompetenter und vernünftiger Geschäftsmann geschätzt. Eine ehrliche Haut. Zumindest nach russischen Maßstäben.

»Tut mir leid, dass Sie warten mussten«, sagte er und streckte die Hand aus. »Dimitri wird Sie jetzt empfangen.«

Asarow erhob sich und folgte dem anderen durch einen spärlich beleuchteten Flur. Die beiden früheren Special-Ops blieben ihnen dicht auf den Fersen. Der Korridor mündete in ein früher sicher beeindruckendes Vorzimmer, dem nun allerdings ein undefinierbarer Gestank nach totem Tier anhaftete. Die komplette Rückwand bestand aus mattiertem Glas. Darin eingelassen war eine Tür aus demselben semitransparenten Material.

Sie gingen hindurch und fanden sich in einem weiträumigen Büro wieder, das vermutlich eigens für diese Besprechung renoviert worden war. Befreit von Staub und Dreck kamen die Deckenlichter voll zur Geltung, die alles in einen fluoreszierenden Schein hüllten. Das spärliche Mobiliar beschränkte sich auf einen großen Schreibtisch an der hinteren Wand.

Asarow ignorierte zunächst den Mann, der davor stand, und konzentrierte sich auf andere Details. Es gab keine Fenster. Wie auf ein stummes Kommando bezogen die Soldaten, die ihn hergebracht hatten, Posten in den Zimmerecken in seinem Rücken. Der dritte war ebenfalls hinzugestoßen und stand auf Elf-Uhr-Position. Schestakow zog sich in die verbliebene Ecke zurück und machte einen zunehmend nervösen Eindruck.

Schestakows Vergangenheit und Auftreten ließen keinen Zweifel, dass er keine Bedrohung darstellte, deshalb verbannte Asarow ihn aus seiner Wahrnehmung und lugte über die Schulter. Die mattierte Glasscheibe wies einen waagrechten Sprung etwa einen Meter oberhalb des Bodens auf, der sich fast über die komplette Breite zog. Die Tür zum Vorzimmer schien nicht abgeschlossen zu sein, erschien ihm aber zu massiv, um sich auf die Schnelle öffnen zu lassen.

»Ich hatte Sie so verstanden, dass wir uns unter vier Augen treffen«, sagte Asarow und richtete endlich das Wort an Utkin.

»Dies sind meine loyalsten Untergebenen. Ich würde ihnen blind mein Leben anvertrauen. Von Ihnen kann ich das nicht gerade behaupten, Soldat Filipow.«

Mit diesem Namen war Asarow seit vielen Jahren nicht mehr angesprochen worden. Er machte keinen Hehl aus seinem Erstaunen.

»Natürlich weiß ich, wer Sie sind«, sagte Utkin. »Ein von Armut gebeutelter Niemand aus einem Kaff, von dem niemand je gehört hat. Ein gescheiterter Athlet und ein Soldat, dessen Dienstzeit ebenso kurz wie bedeutungslos verlief. Ein Laufbursche weit weg von zu Hause. Sie sollten nicht vergessen, wer für Ihre Ausbildung bezahlt hat, mein Junge. Wer es Ihnen ermöglicht hat, dass Sie heute überhaupt hier sind.«

Seine Aussage war etwas übertrieben, aber es steckte ein Körnchen Wahrheit darin. Asarow arbeitete zwar für den russischen Präsidenten, aber das Schicksal der Regierung war eng mit den Oligarchen verknüpft, die so etwas wie den Landadel verkörperten. In Russland existierte ein komplexes Geflecht aus politischer Bürokratie, organisiertem Verbrechen und hemmungslosem Kapitalismus. Dass Männer wie Utkin solche enormen Summen verschoben, verdankten sie der Vetternwirtschaft der Regierung. Einer Vetternwirtschaft, die durch ein raffiniertes System von Bestechungsgeldern und Mäzenatentum finanziert und von Präsident Maxim Wladimirowitsch Krupin kontrolliert wurde.

»Weshalb hat Krupin einen seiner Vertreter geschickt?«, fragte Utkin und wechselte kurze Blicke mit seinen Sicherheitsleuten. »Und warum gerade Sie, Grischa? Muss ich mir etwa Sorgen machen?«

Eine ausgezeichnete Frage.

Asarow konnte zwar sehr überzeugend auftreten, aber er war niemand, mit dem man verhandelte. Seine Aufgabe bestand darin, Probleme aus dem Weg zu schaffen.

»Sie haben den Präsidenten öffentlich kritisiert und sich mit Exilanten in London getroffen, Sir. Natürlich macht sich Krupin diesbezüglich Sorgen.«

»Exilanten«, wiederholte Utkin. »Das ist eine ziemlich beschönigende Formulierung.«

Asarow nickte unverbindlich. Die fraglichen Männer hatten den Fehler begangen, beim russischen Präsidenten in Ungnade zu fallen. Im Gegenzug hatte der Inlandsgeheimdienst FSB ihnen Korruption und Steuervergehen zur Last gelegt und sie gezwungen, mit kaum mehr als der Kleidung, die sie auf dem Leib trugen, außer Landes zu fliehen. Unmittelbar danach hatte man ihre Holdings aufgelöst und das Kapital als Geschenk an loyalere Genossen durchgereicht.

Ein Arrangement, das von der Gier der verbliebenen Oligarchen profitierte und seit Jahrzehnten funktionierte. Allerdings drohte diesen angenehmen Zuständen das Aus. Russlands Wirtschaft stand vor dem Kollaps, was die machtvolle Elite des Landes auf den Plan rief, und das galt vor allem für Utkin. Mehr noch als andere verfügte er über den Instinkt eines Raubtiers, witterte Schwäche bei seinem Gegenüber und nutzte sie gnadenlos aus.

»Sind Sie hier, um auch mich zu einem Exilanten zu machen, Grischa? Wollen Sie mich in den Westen jagen? Mir alles wegnehmen, wofür ich so hart gearbeitet habe?« Er schüttelte den Kopf. »Die Welt hat sich verändert, mein Freund. Ich verfüge über Kontakte, die deutlich über Krupins schrumpfenden Einfluss hinausreichen.«

»Ich glaube, Sie unterliegen einem Irrtum, was den Grund meines Kommens betrifft.«

Utkin ignorierte ihn und steigerte sich in eine Tirade hinein. »Russland erstickt am eigenen Dreck, Grischa. Ein in sich geschlossener Kreislauf, der auf Korruption, Drohungen und der Ausbeutung natürlicher Ressourcen basiert. Kein anderes Land wird Krupins Forderungen gegen mich anerkennen. In Monaco würde ich nicht als Bettler, sondern als Millionär in Saus und Braus leben. Falls er sich einbildet, dass sein Einfluss das verhindern kann, macht er sich selbst etwas vor.«

»Darf ich Sie daran erinnern, dass Korruption und die Ausbeutung natürlicher Ressourcen die Grundlagen Ihres eigenen Reichtums bilden? Sie haben das Land, auf dem Ihre Bodenschätze lagern, nicht rechtmäßig erworben, ebenso wenig wie die Förderrechte. Beides wurde Ihnen in den Schoß gelegt.«

»Aber nicht von Krupin, sondern von einem seiner längst verstorbenen Vorgänger.« Utkins Handbewegung schloss seine komplette Umgebung ein. »Und jetzt blutet man mich schrittweise aus. Mütterchen Russland ist nicht länger in der Lage, für mich zu sorgen.«

Asarow kam die protzige Villa am Rande der Stadt in den Sinn. »Dafür führen Sie aber ein ziemlich luxuriöses Leben.«

»Wie lange noch, Grischa? Was glauben Sie denn? Überall im Land wird gestreikt. Lehrer, Ärzte, Krankenschwestern und Verwaltungsangestellte legen die Arbeit nieder, weil sie nicht bezahlt werden. Die Ölpreise sind in den Keller gesackt, weil die Amerikaner selbst die Förderung aufgenommen haben und die Saudis den Markt mit Rohstoffen zu Dumpingpreisen fluten. Und als ob das noch nicht genug wäre, ziehen Krupins militärische Ausflüge Sanktionen nach sich, die mir endgültig das Wasser abdrehen. Der Rubelkurs schwankt so stark, dass meine Frau damit nicht mal mehr die Juwelen und Schuhe, die sie so liebt, bei diesen französischen Schweinen kaufen kann. Genauso gut könnte ich meine Geschäfte nach Nigeria verlegen.«

»Dort soll das Wetter um diese Jahreszeit ziemlich angenehm sein.«

Utkin lächelte, verkniff sich aber eine Erwiderung.

Alle Oligarchen brachten ähnliche Klagen vor, aber Utkin ging mit seiner Kritik einen gefährlichen Schritt weiter. Er fuhr eine öffentliche Kampagne und gab Präsident Krupin offiziell die Schuld an Russlands Misere. Außerdem hatte er die ausstehenden Gehälter der Regierungsangestellten in Städten übernommen, die seine Unternehmen kontrollierten. Die Überlegung, dass es sich dabei um einen Akt der Güte oder Nächstenliebe handelte, war schlicht lachhaft. Zu so etwas war dieser Mann nicht fähig. Vielmehr wagte er damit einen ersten Vorstoß, sich selbst in die Politik einzumischen – eine unverhohlene Drohung an die Adresse von Asarows oberstem Dienstherrn.

Utkin stützte die Füße auf eine Schublade, die er aus dem Schreibtisch herausgezogen hatte. »Ich will, dass Sie meine Position verstehen, damit Sie Ihrem Vorgesetzten präzise von meiner Unzufriedenheit berichten können, Grischa. Mir ist völlig egal, was aus Russland wird. Mich interessiert bloß, welche Auswirkungen der Zusammenbruch des Landes auf meine Geschäfte hat. Ich räume ein, dass der Absturz der Ölpreise außerhalb unseres Einflussbereichs liegt, aber das gilt nicht für die Art und Weise, wie Krupin durch sein Missmanagement alles in den Ruin treibt. Die Regierung ist inzwischen zu einem Werkzeug verkommen, das die Macht und den Reichtum eines einzelnen Mannes befördert.«

»Eines Mannes, dem 83 Prozent der Bevölkerung vertrauen.«

»Es waren mal 90«, gab Utkin ungerührt zurück. »Die Herde bleibt nur so lange gefügig, bis ihr Hunger zu groß wird, Grischa. Sobald die Kluft zwischen der herrschenden Klasse und den Arbeitern und Bauern zu groß wird, kommt es zum Aufstand. Das zeigt der Blick in unsere eigene Geschichte. Die Bolschewiki haben die Aristokratie zum Schafott geführt und uns mehr als ein halbes Jahrhundert Kommunismus eingebrockt. Und jetzt das …«

»Ich bin gekommen, um Ihnen zu versichern, dass der Präsident alles unter Kontrolle hat.«

Utkin gab sich keine Mühe, seine Skepsis zu verbergen. »Diese ganzen Streiks im Moment … vor fünf Jahren wären sie bereits im Ansatz erstickt worden, Grischa. Niemand hätte es gewagt, dem Präsidenten auf diese Weise die Stirn zu bieten. Und die Ermordung von Krupins linksgerichtetem Rivalen im vergangenen Monat ist für mich ein Zeichen von Verzweiflung. Ich vermute, das ging auf Ihr Konto?«

Da irrte er. Der Mord war eine simple Angelegenheit gewesen. Nichts, was seine besonderen Talente erfordert hätte.

»Die Welt schaut uns auf die Finger, Grischa. Russland kommt inzwischen kaum besser weg als irgendein Zwergstaat mitten in der Sahara.«

Asarow musste ihm innerlich beipflichten, aber es stand ihm nicht zu, Krupins Regierungsführung zu kritisieren. Er befolgte nur seine Anweisungen.

»Es gab gewisse Probleme, aber die werden bald gelöst sein, Sir. Der Präsident ist da sehr zuversichtlich.«

Utkin lachte ihm ins Gesicht. »Hat er Sie deshalb hergeschickt? Um mir die üblichen Beschwichtigungsformeln um die Ohren zu hauen? Herrlich! Dann erzählen Sie mal, wie Krupin meine Interessen zu schützen gedenkt. Da bin ich jetzt gespannt.«

»Mit den Details bin ich nicht vertraut«, musste Asarow zugeben.

Tatsächlich wusste er rein gar nichts über Krupins Pläne. Nicht mal, ob es überhaupt welche gab.

»Ganz der unkritische Erfüllungsgehilfe, was, Grischa?« Die Skepsis auf Utkins Gesicht wich einem gönnerhaften Lächeln. »Was halten Sie davon, für mich zu arbeiten? Schlechter kann es auf keinen Fall werden.«

»Der Präsident ist fest davon überzeugt, dass Sie mit den Resultaten seines Programms zufrieden sein werden.«

Utkins Belustigung verschwand. »Und trotzdem hat er Sie zu mir geschickt. Warum? Wenn er so überzeugt ist, was seinen wirtschaftlichen Kurs betrifft, wieso erläutert er ihn mir nicht in einem persönlichen Gespräch? Wozu dieser unbeholfene Versuch, mich einzuschüchtern?«

»Ich kann nur wiederholen, dass das nicht der Grund meiner Anwesenheit ist.«

Natürlich kaufte Utkin ihm das nicht ab. »Krupin hat stillschweigend Männer und Wehrmaterial an die lettische Grenze beordert, Grischa. Dürfen wir mit einem weiteren militärischen Exkurs rechnen, der unsere ohnehin knappen Ressourcen weiter verringert und uns auf Konfliktkurs mit den Amerikanern bringt? Ist das sein Plan?«

Dieselbe Frage hatte sich Asarow auch schon gestellt.

Viele Russen hatten den Eindruck, dass ihnen die weggebrochenen Staaten beim Kollaps der Sowjetunion geraubt worden waren. Militärisch auf diese Weise die Muskeln spielen zu lassen – über weitere Muskeln verfügte Russland längst nicht mehr –, appellierte an den Nationalismus der Bevölkerung.

»Die Menschen wachen langsam auf und sehen, was aus ihrem Leben geworden ist, Grischa. Flaggenzeremonien und Truppenparaden machen sie nicht länger gefügig. Wird Russland so enden? Mit dem verzweifelten Bemühen eines Einzelnen, seine Macht um jeden Preis zu erhalten?«

Die Heuchelei der Oligarchen ermüdete ihn. Genau wie Krupin ging es Utkin nur um den eigenen Vorteil. Anstelle des Präsidenten hätte er genauso gehandelt. Es wurde Zeit, dieses Treffen zu beenden und nach Hause zu fahren. Asarow fühlte sich in Russland von Jahr zu Jahr unwohler. Tiefe Dunkelheit schien auf allem zu lasten und wurde mit jedem neuerlichen Grenzübertritt greifbarer.

»Darf ich dem Präsidenten versichern, dass er auf Ihre Unterstützung zählen kann, Sir?«

Utkin gab darauf keine Antwort. Asarow hielt die Augen auf den Gesprächspartner gerichtet, konzentrierte sich aber vorrangig auf seine periphere Sicht. Der ehemalige Soldat zu seiner Linken hatte die Jacke aufgeknöpft und die Arme vor der Brust verschränkt. Eine Hand lag dicht am Schulterholster. Da es weder Fenster noch Spiegel oder verglaste Fotos an der Wand dahinter gab, konnte er die Situation im Rücken nicht erfassen. Er unterstellte, dass die beiden anderen Wachen genauso aufmerksam waren.

»Richten Sie Krupin aus, dass ich ihn unterstützen werde, sobald er Resultate liefert. Bis dahin konzentriere ich mich auf meine eigenen Interessen. Schließlich hält er es genauso.«

Utkin schnappte sich das einzige Schriftstück, das auf seinem Schreibtisch lag, und tat, als wäre er darin vertieft. Die Unterredung war beendet.

Asarow nickte unterwürfig und wandte sich zum Gehen. Sofort verbesserte sich seine taktische Ausgangslage. Nun hatte er nur noch einen Mann hinter sich und selbst das matte Glas der Scheibe erzeugte genug Reflexionen, um ihn grob im Blick zu behalten.

Weder der Mann hinter ihm noch der auf frontaler Ein-Uhr-Position hatte die Waffe gezogen. Schallgedämpfte AR-15s baumelten am Gurt vor ihrem Körper. Eine einschüchternde, Respekt einflößende Waffe, allerdings ein wenig schwerfällig im Handling. Die Pistolen steckten in Hüftholstern, fixiert durch ein Klettband, was ein schnelles Ziehen unmöglich machte.

Asarow konnte ihnen keinen Vorwurf machen, dass sie die Aufmerksamkeit schleifen ließen. Immerhin befanden sie sich hier nicht auf einem Schlachtfeld und waren ihrem unbewaffneten Gegner im Verhältnis drei zu eins überlegen. Unter solchen Rahmenbedingungen fühlte man sich generell viel zu sicher.

Der Mann zu seiner Linken eilte herbei, um ihm die Tür aufzuhalten. Asarow trat ihm wie aus Versehen von hinten gegen den Fuß, wodurch dieser seitlich gegen sein anderes Bein stieß. Er geriet ins Stolpern und streckte die Hände instinktiv nach dem Griff des Sturmgewehrs aus, statt damit den Sturz gegen die halb transparente Wand abzufangen. Als sein Kopf auf Höhe des langen Sprungs in der Scheibe war, packte Asarow ihn am Gürtel und schob ihn schwungvoll gegen das Glas. Er hatte darauf spekuliert, dass es zersprang, aber der Riss ging nicht tief genug. Statt an einer tödlichen Halswunde zu verbluten, landete er mit dem Gesicht voran auf dem Boden, benommen von der Wucht des Aufpralls.

Asarow wirbelte herum und warf sich hin, landete Rücken an Rücken auf dem Gegner und klemmte die Waffe zwischen ihnen ein. In dem kurzen Moment, den es dauerte, um die geholsterte Pistole der Wache zu befreien, analysierte er seine taktischen Optionen.

Der andere Ex-Soldat befand sich nun links neben ihm, hatte die Pistole gezückt und den Finger um den Abzug gespannt. Der Position der Mündung nach zu urteilen, würde der erste Schuss allerdings deutlich über Asarows Kopf einschlagen und der Rückstoß eine kurze Verzögerung herbeiführen, bevor er ein zweites Mal genauer zielen konnte.

Michail Schestakow hatte sich bäuchlings hingelegt und schirmte seinen Hinterkopf mit den Händen ab. Eine zu erwartende Reaktion. Utkin hantierte hektisch an einer Schublade, in der zweifellos eine Waffe steckte, die er bis zum heutigen Tag höchstens für die Hinrichtung gefesselter Opfer benutzt hatte.

Der Soldat an der hinteren Wand gab ihm die härteste Nuss zum Knacken. Der Lauf seiner Waffe zuckte bereits in Asarows Richtung. Seine Augen verrieten weder Angst noch Panik, nur kühle Berechnung. Noch eine Zehntelsekunde, bis er feuerte und garantiert traf.

Da ihm keine Zeit blieb, mit der Waffe richtig zu zielen, schoss er sie aus einem ungünstigen Winkel dicht an der Hüfte ab. Das Projektil schlug etwas niedriger ein als beabsichtigt und traf den Soldaten rechts unterhalb der Nase. Ein schlampiger Schuss, aber trotzdem wirkungsvoll genug, dass sich der Schädelinhalt über den panischen Dimitri Utkin ergoss.

Der Security-Angestellte zu seiner Linken drückte ab – wie erwartet zu hoch. Das verschaffte Asarow genug Zeit, um ihn in Ruhe anzuvisieren, den Arm ganz durchzustrecken und einen Treffer zwischen den Augen zu landen.

Er drückte die Pistole gegen den Rücken des Gegners unter ihm und nutzte den Widerstand, um sich auf die Beine zu stemmen. Gleichzeitig drückte er ab. Damit blieb nur noch Utkin übrig, vor dem er einen Moment später mit der Waffe im Anschlag thronte.

Der ältliche Oligarch hatte inzwischen die Finger um eine alte Makarow geschlossen, erstarrte jedoch, als er sie gerade aus der Schublade befreit hatte. Ohne dass es einer besonderen Aufforderung bedurfte, ließ er sie fallen und wich mit erhobenen Händen vom Schreibtisch zurück.

»Sie machen Ihrem Ruf alle Ehre, Grischa.«

Er war weder dumm noch ein Feigling. Er wusste, was ihm bevorstand, und wollte trotzig und aufrecht sterben. Ganz nach Asarows Geschmack. Er empfand es als ziemlich würdelos, Feiglinge aus dem Verkehr zu ziehen.

»Es tut mir leid, dass unser Treffen ein solches Ende nimmt.«

Krupin hatte ihm befohlen, den Mann mit einem Schuss in den Magen niederzustrecken und ihm anschließend einen moralinsauren Vortrag zu halten, dass es keinen Zweck hatte, gegen den Präsidenten zu rebellieren, aber das hielt er für gleichermaßen sinn- wie respektlos. Also verpasste er Utkin eine Kugel mitten in die Stirn und eine weitere Salve in den Magen – nur für den Fall, dass Krupin wider Erwarten einen Blick in den Polizeibericht warf.

Er legte die Pistole auf den Schreibtisch und half Schestakow auf die Beine. Der Geschäftsmann starrte ihn mit weit aufgerissenen, feuchten Augen an. Er wich hektisch zurück und stieß gegen die Wand.

»Dimitris Imperium gehört nun vorübergehend Ihnen«, verkündete Asarow, zupfte den Mantel zurecht und vergewisserte sich, dass keine Blutspritzer darauf gelandet waren. »Sie übernehmen die Abwicklung seiner Geschäfte und die Aufteilung des Vermögens auf die übrigen Oligarchen. Danach erhalten Sie einen verantwortungsvollen Posten in einer Ihrer Firmen zugewiesen. Ist das für Sie akzeptabel?«

Sein Gegenüber nickte stumm.

»Der Präsident bat mich, Ihnen zu versichern, dass er Ihnen keinen Vorwurf aus Utkins Verhalten macht und Ihren Geschäftssinn sehr zu schätzen weiß.«

Asarow wartete nicht auf das zweite zögerliche Nicken, sondern drehte sich um und stieg über eine der Leichen, um den Ausgang zu erreichen.

Nachdem er den Raum verlassen hatte, zog er das Handy aus der Tasche und erledigte einen Anruf.

»Darf ich davon ausgehen, dass Dimitri nicht kooperieren wollte?«, meldete sich Maxim Krupins Stimme.

»Ja.«

»Und du hast ihn dafür bestraft?«

»Ja.«

»Du hast die Sache noch schneller geregelt, als ich erwartet habe. Ich dachte, dass dir dieses Stück Dreck stundenlang mit seinem Gewinsel über Korruption und den Niedergang Russlands in den Ohren liegt.«

»Darf ich fragen, wie es um die Mitch-Rapp-Operation steht?«, fragte Asarow, um das Thema zu wechseln. Er sah keinen Nutzen darin, sich weiterhin über Dimitri Utkin das Maul zu zerreißen. Die Bedrohung war ausgeräumt. Für den amerikanischen CIA-Agenten galt das hingegen nicht.

»Eine deiner seltenen Fehleinschätzungen, Grischa. Alles läuft wie am Schnürchen. Die Erkundungsphase und alle Vorbereitungen sind abgeschlossen. Wir gehen davon aus, dass es eine simple Angelegenheit wird, die Frau zu schnappen.«

»In diesem Fall irre ich mich gern«, sagte er ohne sonderliche Überzeugung. Er verspürte immer ein leichtes Gefühl von Unwohlsein, wenn Rapps Name fiel. Asarow hatte mit Krupins geplantem Einsatz in Pakistan nichts zu schaffen – auch nicht mit den Vorkehrungen, um zu verhindern, dass Rapp ihnen dazwischenfunkte. So war es ihm lieber. Zumindest vorerst.

»Erzähl mal«, bat Krupin, der sich nicht darauf einlassen wollte, dass sein Untergebener die Richtung der Unterhaltung vorgab. »Hat Dimitri gebettelt?«

»Ja«, log Asarow.

»Der Kerl war ein Schwein«, meinte der Präsident und klang ziemlich zufrieden mit sich selbst. »Ihm lag das Wohl von Mutter Russland nie am Herzen.«

»Und doch hat er viel Macht und Einfluss erlangt und wurde von den Oligarchen als Leitwolf akzeptiert.«

»Was willst du damit andeuten?«

»Sie haben ihn nicht ins Exil geschickt, Herr Präsident, sondern ihn umgebracht. Sind Sie sicher, dass es genügt, sein Vermögen an die anderen zu verteilen, um sie zu beschwichtigen? Es gibt einen Unterschied zwischen Einschüchterung und Angst. Letztere verleitet Menschen oft zu unvorhersehbaren Reaktionen.«

»Er war eine wilde Bestie, also wurde er wie eine abgeschlachtet. Damit haben die anderen rechnen müssen.«

»Ja, Sir.«

Krupin war schon immer ein misstrauischer Mensch gewesen, aber der Arabische Frühling hatte seinen Verfolgungswahn auf ein gefährliches Level gehoben. Mitzubekommen, wie noch deutlich unbeugsamere Diktatoren als er abgesetzt und getötet wurden, machte ihn zu einem wahren Paranoiker. Keine Kränkung war mit einem Mal trivial genug, kein Beteiligter zu unwichtig, um seiner Aufmerksamkeit zu entgehen. Und alle holte er auf dieselbe skrupellose Art und Weise von der Bühne.

Asarow stellte sich die Frage, ob er mit der Ermordung von Utkin sein Blatt nicht überreizt hatte. Damit setzte er möglicherweise einen Flächenbrand in Gang, der sich nicht so ohne Weiteres löschen ließ.

1

In der Nähe von Franschhoek, Südafrika

Mitch Rapp lenkte den Mietwagen auf eine abgelegene Landstraße und fuhr den geschlungenen Pfad zwischen den Weinbergen hinauf. Die Sonne war gerade über dem Horizont aufgetaucht und hüllte die zerklüfteten Hügel vor dem wolkenlosen Himmel in ein orangefarbenes Licht.

Was für ein Kontrast zu den verqualmten pakistanischen Städten, die am Verkehr fast erstickten, in denen er die letzten zwei Monate verbracht hatte. Den Gestank nach Diesel und Schweiß gegen die idyllische Landschaft südafrikanischer Weinanbaugebiete einzutauschen, hätte er unter normalen Umständen als willkommene Abwechslung empfunden. Für den Moment verstärkte diese Umgebung die Beklemmung in seiner Brust aber eher noch.

Nach der Tötung des fundamentalistischen Leiters des pakistanischen Geheimdienstapparats vor einigen Wochen hatten sie sich mit den erwarteten diplomatischen Konsequenzen herumschlagen müssen. Allerdings übertraf die Entwicklung inzwischen selbst die schlimmsten Befürchtungen von ihm und Irene Kennedy.

Für ihn stand außer Frage, dass die Eliminierung von Ahmed Taj nötig gewesen war, um zu verhindern, dass das Atomwaffenarsenal Pakistans in die Hände islamistischer Hardliner geriet. Dummerweise hatte sein Tod ein Machtvakuum hinterlassen, das die instabilen Verhältnisse des Landes aufs Äußerste strapazierte. Umar Shirani, der Stabschef der Armee, nutzte das wachsende Chaos für seine Zwecke und setzte Tajs Bemühungen fort, den relativ moderaten Präsidenten des Landes auszubooten.

Zu den Schlüsselelementen seines Vorgehens gehörte es, die nuklearen Sprengköpfe Pakistans unter seine Kontrolle zu bringen. Er verließ sich darauf, dass die restliche Welt keinen Konflikt mit jemandem riskierte, der über Mittel und Wege verfügte, einen Großteil der Region in eine atomare Wüste zu verwandeln. Zumindest würde es niemand auf eine direkte Konfrontation ankommen lassen.

Deshalb hatte General Shirani die Waffen aus ihren sicheren Verstecken holen und quer durchs Land transportieren lassen, damit die zivilen Kräfte der Regierung keine Möglichkeit bekamen, Einfluss auf ihren Einsatz zu nehmen. Natürlich tat er das unter dem Vorwand, die Sprengkörper aus einer politisch zunehmend instabilen Umgebung in Sicherheit zu bringen, doch niemand kaufte ihm diese Begründung ab. Alles lief auf eine Konfrontation hinaus, bei der sich Pakistans Politiker und die Machtelite früher oder später entscheiden mussten, auf wessen Seite sie sich schlugen.

Rapp und seine Teams waren damit beauftragt worden, den Transport der Waffen zu überwachen und dafür zu sorgen, dass sie keiner terroristischen Vereinigung in die Hände fielen. Eine quasi unmögliche Aufgabe. Man verlangte ernsthaft von ihnen, dass sie das siebtgrößte Atomwaffenarsenal der Welt im Blick behielten, das sich ständig in Bewegung befand, während ihnen die sechstgrößte Armee als Gegner gegenüberstand. Ähnlich aussichtslos, wie ein Hütchenspiel zu gewinnen, bei dem man 100 Bälle gleichzeitig im Auge behalten musste – mit der zusätzlichen Komplikation, dass jeder dieser Bälle über das Potenzial verfügte, beim Explodieren eine Großstadt auszulöschen.

Rapp kurbelte die Scheibe auf der Fahrerseite herunter und beschleunigte. Er fuhr rein aus dem Gedächtnis. Die Karte hatte er sich vor Monaten kurz eingeprägt. Bisher war er nie selbst vor Ort gewesen, sondern hatte sich auf die Arbeit eines CIA-Teams verlassen, dass darauf spezialisiert war, geeignete Locations ausfindig zu machen.

Und genau das hätte er, wenn es nach Irene Kennedy gegangen wäre, auch weiterhin tun sollen: sich auf Spezialisten verlassen. Trotz allem, was gerade in Pakistan vor sich ging, brachte er es jedoch nicht übers Herz, diesen

Job zu delegieren. Also übertrug er kurzerhand Scott Coleman die Führung und war in eine Gulfstream G550 der Agency gestiegen, um nach Südafrika zu fliegen.

Ein Fehler? Gut möglich. Eine Vernachlässigung seiner Pflichten? Mit ziemlicher Sicherheit. Aber er hielt es für besser, die Sache innerhalb der nächsten 24 Stunden persönlich zu regeln, statt die komplette nächste Woche damit zu verbringen, von Islamabad aus detaillierte Anweisungen zu erteilen.

Das Handy auf dem Beifahrersitz vibrierte. Er verzog das Gesicht, als er feststellte, dass es sich um eine weitere SMS von Monica Estridge handelte. Es ging um dasselbe Thema wie in den letzten 20 Nachrichten, die er ignoriert hatte. Um Granit.

Er hatte der auffallend hartnäckigen Innenarchitektin die komplette Entscheidungsgewalt für die Fertigstellung des Hauses übertragen, dessen Bau er vor der Ermordung seiner Frau in Angriff genommen hatte. Bedauerlicherweise schien sie das simple Konzept der ›kompletten Entscheidungsgewalt‹ nicht zu begreifen. Er hatte keine Ahnung, wie viele Materialmuster, Farbschattierungen und Holzlackierungen es auf der Erde gab, aber er wurde das Gefühl nicht los, dass diese Frau erst lockerließ, wenn er sich mit allen persönlich beschäftigt hatte.

Die unbefestigte Lehmpiste schwang sich zu einer Anhöhe mit Klippenstreifen empor. Rapp achtete darauf, nicht so schnell zu fahren, dass er unerwünschte Aufmerksamkeit auf sich lenkte. Als er die Spitze der ersten Kuppe erreichte, erhaschte er einen ersten Blick auf das grau gedeckte Dach des Hauses, nach dem er suchte.

Eine drei Meter hohe Mauer mit farbenfrohen Spitzen aus Glassplittern umgab das Grundstück. Die Bäume waren fast auf Höhe der Rebstöcke eines Nachbarn zurechtgestutzt worden, wodurch sich ein Teil des Areals von hier aus einsehen ließ.

Der Anblick entsprach in etwa dem, der sich auf einem Pferderücken am Ende des letzten Jahrtausends geboten hätte, doch der Schein trog. Hinter der Oberfläche lauerte ein hochmodernes Sicherheitssystem, das bei Alarm nicht nur die örtliche Polizei und einen privaten Wachschutz informierte, sondern auch die führenden CIA-Leute in Südafrika.

Er hatte dafür gesorgt, dass Claudia Gould – inzwischen Dufort – und ihre Tochter kürzlich hier eingezogen waren. Trotz einer langen, schmerzvollen Vorgeschichte und der Tötung ihres Ehemanns durch Stan Hurley ging sie Rapp nicht aus dem Kopf. Ihre Schicksale schienen auf besondere Weise miteinander verbunden zu sein und ließen sich auch durch größte Anstrengungen nicht voneinander trennen.

Ließ er seine Beziehungen mit Frauen Revue passieren, kamen ihm unweigerlich die Begriffe ›Desaster‹ und ›Katastrophe‹ in den Sinn. An besonders miesen Tagen gesellte sich noch ›Super-GAU‹ hinzu. Seine erste große Liebe war bei dem von Terroristen herbeigeführten Absturz von Pan-Am-Flug 103 ums Leben gekommen. Damals hatte er noch an der Syracuse University studiert. Jahre später nahm ihm dann Louis Gould seine Frau und ihr ungeborenes Kind – der inzwischen unter der Erde liegende Gemahl ebenjener Frau, die in dem wunderschönen Cape-Dutch-House lebte, dem er sich gerade näherte.

Seit diesen Tragödien hatte er erfolglos nach jemandem gesucht, der diese Lücke in seinem Leben schließen konnte. Seine Frau Anna war Idealistin gewesen. Einer der Gründe, weshalb er sich in sie verliebt hatte. Während ihn die Finsternis der Welt zu übermannen drohte, begegnete sie allem mit unermüdlichem Optimismus und Hoffnung. Durch die gemeinsam verbrachte Zeit hatte er einen Teil seiner Menschlichkeit wiedergefunden, die er schon verloren wähnte.

Rückblickend war ihre Beziehung kein Zuckerschlecken gewesen. Anna tat sich schwer damit, seinen Job zu akzeptieren. Ihr Verstand machte ihr zwar klar, dass es Männer wie ihn geben musste, aber tief im Inneren schien sie ihn für einen Teil des Problems zu halten. Einen von vielen gewalttätigen Männern auf der Welt, der verhinderte, dass sich ihr persönliches Ideal von Frieden und Harmonie erfüllte.

Eine weitere Frau wie Anna Reilly schied damit als potenzielle Partnerin aus.

Er versuchte es mit dem exakten charakterlichen Gegenteil und ließ sich mit einer italienischen Auftragskillerin ein, doch ihre Liaison war von Anfang an zum Scheitern verurteilt gewesen. Für sie sprachen ihre Schönheit, ihr aufregendes Leben und die Tatsache, dass es sie überhaupt nicht störte, wenn er zu einer Mission aufbrach. Dafür wurde er das Gefühl nicht los, dass sie ihm für einen entsprechenden Preis jederzeit, ohne mit der Wimper zu zucken, im Schlaf einen Eispickel in den Rücken gerammt hätte.

Nach Donatella beschränkte er sich auf kurze Techtelmechtel, die kaum über den Status von One-Night-Stands hinausgingen. Eine frühere Agentin vom Secret Service. Eine Hedgefonds-Managerin, die ihm sein Bruder mal vorgestellt hatte. Eine rothaarige Air-Force-Pilotin, die bei einigen seiner Operationen den Support übernahm.

Bei Claudia fühlte es sich irgendwie anders an. Sie waren sich vor Jahren zum ersten Mal begegnet. Damals hatte er eine offene Rechnung mit ihrem Mann begleichen wollen und ihr eine Pistole an die Schläfe gehalten. Zu behaupten, dass der Blick in ihren Augen ihn seitdem verfolgte, wäre eine Übertreibung. Trotzdem hatte er sie nie vergessen.

Claudias Vergangenheit war nicht so makellos wie die von Anna, aber bei Weitem nicht so blutig wie Donatellas. Sie hatte eine reizende Tochter und eine Seele, die immerhin so stark angekratzt war, dass sie sich mit dem Gedanken anfreunden konnte, jemanden wie ihn in ihr Leben zu lassen.

Die Perspektive einer gemeinsamen Zukunft hatte ihn dazu veranlasst, sich persönlich darum zu kümmern, dass Claudia in einem anderen Land mit einer unbefleckten Identität ein neues Leben anfangen konnte. Zumindest mit einer Identität, von der man ihm versichert hatte, dass sie unbefleckt war. Doch wie er von einem zuverlässigen Informanten erfuhr, schien es nun jemand auf sie abgesehen zu haben. Wer Jagd auf sie machte und aus welchem Grund, schien niemand zu wissen.

Am wahrscheinlichsten kam ihm die Erklärung vor, dass einer der Feinde ihres verstorbenen Ehemanns für einen kleinkarierten Rachefeldzug aus seinem Loch gekrochen war. Wenn Amateure solchen Bullshit abzogen, brachte ihn das stets auf die Palme. Er nahm sich vor, an diesem Arschloch ein Exempel zu statuieren, damit sich anschließend niemand mehr an Claudia rantraute.

Ein weiterer Grund, weshalb er darauf verzichtet hatte, sich Hilfe von Irene Kennedys Leuten zu holen. Als

CIA-Direktorin durfte sie gewisse Grenzen nicht überschreiten. Sein Vorhaben, die Leute zu identifizieren, die Claudia nachstellten, und sie als Expresspaket in Einzelteilen an ihren Auftraggeber zurückzuschicken, überschritt diese Grenzen definitiv.

2

Der Schatten der untergehenden Sonne strich langsam an der Flanke des Berghangs entlang und erzeugte eine längliche Silhouette am unteren Rand. Rapp achtete darauf, sich direkt am Übergang zwischen Hell und Dunkel zu bewegen, weil er sich so am besten den neugierigen Blicken eines Beobachters von einer tiefer gelegenen Position entzog.

Das Gelände war so steil, dass er die Hände einsetzen musste, um nicht das Gleichgewicht zu verlieren, und so unwegsam, dass seine Stiefel gelegentlich eine Wolke aus Staub und Geröll lösten und ins Tal schickten. Die Klettertour entpuppte sich als deutlich anspruchsvoller als im Vorfeld gedacht, dementsprechend musste er von seinem ursprünglich festgelegten Vorhaben abweichen.

Er erreichte einen Spalt im schmalen Felsvorsprung, dem er folgte, und blieb kurz stehen, um in über 30 Metern Tiefe die Baumwipfel zu erblicken, unter denen er geparkt hatte. Der Berg bot eine optimale Aussicht auf die Umgebung. Die Landstraße, die in die Stadt führte, ließ sich am Horizont eben noch erkennen, den unbefestigten Weg, der zu Claudias Haus führte, konnte er auf voller Länge nachverfolgen. Noch etwas weiter oben würde er selbst über den Zaun des Grundstücks schauen können.

Von hier aus betrug die Entfernung zu ihrer neuen Bleibe knapp zweieinhalb Kilometer. Ein Scharfschütze hätte sie aus dieser Position unmöglich treffen können. Solche Details hatte er überprüft, bevor er den Kauf des Grundstücks abnickte. Anders sah es mit der kurvigen Lehmpiste aus, die dem Anwesen bis auf 400 Meter auf die Pelle rückte. Eine machbare Distanz für einen fähigen Killer mit der richtigen Ausrüstung.

Genau genommen hatte er von Anfang an gewisse Bauchschmerzen gehabt. Rapp wäre es definitiv lieber gewesen, Claudia und ihre Tochter in einer der gut gesicherten Wohnanlagen in Kapstadt unterzubringen. In einem dicht bevölkerten Großstadtviertel kam man wesentlich schwerer unbemerkt an ein Opfer heran als in diesem ruhigen ländlichen Umfeld.

Allerdings galt es auch andere Faktoren zu berücksichtigen. Was für eine Kindheit hätte Anna in einer solchen Metropole verlebt? Ihm war zwar bewusst, dass seine Ansichten über Kindererziehung der Realität ein paar Jahrzehnte hinterherhinkten, aber er ging davon aus, dass Heranwachsende genug Platz zum Herumtollen brauchten. Er und sein Bruder hätten sich eingesperrt in Beton und Glas auch nicht wohlgefühlt und vermutlich noch mehr Mist gebaut als ohnehin schon.

Die Lücke zwischen den Felsen vor ihm war zwar schmal genug, um sie zu überspringen, aber auf der anderen Seite lagen so viele Steine herum, dass er bei der Landung unweigerlich eine Menge Lärm erzeugt hätte. Rapp legte einen kleinen Umweg zu einem Überhang ein, der auf flacheres Terrain führte. Er benutzte beide Hände zum Klettern, weil der Wind deutlich zunahm.

So rasch wie möglich arbeitete er sich vorwärts. Zwar hatte er seine Bekleidung grob an die Farbe der Felsen angepasst, aber er wusste, dass sich seine Umrisse trotzdem vom Untergrund abhoben. Er stützte sich ab, glitt auf einen Vorsprung und blieb ganz ruhig sitzen, um das Tal nach Anzeichen anderer Menschen abzusuchen. Niemand da. Für den Augenblick tanzte das Schicksal nach seiner Pfeife.

Das Poltern eines herabfallenden Brockens veranlasste ihn dazu, die Glock unter der Jacke hervorzuholen. Er rollte sich auf den Rücken ab und entging knapp einem Wirbel aus Staub und Geröll. Bald entdeckte er Bewegung und verfolgte den pelzigen Torso einige Sekunden lang. Insgesamt vier Paviane, darunter ein groß gewachsenes Männchen, mit dem er sich nicht unbedingt anlegen wollte. Solange er auf Abstand blieb, rechnete er nicht mit Problemen. Eher lieferten ihm die Tiere sogar zusätzliche Deckung.

Rapp kämpfte sich weiter nach oben, entschied sich für eine fast senkrechte Route, bevor er sich oberhalb der aus seiner Sicht optimalen Schussposition wiederfand, falls jemand einen Anschlag auf Claudia und ihre Tochter verüben wollte. Nachdem er die Höhenlage abgesichert hatte, wandte er sich nach Süden und behielt dabei das dichte Gestrüpp unter seinen Füßen im Auge. Nach einigen Minuten erhielt er die Bestätigung für seine Befürchtungen.

Ein einzelner Schütze lag bäuchlings auf einer Felsnase knapp 20 Meter unter Rapps aktueller Position. Er trug grau-grüne Tarnmontur und spähte durch das Zielfernrohr eines Barrett-M82-Scharfschützengewehrs. Weil er ein Basecap trug, war nur die Rückseite seines Kopfs zu erkennen. Ein schwarzer Draht führte vom rechten Ohr in die Jacke, was darauf hindeutete, dass er mit einem Bodenteam in Kontakt stand und vermutlich auch mit dem Verantwortlichen für die Mission.

Rapp inspizierte das Terrain zwischen sich und dem Schützen. Er beschloss, nach Süden weiterzuschleichen und sich dem Gegner über den Abhang zu nähern. Die Sonne war bereits hinter den Gipfeln im Westen abgetaucht, spendete aber noch genügend Helligkeit, dass er sie besser im Rücken behielt. Das Blattwerk an den Felswänden reflektierte sonst die Strahlen und verriet seine Annäherung. Blieben nur noch die Geräusche als mögliches Problem.

Er bewegte sich ganz langsam, stützte sich mit den Armen vorsichtig an den steilsten Stellen ab, um zu verhindern, dass sich Steine lösten. Die ebenen Bereiche legte er kriechend zurück. Trotz der kurzen Entfernung dauerte es etwas mehr als 18 Minuten, um die drei Meter bis zum Schützen zu überwinden. Ein dichter Busch schirmte den anderen vor unerwünschten Blicken ab. Rapp lugte vorsichtig dahinter, um eine letzte Inspektion vorzunehmen.

Die Position des Schützen schien sich nicht verändert zu haben. Reglos wie eine Statue untermauerte er seine Erfahrung und Disziplin. Rapp holte die Glock unter der Jacke hervor und näherte sich ihm zentimeterweise. Der Mann blieb auf das Zielfernrohr fixiert und bekam erst mit, dass er vom Jäger zum Gejagten geworden war, als sich Rapps Pistolenlauf gegen sein Ohr presste.

Er zuckte kurz, bevor er wieder erstarrte.

»Steh auf. Wenn du nicht die Abkürzung ins Tal nehmen willst, verzichtest du besser auf irgendwelche Dummheiten.«

3

Ilja Gusew zündete sich die nächste Zigarette an und drückte die alte in einem prall gefüllten Aschenbecher aus. Die Vorhänge waren geschlossen, sodass nur das Flackern des Computermonitors, den er zu Beginn der Woche in bar bezahlt hatte, die Dunkelheit im Zimmer durchbrach.

Er überprüfte das Bild, das von der Kamera am Heck des Trucks geliefert wurde, aber es hatte sich kaum etwas verändert. Dieselbe ausgestorbene Lehmpiste, auf die der Schatten der untergehenden Sonne fiel. Die meisten anderen Videofeeds, die als Gitter auf dem Bildschirm angeordnet waren, lieferten noch kein Signal. Sie waren für die Männer reserviert, die er mit der Durchführung der Operation beauftragt hatte, und gingen erst auf Sendung, wenn es ernst wurde.

Das einzige andere Livebild war am unteren Ende des Bildschirms eingeklinkt. Ilja zoomte die Darstellung heran und studierte den Einsatzort, wie er durch das elektronische Visier des Schützen übermittelt wurde, der oben auf den Klippen lauerte.

Obwohl er es als große Ehre empfunden hatte, für die Leitung dieser Mission ausgewählt zu werden, schlug Gusews anfängliche Nervosität zunehmend in Angst um. Die Männer, deren Verpflichtung man ihm aufgedrängt hatte – abgesehen von dem Killer mit dem Gewehr –, waren völlig unzuverlässig. Nein, nicht unzuverlässig, korrigierte er sich. Diese Bezeichnung verdienten nur Personen, die zumindest ansatzweise eine Aufgabe in der ihnen vorgeschriebenen Weise umsetzten. Diese Kerle waren völlig durchgeknallt. Unkontrollierbar und total unfähig.

Bei seinen eigenen Leuten wusste er zumindest, woran er war, auch wenn es sich nicht um ausgebildete Spezialkräfte der Armee handelte. Zumindest konnte er bei ihnen unterstellen, dass sie in jeder Situation wie menschliche Wesen reagierten – wenn auch wie extrem brutale und skrupellose Vertreter ihrer Spezies.

Bei diesen IS-Spinnern konnte davon keine Rede sein. Er verstand zwar die Notwendigkeit, einige von ihnen einzubeziehen, aber einer oder zwei hätten nach seinem Geschmack absolut genügt. Leider waren seine entsprechenden Einwände auf taube Ohren gestoßen. Wenigstens gelang es ihm am Ende, die Vorgesetzten vom Einsatz seines bevorzugten Scharfschützen zu überzeugen. Selbst wenn die Sache aus dem Ruder lief, wusste er bei ihm, dass er in jeder Lage die Ruhe bewahrte und professionell blieb. Fragte sich nur, ob das am Ende reichte.

Gusew schielte auf die leere Straße im Zentrum der Darstellung und goss sich einen Wodka ein, um die arg strapazierten Nerven zu beruhigen. Wer war ihr Opfer überhaupt? Laut den Informationen, die ihm vorlagen, handelte es sich bei Claudia Dufort um eine 36 Jahre alte französische Staatsbürgerin, die dank eines Fonds ihrer Großeltern über ein beträchtliches Vermögen verfügte. Davon abgesehen wusste er so gut wie nichts. Die Observation hatte lediglich ergeben, dass sie ungeheuer attraktiv war, keiner regelmäßigen Tätigkeit nachging und eine kleine Tochter hatte.

Sie schien weder mit Verbrechen noch mit Politik etwas am Hut zu haben. Es gab keine Erklärung, wieso eine Frau wie sie das Interesse so mächtiger Feinde auf sich lenkte. Weshalb sich ihm die Frage stellte: Was wusste er alles *nicht* über diese Frau? Allem Anschein nach steckte mehr hinter der Fassade einer wohlhabenden, unverheirateten Mutter. Wer war sie wirklich? Wem hatte sie in der Vergangenheit auf die Füße getreten?

Gusew genehmigte sich einen ungewöhnlich kleinen Schluck Wodka, weil er in dieser Phase hellwach bleiben musste. Letztlich, entschied er, spielte die Identität der Frau keine Rolle. Wahrscheinlich ging es ihm besser, wenn er keine Fragen stellte, die ihn nichts angingen. Er musste lediglich den Auftrag erfüllen. Wenn alles glatt lief, winkte eine riesige Belohnung. Leider galt das genaue Gegenteil für den Fall des Scheiterns.

Der vom Visier übermittelte Live-Feed ruckelte kurzzeitig und brachte den Russen dazu, sich wieder auf den Monitor zu konzentrieren. Der Mann an der Waffe, ein junger Amerikaner, repräsentierte eine neue Generation von Auftragsmördern. Nicht sonderlich erfahren, aber gut ausgebildet und technisch versiert genug, um sich an die nahezu stündlich veränderten Herausforderungen der modernen Welt anzupassen.

Was Gusews Aufmerksamkeit auf den Monitor gelenkt hatte, war weniger das Bild selbst gewesen, sondern eher der Umstand, dass es so heftig ins Wanken geriet. Kent Black war ein ungeheuer disziplinierter Bursche, der über die erstaunliche Fähigkeit verfügte, stundenlang reglos an einem Ort zu verharren. Unter anderem aus diesem Grund hatte er ihn für die Mission ausgewählt.

Die bisher nicht aktive Videoübertragung der Bodycam erwachte zum Leben, als sich der Amerikaner auf die Seite drehte. Gusew schoss Adrenalin durch den Körper, als zwei Stiefel im Bild sichtbar wurden. Black war nicht länger allein da oben. Jemand hatte sich unbemerkt von hinten angeschlichen. Die Kamera schwenkte nach oben und erfasste die Silhouette einer Glock und ein Gesicht, gerade hell genug, um es zu erkennen.

Mitch Rapp.

Gusew taumelte rückwärts und hätte dabei fast seinen Stuhl umgerissen. Er kannte diesen Mann. Das Gesicht hatte sich in sein Gedächtnis eingebrannt, seit er es vor vielen Jahren auf einem verwaschenen Schwarz-Weiß-Foto zum ersten Mal gesehen hatte. Es zeigte Rapp, nachdem er sieben Russen im Anschluss an einen Waffenverkauf an die Hamas niedergestreckt hatte. Was zum Teufel hatte der CIA-Agent hier verloren? Welche Verbindung bestand zwischen ihm und einer jungen Französin, die in Südafrika lebte? Er ermahnte sich zur Ruhe, jedoch ohne Erfolg. Was sollte er jetzt machen? Blieb noch Zeit, um alles abzublasen? Konnte er damit rechnen, dass die IS-Leute, die man ihm aufgedrängt hatte, seiner Anweisung Folge leisteten? Für den Fall, dass Rapp kurzerhand Blacks Waffe und dessen Position einnahm, wäre er in der Lage, das komplette Team mit Leichtigkeit auszuschalten.

Aus Angst wurde Panik. Gusew überlegte, ob Rapp etwas von seiner Beteiligung an der Sache ahnte. Oder von der Identität des Auftraggebers. Operierte der Amerikaner solo oder mit einem Team?

Der Russe wirbelte zur Tür herum. Sein Selbsterhaltungstrieb übernahm das Kommando. Nach einigen ungelenken Schritten blieb er stehen. Er hatte sowieso keine Chance. Wohin sollte er fliehen? Am Ende machte es keinen Unterschied. Besser, er fiel den Amerikanern in die Hände – zur Not sogar Rapp – als seinem Boss, der für den Fall, dass der Auftrag scheiterte, Jagd auf ihn machte.

Gusew griff nach dem abhörsicheren Telefon neben dem Bildschirm und wählte eine Nummer. Die Furcht drohte ihn zu lähmen. *Ich kann doch nichts dafür!*, versuchte er sich zu beruhigen. Er war an der Planung überhaupt nicht beteiligt gewesen und wusste so gut wie nichts über den Hintergrund der Operation und ihr eigentliches Ziel. Seine Verantwortung bewegte sich in einem überschaubaren Rahmen. Niemand hatte auch nur mit einer Silbe angedeutet, dass mit Widerstand zu rechnen war. Als Worst Case war angenommen worden, dass die Tochter der Frau einen Rappel bekam.

Er hatte die Nummer fast zu Ende gewählt, da wackelte die Kamera erneut – diesmal noch stärker. Sein Daumen blieb über der letzten Ziffer hängen. Das Videobild war auf unerklärliche Weise verschwommen. Gusew beugte sich dichter heran. Nach einigen Sekunden verflüchtigte sich das, was er anfänglich für Nebel gehalten hatte. Was nun erkennbar wurde, verengte ihm die Kehle.

Mitch Rapp lag unbeweglich im Dreck. Black hatte ihm das Knie in den Rücken gerammt und drückte den Lauf seiner Pistole gegen den Kopf des Amerikaners.

»Eagle an Basis.«

Der Russe reagierte nicht. Es gelang ihm nicht zu verarbeiten, was er da sah. Mitch Rapp, gefürchtet von den einflussreichsten Männern der Welt, hatte von einem 30 Jahre alten Auftragskiller seine Grenzen aufgezeigt bekommen.

»Eagle an Basis«, wiederholte Black.

»Hier Basis«, antwortete Gusew mit zittriger Stimme. »Erstatten Sie Bericht.«

»Ein Bewaffneter hat sich meiner Stellung genähert. Ich habe ihn überwältigt.«

Gusew verfolgte, wie Black den CIA-Agenten an den Haaren riss und sein Gesicht in die Kamera drehte. »Kennen Sie diesen Mann?«

Gusew ließ sich auf einen Stuhl fallen. Seine Beine weigerten sich, das beträchtliche Gewicht noch länger zu tragen. Der junge Amerikaner wusste nicht mal, mit wem er es zu tun hatte. Ohne es zu ahnen, war ihm etwas gelungen, wofür so viele andere Männer vor ihm beim Versuch ihr Leben gelassen hatten.

»Was ist passiert?«, fragte Gusew wie betäubt.

»Keine Ahnung, wer das ist, jedenfalls bewegt er sich verdammt leise und kann prima klettern. Die Klippenwand hinter meiner Position ist ziemlich instabil. Ich habe sie für genau so einen Fall, dass sich jemand anschleicht, mit einer Fernzündung versehen. Er stand direkt auf der Ladung, als ich sie hochgejagt habe.«

»Ist er …« Gusew wurde die Kehle trocken und er befeuchtete sie mit einem hastigen Schluck Wodka. »Ist er tot?«

»Negativ. Bloß bewusstlos. Soll ich ihn kaltmachen?«

Der Russe ließ sich die Frage durch den Kopf gehen. »Ist es möglich, dass Sie ihn lebend zu mir bringen?«

»Das gehört nicht zur ursprünglichen Abmachung.«

»Sie bekämen dafür einen mehr als großzügigen Bonus.«

»In dem Fall ist es möglich, ja. Sofern er aufwacht und laufen kann. Ich schaff es auf keinen Fall, ihn zu tragen. Ziehen wir die Operation trotzdem durch? Offenbar sind wir ja aufgeflogen.«

»Wir ziehen sie durch«, entschied Gusew und bemühte sich, die Erregung aus seiner Stimme zu vertreiben. Ein toter Rapp war ein kleines Vermögen wert. Aber lebendig? Abgesehen von Irene Kennedy verfügte niemand über so ein umfassendes Wissen bezüglich der CIA. Er besaß für Gusews Auftraggeber einen unschätzbaren Wert. Für diesen Erfolg strich er sicher einen Lohn ein, der seine kühnsten Vorstellungen übertraf. Immerhin lieferte er ihm einen Mann frei Haus, der als unantastbar galt.

»Er ist unglaublich gefährlich«, warnte Gusew. »Falls Sie ihn vom Berg runterkriegen, ohne ein Risiko eingehen zu müssen, tun Sie's. Sobald auch nur das geringste Problem auftaucht, töten Sie ihn sofort.«

»Verstanden.«

»Dufort und ihre Tochter dürften in ein paar Minuten zurück sein. Kriegen Sie es hin, ihn so lange unter Kontrolle zu halten und den Abschuss wie vereinbart zu erledigen?«

»Kein Problem«, verkündete Black mit einer Selbstsicherheit, die sich garantiert in Luft aufgelöst hätte, wäre ihm bekannt gewesen, wer da ohnmächtig vor ihm lag. »Bis später.«

4

Claudia wiederholte ihren neuen Nachnamen mehrmals, um sich an den Klang zu gewöhnen. Sie sprach ganz leise, dämpfte ihre Stimme so stark, dass sie von der Brise, die durch das offene Fenster des Wagens hereinwehte, übertönt wurde.

»Dufort, Dufort, Dufort …«

Nicht dass es ihre erste falsche Identität gewesen wäre. Sie hatte schließlich jahrelang die Logistik für einen Meuchelmörder abgewickelt, der gleichzeitig ihr Ehemann war. Trotzdem fühlte es sich diesmal anders an. Damals hatte sie einfach ab und zu falsche Ausweise und Kreditkarten benutzt und nach wenigen Tagen vernichtet. Bei Claudia Dufort handelte es sich allerdings nicht um eine Tarnexistenz, die sie nur so lange benutzte, bis Louis einen Abschuss erledigt hatte. Sie war ihr neues Ich. Claudia Gould existierte nicht länger.

Sie sprach etwas lauter und schielte zu ihrer Tochter auf dem Beifahrersitz. Hoffentlich wachte die Kleine nicht auf. Andererseits, warum nicht? Anna hatte in den letzten Wochen ohnehin viel zu viel geschlafen. Mit sieben Jahren tat sie sich schwer, den Tod ihres Vaters zu verkraften. Sie hatte noch nicht begriffen, dass er nie mehr zurückkehrte.

Hinzu kamen das neue Zuhause, die neue Schule und die neuen Freunde. Wobei es ihr in ihrem zarten Alter noch relativ leichtfiel, sich an veränderte Umstände zu gewöhnen. Tatsächlich stellte Claudia fest, dass sich in Annas französischen Akzent schon einige südafrikanische Nuancen einschlichen.

Ob sie nun zu viel schlief oder nicht, um Anna musste man sich keine Sorgen machen. Aber wie stand es um ihre Mutter? Arrangierte sie sich auch so problemlos mit ihrem neuen Leben?

Eine Frage, auf die sie derzeit noch keine Antwort hatte. In den letzten paar Monaten hatte sich Claudia intensiv mit den Details ihrer neuen Identität, des Umzugs und ihres veränderten Lebensstils auseinandergesetzt. So langsam kam sie zur Ruhe, und das verschaffte ihr entschieden zu viel Zeit zum Nachdenken.

Sie verfügte über mehr Geld, als sie in zwei ganzen Leben ausgeben könnte, also brauchte sie nicht arbeiten zu gehen. Was sollte sie sonst mit ihren Tagen anfangen? Natürlich war es wichtig, für Anna da zu sein, und sie hatte etliche gemeinsame Abenteuer geplant, angefangen bei klassischen Konzerten bis hin zu Sandboarding in den Dünen Namibias. Doch das füllte sie nicht aus. Nachdem sie jahrelang mit einem der besten Auftragskiller der Welt zusammengearbeitet hatte, fühlte sie sich mit dem Backen von Plätzchen und der Abstimmung von Verabredungen zum Spielen für ihre Tochter entschieden unterfordert.

Sie brauchte etwas, das sie beschäftigte, aber nicht zu sehr in Beschlag nahm. Etwas Aufregendes, bei dem hinterher kein Blut an ihren Händen klebte. In Anbetracht der Armut, die Afrika geißelte, liebäugelte sie mit einem Engagement bei einer der vielen Hilfsorganisationen in der Region. Das passte gut zu ihren Talenten. Ihr Vermögen dürfte ein Übriges tun, damit sie dort einen Fuß in die Tür bekam. Vor allem konnte sie Anna einbeziehen. Ihr vor Augen führen, dass nicht alle kleinen Mädchen auf historischen Landsitzen umgeben von Weinbergen aufwuchsen.

Claudia tippte auf die Bremse, als sie Heckscheinwerfer im Schleier der dunstigen Luft aufflackern sah. Im Heranrollen erkannte sie, dass es sich um einen der Lieferwagen handelte, der die örtlichen Winzer belieferte. Überholen kam auf der gewundenen Piste nicht infrage. Der gepanzerte SUV, den Mitch ihr überlassen hatte, war dafür bei Weitem nicht wendig genug.

Mitch war wie alle in diesem Business enorm paranoid veranlagt. Sie selbst rechnete zwar nicht damit, dass Feinde ihres Mannes nach Südafrika kamen, um sie zu jagen, doch Autoentführungen hatten in Südafrika Hochkonjunktur. Nach einigen Berichten in den Nachrichten und sanften Ermahnungen von Einheimischen hatte sie sich die Idee abgeschminkt, ihren fahrbaren Panzer gegen einen der Crossover einzutauschen, mit denen sie heimlich liebäugelte.

Claudia schloss bis auf fünf Meter zum Truck auf und hielt diesen Abstand. Die Abbiegung auf ihr Grundstück kam relativ bald und es gab keinen Grund zur Eile. Keine Operation, deren Fortschritt sie überprüfen musste. Kein Geld, das gewaschen werden musste, keine Bankkonten, deren Existenz es zu verschleiern galt. Außer zwei Wachhunden, die sich noch nicht richtig an sie gewöhnt hatten, aber von Anna nicht genug bekamen, wartete niemand auf sie. Die Tiere waren ein weiteres Geschenk von Mitch.

Vor ihr flog plötzlich die Ladeklappe des Lieferwagens auf. Claudia rammte den Fuß aufs Bremspedal, bevor sie instinktiv den Arm schützend um ihre Tochter legte.

»Mom?«, fragte Anna verschlafen. »Was ist denn los?«

»Alles in Ordnung«, versicherte Claudia und vergrößerte den Abstand zwischen ihnen und dem Truck. »Schlaf wieder ein, Spätzchen.«

Nichts schien aus dem vorderen Fahrzeug herausgefallen zu sein, aber die leistungsstarken Scheinwerfer ihres SUV erhellten trotzdem nur einen Teil der Ladefläche. Sie hupte einige Male. Der Fahrer schien es überhaupt nicht zu registrieren. Einen Augenblick später wurde eine Rampe ausgefahren und knallte auf die Fahrbahn.

Das weckte Anna endgültig.

»Mom?«, fragte sie und rieb sich die Augen. »Was stimmt da nicht bei dem Truck?«

»Ich weiß nicht, Süße. Ich glaube, die Fixierung der Ladeklappe ist kaputt.«

Die Metallrampe polterte im Fahren über die Straße und machte genug Lärm, um eine Horde Toter aufzuscheuchen. Aufgrund der kühlen Abendluft schien der Mann am Steuer das Fenster geschlossen zu haben. Vermutlich trug er außerdem noch Kopfhörer. Das war hierzulande üblich und gehörte zu den Gründen, weshalb der südafrikanische Straßenverkehr zu den gefährlichsten überhaupt zählte.

Einige Sekunden später übertönte das Dröhnen eines Motors hinter ihnen das Scheppern des Metalls. Claudias Blick zuckte zum Rückspiegel. Der Wagen fuhr ohne Scheinwerfer. Verwirrt spähte sie über die Schulter, bis schließlich die Kühlerhaube von einer Art Militärfahrzeug in Sicht geriet; dicht genug, um von den Rücklichtern erfasst zu werden.

Anna schrie auf, als sie gerammt wurden. Claudia riss das Steuer nach links und versuchte, den SUV in die angrenzenden Weinberge zu lenken. Keine Reaktion. Sie blickte in den Seitenspiegel und stellte fest, dass sich zwei Stahlspitzen, die an einen Gabelstapler erinnerten, ins Heck gebohrt hatten. Rasch gab sie Gas, doch das nachfolgende Fahrzeug hielt problemlos mit und hinderte sie daran, sich zu befreien.

Claudia trat die Bremse bis zum Anschlag durch und blockierte das Lenkrad. Sie wurden erbarmungslos weiter vorwärtsgeschoben. Die Frontpartie ihres SUV senkte sich gefährlich nach vorn, als die Vorderreifen aus dem Radkranz gerissen wurden. Sie löste die Lenkradsperre und kümmerte sich darum, ihre mittlerweile panische Tochter zu beruhigen.

Sie wurden gegen die Rampe des Lieferwagens gedrückt und auf seine Ladefläche verfrachtet, bis sie gegen die vordere Trennwand stießen. Die Airbags lösten aus. Claudia flog gegen die Rückenlehne und saß ein paar Sekunden benommen da. Nachdem sie sich gefangen und versichert hatte, dass mit Anna alles in Ordnung war, näherten sich Schritte über die stählerne Bodenplatte.

Sie schaute nach hinten und erspähte einen Humvee mit gewaltiger Kühlerhaube, in die nicht nur ein Gabelstapler integriert war, sondern auch einige Spitzen mit Widerhaken, die ihr das Heck aufgeschlitzt hatten. Das Fahrzeug besaß keine Türen, was es den beiden arabisch wirkenden Insassen erlaubte, blitzschnell herauszuspringen.

Der eine eilte bereits auf sie zu, während der andere die Rampe am Truck nach oben fuhr und die Klappe zum überdachten Laderaum schloss.

Es gab seitlich zu wenig Platz, um die Fahrertür zu öffnen. Selbst wenn es möglich gewesen wäre, sie hätte dankend darauf verzichtet. Die zusätzliche Panzerung, die Mitch hatte einbauen lassen, war alles, was sie vor den Männern da draußen schützte. Anna wollte sich an ihr festklammern, aber Claudia wimmelte sie sanft ab und griff zum Handy. Kein Signal. Der Metallkasten, in dem sie festsaßen, schien den Empfang abzuschirmen.

Das Gefährt geriet ins Schlingern. Das transparente Schiebedach enthüllte einen Mann mit dichtem Bartwuchs und breitem Grinsen. Einen Moment später machte er sich mit einem Vorschlaghammer an der Karosserie zu schaffen, der mit einem ohrenbetäubenden Knall auf das Blech schlug, welcher wiederum augenblicklich von Annas ohrenbetäubendem Schrei verschluckt wurde.

Das verstärkte Glas der Scheiben hielt der Wucht stand, doch wie lange noch? Claudia löste den Gurt am Sitz ihrer Tochter und zog sie dicht zu sich heran, um das Schluchzen der Kleinen zu ersticken, während der Mann seine Attacke fortsetzte.

Nach knapp einer Minute bildete sich der erste Riss. Der Mann heulte triumphierend auf. Sie konnte sich nicht dazu durchringen, zu ihm aufzuschauen. Ihr Entsetzen wich einem lähmenden Schuldgefühl, das alles Bisherige übertraf. Sie verdiente es, für alle schlimmen Taten in ihrem Leben bestraft zu werden. Aber doch nicht Anna. Die Ärmste hatte damit nichts zu tun.

5

In der Nähe von Maseru, Lesotho

Rapp verrenkte sich, um in eine bequemere Position zu kommen, während er die Augen vor dem grellen Lichtschein zusammenkniff, der durch die Kofferraumklappe einfiel. Man hatte ihm die Hände mit Klebeband hinter dem Rücken fixiert, weshalb er nicht auf die Uhr schauen konnte. Die Tatsache, dass die Sonne bereits am Himmel stand, deutete an, dass er mindestens zehn Stunden in seinem engen Gefängnis verbracht haben musste. Das Karma schien sich bei ihm für all die Menschen zu rächen, die er im Laufe seiner Karriere in eine ähnliche Situation gebracht hatte.

Die Straße war in der vergangenen Stunde immer holpriger geworden. Gerade holperte das Fahrzeug durch ein weiteres Schlagloch und rammte seinen Kopf gegen ein Werkzeug aus Metall, vermutlich einen Kreuzschlüssel. Falls er richtig gezählt hatte, passierte es bereits zum zwölften Mal. Er wurde zunehmend wütender.

Rapp wusste so gut wie alles über den Scharfschützen, den er auf der Klippe entdeckt hatte. Er hieß Steve Thompson, obwohl er inzwischen unter dem Namen Kent Black unterwegs war. Offenbar glaubte er, dass ihm das Pseudonym zu mehr Würde verhalf. Bei seinem Vater handelte es sich um einen Überlebenskünstler mit sadistischen Neigungen, der seinen Sohn in einen entfernten Winkel Montanas verschleppt hatte, um sich auf den drohenden Weltuntergang vorzubereiten.

Sie hatten dort etwas mehr als zehn Jahre ohne Elektrizität und fließendes Wasser zugebracht, bis der Alte abrupt von der Bildfläche verschwand. Eine Leiche oder andere Spuren eines Verbrechens waren nie entdeckt worden. Vermutlich hatte Steve alias Kent bei dieser Gelegenheit zum ersten Mal sein mörderisches Talent unter Beweis gestellt.

Ohne Schulbildung und konkretes Ziel im Leben hatte Thompson den Abschluss an der Abendschule nachgeholt und sich bei der Armee verpflichtet. Als Ranger erlebte er im Nahen Osten so einiges an Kämpfen mit. Nach acht Jahren wurde er wegen Befehlsverweigerung suspendiert. Nicht wegen eines einzelnen Vergehens, sondern wegen einer generellen Missachtung von Autorität, aus der er keinen Hehl machte.

Sein Lebenslauf war interessant genug, um auch auf Rapps Schreibtisch zu landen. Er hatte sich jedoch wegen zu vieler Warnsignale gegen ihn entschieden. Die Probleme mit Vorgesetzten bildeten nur die Spitze des

Eisbergs. Thompson war zwar eine talentierte Kraft, aber ein Einzelgänger, auf den man nicht zählen konnte, wenn die Kacke buchstäblich am Dampfen war. Hinzu kamen soziopathische Tendenzen, Anzeichen für ein ernsthaftes Kokainproblem und die Tatsache, dass er wahrscheinlich den eigenen Vater ermordet hatte. Keine Frage, dass sein alter Herr ein solches Ende verdiente, allerdings deutete der Tatort darauf hin, dass der Junge vor nichts zurückschreckte.

Der Komplize, der geholfen hatte, Rapp in sein aktuelles Gefängnis einzusperren, gab da schon mehr Rätsel auf. Seinem Akzent nach zu urteilen, schien es ein Iraki zu sein. Anfang 20 mit dichtem Bartwuchs und irrem Blick, der sich üblicherweise mit dem IS assoziieren ließ.

Eine interessante Paarung, um es zurückhaltend zu formulieren. Der junge amerikanische Killer mit seiner dissozialen Persönlichkeit auf der einen Seite, ein noch jüngeres Mitglied des islamischen Dschihad auf der anderen. Diese Extremisten heuerten normalerweise keine Auftragsmörder an – schon gar keine amerikanischen.

Das Auto kam schlitternd zum Stillstand. Rapp wurde nach vorn geschleudert und schlug sich erneut den Kopf am Kreuzschlüssel an. Kurz darauf flog die Kofferraumklappe auf. Er wandte sich von der grellen Sonne ab, doch der Iraki zog ihn an den Haaren nach draußen. Die Flut arabischer Schimpfwörter wollte gar nicht mehr aufhören. Dass Rapp alles verstand, ahnte der andere vermutlich nicht. Als der Terrorist zu einer Tirade gegen Mitchs Mutter ansetzte, langte es ihm. Er rammte dem Typen einen Fuß seitlich gegen das Bein und zwang ihn auf die Knie. Ein weiterer Tritt landete zwischen den

Schulterblättern und ließ das Gesicht des Arabers gegen die hintere Stoßstange knallen.

»Stopp!«

Rapp drehte sich zu Thompson um und sah sich dem Schalldämpfer seiner eigenen Waffe gegenüber. Etwas, das er hasste wie die Pest.

Blut strömte aus der Nase des Iraki. Er sprang auf und wollte zum Angriff ansetzen. Thompson richtete die Mündung auf ihn. »Aufhören, hab ich gesagt. Alle beide.«

Rapp drehte sich wortlos um und setzte sich in Richtung des einzigen Gebäudes in Sichtweite in Bewegung.

»Halt!«

Er ignorierte die Aufforderung und gönnte sich die Zeit, seine Umgebung zu inspizieren. Die Berge waren weniger zerklüftet als in Franschhoek und es gab eine Menge Grün. Trotz des klaren Himmels und der Sonne, die sich östlich vor dem Horizont abzeichnete, herrschten gemäßigte Temperaturen, was auf eine Höhenlage hindeutete. Fast noch interessanter fand er das fensterlose Gebäude, nahezu komplett aus Betonblöcken errichtet. Welchem Zweck es diente, verriet ein ausgeblichener roter Schriftzug: LEICHENHAUS.

Thompson und der blutende Araber folgten Rapp durch die massive Holztür ins Innere. Auf einer Fläche von knapp 60 Quadratmetern empfingen ihn die Frau und das Mädchen, denen er zum Aufbau einer neuen Existenz in Afrika verholfen hatte. Sie saßen auf einer zusammenklappbaren Couch vor der Rückwand. Claudia wirkte aus nachvollziehbaren Gründen völlig aufgelöst, Anna schien unter Schock zu stehen. Sie wurden von einem bewaffneten Araber bewacht, der ähnlich durchgeknallt wirkte wie der Kerl, der neben dem Eingang den Boden vollblutete.

Mitten im Raum stand ein Sarg mit der abgemagerten Leiche eines Mannes, der zum Zeitpunkt seines Todes um die 30 gewesen sein mochte. Ob der Zustand, in dem sich sein Körper befand, der Krankheit geschuldet war, die ihn das Leben gekostet hatte, oder der trockenen Luft der Umgebung, ließ sich schwer einschätzen. Wenigstens stank er nicht.

Claudia wollte aufspringen und zu Rapp eilen, aber der Mann, der sie bewachte, stieß ihr den Gewehrgriff mit solcher Wucht gegen die Brust, dass sie hinfiel. Anna erwachte aus ihrer Apathie, hechtete zu ihrer Mutter und ließ sich laut weinend neben ihr nieder. Rapp spürte, wie Wut in ihm aufstieg, aber mit hinter dem Rücken gefesselten Händen konnte er nicht viel ausrichten.

Claudia wirkte eher verängstigt als ernsthaft verletzt, drängte ihre Tochter zurück zum Sofa und behielt dabei den Mann im Auge, der drohte, ihr den Schädel einzuschlagen und ihre Leiche zu schänden, bevor er mit Anna dasselbe tun werde. Glücklicherweise sprach sie nur Französisch und Englisch, weshalb ihr die unappetitliche Botschaft erspart blieb.

»Da rüber«, forderte Thompson und zeigte zu einer Tür auf der linken Seite des Raums. Rapp blieb nichts anderes übrig, als etwas zu betreten, das er für eine Balsamierungskammer hielt.

»Hinsetzen.«

Er gehorchte und Thompson wickelte ihn mit weiterem Tape am Stuhl fest. Nachdem er mit dem Resultat seiner Bemühungen zufrieden war, ließ er Rapps Pistole und andere persönliche Besitztümer auf eine Metallbahre neben einer Leiche fallen, die offenbar gerade für die Beerdigung vorbereitet wurde.

»Ist er ruhiggestellt?«

Rapp betrachtete den Mann, der im Durchgang aufgetaucht war. Der Akzent outete ihn eindeutig als Russen. Seine Erscheinung unterstrich diese Schlussfolgerung. Rund 1,80 groß, mindestens schwammige 110 Kilo schwer. Ein paar Tätowierungen mit kyrillischen Schriftzeichen zeichneten sich unter den dichten schwarzen Haaren am Arm ab.

»Klar. Der geht nirgendwohin.«

»Dann raus mit Ihnen.«

Thompson zog die Tür von außen zu. Der Russe trat an die Bahre und beschäftigte sich mit den dort aufgereihten Gegenständen. Er bewunderte kurz die Glock und wühlte dann Rapps Brieftasche durch.

»Mitch Kruse?«

»Wie er leibt und lebt.«

Der Mann stieß ein amüsiertes Lachen aus und griff nach Rapps Telefon. Irritiert starrte er auf das Display. »Was soll das bedeuten? Granit?«

Dieser Kerl wusste einfach nicht, wann es genug war.

»Das ist eine Gesteinsart.«

Der Russe schoss auf ihn zu und rammte ihm eine Faust seitlich gegen den Kiefer. »Ich spreche Englisch! Aber was *bedeutet* es? Soll das ein Code sein?«

Rapp übte vorsichtig Druck auf seine beiden Zahnreihen aus. Keine ernsthafte Verletzung, aber der Kerl hatte eine Menge Wumms. »Es bedeutet, dass ich mich für eine Arbeitsfläche in meiner Küche entscheiden muss, Iwan. Sei so lieb und hilf mir bei der Entscheidung.«

Der andere holte erneut aus, aber diesmal duckte sich Rapp sofort weg, sodass der Hieb harmlos an ihm abprallte.

»Du wirst mir die Wahrheit sagen«, kreischte der Russe. Er legte eine dramatische Pause ein und klatschte sich ein arrogantes Grinsen aufs Gesicht. »Mitch Rapp.«

»Boah, da bist du jetzt aber ganz schön stolz, was, Iwan?«

»Ich heiße nicht Iwan.«

»Ach nein. Wie denn dann?«

»Ich stelle hier die Fragen!« Diesmal landete die Faust in Rapps Magengrube. »Wieso warst du so schnell hier?«

»Ich bin geschwommen.«

Der Mann starrte zur Tür, hinter der Claudia und Anna warteten. »Ganz sicher, dass das deine Antwort ist?«

Normalerweise hätte Rapp bei einem Verhör komplett auf stur geschaltet. So hielt man am besten durch. Aber er musste diesen Schwachkopf zum Reden bringen.

»Okay, du hast mich erwischt, Iwan. An Bord einer Gulfstream G550.«

»Hör auf, mich so zu nennen!«

»Dann stell dich vor.«

Der Russe schnappte sich ein Skalpell von der Ablage neben der Leiche und hielt es in einem Winkel hoch, dass die Klinge in der Deckenbeleuchtung glänzte. »Ich schlage vor, dass du anfängst, meine Fragen ernst zu nehmen.«

Rapp entschied, sein Gegenüber zu irritieren, und heuchelte Angst. »Ist ja schon gut. Ich kenne die Frau persönlich und habe einen Tipp bekommen, dass jemand sie umbringen will.«

In Wirklichkeit hatte sich der Hinweis auf eine Entführung bezogen, aber er wollte diesen Idioten mit der absichtlichen Fehlinformation ein bisschen kitzeln.

»Von wem?«

»Ein Informant in St. Petersburg. Tja, du hättest deine Spuren besser verwischen sollen.«

»Dein Informant hat keine Ahnung«, verkündete der Russe, der keinen Zweifel daran lassen wollte, dass er der Cleverste unter den Anwesenden war.

»Die Leute, die dich angeheuert haben, hatten beruflich mit ihrem Ehemann zu tun«, warf Rapp ihm ein weiteres Puzzlestück hin. »Nichts als ein armseliger Racheakt.«

»Du verlässt dich zu sehr auf unzuverlässige Tipps, Mitch Rapp. Ich sollte die Frau und das Kind lediglich nach Afghanistan schaffen und dich für die nächsten zwei Wochen um den halben Globus jagen. Erst danach sollte ich sie töten.«

Der Typ war ein absoluter Stümper. Definitiv niemand vom russischen Geheimdienst. Ansonsten hätte Rapp längst in einem Flugzeug nach Moskau gesessen und wäre den USA entweder im Tausch gegen einen eigenen Agenten angeboten worden oder man hätte ihn in den nächsten fünf Jahren durch die Mangel gedreht, damit er alles über den amerikanischen Geheimdienst auspackte, was er wusste.

Nein, diesen Vollpfosten sortierte er eher in die Schublade ›organisierte Kriminalität‹ ein. Er gehörte sicher einer der vielen Banden an, die in der ehemaligen Sowjetunion Amok liefen. Nicht die dümmste Fresse, die er je zu Gesicht bekommen hatte, aber die Latte lag in diesen Kreisen nicht besonders hoch.

»Du lügst.« Rapp überlegte, wie er das Gespräch am besten am Laufen hielt. Der Russe genoss es, damit zu protzen, dass er mehr wusste als die CIA. »Ich weiß, wie das läuft. Du versuchst, mich zu verwirren. Vergiss es. Was sollte es bringen, mich um die halbe Welt zu jagen?«

Der Mann wandte sich erneut der Ablage zu und tauschte das Skalpell gegen eine Säge ein. Die Art und Weise, wie seine Augen zuckten, deutete an, dass er es selbst nicht genau wusste. Wer immer im Hintergrund die Fäden zog, war nicht so dumm gewesen, ihn vollständig in seine Planungen einzuweihen.

Nicht dass es etwas geändert hätte. Für ihn gab es sowieso nur eine logische Erklärung. Hier ging es nicht um Claudia, sondern darum, ihn abzulenken und aus Pakistan wegzulocken.

»Meine Auftraggeber halten es für zu riskant, dich zu töten.«

Darin steckte vermutlich sogar ein Funken Wahrheit, doch Rapp bezweifelte, dass es die ganze Geschichte war. Vermutlich glaubten die Drahtzieher eher, dass es bessere Möglichkeiten gab, die Operationen der CIA in Pakistan zu boykottieren. Sie setzten darauf, dass er Scott Coleman und sein gesamtes Team aus Islamabad abzog, um ihn bei der Suche nach Claudia zu unterstützen. Eine sinnvolle Strategie. Hätte er den Hinweis nicht rechtzeitig erhalten und sie wäre bereits von den IS-Schergen entführt worden, hätte er definitiv seine Topleute für die Fahndung angefordert.

»Sieht aus, als hätten sie dich ziemlich überschätzt«, ätzte der Russe.

»Das hör ich ziemlich oft.«

Dafür kassierte Rapp einen Schlag mit der flexiblen Metallsäge mitten ins Gesicht. Ein gezackter Schnitt verunstaltete seine Wange. Eine unnötige Reaktion. Nichts als eine primitive Demonstration von Macht.

Rapp beschlich langsam der Eindruck, dass es sich hier gar nicht um ein Verhör handelte. Der Russe schien unsicher zu sein, was er als Nächstes tun sollte. Entweder er lieferte ihn an seine Bosse aus und strich dafür eine Belohnung ein. Oder er behielt ihn in seiner Gewalt und quetschte Informationen zum eigenen Profit aus ihm heraus.

»Ich bin meiner Regierung eine Menge wert«, lockte er. »Die zahlen ein nettes Sümmchen, um mich zurückzukriegen.«

Der andere schwieg lange und betrachtete sein eigenes Spiegelbild auf dem Sägeblatt. »Ich glaube, mein Auftraggeber wird noch deutlich mehr zahlen.«

Es klang, als näherte er sich einer Entscheidung. Rapp lief die Zeit weg.

»Ich weiß zwar nicht, für wen du arbeitest, aber mehr als die Vereinigten Staaten von Amerika können die garantiert nicht bieten.« Er fischte nach Hinweisen, mit wem er es zu tun hatte. »Meine Leute werden jedes Angebot überbieten.«

»Deine Leute sind an das Gesetz gebunden. Meine nicht. Geld könnt ihr mir bieten, klar. Aber junge Mädchen? Drogen? Eine Villa mit gestohlenen Kunstwerken, wie sie eines Oligarchen würdig sind?«

Interessant, wenn auch nicht besonders hilfreich. In Russland verliefen die Grenzen zwischen Regierung und organisiertem Verbrechen fließend. Selbst bei der Zulassungsstelle in Moskau hätte man wahrscheinlich jemanden gefunden, der einem solche Sachen besorgte, falls der Preis stimmte.

»Du kommst mir eher wie ein Pokerspieler mit gezinktem Blatt vor.«

Wieder blitzte die Säge auf, diesmal hinterließ sie eine Wunde auf der anderen Wange. Rapp spürte, wie ihm das

Blut durch den Bart sickerte und in den offenen Hemdkragen tropfte.

»Das wird langsam langweilig, Iwan.«

»Es ist nichts im Vergleich dazu, was mein Boss mit dir anstellen wird. Er wird dich jahrelang am Leben halten und alles aus dir rauskitzeln. Du wirst deine Tage mit Betteln um den Tod zubringen und die Nächte nackt an einer Kette auf blankem Beton, bis nichts von dir übrig ist als ein verängstigter, gebrochener alter Mann.«

Er griff in die Tasche und zog ein Satellitentelefon heraus. Zu spät. Er wollte Meldung erstatten. Zu schade, dass er aus dieser Plaudertasche vor dem Herrn nicht noch mehr herausbekommen hatte.

Rapp tastete hinter dem Klebeband nach der versteckten Rasierklinge. Sie fand sich genau dort, wo sie sein sollte. Der Russe wählte, während er ritzte.

Rapps Knie blockierte, als er endlich aufstand. Vor zehn Jahren hätten ihm ein paar Stunden im Kofferraum nicht nennenswert zu schaffen gemacht, aber so langsam zeigte sein Körper, dass er nicht mehr der Jüngste war.

Der Russe erstarrte für den Bruchteil einer Sekunde, als er registrierte, dass der Gefangene sich befreit hatte, dann schleuderte er ihm die Säge entgegen und hetzte zur Tür. Die Klinge verpasste ihn um gut 30 Zentimeter. Er streckte sich und schaute seelenruhig zu, wie sein aus der Reserve gelockter Peiniger den Kopf in den Nebenraum schob und Thompson anflehte, ihm zu helfen.

Nebenan stand der junge Killer vor den Leichen der beiden Araber. Claudia hatte Anna auf dem Schoß, drückte sie eng an sich und redete beruhigend auf das Mädchen ein.

Der Russe zog sich schockiert von dem Anblick, der sich ihm bot, an die hintere Wand zurück und verfolgte mit weit aufgerissenen Augen, wie Rapp seine Glock von der Bahre nahm, damit durch die Tür ging und sich neben Claudia hinkniete. Zärtlich streichelte er Anna mit der Hand über die Haare.

»Es tut mir leid. Ich wünschte, ich hätte euch das ersparen können.«

Claudia schüttelte den Kopf. Tränen flossen an den verkrusteten Überresten auf ihren Wangen vorbei. »Nein, Mitch. Hör auf, dich bei mir zu entschuldigen. Ohne dich wären wir schon mehrmals getötet worden. Ich weiß gar nicht, womit ich es verdiene, was du alles für uns tust.«

Rapp fischte ein Schlüsselbund aus der Hosentasche von einem der Toten. »Wartet im Auto auf mich. Ich komm gleich nach.«

Er und Thompson geduldeten sich, bis beide nach draußen verschwunden waren, bevor sie ihre Aufmerksamkeit auf den Mann richteten, der mit dem Rücken zur Wand der Balsamierungskammer dastand.

»A-aber …«, stammelte er und deutete auf den jungen Auftragskiller. »Sie haben Ihr Honorar doch bekommen! Wir hatten eine Vereinbarung!«

Seine Fassungslosigkeit war nachvollziehbar. Killer von Thompsons Kaliber hintergingen ihre Kunden so gut wie nie. Im besten Fall schadete so etwas dem Geschäft, im schlimmsten Fall endete es tödlich.

»Ich habe Augen im Kopf«, antwortete Thompson. »In unserem Business kennt man sich aus, Ilja. Glauben Sie, ich habe Louis Goulds Frau und Tochter nicht auf Anhieb erkannt? Und dass ich nichts von der Verbindung zu Mitch Rapp wusste? Was meinen Sie, was er nach Ende dieser wilden Schnitzeljagd, auf die Sie ihn schicken wollten, mit mir angestellt hätte? Er hätte mich gejagt und zur Strecke gebracht.«

»Gould? I-ich wusste ja nicht …«

»Tja, der Kerl, für den Sie arbeiten, wusste es jedenfalls. Und bevor ich blind in seine Falle getappt bin, hielt ich es für besser, Mitch anzurufen und ihm einen Gefallen zu tun.«

6

Der Russe kauerte auf dem Boden und setzte zu einem rechten Haken gegen Rapp an, sobald dieser in Reichweite kam. Kein schlechter Versuch, das deutete auf ein professionelles Kampftraining hin. Der Mangel an Geschwindigkeit ließ jedoch vermuten, dass es viele Wodkas und Zigaretten zurücklag.

Rapp tauchte unter dem Schlag weg und ließ die offene Handfläche gegen das Kinn des Gegners krachen. Nachdem er sich an die Betonmauer zurückgezogen hatte, schlug sein Kopf mit voller Wucht dagegen. Nicht kräftig genug, um ihn bewusstlos zu machen, aber es reichte, dass die Knie nachgaben.

Rapp packte ihn an den Haaren und schleifte ihn zur Bahre in der Raummitte. Er schob die Leiche, die darauf lag, auf den Boden und ersetzte sie durch den Russen. Dieser leistete zaghaft Gegenwehr, war jedoch zu benommen, um zu verhindern, dass der CIA-Agent ihn mit einer Taperolle an der blutigen Metalloberfläche fixierte.

»Ilja, nicht wahr? Wie heißt du mit Nachnamen?« Rapp wählte bereits eine Nummer.

»Ich … ich wollte dir nichts tun«, verlegte sich der andere aufs Betteln. »Ich weiß absolut gar nichts. Man hat mich bloß engagiert, damit ich …«

Rapp klatschte ihm das Klebeband auf den Mund und brachte ihn damit zum Schweigen, während das Handy in der anderen Hand bereits die Verbindung herstellte. Irene Kennedy nahm sofort ab.

»Sind Claudia und Anna in Ordnung?«, erkundigte sie sich anstelle einer Begrüßung. Als CIA-Direktorin sah sie sich zunehmendem Stress ausgesetzt. Sie steuerte gegen, indem sie alle Abläufe so effizient wie möglich gestaltete. Deshalb verzichtete sie auch auf unnötige Höflichkeiten und kam sofort zur Sache. Rapp kam mit ihrem Stil bestens klar. Nachdem sie seit fast einem Vierteljahrhundert zusammenarbeiteten, hielt er Small Talk im Einsatz für unnötige Zeitverschwendung.

»Denen geht's gut. Ich hab einen Russen in meiner Gewalt, der offenbar hinter der Sache steckt. Er hatte zwei Sidekicks aus dem Nahen Osten im Schlepptau. Jede Wette, dass sie zum IS gehören.«

»Eine merkwürdige Kombi.«

»Find ich auch.«

»Hattest du Gelegenheit, sie zu befragen?«

»Die Araber sind tot, um den Russen kümmere ich mich gleich. Bisher weiß ich nur, dass es gar nicht um Claudia ging, sondern darum, mich aus Pakistan wegzulotsen.«

»Bist du sicher?«

»Zu 90 Prozent.«

»Mir fällt nur ein Grund ein, warum jemand das täte.«

»Genau. Sie wollen sich die Atombomben unter den Nagel reißen, die von der Armee durch die Gegend gekarrt werden.«

»Wie bald kannst du zurück in Islamabad sein?«

Rapp riss das Tape vor dem Mund seines Gefangenen weg. »Wo sind wir hier?«

»Ich will …«

Mitch ließ die Hand auf die Lippe klatschen und schnitt ihm damit nicht nur das Wort, sondern auch die Luftzufuhr ab. »Das war eine simple Frage, Ilja. Ich rate dir, sie zu beantworten.«

Er zog die Hand weg. Hektisch sprudelte es aus Ilja heraus: »Lesotho. In der Nähe von Maseru.«

»Hast du das mitbekommen, Irene? Maseru. Kannst du rausfinden, wo die nächste Landebahn ist, auf der eine G550 aufsetzen kann, und eine anfordern? Und informier Scott. Sag ihm, dass womöglich ein Anschlag auf einen Transport bevorsteht.«

»Ich kümmer mich sofort drum.«

»Schaffst du's auch noch, der pakistanischen Regierung zu melden, was passiert ist? Vielleicht können sie ja für eine Weile auf ihre albernen Spielchen verzichten, bis wir geklärt haben, aus welcher Richtung die Bedrohung stammt.«

»Wie du weißt, ist Präsident Chutani durchaus kooperativ. Ihm ist genauso wie uns daran gelegen, das atomare Arsenal unter Kontrolle zu halten. Leider gilt das nicht für die Armee. General Shirani wird vor nichts zurückschrecken, um einen erfolgreichen Coup einzufädeln.«

»Halt mich auf dem Laufenden«, bat Rapp, unterbrach die Verbindung und widmete sich dem Mann auf der Transportliege.

»Bitte«, jammerte der. »Ich weiß absolut gar nichts.«

Rapp musterte ihn schweigend. Teure Hosen und Schuhe, eine protzige Goldkette auf einem Teppich aus

Brusthaar, eine Nase, die schon mehrere Brüche hinter sich hatte. Das stank schwer nach russischer Mafia.

»So wie du aussiehst, kauf ich dir ab, dass du nicht viel weißt. Aber absolut gar nichts? Das ist gelogen.«

Rapp betrachtete einen Injektor zum Einspritzen von Balsamierungsflüssigkeit. »Hm, der sieht aus, als könnte er eine Menge Schaden bei dir anrichten.«

»Bitte! Man hat mir nicht gesagt, dass du in die Geschichte involviert bist, und wer die entführte Frau ist, war mir auch nicht bekannt. Ich hab's nur wegen des Geldes getan. Ehrlich.«

»Okay. Dann verrat mir, wer den Scheck ausgestellt hat.«

»Ich …« Er stammelte herum, vermutlich um Zeit zu schinden und sich eine überzeugende Ausrede auszudenken. »Ich weiß es nicht. Ich bin nur ein kleiner Verbrecher. Drogen. Frauen. Glücksspiel. Ich heiße Ilja Gusew.«

Der CIA-Agent kannte den Namen. Trotz seiner äußeren Erscheinung handelte es sich bei Gusew nicht um einen hirnlosen Schlägertypen, sondern um einen ranghohen Gauner mit eigener Crew. Rapp hatte schon einmal mit ihm zu tun gehabt. Damals verdächtigte die Agency den Russen, Waffendeals im Nahen Osten abzuwickeln.

»Aha«, meinte er. »Hab schon von dir gehört.«

»Dann weißt du, dass ich die Wahrheit sage.«

»Nein, aber ich weiß, dass du nicht der Kleinganove bist, als der du dich ausgibst. Du hast es nicht nötig, Jobs von jedem anzunehmen, der mit ein paar Rubelscheinen vor deiner Nase rumwedelt. Entweder belügst du mich also, was die Frage nach deinem Auftraggeber betrifft, oder du steckst selbst dahinter.«

»Nein! Ich hab dir alles erzählt, was ich weiß!«

»Hör mal, Ilja, du bist mir echt scheißegal. Ob du ohne Kratzer hier rausläufst oder meine Leute deine Reste vom Boden abkratzen müssen, darauf pfeif ich. Aber eins steht fest: Wenn du mich weiterhin anlügst, läuft es auf die zweite Variante raus. Also noch mal von vorn: Wer unterschreibt die Schecks für diesen Job?«

»Ich hab keine Ahnung.« Er schien jeden Moment in Tränen ausbrechen zu wollen.

Rapp vergewisserte sich instinktiv, dass die Tür zum Nebenraum geschlossen war. Wie dick mochten die Betonwände sein? Unter normalen Umständen hätte er keine Skrupel gehabt, dafür zu sorgen, dass Ilja ihm rasch und ehrlich antwortete. Allerdings wollte er vermeiden, dass Claudia und Anna im Auto etwas davon mitbekamen. Hinzu kam das Problem mit dem Blut. Auf keinen Fall durfte er nachher wie der Mitarbeiter einer Schlachterei vor ihnen stehen, überall mit roten Flecken und Spritzern eingesaut.

Rapp hatte sich selbst versprochen, auf ein normales Leben hinzuarbeiten. In dieser Situation wurde ihm schlagartig bewusst, welche Komplikationen dieser Wunsch auslöste. Dass er sich selbst Daumenschrauben anlegen musste, auf die er seit dem Tod seiner Frau komplett verzichtet hatte.

»Du hast Glück, dass ich heute so gut gelaunt bin«, antwortete er und schob den Schalldämpfer seiner Glock an die Unterseite von Iljas linkem Schuh. »Trotzdem reißt mir allmählich der Geduldsfaden.«

Der Russe zappelte hektisch hin und her und wollte sich von dem Gewebeband befreien. Eine Aussage zu seinem Auftraggeber ließ er sich trotzdem nicht entlocken. Es wurde Zeit für eine andere Strategie. Rapp löste die Mündung von der Ledersohle und verlagerte sie an die Hüfte seines Gefangenen. Er stieß ihm den kalten Stahl ins wabbelige Fleisch. Das Fett versprach den Knall zusätzlich zu dämpfen.

»Steckst du mit dem IS unter einer Decke, Ilja? Die Jungs haben eine Menge Banken geplündert und 'ne Menge Öl vertickt. Ich wette, bei denen liegt genug Geld auf der hohen Kante, um selbst ein hohes Tier wie dich in Versuchung zu bringen.«

»Nein! Ich sollte sie bloß erschießen und ihre Leichen zurücklassen, damit du sie findest. Und eine Spur legen, die dich in den Nahen Osten führt.«

»Warum?«

»Ich vermute, dort lauert jemand, der dich töten will.«

»*Jeder* da unten will mich töten, Ilja. Es ergibt bloß keinen Sinn, dafür solche Anstrengungen zu unternehmen. Es vergeht kein Monat, in dem ich mich nicht mindestens einmal in der Region blicken lasse. Also sieht's für mich eher danach aus, als wollte mich jemand aus Pakistan weglocken. Und du wirst mir jetzt verraten, wer es ist und was dahintersteckt.«

Der IS unterstand der Kontrolle ehemaliger Generäle von Saddam Hussein. Entsprechend ausgefeilt hatten sich ihre Kommando- und Kontrollstrukturen in den letzten Jahren entwickelt. War es möglich, dass sie inzwischen über Mittel und Wege verfügten, eine so komplexe Unternehmung zu koordinieren? Diese elenden Baathisten-Hurensöhne waren garantiert scharf drauf, eine Atomwaffe in ihre dreckigen Finger zu bekommen. Zu blöd, dass die amerikanischen Politiker nicht wollten, dass er sie aus dem Verkehr zog.

Sein Handy vibrierte. Er hoffte, dass Kennedy anrief, um Details für seine Abholung durchzugeben, nicht seine Innenarchitektin, diesmal vielleicht mit einer Frage zu den Fliesen im Bad. Sein Flehen wurde erhört. Die G550 sollte in knapp 30 Minuten auf einem Airfield ganz in der Nähe eintreffen.

»Deine Zeit ist abgelaufen, Ilja.«

»Nein! Ich …«

Rapp drückte ab und die Glock bockte, während die Kugel das Bein des Russen zerfetzte. Er brüllte wie am Spieß und bekam ein blutiges Handtuch in den Schlund gerammt, damit er im Freien nicht zu hören war.

Gusew gelang es, sich von dem Knebel zu befreien, als Rapp gerade eine Bestätigungs-SMS an Kennedy tippte.

»Du bist ein toter Mann!«, brüllte der Russe hysterisch. »Hörst du mich? Ein toter Mann! Du hast ja keine Ahnung, mit wem du dich da anlegst. Grischa wird dich und alle töten, die dir etwas bedeuten!«

Rapp ließ die Waffe sinken. Endlich kam Bewegung in die Sache.

»Wer ist Grischa?«

»Das wirst du bald genug erfahren«, stieß Gusew durch gefletschte Zähne hervor.

»Ist er der Mann, für den du arbeitest? Nicht der IS? Ein Russe? Sei doch so lieb und nenn mir seinen Nachnamen, dann klingeln wir kurz bei ihm durch. Ich leg ihn auf Lautsprecher und verarzte in der Zwischenzeit dein Bein.«

Gusew schmetterte ihm eine Flut von Schimpfwörtern auf Russisch entgegen. Rapps Hand krallte sich in den verwundeten Schenkel. »Pass mal auf, du Moskauer Paviansarsch, ich hab dir mehr Chancen gegeben als jedem anderen in den letzten zehn Jahren. Damit ist jetzt Schluss. Auf dem Tablett da drüben liegt eine hübsche Drahtzange. Entweder du erzählst mir, was ich wissen will, oder ich rupf dir jeden Zahn einzeln aus.«

Der Zorn verschwand aus Gusews Augen. Panik trat an seine Stelle, als Rapp ihm eine Hand um die Kehle legte. Er hatte zu oft mit Männern in Gusews Lage zu tun gehabt, um sich von ihm an der Nase herumführen zu lassen. Verflucht, er war selbst mehrmals in Gusews Lage gewesen. Der Russe leistete noch etwas Gegenwehr, aber bald würde er ihn gebrochen haben.

Die Pupillen des anderen zuckten unstet hin und her. Im selben Moment flog die Tür zum Nebenraum auf. Rapp wirbelte herum. Einer der Araber, die Thompson scheinbar erschossen hatte, war neben der Zarge zusammengesunken. Er hielt ein AK-47 in der Hand und setzte die letzte verbliebene Kraft ein, um damit die Umgebung abzuschwenken.

Rapp tauchte in Richtung Ablage, wo er seine Glock deponiert hatte. Trommelfeuer fegte über seinen Kopf hinweg. Pulverisierter Beton wirbelte durch die Luft und nahm ihm die Sicht. Er erkannte nur vage die Umrisse des Arabers und gab drei Schüsse kurz hintereinander auf den vermuteten Körperschwerpunkt ab. Der Einschlag wirbelte den Sterbenden herum und ließ ihn in einen Rollwagen mit medizinischem Equipment rasseln.

Rapp stand auf und wischte sich über die Augen, während er zu dem Gegner ging. Diesmal gab es keinen Zweifel, dass er erledigt war. Zwei Treffer in der Brust, einer im Magen. Eine vierte Wunde klaffte an der rechten Kopfhälfte unter blutverkrusteten Haaren. Thompsons fehlgeschlagener Versuch.

Der Amerikaner drehte sich zu Gusew um und fluchte unterdrückt. Der andere starrte blicklos an die Decke. Der Einschuss seitlich am Körper war nicht zu übersehen.

Schritte näherten sich aus dem anderen Raum. Rapp visierte die Tür an, in der kurz darauf keuchend Steve Thompson auftauchte.

»Hey! Langsam, Mitch!« Er hob die Hände. In der Rechten hielt er eine Beretta 92FS. »Was zum Teufel ist hier los?«

»Dasselbe wollt ich dich grad fragen.«

Thompsons Augen streiften den toten Araber und seine Augen weiteten sich. »Was? Ich hab den Kerl umgelegt. Ich schwör's dir! Voll am Kopf erwischt.«

»Du hättest besser mal gecheckt, ob er wirklich hinüber ist.«

»Aus der kurzen Entfernung war ich mir sicher. Mann, seine Haare haben sogar Feuer gefangen!«

Rapps Finger näherte sich dem Abzug, allerdings eher aus Ärger über die Dummheit des Jüngeren. Er konnte sich nicht vorstellen, dass Thompson ihn absichtlich in Gefahr gebracht hatte. Der Kopf des Arabers wirkte tatsächlich ziemlich eingedellt und die Blutspur, die er bei seiner letzten Wanderung zur Tür hinterlassen hatte, war kaum zu übersehen. Die Schattenseite eines Kopfschusses. Zwar umging man damit das Problem einer Körperpanzerung, aber gelegentliche Ausreißer blieben einem nicht erspart.

»Hey, Mitch, es tut mir leid. Normalerweise führ ich meine Abschüsse aus größeren Distanzen durch.«

»Hau ab.«

»Alles okay zwischen uns?«

»Nur wenn ich deine Visage nie mehr ertragen muss.«

»Kein Problem, Kumpel. Ich bin eh ein Phantom. Tust du mir den Gefallen und bringst mich …«

Rapp korrigierte den Anschlag minimal und versenkte die Patrone knapp einen halben Zentimeter über Thompsons Ohr in der Wand.

»Fuck!«, fluchte der junge Auftragskiller, duckte sich und zog schützend eine Hand vors Gesicht. Wenige Sekunden später war er zur Tür raus und rannte davon.

7

Moskau, Russland

Wie jedes Mal, wenn er herkam, fand er das Vorzimmer leer vor.

Grischa Asarow durchquerte es eilig und versicherte sich mit einem kurzen Blick auf die dekorative Wanduhr, dass er exakt pünktlich war. Die Tür zum hinteren Bereich stand offen. Nachdem er ihn betreten hatte, zog er sie leise hinter sich ins Schloss.

Das Büro bildete einen starken Kontrast zu jenem in Sibirien. An den Wänden prangten die üppigen Echtholztäfelungen, wie sie die Reichen und Mächtigen bevorzugen. Eine goldene Zierleiste lief an der Decke entlang. Aufwendig restaurierte Antiquitäten und unbezahlbare Kunstwerke buhlten um die Aufmerksamkeit der Besucher und zeichneten die ruhmreichen Epochen der russischen Geschichte nach.

Bei 20 Quadratmetern dauerte es nicht besonders lange, ans andere Ende zu gelangen und vor dem Schreibtisch, der sich einst im Besitz von Zar Nikolaus II. befunden hatte, stramm Haltung anzunehmen. Der Legende zufolge hatte er nur einmal daran gesessen – unmittelbar bevor sich das Volk gegen ihn auflehnte und ihn für seine Sünden und die seiner Vorväter bestrafte. Asarow hielt es für eine ironische Randnotiz, dass ein russischer Präsident sich freiwillig ein solches Möbelstück in seine Machtzentrale stellte.

Maxim Krupin schloss die Unterzeichnung des Dokuments ab, das vor ihm lag, und schob es beiseite. Dann lehnte er sich im Sessel zurück und gab zum ersten Mal zu erkennen, dass er die Ankunft seines Besuchers registriert hatte. Mit 52 Jahren war er noch relativ jung, stämmig und robust. Seit Kurzem ließ er sich einen rabenschwarzen Schnurrbart wachsen. Obwohl er ihn pedantisch pflegte, verlieh er seinem Äußeren etwas Ungestümes. Zweifellos ein beabsichtigter Effekt, um den Westen einzuschüchtern und sich mit einer Aura zu umgeben, die die Welt erneut im Schatten Russlands erzittern lassen sollte.

Im Gegensatz dazu war Asarow glatt rasiert, schlank und muskulös. Sein Anzug war so geschneidert, dass er seine gestählte Statur verbarg. Sein Trainer hätte niemals zugelassen, dass sich sein Körperfettanteil über dem Niveau eines Spitzenathleten einpendelte. In einer Welt moderner Waffen kam man mit Kraft allein nicht weiter. Schnelligkeit und Agilität sorgten für den entscheidenden Unterschied zwischen Überleben und Tod.

»Du siehst gut aus, nach allem, was du zuletzt durchgemacht hast, Grischa.«

»Sehr freundlich von Ihnen, Herr Präsident.«

»Viel besser jedenfalls als damals, als ich dich aus der Gosse gerettet habe.«

Bei ihren seltenen persönlichen Begegnungen legte Krupin großen Wert darauf, Asarow jedes Mal unterschwellig daran zu erinnern, dass der ihm seinen jetzigen Status verdankte.

Während Dimitri Utkins ähnlich geartete Bemerkung eine Übertreibung gewesen war, entsprach Krupins Feststellung schlicht den Tatsachen. Kurz vor seinem 24. Geburtstag hatte man Asarow ohne jede Erklärung von seinem Posten bei den Special Forces abgezogen. Nachdem er sich bei einer Reihe kniffliger Undercover-Operationen hervorragend geschlagen hatte, ebenso bei den Intelligenztests der Armee, war der neue russische Präsident auf ihn aufmerksam geworden.

Krupin, von einer populistischen Woge auf seinen Sessel gespült, hatte damals um die Etablierung seiner Machtposition und Autorität gekämpft. Dafür brauchte er einen Mann mit ganz speziellen Talenten und unerschütterlicher Loyalität.

Die russische Armee hatte ihn mit Ersterem ausgestattet, Krupin sorgte für Letzteres. Quasi über Nacht verschlug es Asarow aus einer primitiven Baracke mit einem Sold von ein paar lausigen Rubel im Monat in die Welt vornehmer Villen, Privatjets und Topmodels. Nie hätte sich der Sohn eines armen Farmers aus dem landwirtschaftlich geprägten Norden so etwas träumen lassen. Inzwischen wusste er, dass er dafür einen Pakt mit dem Teufel eingegangen war.

»Unsere Freunde haben sich zuletzt deutlich überschätzt«, fuhr Krupin fort. »Nun werden sie daran erinnert, dass sie auch nur aus Fleisch und Blut bestehen.«

Natürlich bezog er sich auf Utkin und Russlands übrige mächtige Oligarchen.

»Eine Schwäche, die uns alle verbindet, Herr Präsident.«

»Schwingt da etwa Angst in deiner Stimme mit, Grischa? Das passt nicht zu dir.«

Krupin war ein skrupelloser Mann, der für seinen Aufstieg im System einen hohen Preis gezahlt hatte – einen Preis, für den die Rechnung langsam fällig wurde. Der jähe Einbruch an den Ölmärkten in Verbindung mit den Wirtschaftssanktionen des Westens lockerte zunehmend den eisenharten Griff, mit dem er das Land unter Kontrolle hielt. Eine Kontrolle, die sowohl ihn als auch Asarow am Leben hielt.

»Es sind gefährliche Männer mit weitreichendem Einfluss, Sir.«

»Aber keine Patrioten, Grischa. Sie lieben Mutter Russland nicht. Die Amerikaner üben Druck auf uns aus und das Einzige, worum sich ihresgleichen schert, sind bedeutungslose Schwankungen der Aktienkurse. Ihnen fehlt die Vision, diesem Land zu früherem Glanz zu verhelfen.«

Asarow fragte sich, welcher frühere Glanz damit gemeint sein mochte. Die funktionsunfähigen Überbleibsel der Aristokratie, die der handgeschnitzte Schreibtisch vor ihm repräsentierte? Die von Völkermord geprägten Wahnvorstellungen eines Josef Stalin? Das desaströs gescheiterte kommunistische Experiment?

In Wahrheit war Russland hoffnungslos abhängig von der Förderung seiner Bodenschätze. Hier wurden keine bedeutenden Erfindungen gemacht. Keine bedeutenden Güter produziert. Keine unverzichtbaren Beiträge geleistet. Das Volk hatte es schließlich nie gelernt.

In vielerlei Hinsicht verdankte Krupin seine politischen

Erfolge diesen Rahmenbedingungen. Er nutzte die Sehnsucht der Bürger aus, etwas darzustellen, und besaß die Gabe, diesen Durst in einer Weise zu stillen, die letztlich bedeutungslos war, ihm vorübergehend aber ein fügsames Gefolge garantierte.

»Kurz vor seinem Tod erkundigte sich Utkin nach Details zu Ihrer Strategie, wie Sie der Wirtschaft auf die Sprünge helfen wollen. Er forderte eine Art Erfolgsgarantie ein, Sir. Ich befürchte, auch die anderen werden sich nicht länger vertrösten lassen.«

Krupins Augen verengten sich und er beugte sich über die Schreibtischplatte. »Ich werde den Amerikanern die Beine amputieren, Grischa. Russland wird bald überall in der Welt respektiert und gefürchtet sein. Wir werden selbst den Einfluss deutlich übertreffen, über den wir zur Zeit der sowjetischen Ära verfügten. Glaubst du, das wird diesen Kleingeistern genügen?«

»Was Sie beschreiben, klingt in der Tat glorreich.« Asarow bemühte sich, den Enthusiasmus an den Tag zu legen, der von ihm erwartet wurde.

Offenbar gelang es ihm, denn Krupin nickte und sank gegen die Lehne zurück. »Bedauerlicherweise finde ich mich in einer Position wieder, in der ich dich erneut um Hilfe bitten muss, Grischa. Ich wollte dich eigentlich aus der Operation in Afghanistan heraushalten, aber die aktuellen Umstände machen es leider unmöglich.«

»Was ist passiert, Sir?«

Krupin winkte lässig ab. Eine Geste, die etwas gezwungen wirkte. »Wir haben den Kontakt zu den Männern verloren, die sich um Mitch Rapp kümmern sollten.«

Asarow verkniff sich eine sichtbare Reaktion. Vor zwei Tagen hatte sich Krupin noch gebrüstet, dass alles wie am

Schnürchen lief und Rapp schnurstracks in die gestellte Falle getappt war.

»Den Kontakt verloren?«

»Laut jüngsten Informationen trifft Rapp in Kürze wieder in Islamabad ein. Das könnte uns einen Strich durch unsere Planungen machen.«

Die Operation gegen den CIA-Agenten war komplett auf dem Mist von Krupin und seinem Logistikspezialisten Marius Postan gewachsen. Asarow hatten sie aus der Planung herausgehalten. Typisch für den russischen Präsidenten. Eine seiner Strategien zum Machterhalt bestand darin, das Wissen über Intrigen so unter den Verantwortlichen aufzuteilen, dass niemand das komplette Ausmaß seiner Bemühungen kannte. Eine Form von Geheimhaltung, durch die er nicht nur seine Gegner in Schach hielt, sondern oft genug den eigenen Leuten ein Bein stellte.

Unter normalen Umständen hätte Asarow darum gebeten, in eine so groß angelegte Operation einbezogen zu werden. Krupin wäre früher oder später vermutlich dazu bereit gewesen. In diesem Fall hatte er sich allerdings bewusst rausgehalten. Er wusste um sämtliche Erkenntnisse, die dem russischen Geheimdienst über Mitch Rapp vorlagen, und sie machten deutlich, dass selbst hervorragend geplante, professionell durchgezogene Unternehmungen gegen ihn stets scheiterten. Meistens mit katastrophalen Folgen.

»Hatte Rapp Gelegenheit, die auf ihn angesetzten Männer auszuhorchen?«

»Das wissen wir nicht mit absoluter Gewissheit. Die CIA hat Leute vor Ort, aber dabei scheint es sich eher um eine Art Aufräumtrupp zu handeln. Es sieht danach aus, als wären Gusew und die beiden IS-Kämpfer, die ihn begleiteten, kurz nacheinander gestorben. Der Amerikaner, den Gusew unbedingt mitnehmen wollte, scheint sich abgesetzt zu haben.«

Die Antwort auf meine Frage lautet also Ja, stellte Asarow fest. Unter Druck dürfte Mitch Rapp aus jedem die gewünschten Informationen herauskitzeln. Im Fall von Gusew ging er allerdings jede Wette ein, dass der Kerl ohnehin lossprudelte wie ein Wasserfall. Ein verweichlichter Verbrecher, dem es allein um seine eigenen Interessen ging, knickte garantiert vor einem Mann ein, der sein Leben dem Kampf gegen Fanatiker verschrieben hatte und den tödlichen Ausgang eines Verhörs nicht nur hinnahm, sondern oft genug forcierte.

Krupin schien seine Gedanken zu lesen. »Gusew wusste weniger als nichts.«

Das hielt er für eine glatte Lüge. Immerhin war er in die taktischen Aspekte des Einsatzes eingeweiht gewesen und kannte sowohl die kurzfristigen Ziele als auch die zu verwendenden Methoden. Zugegebenermaßen nicht viel, aber deutlich mehr als nichts.

»Wie beabsichtigen Sie, weiter vorzugehen, Sir?«

Krupin gab ihm keine direkte Antwort, sondern starrte über den Schreibtisch hinweg.

»Nach intensivem Nachdenken bin ich zu dem Ergebnis gelangt, dass Rapp verschwinden muss, Grischa. Seit er Pakistan verlassen hat, entwickelte sich die Lage zu unserem Vorteil. Scott Coleman und seine Leute arbeiten zwar recht effektiv, aber die anderen CIA-Teams haben ohne Rapps Führung deutlich nachgelassen.«

»Das klingt nach einem Erfolg.«

Er hatte nur eine grobe Ahnung, was in Pakistan vor sich ging, und hielt es für besser so. Bedauerlicherweise deutete sich an, dass er künftig stärker daran beteiligt werden sollte und nicht länger Unwissenheit heucheln konnte.

»Ja, in gewissem Maße kann man es schon als Erfolg bezeichnen.«

»Vielleicht wäre es dann nicht verkehrt, den Etappensieg mitzunehmen und die weiteren Bemühungen einzustellen, bis Rapp aus Pakistan verschwindet.«

»Wir haben noch nicht genug Material gesammelt, um das eigentliche Ziel der Mission abzuhaken. In diesem konkreten Fall gibt es so etwas wie einen Etappensieg leider nicht.«

»Haben Sie eine grobe Vorstellung, was das weitere Vorgehen betrifft, Sir?«

»Wir wissen von einem hochrangigen Maulwurf der Pakistani. Sein Codename lautet Redstone und er steht auf der Gehaltsliste der CIA. Wir haben ihm über unsere Kanäle das Gerücht zugespielt, dass die Al-Badr-Miliz morgen während des Transports durch Faisalabad einen nuklearen Sprengkopf kapern will. Redstone gilt bei den Amerikanern als zuverlässiger Informant. Ich gehe davon aus, dass sie ihm glauben werden.«

»Also stellen wir Rapp eine zweite Falle, nachdem die erste gescheitert ist.«

»Es war ein Fehler, Gusew die Verantwortung zu übertragen. Ich hätte nie zulassen dürfen, dass Marius das tut. Deshalb bitte ich, dass du dich der Sache persönlich annimmst, Grischa.«

»Das ist ein bisschen so, als ob man ein Netz über einem wütenden Bären abwirft, oder?«, fragte er. Dabei wusste er genau, dass Krupin weder seine Meinung noch seine Einwände interessierten. »Ich kann nur noch einmal meine Empfehlung wiederholen, nach Möglichkeit für einige Wochen die Bälle flach zu halten.«

Krupin schüttelte den Kopf. »Die pakistanischen Sprengköpfe werden mit minimalen Sicherheitsvorkehrungen transportiert, weil sich Armee und Regierung ein Tauziehen um die Macht liefern. Diese ungeordneten Verhältnisse werden nicht von Dauer sein. Sobald eine der beiden Parteien die Oberhand gewinnt, ist die Gelegenheit vorbei, sie in meinen Besitz zu bringen.«

Krupin wollte sich also tatsächlich die Atomwaffen der Pakistani krallen. Aus welchem Grund? Es gab nur eine logische Antwort: Das deutlich größere Nukleararsenal, das die Russen kontrollierten und das in der Lage war, den ganzen Planeten mehrfach in Schutt und Asche zu legen, diente bloß der Abschreckung. Eine milliardenschwere Abschreckung, die man nicht einsetzen konnte, weil man sonst einen Vergeltungsschlag ähnlicher Größenordnung seitens des Westens provozierte.

Der einzige Grund, aus dem Krupin sich pakistanische ABC-Waffen aneignen wollte, bestand darin, dass sie sich nicht zu ihm zurückverfolgen ließen. Und der einzige Grund, warum er ABC-Waffen haben wollte, die sich nicht zu ihm zurückverfolgen ließen, dürfte sein, dass er beabsichtigte, sie tatsächlich einzusetzen.

Schweiß strömte über Asarows Rücken, aber er ließ sich seine Beunruhigung nicht anmerken. Er hatte schon viele Männer in Diensten Krupins getötet. Trotzdem unterschied sich dieser Job von früheren.

»Du bist ganz schön wortkarg, Grischa. Fühlst du dich von der simplen Aufgabe überfordert, einen einzelnen Mann zu töten? Fürchtest du, zum ersten Mal zu scheitern?«

»Wenn dem so wäre, befände ich mich in guter Gesellschaft einer langen Liste von Toten, die ebenfalls probiert haben, Rapp das Handwerk zu legen.«

»Aber du bist keiner von diesen Toten. Du verfügst über eine besondere Gabe.«

Obwohl es als Schmeichelei gemeint war, hatte Krupin prinzipiell recht. Asarow war ein Starathlet auf olympischem Niveau, der auf lebenslanges Training zurückblicken konnte. Seit Verlassen des Militärs waren ihm die besten Ausbilder, die der Privatsektor zu bieten hatte, zur Seite gestellt worden. Performance-Coaches von renommierten europäischen Universitäten, begnadete Scharfschützen und Kampfsportspezialisten auf höchstem Niveau. Außerdem schluckte er regelmäßig leistungssteigernde Präparate und wurde von einem deutschen Arzt behandelt, der im Spitzensport wegen Dopings auf der Roten Liste gelandet war. Er fürchtete, dass ihm das Zeug in seinem Körper ein frühes Grab bescherte. Was besonders hell loderte, brannte meistens mit kurzer Lunte.

»Ich bin fast zehn Jahre jünger als Rapp und war deutlich seltener verletzt als er«, erwiderte Asarow. »Ich habe mich ausgiebig mit den Techniken beschäftigt, die er einsetzt, mit seiner psychologischen Verfassung und seiner früheren athletischen Laufbahn. Umgekehrt ahnt er vermutlich nicht mal, dass ich existiere.«

Krupin lächelte zum ersten Mal seit Beginn ihrer Unterredung. »Schön zu hören, wie die Zuversicht in deine Stimme zurückkehrt, Grischa. Zuletzt schienst du mir zunehmend von Selbstzweifeln geplagt zu sein.«

»Mit Zuversicht hat das nichts zu tun, Herr Präsident. Ich habe die Überraschung auf meiner Seite, außerdem Jugend, ausgezeichnetes Training und gewisse Vorzüge, die ich … der Pharmaindustrie verdanke. Für ihn spricht umgekehrt aber auch einiges.«

»In welcher Hinsicht?«

»Ein zusätzliches Jahrzehnt an Erfahrung. Das mehrfache Durchstehen deutlich kniffligerer Notsituationen, als ich sie je erlebt habe.«

»Du bist viel zu wertvoll für mich, als dass ich dein Leben leichtfertig riskieren würde, Grischa. Ich setze dich nur deshalb ein, weil ich keine andere Möglichkeit sehe, diese Chance erfolgreich zu nutzen.«

»Es bleibt dabei, dass er mehr durchgemacht hat als jeder andere lebende Mensch und dabei so gut wie keine nennenswerten Schwächen gezeigt hat. Seine Feinde, zuletzt der äußerst clevere Louis Gould, liegen allesamt unter der Erde.«

»Sehr gut«, zeigte sich Krupin zufrieden. »Vertrauen ist ein erstrebenswertes Gut, Arroganz kostet den Narren Kopf und Kragen. Ich versichere dir, du kannst dich auf mich verlassen. Ich werde dich keinen unnötigen Risiken aussetzen und werde bei der Planung berücksichtigen lassen, dass Rapp kein Gegner wie jeder andere ist.«

Asarow nickte respektvoll, brachte es allerdings nicht über sich, Krupin zu danken. Er bedeutete dem Präsidenten rein gar nichts. Dieser setzte ihn allenfalls als nützliches Werkzeug ein, das sich umgehend entsorgen ließ, wenn es für Komplikationen sorgte.

Einmal mehr wurde er sich der Falle bewusst, in die er als junger Mann in seinem Übermut getappt war. Die Frage lautete, ob nun der Moment nahte, in dem er endgültig an dem Versuch scheiterte, sich daraus zu befreien.

8

Über Simbabwe, Afrika

»Soll ich dir eine Limo bringen, Anna?«

Das Mädchen schüttelte nur den Kopf und klammerte sich an seiner Mutter fest. Es beäugte Rapp in einer Mischung aus Angst und Schock, die so stark war, dass er wegsehen musste.

Sie befanden sich seit gerade mal einer Stunde in der Luft. Den Großteil der Zeit hatte er im Cockpit verbracht, um die Einsätze seiner Teams in Pakistan zu koordinieren. Es ging um riskante Manöver innerhalb kurzer Zeitfenster. Ungeprüfte Berichte deuteten auf einen möglichen Überfall auf einen Transporter durch Al Badr in Faisalabad hin. Kennedy und Scott Coleman bemühten sich, weitere Einzelheiten in Erfahrung zu bringen und sie durch Kontakte vor Ort bestätigen zu lassen.

»Wie steht's mit einem Keks?«, gab sich Rapp nicht so schnell geschlagen. »Ich glaube, wir haben welche in der Bordküche.«

Wieder ein nervöses Kopfschütteln.

Die Kleine fürchtete sich vor ihm. Natürlich hatte sie allen Grund dazu. Ein Glück, dass Thompson es übernommen hatte, den Arabern das Licht auszuknipsen. Hätte Rapp vor ihren Augen diese Psychopathen abknallen müssen, wäre sie wahrscheinlich längst unter einen der Sitze gekrochen.

»Ich weiß, dass das, was heute passiert ist, verdammt gruselig war«, sagte Rapp und lehnte sich behutsam etwas dichter an sie heran. »Die meisten Menschen auf der Welt sind gut. Aber leider gibt es einige, bei denen es anders ist.«

Sie starrte weiterhin an ihm vorbei, doch ihre Furcht schien etwas nachzulassen. Ein taffes Mädchen, genau wie ihre Mutter. Und auch von ihrem Vater dürfte sie entsprechende Gene geerbt haben.

»Woher weiß man, welche die Bösen sind?«, fragte sie schließlich.

Rapp verkniff sich ein Lächeln, weil es ihm bei diesem Thema unpassend vorkam. Immerhin redete sie wieder mit ihm. Ein enormer Erfolg nach allem, was er ihr zugemutet hatte.

»Die Bösen sind die, die einen betrügen wollen. Oder einen bestehlen. Und ein paar von ihnen … so wie die Männer vorhin … wollen einem sogar wehtun. Die Guten helfen einem immer.«

»Was ist mit diesem anderen Amerikaner? Kent? Ist *er* einer von den Guten?«

Rapp fuhr sich mit der Hand durch den Bart. Ihm wollte keine passende Antwort einfallen. Er überlegte kurz, ob er Anna anlügen sollte, konnte sich aber nicht dazu durchringen. Die Kleine traf keine Schuld, in so eine Welt hineingeboren worden zu sein. Trotzdem würde auch sie eines Tages mit der harten Realität konfrontiert werden.

»Ganz ehrlich? Da bin ich mir nicht sicher.«

»Aber …«

»Anna«, mahnte ihre Mutter. »Er sagt, er ist nicht sicher.«

Das Mädchen starrte auf ihre Füße. »Okay.«

»Da fällt mir ein«, sagte Rapp, der etwas tun wollte, um seine unbefriedigende Antwort wettzumachen. »Was hältst du davon, mal den Piloten Guten Tag zu sagen? Wenn du sie ganz lieb bittest, lassen sie dich vielleicht sogar mal kurz ans Steuer.«

Sie wandte sich fragend an ihre Mutter, die nickte, und lief daraufhin durch den Mittelgang zum Cockpit. Ob sie sich tatsächlich dafür interessierte, wie man ein Flugzeug steuerte, oder einfach aus seiner Nähe wegkommen wollte, wusste er nicht so genau. Vermutlich ein bisschen von beidem.

»Manchmal stellen Kinder schwierige Fragen«, meinte Claudia.

»Und ob.«

Er stützte die Ellbogen auf den Knien ab und sah sie zum ersten Mal seit seiner Ankunft in Afrika richtig an. Ihre Bräune war seit ihrer letzten Begegnung in Griechenland verblasst. Der hellere Teint ihrer Haut bildete einen reizvollen Kontrast zu ihren dunklen mandelförmigen Augen. Sie war 36, aber der Unterschied zwischen ihnen wirkte beträchtlich. Jahrzehnte voller Wüstensonne, Sandstürme und Erinnerungen an tote Freunde und Feinde ließen ihn deutlich älter wirken.

Das Flugzeug geriet kurzzeitig ins Schlingern und Claudia schaute in Richtung Cockpit. Als sie sich wieder zu ihm umdrehte, entsprach ihr Gesichtsausdruck nicht dem, was er erwartet hatte. Genau genommen konnte er sich gar keinen Reim darauf machen.

»Sie lassen sie tatsächlich fliegen.«

»Meinst du?«

»Die Leute tun, was du ihnen sagst, oder?«

»Die meisten.«

»Und die, die sich weigern?«

Er lehnte sich zurück und wünschte sich weit weg von

ihr. »Du hast lange mit Louis zusammengelebt. Du weißt, wie es läuft.«

Sie wechselte zu Französisch, eine Sprache, mit der sie sich wohler fühlte. »Nein. Du bist ganz anders als Louis.«

Wie sollte er diese Bemerkung interpretieren? Hielt sie ihn für besser? Schlimmer? Ihr toter Ex-Mann war ein skrupelloser Menschenhasser gewesen, der für den richtigen Betrag jeden erledigte. Rapp tickte definitiv ganz anders. Aber war das für Außenstehende erkennbar? Immerhin hatte er deutlich mehr Männer getötet als Gould. Der Hauptunterschied bestand in den Beweggründen.

»Danke, dass du uns gerettet hast«, meinte sie schließlich. »Wieder mal.«

Er schüttelte den Kopf. »Das Ganze war meine Schuld, Claudia. Sie hätten euch niemals finden dürfen. Ich muss etwas übersehen haben.«

»Niemand kann spurlos verschwinden. Das weiß ich spätestens seit meinem Einstieg in …« Ihre Stimme brach kurzzeitig weg. »… euer Geschäft.«

»Trotzdem, ich …«

»Manche von Louis' Feinden verfügen über ein beeindruckendes Netzwerk von Kontakten und Ressourcen, Mitch. Dagegen lässt sich nur schwer etwas ausrichten.«

Er zögerte mit einer Antwort, weil er ungern zugab, dass in diesem Fall ihn die Schuld traf, nicht ihren toten Ex. Und obwohl sie bei der Frage nach dem Grund falschlag, stimmte es, was sie über Netzwerke sagte. Die CIA gehörte auf diesem Gebiet zu den Besten und die Männer, die mit ihrem Fall betraut worden waren, wussten, dass er ihnen sehr genau auf die Finger schaute. Dass ein russisches Verbrechersyndikat oder der IS über Mittel und Wege verfügte, so etwas durchzuziehen, hielt er für weit hergeholt. Nein, dahinter musste jemand innerhalb der Agency stecken … oder eine Organisation mit so gewaltigen Kapazitäten, dass sie jeden ausgestellten Pass, jeden Immobiliendeal und jede Kontoeröffnung weltweit überprüfte.

Alles schrie nach russischem Geheimdienst. Aber warum? Natürlich hatten sie ein verständliches Interesse daran, wer in Pakistan künftig die politische Kontrolle übernahm, aber inwiefern nützte es ihren Zwecken, die Sicherheitsmaßnahmen rund um das dortige Atomwaffenarsenal gezielt zu schwächen? Zu viel Risiko, zu wenig Ertrag. Selbst für einen Mann wie Maxim Krupin.

»Ich weiß nicht, was ich machen soll, Mitch. Ich hab mir das selbst eingebrockt. Natürlich war ich bei Louis' Kontrakten nicht für die Abschüsse verantwortlich, aber Verantwortung trage ich trotzdem. Ich habe ihn unterstützt und davon profitiert. Auf meinem Konto liegt ein zweistelliger Millionenbetrag. Alles Blutgeld. Nur Anna … sie ist unschuldig. Ich muss sie beschützen.«

Rapp stieß gedehnt die Luft aus. Wieso hatte er sich eingebildet, damit durchzukommen? Wunschdenken gehörte sonst nicht zu seinen Schwächen.

»Es ging nicht um dich, Claudia. Jemand wollte mich ablenken.«

»Wieso sollten sie da den Umweg über mich nehmen? Du hast mir ein neues Leben geschenkt und deine Schulden bei mir eingelöst. Was bringt sie auf die Idee, dass ich dir etwas bedeute?«

Nun, aber genau so ist es! Doch er war noch nicht bereit, ihr diesen Gedanken anzuvertrauen.

»Ich habe keine Ahnung.«

»Wenn es also gar nicht um Louis ging und die Männer, die in die Entführung verwickelt waren, alle tot sind, bringst du uns dann nach Hause?«

»Nein. Erst muss ich mich vergewissern, dass eure neue Identität nicht aufgeflogen ist. Auf keinen Fall darf sich so ein Versuch wiederholen. Die Maschine wird mich unterwegs absetzen und euch nach Washington bringen. Ein Mann namens Mike Nash, dem ich blind vertraue, holt euch vom Flughafen ab und bringt euch in meine Wohnung. Dort seid ihr sicher, solange ich mich darum kümmere.«

»Damit meinst du, dass du jeden umbringen wirst, der darin verwickelt ist.«

Hätte er diese Unterhaltung mit seiner verstorbenen Frau geführt, hätte jetzt das Herumeiern begonnen. Nicht bei Claudia. Sie kannte die Regeln.

»Richtig.«

»Kann ich dich dabei unterstützen?«

»Das bekomm ich allein hin. Trotzdem danke für das Angebot.«

»Ich *kann* dir helfen, das ist dir bewusst, oder? Ich schäme mich zwar, es zuzugeben, aber so was liegt mir.«

»Das kann man wohl sagen«, sagte er und meinte es ernst. »Und wäre ich mir nicht zu 100 Prozent sicher, dass mein Team das allein hinkriegt, würde ich definitiv auf dein Angebot zurückkommen.«

Sie schob ihre Hand auf seine. »Ich müsste eigentlich tot sein oder im Gefängnis schmoren, Mitch. Stattdessen lebe ich im schönsten Haus, das ich je gesehen habe, am schönsten Ort, den ich kenne. Anna besucht eine tolle Schule und hat wunderbare neue Freundschaften geschlossen. Ich möchte mich irgendwie bei dir revanchieren.«

Rapps Handy vibrierte. Er richtete den Blick auf das Display und rechnete mit einem aktuellen Lagebericht des CIA-Teams, das hinter ihm aufräumen sollte. Stattdessen handelte es sich um eine Drohung. Allerdings stammte sie nicht von den Pakistani oder den Russen. Vielmehr drohte seine Innenarchitektin damit, wenn er nicht innerhalb der nächsten Stunde eine Entscheidung traf, seine Arbeitsflächen in der Küche mit rosa Resopal auszustatten.

Rapp betrachtete Claudia nachdenklich. »Ist das ein ernst gemeintes Angebot?«

»Natürlich.«

Er hielt ihr das Telefon hin und zeigte ihr die SMS. »Ich bin gerade damit beschäftigt, ein Haus außerhalb von Washington einrichten zu lassen. Dieses Weib treibt mich in den Wahnsinn. Ich werde morgen Nachmittag um 14 Uhr einen Termin mit euch beiden vereinbaren. Danach will ich nie wieder etwas von ihr hören. Es sei denn, sie meldet sich, um mir mitzuteilen, dass alles fertig ist und der Schlüssel unter der Fußmatte liegt.«

9

ISLAMABAD, PAKISTAN

Grischa Asarow schritt zielstrebig durch die Lobby des Marriott in Islamabad. Kurz nach Mitternacht herrschte hier kaum Betrieb. Ein abgespannt wirkendes englisches Pärchen stand in der Ecke und erteilte dem Pagen Anweisungen, eine attraktive junge Frau versah ihren

Dienst an der Rezeption. Aus dem Augenwinkel registrierte er, wie ein Mann durch die Tür hinter ihr trat, beruhigte sich jedoch sofort. Kein Grund zur Sorge. Es war bloß der Geschäftsführer.

»Schön, Sie wieder bei uns zu haben, Sir.«

Asarow nickte höflich, blieb aber nicht stehen. Er ging fast davon aus, dass der Typ extra für diese Begrüßung so lange geblieben war. Und um sicherzustellen, dass die von Asarow gestellten Anforderungen lückenlos umgesetzt wurden.

Erwartungsgemäß fand er den Aufzug leer vor und aktivierte mit einer Schlüsselkarte die Fahrt zur oberen Etage. Wie üblich hatte das russische Energieberatungsunternehmen, das er offiziell leitete, die luxuriöseste Suite des Hotels für ihn angemietet. Der Betrieb wurde von Maxim Krupin mit Unterstützung der Oligarchen finanziert, die zugleich seine wichtigsten Kunden darstellten.

Ein bequemer Posten, der es ihm erlaubte, unverschämt viel Geld mit denkbar geringem Aufwand zu verdienen, gefährliche Regionen weltweit zu bereisen, ohne Verdacht zu erregen, und sich unbemerkt mit wohlhabenden, einflussreichen Männern zu treffen. Nach mehr als einem Jahrzehnt war aus der anfänglichen Tarnfirma ein legitimes Business geworden. Er hatte die besten Wirtschafts- und Energieexperten unter Vertrag genommen und zählte inzwischen Konzerne wie Exxon, BP und Aramco zu seiner Klientel. Er verfügte über genug Fachwissen, um sich in einem Raum voller Manager aus der Ölbranche behaupten zu können.

Asarow verließ die Kabine und entriegelte seine Suite mit derselben Schlüsselkarte, die man ihm vorab per Post zugeschickt hatte. Der Hauptraum ähnelte hinsichtlich der Einrichtung der Lobby des Marriott. Eine erlesene Kombination aus figurativem Marmor, kostbaren Hölzern und aufwendig geknüpften Teppichen.

In der Mitte befand sich ein abgesenkter Bereich, der eine Sitzecke mit Sesseln, Sofas und einem gläsernen Couchtisch beheimatete. Ein Mann erhob sich aus dem am weitesten von der Tür entfernten Sessel und deutete eine Verbeugung an.

Marius Postan war 51 Jahre alt, neigte zur Glatze und trug einen teuren, aber schlecht sitzenden Anzug, der auf seine ständigen Gewichtsschwankungen hindeutete. Ein weiterer von Krupins externen ›Beratern‹, der sogar noch länger als Asarow für den russischen Präsidenten arbeitete. Sein Einfluss konzentrierte sich auf technische Aspekte.

»Wenn ich richtig informiert bin, haben Sie Neuigkeiten für mich?« Asarow ging zur Bar. Eine Flasche Blanton's Gold Edition wartete neben einem üppigen Blumenstrauß und einer persönlichen Nachricht des Hotelmanagers auf ihn.

»Sie sollten nüchtern bleiben, um die Informationen zu verdauen«, sagte Postan.

»Ganz im Gegenteil, Marius. Mit einem Glas Bourbon in der Hand empfinde ich unsere gemeinsam verbrachte Zeit als weitaus erträglicher.«

Asarow hatte zwar einen Hinweis erhalten, dass der andere ihn in der Suite erwartete, wusste aber nicht, worum es bei dem bevorstehenden Gespräch ging. Allerdings brauchte er keine sonderliche Fantasie, um es sich auszumalen. Wenn Postan sich persönlich blicken ließ, handelte es sich um streng vertrauliche Informationen, bei denen das Risiko einer Übermittlung selbst über stark verschlüsselte Verbindungen als zu hoch eingestuft wurde.

»Darf ich davon ausgehen, dass Sie gekommen sind, um über die Rapp-Operation zu reden?«

Postan nickte und Asarow entschloss sich, eine gewisse Neugier an den Tag zu legen. »Bevor wir anfangen, Marius, verraten Sie mir kurz, was in Südafrika passiert ist?«

Die Augen des anderen zuckten nervös in der verschwenderischen Umgebung hin und her. Er war für die Planung verantwortlich gewesen, überwacht von den strengen Blicken Maxim Krupins. Das Problem bestand darin, dass der Präsident im Erfolgsfall gern den kompletten Ruhm für sich beanspruchte, bei einem Scheitern allerdings jegliche Beteiligung abstritt.

»Ilja Gusew wurde ebenso wie die beiden Iraki getötet, die man ihm zur Seite gestellt hatte. Ein angeheuerter Killer, ein gewisser Kent Black, ist verschwunden. Ich warte noch auf genauere Einzelheiten hinsichtlich dessen, was vorgefallen ist.«

»Ich verstehe.« Asarow lümmelte sich auf eins der Sofas. »Hätten Sie diese Informationen gern?«

Postan blieb stehen und musterte ihn irritiert. »Was meinen Sie damit?«

»Das ist doch eine ganz einfache Frage. Interessiert Sie, was dort vorgefallen ist?«

»Ich wüsste nicht, wie …«

Asarow brachte ihn mit einer Handbewegung zum Schweigen. »Kent Blacks wahrer Name ist Steve Thompson. Zu Beginn seiner Karriere als freier Vertragsnehmer hat er sich an einer Operation in Nicaragua beteiligt. Louis Gould kämpfte auf der Gegenseite. Thompson dürfte genug über ihn wissen, um seine Ex-Frau zu erkennen und sich darüber im Klaren zu sein, dass Mitch Rapp zumindest eine oberflächliche Beziehung zu ihr pflegt. Thompson ist weder naiv noch lebensmüde, also könnten wir davon ausgehen, dass er Rapp im Vorfeld informiert hat, damit die Entführung von Claudia Gould keine Vergeltungsmaßnahmen seitens der CIA nach sich zieht.«

Postans Augen weiteten sich. »Haben Sie mit Krupin darüber gesprochen?«

Asarow verneinte. »Ich habe erst vor Kurzem von Thompsons Beteiligung erfahren.«

»Also ist das, was Sie mir gerade erzählt haben, rein spekulativ?«

Anstelle einer Antwort nippte Asarow an seinem Drink und betrachtete sein Gegenüber geringschätzig. Sosehr er Postan verachtete, verspürte er doch ein gewisses Mitgefühl. Die Planung einer solch komplexen Unternehmung überstieg seine Fähigkeiten deutlich. Statt Asarow zu involvieren, hatte der Präsident mit seinem manischen Drang, Herrschaftswissen gleichmäßig auf mehrere Köpfe zu verteilen, einen Amateur darauf angesetzt. Das brachte sie alle miteinander in eine äußerst gefährliche – und selbst verschuldete – Zwangslage.

»Ja«, bestätigte Asarow, um einem Streit aus dem Weg zu gehen. »Rein spekulativ.« Er streckte eine Hand aus. »Sie haben etwas für mich?«

Postan reichte ihm einen Speicherstick.

»Die Pläne für die Ergreifung von Rapp in Faisalabad?«

»Genau. Er wird bald wieder in Pakistan eintreffen. Unsere Bemühungen liefen während seiner Abwesenheit deutlich reibungsloser. Möglicherweise müssen wir sie vorübergehend einstellen, falls es Ihnen nicht gelingt …«

Asarow brachte ihn erneut zum Schweigen. »Wenn hier alles drauf ist, brauche ich keine weiteren Erklärungen.«

Postans Nervosität pendelte in Richtung Wut. Er war wohlhabend, einflussreich und daran gewöhnt, dass ihm seine Gesprächspartner mit Unterwürfigkeit begegneten. Vor allem war er ein nachtragender Kontrollfreak, berüchtigt für seine cholerischen Ausbrüche. Nicht nur seine Angestellten, auch die eigene Familie fürchtete sich angeblich vor ihm.

»Sie halten sich für unantastbar, was, Grischa? Sie bilden sich ein, dass Krupin Sie wie einen Sohn liebt. Ich kann Ihnen versichern, dass das nicht der Fall ist. Seien Sie sich darüber im Klaren, dass ich ihm deutlich mehr nütze. Mein Geflecht von Scheinfirmen, die Geldwäsche, die ständigen Anpassungen, um mit der technologischen Entwicklung und der veränderten internationalen Gesetzgebung Schritt zu halten … Sie sind nichts als ein Killer, Grischa. Ein Mensch von der gewöhnlichsten Sorte.«

Postan setzte seine Schmährede fort. Asarow hörte gar nicht mehr zu. Er stand auf und ging zur Bar mit integrierter Spüle auf der anderen Seite der Suite, bückte sich, als ob er den Kühlschrank öffnen wollte, und zog dabei seine maßgefertigte Pistole aus dem Schulterholster am linken Arm.

»Haben Sie verstanden, Grischa? Sind Sie überhaupt in der Lage, mir geistig zu folgen?«

Asarow richtete sich auf und lächelte höflich. »Ich gebe mir größte Mühe. Bitte fahren Sie fort.«

Er drehte den Wasserhahn auf und füllte den integrierten Schalldämpfer der Waffe mit Wasser. Trotz der opulenten Ausstattung verfügte die Suite über etwas zu dünne

Wände. Der erste Schuss aus einer schallgedämpften Waffe tendierte dazu, ein wenig lauter zu sein. Das Wasser konterkarierte diesen Effekt.

Asarow hatte Postans Tirade zwar nicht gelauscht, aber die abrupte Stille, als er die Mündung der Waffe auf ihn richtete, empfand er trotzdem als wohltuend. Der andere erstarrte, dann sprintete er zur Tür. Asarow verfolgte den Fluchtversuch durch die erhöhte Visierlinie des Zielfernrohrs, wartete mit dem Schuss, bis Postan nicht länger auf dem Teppich stand und die leichter zu reinigenden Marmorfliesen erreicht hatte.

Das Unterschallprojektil durchschlug die Schädelbasis und warf Krupins Vertrauten nach vorn. Er landete mit dem Gesicht zuerst auf dem Boden. Asarow legte die Waffe auf dem Tresen ab und zog den leeren Müllbeutel aus dem Abfalleimer zu seinen Füßen.

Er stülpte den Sack über Postans Kopf und schnürte ihn am Hals zusammen. Zum einen, um die Sauerei in Grenzen zu halten, zum anderen, um dafür zu sorgen, dass er spätestens jetzt an Erstickung starb. Das 22er-Geschoss, das er benutzt hatte, war zwar extrem leise, dafür ließ die Durchschlagskraft zu wünschen übrig.

Etwas Schrubben mit einem Barhandtuch, das er kurz mit Eis angefeuchtet hatte, beseitigte die restlichen Flecken. Er zog sich zum Sofa zurück und fing gerade an, sich mit dem Inhalt des Speichersticks zu beschäftigen, da klingelte sein Handy.

»Ja?«

»Darf ich davon ausgehen, dass dein Treffen das von mir gewünschte Ende genommen hat?« Maxim Krupins Stimme.

»Das dürfen Sie.«

»Und du hast die Unterlagen gesichtet, die ich dir zukommen ließ?«

»Bislang nur oberflächlich, Sir.«

»Nun, im Gegensatz zu dir bin ich sie sehr genau durchgegangen.«

Die Bemerkung sollte ihn beruhigen, aber das tat sie nicht. Krupin mochte ein theoretisches Genie sein, wenn es um politisches Ränkeschmieden ging, aber er verfügte über keine nennenswerten praktischen Erfahrungen. Seine wenigen Jahre beim KGB schmückte er aus, als wäre er der Held aus einem amerikanischen Actionfilm, aber das entsprach nicht den Tatsachen. Er hatte damals lediglich politische Dissidenten ausspähen lassen und gelegentlich die Hinrichtung eines jungen Idealisten oder eines alternden politischen Aktivisten angeordnet. Mit Männern wie Mitch Rapp hatte er es dabei nie zu tun bekommen.

»Ich denke, der Plan wird dir gefallen, Grischa.«

Asarow nippte langsam an seinem Bourbon und genoss das edle Aroma. Er überlegte, wie direkt er werden sollte. »Ich mache mir Sorgen, dass ich mit pakistanischen Talibankämpfern zusammenarbeiten muss, während Rapp auf Scott Coleman und sein bewährtes Team zurückgreifen kann.«

»Die Taliban kennen sich da unten hervorragend aus und opfern notfalls ihr Leben, damit du dein Ziel erreichst.«

»Ich fürchte, wir müssen davon ausgehen, dass auch Colemans Leute mit ihrem Einsatzgebiet bestens vertraut sind. Und ich gehe davon aus, dass jeder Einzelne von ihnen, ohne zu zögern, sein Leben für einen Kameraden aufs Spiel setzt. Darüber hinaus sind sie exzellent ausgebildet, sprechen dieselbe Sprache wie Rapp und haben zahllose erfolgreiche Einsätze zusammen mit ihm durchgeführt.«

»Ich habe diese Männer persönlich ausgewählt.« In die Stimme des russischen Präsidenten schlich sich eine deutliche Missbilligung ein. »Nicht allein auf Basis ihrer Talente, sondern auch aufgrund ihrer Bereitschaft, an die Grenzen zu gehen.«

Das war natürlich glatt gelogen. Sein wichtigstes Auswahlkriterium war gewesen, dass sich ihre Spur nicht zu Krupin zurückverfolgen ließ. Ihr Talent – eher ihr fehlendes Talent – dürfte allenfalls eine untergeordnete Rolle gespielt haben.

»Danke, dass Sie sich persönlich darum gekümmert haben«, sagte Asarow, der es für sinnlos hielt, länger darüber zu lamentieren. »Mir ist bewusst, wie knapp bemessen Ihre Zeit ist.«

»Das ist doch selbstverständlich, Grischa. Nichts ist mir wichtiger als dein Wohlergehen. Von deinem persönlichen Glück mal abgesehen. Du zeigst mir ständig aufs Neue, wie wertvoll du für mich bist. Wie kann ich mich dafür erkenntlich zeigen?«

Diese Frage hatte er ihm im Rahmen ihrer langjährigen Zusammenarbeit schon häufig gestellt. Die Antwort darauf fiel ihm zunehmend schwerer. Noch ein Auto? Er hatte schon einen Bugatti Veyron, eingelagert in Kanada, und einen Bentley Continental, der in einer Garage unweit von Genf stand. Und das war nur ein kleiner Teil seines privaten Fuhrparks. Ein weiteres Haus? Er besaß schon vier – drei davon hatte er seit Jahren nicht mehr von innen gesehen. Das Einzige, wonach er sich sehnte, würde ihm wahrscheinlich nie vergönnt sein: Freiheit.

»Das ist sehr großzügig von Ihnen, Sir. Bitte lassen Sie mich eine Weile darüber nachdenken.«

»Natürlich.«

Die Verbindung wurde getrennt. Asarow legte das Handy auf den Tisch und betrachtete die Leiche auf den Marmorfliesen hinter dem Eingang der Suite.

In gewisser Weise beneidete er Männer wie Krupin. Sie verfügten über einen grenzenlosen Appetit, der ständig gestillt werden musste. Geld, Macht, Besitztümer, Frauen. Es war nie genug. Aus einer Milliarde Euro mussten zwei Milliarden werden. Bewunderung und Gefügigkeit von 90 Prozent der Bevölkerung mussten auf 100 Prozent steigen. Krupin und die Oligarchen rieben sich auf und wetteiferten bis zum letzten Atemzug. So etwas wie Selbstzweifel, Reflektieren oder Bedauern kannten sie nicht. Menschen wie sie begriffen nie, dass es im Leben Wichtigeres gab als ihre schlichte Philosophie des *Mehr, immer mehr!*

Schon seit Langem fühlte sich Asarow wie ein Ertrinkender. Allerdings verband er damit nicht Panik und Verzweiflung wie die meisten anderen Menschen. Eher das Gefühl, dass Wellen über ihm zusammenschlugen und in der Tiefe endlose Schwärze und Kälte lauerten. Der Weg, der vor ihm lag, war frei von Verlockungen. Es gab nichts, wonach er sich sehnte. Nichts, wofür es sich zu kämpfen lohnte.

Jetzt verspürte er einen jener seltenen Momente, in dem ein Adrenalinschub durch seinen Körper toste. Bald stand er Mitch Rapp gegenüber, einem Mann, dem er aktiv aus dem Weg gegangen war. Er hatte nie die Notwendigkeit gesehen, eine Konfrontation zu provozieren. Nun, wo sie unvermeidlich wurde, fühlte er … ja, was eigentlich?

Erregung? Furcht? Diese Begriffe reichten nicht, um in Worte zu fassen, was er empfand. Aber er empfand etwas. Eine Art Hoffnung, dass der Knoten in seinem Leben bald platzte und ihn von der Existenz erlöste, in der er gefangen war. Vielleicht sogar für immer.

10

FAISALABAD, PAKISTAN

Rapp verzichtete darauf, die Stufen auszufahren. Er sprang direkt aus dem Jet auf den Asphalt und joggte zu einem Wagen, der am Rand des Rollfelds parkte. Der wolkenlose Himmel und die kühle Brise des westlichen Kaps hatte er nun Tausende Kilometer hinter sich gelassen und musste mit der vertrauten Hitze und dem gelblichen Dunst Pakistans vorliebnehmen.

Der ursprüngliche Flugplan hatte Islamabad als Zielort vorgesehen, aber sie waren ohne Erklärung 250 Kilometer südlich nach Faisalabad umgeleitet worden. Die blonden Haare, die er hinter der dreckigen Windschutzscheibe des Honda Civic erspähte, der auf ihn wartete, deuteten auf schlechte Neuigkeiten hin.

Scott Coleman war ein ehemaliger Navy SEAL und Hauptanteilseigner von SEAL Demolition and Salvage – der Firma, über die Rapp einen Großteil der Aufträge abwickelte, über die besser nicht offiziell Protokoll geführt wurde.

»Na, ist dir warm genug?«, fragte Coleman, als Rapp neben ihn auf den Beifahrersitz rutschte. »Die Jungs vom

Wetterbericht behaupten, wir knacken heute Nachmittag die 40-Grad-Marke.«

Normalerweise verkniffen sie sich Geplänkel über die Temperaturen, aber solche Extremwerte mussten sie in ihrem Schlachtplan berücksichtigen. Im besten Fall litten Geschwindigkeit, Ausdauer und Genauigkeit darunter, im schlimmsten zogen Hitzschläge und Dehydrierung selbst erfahrene Einsatzkräfte in Wüstenregionen aus dem Verkehr.

»Hat dich jemand zum Chauffeur degradiert und mir nichts davon erzählt?«, stichelte Rapp und fummelte auf der Fahrt zur Hauptstraße an der Steuerung der Klimaanlage herum. Er hatte Coleman die Leitung der Operation übertragen und eher damit gerechnet, dass ihn ein Mitarbeiter aus dem örtlichen CIA-Büro abholte.

»Es gibt verlässliche Berichte, wonach in wenigen Stunden ein Atomtransport durch die Stadt rollt und Al Badr einen Anlauf startet, sich das Zeug unter den Nagel zu reißen.«

»Nicht der IS?«

»Der IS? Nein, wieso?«

»Kein besonderer Grund. Aber Al Badr? Das sind doch bloß kleine Lichter aus dem Kaschmir. Was haben die in Faisalabad verloren?«

»Tja, wenn ich das wüsste. Ich sag dir, Mitch, es wird immer schlimmer. In Pakistan gibt es gut 1000 terroristische Gruppierungen. Ich werd das Gefühl nicht los, dass jede einzelne davon scharf auf die Nukes ist, die die Army durch die Landschaft kutschiert. Falls nicht bald jemand diesen feigen Hühnerhaufen von Regierung in den Griff bekommt, können wir mindestens einen der Sprengköpfe abschreiben.«

Er und Coleman hatten im Laufe der Jahre etliche haarige Angelegenheiten durchgestanden. So aufgewühlt wie jetzt kannte er ihn gar nicht.

Wobei er ihm recht geben musste. Pakistan war ein zersplittertes Konstrukt aus fast 200 Millionen Einwohnern, das mehr als 100 Nuklearwaffen in seinem Besitz hatte – die meisten davon fuhren derzeit auf den Straßen herum. Wenn sie es versauten, blies ihnen nicht bloß jemand den Arsch weg, sondern sie wurden Zeugen, wie eine Million Menschen unter einem Atompilz krepierten. Genau die Art Mega-GAU, zu dem Rapp sich hingezogen fühlte wie die Mücke zur Glühbirne, während Coleman zeitlebens versucht hatte, genau so einem Mist aus dem Weg zu gehen.

»Von wem stammt der Tipp?«

»Redstone.«

Rapp nickte in sich hinein. Coleman bog auf eine Straße ein, die sich in nördlicher Richtung zwischen eng aneinandergereihten Gebäuden zum Zentrum von Faisalabad schlängelte. Redstone gehörte zu ihren zuverlässigsten Kontakten in der Region. Ein Mann, der in den Führungsetagen des pakistanischen Geheimdienstes ein und aus ging. Ein paar Fehlalarme in den letzten Jahren, aber in der Regel solide Fakten.

»Wenn wir uns einmischen, stolpern wir dann mitten in eine ISI-Operation rein?«, wollte Rapp wissen und spielte damit auf das hiesige Gegenstück der CIA an – Inter-Services Intelligence.

»Davon geh ich nicht aus«, entgegnete Coleman. »Laut Redstone sind sie seit deiner Ermordung des ISI-Direktors quasi handlungsunfähig. Es gibt ein riesiges Geschacher um die Führungspositionen, hinzu kommen die Auswirkungen des Machtkampfes zwischen General Shirani und dem Präsidenten. Dass sich jemand mit ihren Atomwaffen verkrümelt, scheint derzeit eine ihrer geringsten Sorgen zu sein. Das haben sie nicht mal richtig auf dem Schirm.«

»Wie viele Sprengköpfe haben wir aktuell im Blick?«

»13, von denen wir wissen, dass sie in Bewegung sind. Auf zwei weitere stationäre sind wir gestoßen, während du weg warst, wodurch sich die Gesamtzahl auf 53 erhöht. Die Analysten gehen davon aus, dass weitere 25 fix an Abschussvorrichtungen gekoppelt sind, was einen Abtransport eher unwahrscheinlich macht.«

Rapp überschlug die Zahlen im Kopf. »Das heißt, es gibt noch etwa 30, von denen wir keinen Schimmer haben, wo sie sich aktuell befinden.«

»Richtig. Dazu gehört übrigens auch der, um den es hier geht. Wir haben erst durch Redstones Tipp davon erfahren.«

Mit diesem Problem schlugen sie sich bereits seit Jahren herum. Die pakistanische Armee kämpfte mit paranoiden Wahnvorstellungen, dass entweder Amerikaner oder Inder sich ihr nukleares Arsenal unter den Nagel reißen wollten, weshalb sie die Sprengköpfe mit Trucks, Güterzügen oder sogar im Kofferraum von Privatautos transportierten. Wenn auf ihre Quellen Verlass war, hatte sogar mal ein taktischer Gefechtskopf mehr als 500 Kilometer auf dem Gepäckträger eines Motorrads zurückgelegt.

Eine unglaublich prekäre Situation, die lediglich dank der immensen Anstrengungen der hiesigen Armee bislang nicht in einer Katastrophe geendet hatte. Sie koordinierten die Transporte mit größter Vorsicht und, fast noch wichtiger, zerlegten sie im Vorfeld grundsätzlich in ihre

Einzelteile. Dadurch rollten nur für sich genommen unbrauchbare Komponenten durchs Land, was das Risiko einer missbräuchlichen Verwendung stark reduzierte.

Man konnte davon ausgehen, dass an jedem einzelnen Tag mindestens eine oder zwei ABC-Komponenten in Bewegung waren, begleitet von einer Division der Armee, die man eigens für diesen Zweck gegründet hatte. Dumm nur, dass dieses leichtsinnige – wenn auch sorgfältig gemanagte – Programm aus den Fugen geraten war. Inzwischen übergab man voll funktionsfähige Waffen in die Hände niederrangiger Offiziere. In zwei nachgewiesenen Fällen hatte man sie sogar Zivilisten anvertraut. Einer der Sprengköpfe, die sie überwachten, war derzeit im Lagerraum eines pensionierten Captains untergestellt. Ein Aufklärungstrupp hatte eine Fiberskop-Kamera durch den Belüftungsschlitz bugsiert und der Agency damit eine 100-prozentig authentische Aufnahme einer einsatzbereiten Atomwaffe neben einem Set Golfschläger verschafft. Die Gefahr, dass die Lage entgleiste, betrug in dieser kritischen Phase nahezu 100 Prozent.

»Da wären wir«, verkündete Coleman und bog in einen Hinterhof ab. Er tippte einen Code ins Handy, und ein rostiges Rolltor glitt vor ihnen in die Höhe. Drei Motorräder warteten in einer Parkbucht. Rapp sprang aus dem Wagen, während sie darauf zurollten. Das Tor schloss sich bereits. Einige Sekunden später standen sie in der Düsternis, die nur von einer mickrigen Glühbirne an einer Seitenwand erhellt wurde.

»Die Straßen sind etwas schmaler als in Islamabad, der Verkehr in etwa vergleichbar mit Lahore. Da wir nicht genau wissen, wie schnell wir agieren müssen oder wo der

Überfall genau stattfinden wird, hielt ich Motorräder für die geschickteste Lösung.«

Joe Maslick, einer von Colemans besten Leuten, zwängte seine beträchtliche Körpermasse durch eine Tür rechts von Rapp. Seine Hand ließ die Waffe unter dem schweißgetränkten Shirt los, sobald er erkannt hatte, dass sie es waren.

»Wie sieht's aus?«, fragte Rapp und folgte ihm.

Das Gebäude schien früher eine Art Tante-Emma-Laden gewesen zu sein. Überall leere Regale und Theken. Die vorderen Schaufenster waren mit schwarzer Farbe übertüncht, sodass die Helligkeit nur an einigen wenigen Stellen durchdrang; dort, wo der Anstrich abgeblättert war.

»Wir haben Kameras an sämtlichen zentralen Punkten in der Stadt platziert. Unsere Manpower ist begrenzt, aber wir haben einige Männer für die direkte Überwachung abgestellt. Allerdings handelt es sich überwiegend um nicht ausgebildete Kämpfer. Wir haben sie aus allen möglichen Kanälen abgezweigt.«

»Hubschrauber?«

»Einer im Stand-by.«

»Hat sich Redstone noch mal gemeldet?«, fragte Coleman.

»Ja. Er sagt, wir sollen nach einem Lieferwagen Ausschau halten.«

»Geht's auch etwas genauer?«, beschwerte sich Rapp.

»Klar. Er hat uns das Kennzeichen durchgegeben. Ich habe es an alle Beteiligten weitergeleitet.«

»Gibt es Infos, wo genau Al Badr den Überfall plant?«

»Nein, aber wir haben ein paar konkrete Anhaltspunkte.« Er winkte Rapp zum großformatigen Ausdruck einer Satellitenkarte, die auf dem Boden ausgebreitet war.

Die Beleuchtung reichte gerade so, um Details zu erkennen.

»Dass es sich um einen Truck handelt, hilft uns schon mal weiter. Die meisten Straßen sind dafür zu schmal, sie scheiden also aus.« Er benutzte eine abgebrochene Autoantenne, die er vom Boden aufgelesen hatte, als Zeigestock. »Wir haben Männer hier, hier und hier auf den Dächern. Da die Gebäude so dicht beieinanderstehen, konnten wir sie so verteilen, dass sie durch Sprung von Haus zu Haus innerhalb einer Minute die meisten strategisch infrage kommenden Punkte erreichen.«

»Wie steht's mit pakistanischen Soldaten?«, wollte Rapp wissen.

»Polizei und Militär sind an den meisten größeren Plätzen und Kreuzungen stationiert«, antwortete Coleman. »Die politisch instabile Lage sorgt auch für zivile Unruhen. Ihre Präsenz fällt allerdings überschaubar aus. Es geht wohl in erster Linie darum, den Bürgern zu zeigen, dass sie ihnen nicht alles durchgehen lassen.«

»Wissen sie, dass wir hier sind?«

»Die Armee und die Cops? Nein, und das halte ich in dieser Stadt auch für das Beste. Sowohl der befehlshabende Kommandant als auch der Polizeichef gelten als korrupt. Wir haben überlegt, ob wir sie schmieren sollen, aber wir halten sie weder für zuverlässig noch für kompetent genug, als dass es sich lohnt. Die wollen bloß ihren eigenen Arsch ins Trockene retten und warten, bis sich abzeichnet, ob die Armee oder die Regierung als Sieger aus der Auseinandersetzung hervorgeht.«

»Also können wir nicht auf ihre Hilfe zählen?«

»Klares Nein. Eher müssen wir damit rechnen, dass sie sich uns in den Weg stellen.«

Ein Walkie-Talkie auf der Erde erwachte knackend zum Leben. »Späher acht an Basis. Bitte melden, Basis.«

Maslick schnappte sich das Gerät und deutete auf die Nummer 8, die mit einem Rotstift auf der Karte markiert war. »Hier Basis. Was gibt's?«

»Zielobjekt gesichtet. Es bewegt sich über die Okara nach Nordosten. Gleich ist es an der Stelle, wo die Straße den Namen ändert. Starker Verkehr. Ich halte eine Verfolgung zu Fuß für realistisch.«

Maslick registrierte Rapps Nicken. »Verfolgung aufnehmen. Und Meldung machen, sobald der Lkw abbiegt.«

Coleman war bereits bei den Bikes und zog eine Kiste mit Ausrüstung dahinter hervor. Rapp folgte ihm, während Maslick den Hubschrauberpiloten per Funk aufforderte, den Vogel startklar zu machen.

Die Splitterschutzwesten schieden aus, genau wie die Lederhosen und -jacken. Es war viel zu heiß und sie mussten damit rechnen, den Gegner zu Fuß zu verfolgen. Rapp clippte einen tarnfarbenen Klettergurt an seine Cargopants und zog das Shirt aus der Hose, um ihn zu verdecken. Da er ein Schulterholster für zu auffällig hielt, entschied er sich für die Konfiguration, mit der er zu Hause joggen ging: eine kompakte Glock 30 in einer Bauchtasche.

Coleman wählte eine großkalibrigere Waffe in einem Fahrradrucksack und musste zwangsweise einen Helm tragen, um seine blonden Haare und die helle Haut zu kaschieren. Rapp hatte ihm schon vor Jahren angedroht, einen seiner Aufträge in Naturalien zu entlohnen: mit einer Sonnenbank und einer ganzen Palette

Haarfärbemittel. Der frühere SEAL wollte davon jedoch nichts hören.

»Comm-Check«, forderte Rapp, befestigte das Kehlkopfmikrofon und steckte sich einen Knopf ins Ohr.

»Ich hör dich«, antwortete Coleman über das integrierte Sprechteil des Helms.

»Laut und deutlich«, bestätigte Maslick wenig später.

»Ich pirsch mich von hinten ran. Scott, du näherst dich von Norden.«

»Roger. Wir sehen uns in ein paar Minuten.«

Rapp schwang ein Bein über das Bike und kickte den Anlasser. Das Tor fuhr nach oben. Nachdem eine Lücke von knapp einem Meter entstanden war, duckte er sich darunter hindurch, drehte am Gashebel und schoss in die Seitenstraße.

11

»Der amerikanische Kundschafter hat den Truck entdeckt und folgt ihm zu Fuß.«

Grischa Asarow reagierte nicht auf die Stimme, die aus dem Headset drang, sondern maß die leer stehende Fabrikhalle der Länge nach mit gleichmäßigen Schritten aus. 23 Meter. Er schätzte ab, wie lange er brauchte, um diese Entfernung aus dem Stand zurückzulegen, und näherte sich einer der massiven Produktionsstraßen, die die komplette Seite der Halle einnahmen.

»Ich wiederhole, der amerikanische Kundschafter hat den Truck entdeckt und folgt ihm zu Fuß.«

Asarow aktivierte das Mikrofon und durchschritt einen

weiteren Teil der Anlage. »Verstanden. Erlauben Sie dem Fahrer, von der festgelegten Streckenführung abzuweichen.«

Er blieb stehen und begutachtete seine Umgebung – die nicht mehr in Gebrauch befindlichen Maschinen, die teilweise schon rosteten, das Gerippe des Glaskubus, der in der Mitte der Halle als Büro gedient hatte, und stapelweise Abfallstoffe der Produktion, die noch nicht entsorgt worden waren.

Er wusste nicht mal, was man hier hergestellt oder wann man den Betrieb eingestellt hatte. Er wusste auch nicht, ob es sich bei dem Fahrer des Trucks, der in Kürze hier eintraf, um einen muslimischen Fanatiker, einen ausgebildeten Agenten oder einen unbescholtenen Zivilisten handelte, der Obst und Gemüse durch die Gegend karrte. Er kannte die umliegende Gegend nicht besonders gut, auch nicht die Verkehrsverhältnisse zu dieser Tageszeit oder die Kapazitäten der örtlichen Polizei. Er musste sich darauf verlassen, dass all diese Faktoren im Vorfeld überprüft worden waren und Krupins Beobachter ihn über den Mann auf dem Laufenden hielten, mit dem er bald einen Kampf bis zum Tod ausfechten würde.

Asarow lief zum Podest eines Krans, der sich bis zur Decke erhob, und folgte dem Ausleger mit Blicken, ehe er sich auf eine Gruppe von Einheimischen konzentrierte, die sich im hinteren Bereich der Halle zusammendrängten. Welchen genauen Zweck ihre Anwesenheit erfüllte, hatte ihm niemand erklärt. Sie schienen jedenfalls nicht als Rückendeckung für ihn gedacht zu sein. Ihre Menge und die vorhandenen Gerätschaften ließen darauf schließen, dass sie etwas vom Truck abladen sollten, sobald er eintraf. Obwohl man es ihm nie offiziell bestätigt hatte, ging er davon aus, dass die Ladung aus einem der nuklearen Sprengköpfe bestand, die derzeit auf einem wilden Zickzackkurs quer durchs Land fuhren.

Asarow hörte, wie sein Herz in der Brust schlug und das Blut in den Ohren rauschte. Normalerweise beschleunigte sich sein Puls während eines Einsatzes kaum – das Resultat jahrelanger körperlicher und psychologischer Übung. Doch in diesem Fall konnte man kaum von normalen Umständen sprechen. Die vom IS bereitgestellten Terroristen und der Mangel an belastbaren Informationen konfrontierten ihn mit einem nicht hinnehmbaren Mangel an Vorhersehbarkeit. Die potenzielle Einbeziehung einer Atomwaffe barg deutlich größere Gefahren als alle Szenarien, mit denen er vertraut war. Nicht zuletzt, weil es sich bei einem der Akteure um Mitch Rapp handelte.

Das reinste Himmelfahrtskommando. Eigentlich hätte er die letzten Monate damit verbringen sollen, auf diese Begegnung hinzuarbeiten: Umgebung sondieren, Rückzugsmöglichkeiten ausloten, Rapps Funkcodes knacken. Dann hätte er eine Chance gesehen, den legendären CIA-Agenten in einen Hinterhalt zu locken, ihn von Verstärkung abzuschneiden und mit einer übermächtigen Streitmacht zu konfrontieren.

Stattdessen stand er mutterseelenallein in einem ihm unbekannten Fabrikgebäude und hatte nur eine Pistole und ein einziges Reservemagazin dabei.

Garantiert hätte Maxim Krupin behauptet, es wäre unmöglich, detaillierte Vorermittlungen durchzuführen, ohne die Amerikaner darauf aufmerksam zu machen. Dass Asarow es mit der Vorsicht übertrieb. Allerdings stimmte beides nicht. In Wahrheit führte der russische Präsident etwas so Düsteres im Schilde, dass er jede

Gefahr, entdeckt zu werden, ebenso scheute wie der Teufel das Weihwasser. Was weitere quälende Fragen nach sich zog.

Natürlich würde man die Muslime hinrichten, sobald sie ihre Schuldigkeit getan hatten. Wie sah es mit ihm aus? Zwar unterstellte Asarow, dass er weiterhin das Vertrauen von Krupin genoss, aber allzu sicher durfte er sich da nicht sein. Marius Postan hatte lange zu den unentbehrlichsten Helfern des Präsidenten gehört. Nun vermoderte er auf dem Grund des Arabischen Meers.

Das Funkgerät meldete sich erneut, diesmal drang eine eindeutig britische Stimme aus dem Knopf im Ohr. Einer dieser Verrückten, die ihrer eigenen Welt den Rücken gekehrt hatten, um sich an einem barbarischen Krieg zu beteiligen, der sie im Prinzip nichts anging. »Drei Männer auf Motorrädern verlassen den Laden in Jaranwala. Einer fährt Richtung Kanal, der andere Richtung Jhang. Sie werden den Truck in geschätzten fünf Minuten erreichen. Der dritte Amerikaner ist nach Nordosten unterwegs.«

Asarow nickte in sich hinein. Er vermutete, dass Mitch Rapp und Scott Coleman das Abfangen des Trucks übernahmen. Vermutlich improvisierten sie, wenn sie feststellten, dass er von der ursprünglichen Route abgekommen war. Beim Dritten tippte er auf Joe Maslick, einen ehemaligen Delta. Er war noch nicht komplett von einer kürzlichen Schulterverletzung genesen, deshalb lag es nahe, dass er den Helikopter ansteuerte, den die CIA am Stadtrand bereithielt.

Asarow zog die Waffe aus dem Holster und überprüfte sie ein letztes Mal. Nicht mehr lange, bis Rapp hier eintraf.

12

Rapp beschleunigte das Motorrad auf einem freien Streckenabschnitt, bevor er einem Van ausweichen musste. Er schaffte es gerade so, ohne auf den mit Fußgängern vollgestopften Bürgersteig fahren zu müssen. Stattdessen riss er bei einem Suzuki-Geländewagen den Seitenspiegel ab, während er sich zwischen dem Fahrzeug und einem Laternenpfahl hindurchzwängte.

Die Situation entsprach einer unheiligen Mischung aller Widrigkeiten, die er mit Pakistan assoziierte: Hitze, Abgase, Verkehrschaos. Selbst in Zeiten, die als politisch stabil durchgingen, empfand er das Land als eines der größten Wespennester der modernen Welt. Eine hoffnungslos korrupte Anballung von zerstrittenen Terrorgruppierungen, spalterisch veranlagten Regierungsvertretern und miserabel überwachten Vernichtungswaffen.

»Ich bieg rechts ab Richtung Kanal.« Scott Colemans Stimme in seinem Ohr.

»Verstanden.«

Rapps lange Haare waren vom Schweiß klatschnass, klebten an der Stirn und nahmen ihm teilweise die Sicht. Ein bewaffneter Soldat an einer Straßenecke interessierte sich entschieden zu sehr für ihn, weshalb er kurzerhand in einer Gasse zu seiner Linken verschwand. Zu eng für Autos und damit die Gelegenheit, mit hohem Tempo an den Passanten vorbeizujagen, die sich hastig mit dem Rücken an die Hauswände drückten, um nicht überfahren zu werden. Dummerweise hatte sein GPS am Lenker gerade das Satellitensignal verloren.

»Ich bin von der Jhang abgebogen. Sollte in etwa einer Minute an der Okara sein.«

»Verstanden«, kam es von Coleman.

»Mas, wie ist dein Status?«

»Ich steige in knapp sechs Minuten in den Heli ein. In zehn sind wir bei euch.«

»In zehn Minuten. Verstanden.«

Rapp kam an einer breiten Prachtstraße heraus und umkurvte einen Motorroller, auf dessen Gepäckträger sich Baumwollballen stapelten. Coleman fuhr etwa 20 Blocks weiter nördlich mit Kurs Südwest auf derselben Straße wie der Truck mit dem Sprengkopf. Sie wollten ihn von zwei Seiten in die Zange nehmen und spontan entscheiden, wie sie ihn stoppten. Entscheidend war, dass es flott ging. Zuerst die Tangos erledigen und dann das Fahrzeug unter Kontrolle bringen. Über den Stress mit den Cops und dem Militär konnten sie sich dann immer noch Gedanken machen. Keine besonders ausgefeilte Strategie, aber etwas Besseres war ihnen auf die Schnelle nicht eingefallen.

»Der Truck hat die Route am Kanal verlassen«, meldete der Späher. »Er fährt auf einer Route nach Südwesten zur Anschlussstelle Karin. Der Stau hat sich aufgelöst. Ich verlier ihn gleich aus den Augen.«

»Ich werd mich an der Satayana links halten und ihm auf der Parallelstraße folgen«, verkündete Coleman. »Wir finden schon raus, wo er hinwill.«

»Ich komm südlich an der Karin raus und werd versuchen, ihn …«

Ein Lieferwagen stieß rückwärts aus einer Parklücke und rollte genau auf Rapp zu. Er brach nach rechts aus, schnitt die anderen Verkehrsteilnehmer und vermied es haarscharf, von einem Reisebus gerammt zu werden.

Da er keine Ausweichmöglichkeit mehr hatte und zu viel Schwung besaß, um anzuhalten, sprang er auf dem Hinterrad auf den Bürgersteig. Die Fußgänger sprangen panisch zur Seite, während er auf eine Treppe zuraste, die vor einem großen Platz endete.

Da er unmöglich rechtzeitig vor den Stufen bremsen konnte, entschied er sich für das genaue Gegenteil, drehte den Gashebel voll auf und stellte sich auf die Fußrasten, um sich für die holprige Abfahrt zu wappnen. Verängstigte und wütende Schreie begleiteten das Manöver.

Die Treppe war nur etwa 15 Stufen lang. Nachdem er die letzte hinter sich gelassen hatte, wurde den Stoßdämpfern beim Aufprall auf die Betonplatten des offenen Platzes alles abverlangt. Er hörte ein lautes Knacken, gefolgt von völligem Kontrollverlust. Der Motor jaulte und ließ sich nicht mehr kontrollieren. Er schaltete durch die Gänge, aber es nützte nichts. Die Schaltung hatte den Geist aufgegeben.

Rapp hechtete vom Sattel. Das Bike krachte gegen einen Briefkasten und kippte auf die Seite. Sofort versammelte sich eine Menge von Schaulustigen um ihn. Die charakteristische grau-braune Montur eines pakistanischen Cops schob sich in seine Richtung.

Rapps erster Gedanke bestand darin, durch die Menschenmasse zu rennen. Bei den ersten paar Reihen traf man noch auf symbolischen Widerstand, danach schaffte man es problemlos, sich weiterzukämpfen, ohne dass die Leute recht wussten, wie ihnen geschah.

Je näher der Polizist kam, desto offensichtlicher wurde jedoch, dass er gut und gern 20 Kilo Übergewicht mit sich herumschleppte und mit dem Sturmgewehr vor der beträchtlichen Wampe eine eher lächerliche Figur abgab.

Vermutlich überstand er nicht mal einen 800-Meter-Lauf, ohne tot umzufallen oder frühestens fünf Minuten nach Rapp die Ziellinie zu überqueren.

Nachdem er erkannt hatte, dass ihm von dieser Seite keine Gefahr drohte, drehte er sich fast schon gelassen von der wachsenden Gruppe der Gaffer weg und lief in Richtung letzter bekannter Position ihres Zielobjekts.

»Ich bin zu Fuß unterwegs«, rief er in sein Lippenmikro. »Bin fast an der Okara.«

»Bist du in Ordnung?«, erkundigte sich Coleman. »Was ist passiert?«

»Alles bestens. Frag nicht. Mas? Wo steckst du? Mein GPS ist noch auf dem Bike. Ich bin quasi blind unterwegs.«

»Schon in der Luft. Wir kitzeln das Maximum aus den Triebwerken raus, Mitch.«

Rapp schaute sich um und stellte fest, dass der Cop auf dem Gehsteig stehen geblieben war und tatsächlich keine Gefahr darstellte. Vornübergebeugt und mit hochrotem Kopf rang er nach Luft.

»Ich bin noch auf der Satayana«, meldete Coleman. »Sieh zu, dass du nicht zu spät zur Party kommst, okay, Mitch?«

13

»Ich habe das Zielobjekt gefunden«, meldete eine Stimme über Scott Colemans Hörkapsel. »Es fährt durch ein Rolltor an der Südwestseite in eine Lagerhalle an der Ecke Haali und Qaim.«

»Verstanden.« Coleman blickte auf das Navi am Griffstück. Die entsprechenden Koordinaten wurden gerade automatisch eingespielt. Wenige Sekunden später versorgte ihn das Gerät mit einer Streckenführung zum fraglichen Gebäude. »Ich bin noch etwa zwei Minuten entfernt. Objekt im Auge behalten.«

»Negativ«, antwortete der Späher. »Das Rolltor wird gerade geschlossen. Ich werde die Zufahrt überwachen, aber ich befürchte, dass es eine weitere auf der anderen Seite gibt.«

Davon war mit ziemlicher Sicherheit auszugehen, dachte Coleman. Vermutlich hatte man den Fahrer bestochen, damit er einen Umweg einlegte, und Al Badr hatte Männer vor Ort, um den Sprengkopf vom Laster zu holen. Er selbst hätte mindestens fünf Fahrzeuge in der Halle stehen, um sie hinterher zeitgleich nach draußen fahren zu lassen. Eins für den Abtransport der Waffe, vier weitere als Ablenkung.

Allerdings konnte er nicht ausschließen, dass es sich bei der Halle selbst um ein Ablenkungsmanöver handelte. Dass sie allein aus dem Grund angesteuert worden war, mögliche Verfolger abzuschütteln.

»Roger. Auf Position bleiben«, funkte Coleman. »In einer Minute bin ich da. Können wir weitere Beobachter nachholen?«

»Drei Kollegen sind auf dem Weg. Ankunftszeit unbekannt.«

Kein Wunder. Falls sie sich mehr als einen Kilometer entfernt befanden, ließ sich keine seriöse Abschätzung vornehmen. Der Verkehr in Faisalabad folgte keinem nachvollziehbaren Muster. Ständig hielt irgendwo ein Lieferwagen und blockierte beim Entladen ganze

Straßenzüge. Unfälle waren eher die Regel als die Ausnahme.

Egal, der Mangel an Verstärkung änderte sowieso nicht viel, da die Beobachtungsposten keine ausgebildeten Scharfschützen waren.

Coleman kürzte durch eine enge Gasse ab und musste auf unter zehn km/h runtergehen, um keinen der aufgebrachten Passanten zu streifen. Als er am anderen Ende herauskam, lag die Lagerhalle direkt vor ihm. Sie schien den kompletten Straßenzug einzunehmen. Riesige Fensterfronten mit überwiegend zerbrochenen Glasscheiben reichten bis hinauf zum Dach.

Im Gegensatz zum Späher näherte er sich aus der anderen Richtung. Von seiner Position aus konnte er einige Ladebuchten erkennen. Somit existierten also zumindest auf der Nord- und Südseite Öffnungen, durch die ein Truck ins Gebäude und wieder hinausgelangen konnte.

»Ich bin vor Ort«, meldete Coleman, hielt mit dem Bike zwischen zwei fahrenden Autos und schaltete den Motor ab.

»Verstanden.« Rapp klang völlig außer Atem. »Mas, wo zum Henker bleibst du?«

»Wir sollten in ein paar Sekunden über eurer Position auftauchen.«

»Verstanden.«

»Haltet mich auf dem Laufenden«, bat Coleman. »Ich seh mir die Halle mal genauer an.«

Er behielt den Helm auf und überquerte die belebte Straße. Dabei lief er so schnell, wie es ging, ohne Aufmerksamkeit zu erregen. Unter der Kopfbedeckung war es höllisch heiß, aber da hier kaum Touristen unterwegs waren, durfte er seine blonde Haarpracht auf keinen Fall zeigen. Er rechnete damit, dass Rapp ihm beim Debriefing nach der Mission für diesen Lapsus die Leviten las.

Die Tore der Ladebuchten waren mit massiven Vorhängeschlössern in etwa zweieinhalb Metern Höhe über dem Bürgersteig gesichert. Auf keinen Fall ließen sie sich von innen öffnen. Dem Rost nach zu urteilen, hielt er es für zweifelhaft, dass sie überhaupt noch aufgingen. Er beschloss, sich die Gasse zwischen der Ostseite der Lagerhalle und dem fensterlosen Gebäude vorzunehmen.

Kaum zwei Meter breit türmten sich darin Müllberge, die von einem kürzlichen Streik der Stadtreinigung herrührten. Der Gestank in Verbindung mit der Hitze machte einen regelrecht benommen. Immerhin hielt er andere Leute davon ab, den Durchgang als Abkürzung zu benutzen.

»Mas«, machte sich Rapp in seinem Ohr bemerkbar. »Ich hör dich hinter mir. Ich überquer grad die Aminpura.«

»Wart mal kurz … okay, hab dich, Mitch.«

»Ein Soldat kommt aus Richtung Westen zu mir. Er spricht in sein Funkgerät. Kannst du ihn sehen?«

»Bestätigt. Zwei Cops nähern sich dir von vorn. Du läufst ihnen gleich in die Arme. Ich schlag vor, du verschwindest von der Straße. Die Gebäude zu deiner Rechten grenzen an eine Gasse.«

»Roger.«

Coleman kletterte auf ein Konvolut aus Müllsäcken und geriet ins Straucheln, weil einige davon aufplatzten und andere bedenklich wackelten. Es dauerte fast eine Minute, dann hatte er ein unbeschädigtes Oberlicht erreicht. Die Scheibe war dank eines kürzlichen Gewitters überraschend sauber. Er formte einen Trichter mit den Händen, um die Spiegelung zu minimieren.

»Es sind grad ein paar Daten zu dem Gebäude reingekommen«, informierte sie der Späher per Headset. »War früher mal eine Fabrik für Klimaanlagen, bis die Firma vor drei Jahren pleiteging. Scheint eine durchgehende Fläche zu sein. Ein Teil der Geräte, die für die Produktion verwendet wurden, steht noch drin.«

»Das kann ich bestätigen«, gab Coleman weiter. »In der Mitte befindet sich ein kleiner Bürokubus. Außerdem liegt überall 'n Haufen Abfall rum.«

Er bemerkte eine Bewegung im hinteren Teil der Halle und verlagerte seine Position, um mehr zu erkennen. Da er mitten in der Sonne stand, machten sich die Schatten besonders störend bemerkbar. Es reichte trotzdem, um sich einen groben Eindruck zu verschaffen. »Ich sehe den Truck und mindestens zwei Tangos. Sie laden wohl gerade ab.«

»Roger«, bestätigte Rapp. »Mas, ich bin immer noch zu Fuß unterwegs und die beiden Cops haben mich entdeckt. Wie wär's, wenn du mich einsammelst?«

»Kein Problem.«

Colemans Augen passten sich immer besser an die Lichtverhältnisse im Inneren an. Er erspähte zwei weitere Tangos, was ihre Zahl auf mindestens vier erhöhte. Sie schleiften Kisten aus dem Truck. Keine schien ihm groß genug, um die Lieferung zu enthalten, nach der sie suchten. Vermutlich war der Sprengkopf tief hinter der offiziellen Fracht vergraben.

»Befehle?«, erkundigte er sich über das Helmmikro.

»Du bist vor Ort, ich nicht«, antwortete Rapp. »Entscheide du.«

Drinnen brach plötzlich helle Aufregung aus. Er beobachtete, wie drei der Männer zur Ladefläche des

Trucks stürmten. Augenblicke später tauchten sie mit etwas auf, das einem winzigen Sarg aus Kiefernholz glich. Damit stand seine Entscheidung fest.

»Ich geh rein.«

»Roger. Pass gut auf dich auf. Ich stoß dazu, sobald ich kann.«

Halb stolperte, halb wälzte er sich vom Müllhaufen und rannte zu der kleinen Tür an der Seite der Halle. Sie war ebenfalls durch ein Vorhängeschloss gesichert, eine kleinere Variante als an den Ladebuchten, aber mindestens genauso verrostet. Er zückte seine schallgedämpfte Sig Sauer P226 und feuerte einen Einzelschuss auf das Teil ab. Erwartungsgemäß traf er den Mechanismus und dieser gab nach.

Das eindringende Tageslicht drohte die Männer auf ihn aufmerksam zu machen, deshalb schob er die Tür eben weit genug auf, um sich seitwärts hindurchzuschieben. Sofort schloss er sie und ließ sich bäuchlings auf den Boden nieder. Keiner bemerkte ihn. Alle waren zu beschäftigt mit dem Hauptgewinn.

Coleman stützte einen Ellbogen auf dem harten Untergrund ab und zielte sorgfältig auf einen Mann, der gerade mit einer Brechstange die Holzkiste aufhebeln wollte. Der CIA-Agent holte tief Luft und hielt den Atem an, bevor er abdrückte. Auf das leise Knacken der Waffe folgte ein erstickter Aufschrei, als der Kopf des Tangos nach hinten gerissen wurde. Dann brach die Hölle los.

14

Moskau, Russland

Präsident Maxim Krupin schritt durch den Korridor, eskortiert von zwei Männern in traditionellen russischen Militäruniformen. Der dicke rote Teppich schien sich endlos in die Länge zu ziehen und verschluckte ihre Schritte. Zum ersten Mal seit Langem verlieh ihm die Ruhe und Erhabenheit der Umgebung kein Gefühl von völliger Überlegenheit.

Als die reich verzierte Doppeltür am Ende des Gangs schließlich in Sichtweite geriet, stoppte er kurz. Die Wut im Bauch hatte sich seit Einberufung dieses Treffens nach und nach gesteigert. Dass das Gespräch unabdingbar war und er nicht über genug Macht verfügte, um es abzusagen, machte ihn schier rasend. Er musste sich damit abfinden, dass die Dinge ihren Lauf nahmen. Ein Diktator konnte sein Volk nicht ewig im Zaum halten. In der Geschichte gab es genug mahnende Beispiele von Männern, die diesen Umstand verdrängt hatten.

Zwei weitere Wachen salutierten neben den Marmorsäulen und hielten ihm die Tür auf. Krupin trat hindurch, ohne ihre Anwesenheit zur Kenntnis zu nehmen.

Der Besprechungsraum, für den er sich entschieden hatte, war der am wenigsten pompöse. Ein langer schmaler Schlauch mit einem zweckmäßigen Tisch, der entschieden zu dicht an die schmucklosen grünen Wände heranreichte. Die Männer, die sich um ihn versammelt hatten, wirkten da schon beeindruckender – ein Meer aus maßgeschneiderten Anzügen, extravagantem Schmuck und eleganten Haarschnitten. Insgesamt zwölf an der Zahl, die Vertreter der neuen russischen Elite. Jeder von ihnen verfügte über ein Vermögen von mehr als zehn Milliarden US-Dollar und regierte über Wirtschaftsimperien mit Niederlassungen in aller Herren Länder. Öl, Gas, Immobilien und Waffen bildeten die Haupteinnahmequellen, aber zunehmend kamen weitere Branchen hinzu. Hochseefischerei, Medien, Bau und Landwirtschaft spielten eine wachsende Rolle. Ein komplexes Geflecht von Firmen, mit deren Kontrolle er sich zunehmend schwertat. Und je mehr sein Einfluss schwand, desto mehr wuchs im Gegenzug ihre Arroganz.

»Meine Herren, vielen Dank, dass Sie gekommen sind«, begrüßte Krupin die Anwesenden.

Alle standen auf.

Er bedachte einige der einflussreichsten Besucher mit einem kurzen Kopfnicken und ließ sich am Kopf der Tafel nieder.

»Bitte setzen Sie sich.«

Sie folgten seiner Aufforderung, doch keiner erwiderte die Begrüßung oder sagte etwas. Sie wussten nur zu gut, was mit Dimitri Utkin passiert war. Es hatte ihnen vor Augen geführt, dass sie nicht so unantastbar waren, wie sie lange geglaubt hatten. Umso besser. Sollten sie sich ruhig flüsternd darüber austauschen. Nachts wach liegen und sich fragen, ob Grischa möglicherweise vor ihrer Tür lauerte. Ob sie als Nächste an die Reihe kamen.

Ausnahmslos verdankten sämtliche Männer in diesem Raum alles, was sie besaßen, der russischen Regierung. Ohne die Geschenke, unter der Hand ausgeschüttete Prämien, Steuererleichterungen und die Klüngeleien nach dem Untergang der Sowjetunion hätten sie ihre Kröten mühsam zusammenkratzen müssen und keinen Einlass in diese Hallen der Macht gewährt bekommen. Je mehr Zeit verging, desto leichter fiel es ihnen, diesen Umstand zu verdrängen. Sie vergaßen zunehmend, wer ihnen zu ihrem Status verholfen hatte, und meldeten Ansprüche an, bei der Führung des Landes mitzureden.

Diese Arroganz war lachhaft, allerdings hielt er es für unklug, sie zu ignorieren. Zwar konnten sie nicht auf den FSB oder Grischa Asarow zurückgreifen, trotzdem ging von ihnen eine gewisse Gefahr aus. Jeder von ihnen verfügte über beträchtliche Ressourcen und politischen Einfluss, sowohl innerhalb als auch außerhalb Russlands. Die meisten hatten sich zudem mit dem organisierten Verbrechen ins Bett gelegt und besaßen einen kurzen Draht zu den Söldnern, Auftragskillern und Verrätern, aus denen sich diese Syndikate zusammensetzten. So unerfreulich es Krupin auch fand, er musste zugeben, dass ein offener Schlagabtausch zwischen ihm und den Oligarchen alles zerstört hätte, was er sich so mühsam aufgebaut hatte, und es am Ende keinen klaren Gewinner geben würde.

»Akademiker haben viele Namen für Regierungsstrukturen gefunden«, begann Krupin. »Monarchie, Demokratie, Kommunismus, Sozialismus. In Wirklichkeit gibt es nur eine. Die Welt wird seit jeher von einem kleinen Kreis von Männern regiert, die über die Cleverness, Stärke und den Ehrgeiz verfügen, die Schalthebel der Macht zu kontrollieren. Männern wie euch. Alle anderen – die Menschen außerhalb dieser Mauern – sind nichts als willenlose Schafe.«

Krupins Blick wanderte über den Tisch, während er redete. Er stellte Augenkontakt mit jedem Einzelnen her.

»Selbst die Amerikaner, die ihre Demokratie für eine einzigartige Errungenschaft halten, unterscheiden sich nicht wesentlich von uns. Ihre Politiker sind Angehörige von Familiendynastien, das Land ist fest in der Hand reicher Mäzene. Informationen werden mithilfe der Medien kontrolliert, die Falschmeldungen aus reiner Profitgier verbreiten. Sie bezeichnen uns als korrupt, dabei sitzen wir alle im selben scheinheiligen Boot. So war es und so wird es immer sein.«

Er machte eine kurze Pause. Erwartungsgemäß zuckten alle Augen zu Tarben Schkalow. Mitte 80 und nicht ansatzweise der Reichste von ihnen, jedoch fraglos der am meisten Respektierte. Er hatte seine Beteiligungen international am weitesten gestreut und die größten Anstrengungen unternommen, sich aus der Abhängigkeit der russischen Vetternwirtschaft zu lösen. Seine cleveren Geschäftsmanöver hatten ihn zum heimlichen Anführer der Oligarchen gemacht, und damit zum zweitmächtigsten Mann des Landes neben Krupin selbst.

Wie es seiner Art entsprach, erhob sich Schkalow und bedachte jeden Anwesenden mit einem kurzen Kopfnicken, bevor er das Wort ergriff: »Wir alle sind überwiegend einer Meinung mit Ihnen, Herr Präsident. Und es ist uns bewusst, dass wir tief in der Schuld der Regierung stehen, die uns in der Vergangenheit so viele Wohltaten erwiesen hat, und auch bei Ihnen persönlich, weil uns Ihr politisches Geschick so vieles erleichtert hat. Sie haben dem Volk Feindbilder geliefert: die Amerikaner, die abtrünnigen Staaten, die Homosexuellen. Sie haben eine Illusion von Ungerechtigkeit und externen Bedrohungen geschaffen. Sie haben an den Nationalismus der Bürger appelliert. Allesamt ungemein effektive Maßnahmen, um von Ihren eigenen Machenschaften abzulenken. Und auch von unseren.«

Schkalow verfiel in Schweigen und starrte die leere Tischplatte an. Andere hätten diese Unterbrechung als Zeichen von Schwäche und nachlassender geistiger Durchschlagskraft gewertet, doch Krupin wusste es besser. Dieser alte Haudegen legte sich lediglich die nächsten Worte sorgfältig zurecht.

»Was Sie über die Korruption im Westen sagten, stimmt ebenfalls, obwohl nach wie vor eine massive Kluft zwischen ihrem und unserem System existiert …«

Eine weitere Unterbrechung, diesmal länger als alle, die Krupin bisher bei ihm erlebt hatte. Vielleicht ließen seine grauen Zellen den unerträglichen Bastard langsam tatsächlich im Stich.

»Darf ich offen reden, Herr Präsident?«

Krupins Anspannung wuchs, ohne dass es für die anderen erkennbar wurde. Er hatte diese Frage in den Anfängen seiner Amtszeit häufiger gestellt bekommen, jedoch rasch deutlich gemacht, wie er mit Leuten umzuspringen gedachte, die ihren Widerspruch zu deutlich äußerten. Schkalow fiel allerdings in eine gänzlich andere Kategorie als die Bürokraten und wenig einflussreichen Amtsträger, die den Kreml verpesteten. Deshalb gab es in diesem Fall nur eine Antwort.

»Natürlich, Tarben. Wir sind seit vielen Jahren Freunde und ich schätze Ihre Meinung.«

»Die Lage in Russland ist mittlerweile so prekär, dass sich das Volk nicht länger von Ihren Nebelkerzen ablenken lässt. Ich glaube, dass Ihnen das bewusst ist und Sie aufgrund der wachsenden Gefahr zu überstürzten Reaktionen neigen.«

Eine weitere einlullende Sprechpause.

»Der Konflikt mit der Ukraine hat Ihnen einen vorübergehenden Popularitätsschub verpasst, aber die westlichen Sanktionen bluten uns zunehmend aus. Der verhängte Importstopp gegen Lebensmittel aus der EU ist nicht von Rationalität, sondern von purem Trotz getrieben. Dass die Regierung Bilder von der Massenvernichtung völlig einwandfreier Nahrungsprodukte verbreiten ließ, obwohl große Teile der Bevölkerung Hunger leiden, dürfte Ihnen früher oder später das Genick brechen.«

Mit jedem weiteren Satz wuchs Krupins Verärgerung. Es gelang ihm, eine gleichgültige Miene zur Schau zu tragen, aber innerlich kochte er.

»Ich glaube, dass die niedrigen Energiepreise, die Russlands Wirtschaftskraft schwächen, von Dauer sein werden. Die Amerikaner decken ihren Bedarf an Öl und Gas zunehmend selbst und die Saudis überfluten den Markt weiterhin mit billigen Rohstoffen, um den Umstieg auf alternative Energien auszubremsen und die Förderanlagen in den USA in den Ruin zu treiben. Kämpfe, die sie beide verlieren werden. Der technische Fortschritt lässt sich nicht aufhalten, auch nicht von uns hier oder ähnlichen Gremien in anderen Staaten.«

Krupin hatte endgültig genug. »Sind Sie fertig?«

Eine Frage, die von den ängstlichen Befehlsempfängern, mit denen er sich umgab, stets bejaht wurde. Doch Schkalow ließ sich nicht so leicht einschüchtern.

»Ich fürchte, das bin ich nicht, Herr Präsident. Ich bedaure, wenn Sie meine Aussagen für respektlos halten, aber es führt kein Weg daran vorbei, die Fakten offen auf den Tisch zu legen.«

»Dann fahren Sie meinetwegen fort«, raunte Krupin.

»Aber beeilen Sie sich. Es gibt eine Menge Angelegenheiten, die dringend meine Aufmerksamkeit erfordern.«

Der alte Mann nickte mit geheuchelter Ergebenheit, ehe er fortfuhr: »Russland verliert im Zuge der Globalisierung zunehmend an Einfluss, Sir. Die Amerikaner mögen dankbare Buhmänner für Ihre Reden abgeben, aber in Wirklichkeit hassen sie uns längst nicht mehr. Wir sind ihnen ziemlich egal. Natürlich können wir ihre Aufmerksamkeit auf uns ziehen, indem wir gelegentlich militärisch die Muskeln spielen lassen, aber am Ende sind diese Gesten bedeutungslos. Die Frage ist, ob es für uns sinnvoll ist, Sie weiterhin zu unterstützen. Früher konnten wir hierzulande deutlich flexibler agieren als in Amerika. Inzwischen ist es kein Problem mehr, einer Strafverfolgung in den USA zu entgehen, solange unsere Spenden in die Taschen der richtigen Kongressmitglieder fließen. Es spricht also vieles dafür, dass ich mein Vermögen dafür einsetze, mir Einfluss in einer Nation mit Zukunft zu erkaufen, statt es in Russland zu investieren. Eine Nation, die sich höchstens ihrer Vergangenheit rühmen kann.«

»Alles, was Sie besitzen, verdanken Sie der russischen Regierung«, brach es aus Krupin heraus. Seine schrille Stimme hallte durch den Raum. »Und wenn Sie es weiterhin besitzen wollen, sollten Sie mir tunlichst nicht in den Rücken fallen.«

»Nun, das mag für meine Beteiligungen in Russland gelten, Herr Präsident, aber die verlieren Tag für Tag an Wert. Nicht mehr lange und ich werde mir aufgrund der zunehmenden Verluste wünschen, dass Sie meine Firmen verstaatlichen oder sie an die übrigen Anwesenden in dieser Runde verschenken.«

Krupin schluckte seinen Ärger hinunter. Es brachte nichts, diesen Konflikt auf die Spitze zu treiben. Er musste die Grenzen seiner Macht anerkennen. Fürs Erste.

»Sie sind ein unglaublicher Pessimist, Tarben. Die Probleme, die Sie da ansprechen, lassen sich durch wenige gezielte Maßnahmen beheben.«

Ein Mann am anderen Ende des Tisches beugte sich vor und meldete sich ungefragt zu Wort. »Darf ich fragen, welche Maßnahmen Sie meinen? Wollen Sie uns ebenfalls Grischa auf den Hals hetzen?«

Piotr Druganin war der Jüngste und Risikofreudigste in ihrer Runde. Er hatte so gut wie alles in den Energiesektor investiert und sein Firmenimperium stand am Rande des Zusammenbruchs.

Die Gefahr, die von Schkalow ausging, beruhte auf seinem Status und dem Respekt, den er genoss. Druganin dagegen trieb pure Verzweiflung.

»Ihre Regierung ist bankrott, Herr Präsident. Die liquiden Mittel reichen ja nicht mal für die Bestechungsgelder an die korrupten örtlichen Behörden, damit sie Ihr Kartenhaus am Einstürzen hindern. Sie verfolgen längst Ihre eigenen Interessen und setzen mich unter Druck, legen mir Steine in den Weg, für die ich Ihnen hohe Summen zahlen muss, damit Sie sie aus dem Weg räumen. Glauben Sie nicht, dass ich mich von den geschönten Berichten angeblicher militärischer Erfolge Russlands blenden lasse.«

Schkalow winkte ihm, den Mund zu halten, doch das brachte ihn erst richtig auf die Palme. »Sie sind ein zahnloser Tiger, Tarben. Viel zu diplomatisch. Wir diskutieren unsere Forderungen flüsternd untereinander wie eine Horde verängstigter Kinder. Jetzt sitzen wir hier beisammen und sollten auch den Mumm haben, sie vorzutragen.«

»Ich finde, wir …«, setzte Schkalow an. Krupin fuhr ihm in die Parade.

»Forderungen? Jetzt machen Sie mich neugierig. Lassen Sie mal hören.«

Er rechnete damit, dass die anderen Männer am Tisch in betretenes Schweigen verfielen, aber sie wirkten mit einem Mal überraschend entschlossen. Vermutlich war das Ganze von langer Hand geplant. Sie schickten Schkalow als respektvollen Grußonkel vor und überließen es dann dem Benjamin der Runde, sich um Kopf und Kragen zu reden und die Sache auf den Punkt zu bringen.

»Die Sanktionen des Westens müssen aufgehoben werden«, erklärte Druganin.

»Und wie soll ich das hinbekommen?«

»Das ist uns ehrlich gesagt egal. Am ehesten wohl, indem Sie auf einige Ihrer militärischen Interventionen verzichten.«

Krupin lachte ihm ins Gesicht. »Das meinen Sie doch nicht ernst.«

»Doch, Herr Präsident. Wobei das nur ein erster Schritt wäre. Die Aufhebung der Sanktionen durch den Westen allein genügt nicht, um Russlands Niedergang zu stoppen. Wir brauchen tief greifende wirtschaftliche Reformen und müssen Korruption gezielt bekämpfen. Außerdem ist eine Dezentralisierung der Macht notwendig. Russland ist flächenmäßig der größte Staat der Welt und wir leben nicht länger im 17. Jahrhundert. Es kann nicht sein, dass sich alles auf die Interessen des Staatsoberhaupts konzentriert.«

Krupin starrte Druganin an, doch dieser hielt seinem Blick stand.

»Nur zu, hetzen Sie uns allen Ihren Grischa auf den Hals, Herr Präsident. Wir verfügen über Mittel und Wege, um uns zur Wehr zu setzen. Und wir werden …«

»Das reicht!« Schkalow erkannte, dass sein junger Kamerad eine gefährliche Grenze überschritt. Er richtete seine Augen mit den schweren Lidern auf Krupin. »Wir sind nicht blind. Sie haben den Tod von Dimitri Utkin angeordnet, weil er sich Ihnen nicht fügen wollte. Das ist natürlich nachvollziehbar, er …«

»Zu freundlich, dass Sie mir dafür offiziell Ihre Zustimmung erteilen, Tarben. Und jetzt denken Sie, weil ich in diesen Termin eingewilligt habe, lasse ich mich von Ihnen zur Marionette machen und arbeite Ihre Wunschliste ab?«

Schkalow hatte kein Interesse, sich in den Disput hineinziehen zu lassen. »Dimitri hat unvorsichtig gehandelt. Sein Verhalten war kontraproduktiv. Ich habe ihm mehrfach ins Gewissen geredet. Wir sind nicht glücklich darüber, aber wir erkennen an, dass es keine andere Möglichkeit gab, als ihn zu maßregeln.«

»Was Sie anerkennen oder nicht, ist mir herzlich egal, Tarben.«

Der alte Mann schien die Bemerkung zu überhören. »Machen Sie keinen Fehler, Herr Präsident. Sobald Sie den ersten Schuss abgeben und uns den Krieg erklären, werden Sie feststellen, dass wir für einen Kampf bestens gerüstet sind.«

Die Drohung ließ an Deutlichkeit nichts zu wünschen übrig. Krupins Kiefer verkrampfte. Er musterte die entschlossenen Gesichter um ihn herum und überlegte ernsthaft, seine Wachen in den Raum zu rufen und alle Anwesenden auf der Stelle erschießen zu lassen. Danach könnte die Regierung ihre Firmen dem Staatsvermögen zuschlagen und ihre Familien auf die Straße werfen.

Nein, damit drohte er eine unverzeihliche Dummheit zu begehen. Sie hatten mit Sicherheit Vorkehrungen für einen solchen Fall getroffen. Krupin ging fest davon aus, dass sie Männer in den Kreml eingeschleust hatten – vielleicht sogar in den Kreis seiner engsten Vertrauten.

Er durfte die Oligarchen auf keinen Fall unterschätzen. Ein Tropfen Gift, ein Soldat, der Amok lief, versteckter Sprengstoff … so etwas ging ganz schnell. Garantiert lag irgendwo ein Konzept für einen Anschlag auf ihn in der Schublade und diese Verräter klüngelten bereits, wer ihn ablösen sollte.

Stille senkte sich über das Besprechungszimmer. Krupin wägte seine nächsten Schritte ab. Fürs Erste sah er nur eine Möglichkeit. Er musste seine Gegner einlullen. Sobald sein Einfluss wiederhergestellt war, konnte er sie immer noch aus dem Weg schaffen.

»Darf ich davon ausgehen, dass Ihnen allen das Ghawar-Bohrfeld in Saudi-Arabien ein Begriff ist?«

Wenig überraschend nickten alle Anwesenden. Immerhin handelte es sich um das größte bekannte Ölvorkommen der Welt, das fast 65 Prozent zum Fördervolumen des arabischen Königreichs beitrug.

»Wie Tarben schon erwähnt hat, sind die Saudis fest entschlossen, die Ölpreise künstlich niedrig zu halten. Ihnen schadet die Maßnahme wenig, weil sie dem Königshaus weiterhin beträchtliche Einnahmen sichert. Ganz anders verhält es sich mit den Ländern, die von rückständigen Stammesmonarchien geführt werden. Das betrifft beispielsweise Venezuela oder den Iran. Und natürlich auch Russland.«

»Das ist uns durchaus bewusst«, fiel ihm Druganin ins Wort.

Krupin nickte teilnahmslos. Ihn würde er als Ersten töten lassen. Am besten schabte ihm Grischa das Fleisch von den Knochen und ließ sämtliche Angehörigen dabei zusehen.

»Wenn ich bitte ausreden dürfte ... Ich beabsichtige, die Förderung in Ghawar und auf den umliegenden Ölfeldern dauerhaft zum Erliegen zu bringen. Das wird nicht nur die globalen Ölreserven massiv einschränken, sondern auch Saudi-Arabien als Ausgleichsproduzenten aus dem Verkehr ziehen. Höchstwahrscheinlich bedeutet es zugleich den Kollaps der dortigen Monarchie und reißt das Land in einen blutigen Bürgerkrieg. Benachbarte Staaten wie die Vereinigten Arabischen Emirate oder Kuwait werden durch das Chaos an ihren Grenzen in Mitleidenschaft gezogen, vor allem durch den wachsenden Einfluss des IS in der Region. Dadurch wird auch ihre Fördermenge beträchtlich sinken. Meine Wirtschaftsexperten rechnen mit einem Anstieg auf bis zu 250 Dollar pro Barrel auf dem Weltmarkt, was zu einer Verdreifachung des Gaspreises führen dürfte. Die USA werden sich daraufhin gezwungen sehen, militärische Interventionen mit hohem Aufwand zu betreiben, um maßgebliche Produktionsanlagen abzusichern. Das wird ihrer Wirtschaft, die durch den abrupten Anstieg der Energiekosten ohnehin schon in Mitleidenschaft gezogen ist, einen weiteren Schlag versetzen. Im Gegenzug wird Russlands Haushaltsdefizit quasi über Nacht in einen Überschuss umschlagen, den ich für die Ankurbelung der Konjunktur und den Ausbau unserer Streitkräfte einzusetzen gedenke, um unseren globalen Einfluss dauerhaft zu steigern.«

Krupin stand auf und sah jedem Einzelnen ins Gesicht. Eigentlich hatte er gehofft, nicht so viel von seinen Absichten im Vorfeld preisgeben zu müssen, doch für den Moment genoss er die fassungslosen, wie erstarrt wirkenden Mienen. »Darf ich Ihre Reaktion so deuten, dass diese Maßnahmen Sie zufriedenstellen?«

15

Faisalabad, Pakistan

Der Soldat näherte sich im spitzen Winkel von der rechten Seite her. Er spurtete über ein unbebautes Grundstück, auf dem sich der Abfall stapelte. Die Waffe steckte zwar noch im Holster, aber einen jungen, reaktionsschnellen Gegner wie ihn durfte man nicht unterschätzen. Ohnehin führte für Rapp kein Weg an einer Konfrontation vorbei, wenn er in den Hubschrauber einsteigen wollte, der im Rücken des anderen heranschwebte.

Beide blieben unverdrossen auf Kollisionskurs. Rapp rannte, so schnell er konnte, und schob sich rücksichtslos an den Fußgängern auf dem Gehsteig vorbei. Wie erwartet wurde der Soldat langsamer, als er bis auf wenige Meter herangekommen war, forderte ihn auf, stehen zu bleiben, und angelte linkisch nach der Pistole an der Hüfte.

Das Problem mit Militärangehörigen in diesem Teil der Welt bestand darin, dass sie unterstellten, dass jeder ihre Befehle blind befolgte. In 90 Prozent der Fälle mochte das zutreffen, aber heute würde der Kleine lernen, was ihm bei den übrigen zehn Prozent blühte.

Trotz der lähmenden Hitze und der schmerzenden Lungenflügel gelang es Rapp, eine letzte Temporeserve anzuzapfen. Er hielt direkt auf den jungen Soldaten zu. Die Waffe des anderen hatte sich im Holster verhakt. Rapp streckte einen Arm zur Seite und brachte den Gegner mit einem Clothesline-Manöver, das er sich beim Wrestling abgeguckt hatte, zu Fall. Mit einem dumpfen Knall schlug der Schädel des Jüngeren auf den Beton.

Die Attacke erfüllte ihren Zweck gleich in doppelter Hinsicht. Zum einen hatte er seinen Verfolger damit abgeschüttelt, ohne ihn zu töten. Zum anderen traten die Fußgänger, die den kurzen Kampf verfolgt hatten, panisch die Flucht an. Statt dass er ihnen ausweichen musste, räumten sie freiwillig den Posten.

Allerdings war kein Plan perfekt. Die beiden Cops, die sich aus Richtung Norden näherten, hatten den Zwischenfall mitbekommen und zogen ihre Waffen. Beide machten den Eindruck, als ob sie sogar einen Schuppen aus fünf Metern Abstand verfehlten, aber das komplizierte das Ganze eher. Sollten sie das Feuer auf ihn eröffnen, ballerten sie im schlimmsten Fall etliche unschuldige Passanten über den Haufen.

Das Gebäude, zu dem Maslick ihn per Funk gelotst hatte, tauchte rechts von ihm auf. Rapp bremste abrupt und betrat es durch eine Doppeltür. Dabei wischte er sich den Schweiß aus dem Gesicht.

Er hatte nicht die geringste Ahnung, womit die Angestellten hier ihr Geld verdienten. Die zurückhaltend eingerichtete Lobby lieferte keinerlei Anhaltspunkte. Die Dame am Empfang zu seiner Linken musterte ihn freundlich und zugleich neugierig. Eine Tür führte nach hinten in ein Großraumbüro mit zahlreichen Einzelboxen.

»Hallo, ich habe einen Termin bei Mr. Gajani«, sagte Rapp und bemühte sich, seine Atemlosigkeit zu verbergen. Ein in Pakistan sehr gebräuchlicher Nachname, der ihm spontan einfiel. Er hatte Glück, denn die Frau wirkte zwar nach wie vor ein wenig erstaunt, aber offenbar arbeitete jemand hier, der so hieß, und dass ein Amerikaner ihm einen Besuch abstattete, schien für sie durchaus im Bereich des Möglichen zu liegen. Sie griff zum Hörer, aber Rapp winkte ab und schenkte ihr das breiteste Lächeln, das er unter diesen Umständen zustande brachte. »Sparen Sie sich die Mühe. Ich geh einfach durch.«

Er beschleunigte seine Schritte und erreichte die Tür. Die Dame am Empfang protestierte nicht, sondern nickte bloß unterwürfig. Der exakte Gegenentwurf zu dem Soldaten, den er gerade bewusstlos auf dem Bürgersteig zurückgelassen hatte. Während er in der Männerdomäne Pakistan unterstellte, dass seine Befehle befolgt wurden, war es für diese Frau selbstverständlich, ignoriert zu werden.

Das Glück blieb auf seiner Seite, während er sich an den abgetrennten Arbeitsbereichen vorbeischob. Zwar streiften einige verdutzte Blicke den durchgeschwitzten Mann, der plötzlich in ihrer Mitte aufgetaucht war, aber die meisten arbeiteten stumm weiter. Als er hörte, wie die Vordertür aufschwang, hatte er bereits den hinteren Abschnitt des Büros erreicht.

Befehle dröhnten durch den Raum, doch sie wurden wenig später vom stumpfen Wummern der Helikopterblätter übertönt. Die Angestellten um ihn herum sprangen auf und unterhielten sich unruhig, als die Vibrationen die Wände erzittern ließen.

»Halt!«

Rapp ignorierte den Befehl und schlenderte gelassen zum rückwärtigen Ausgang. Selbst weitere Rufe und das Geräusch von näher kommenden Schritten veranlassten ihn nicht dazu, sich umzudrehen. Die Anwesenheit der Cops und der Umstand, dass der Heli inzwischen so dicht über dem Gebäude flog, dass Bilder von den Wänden fielen, riefen eine Unruhe hervor, die ihm half, die nächsten paar Sekunden heil zu überstehen.

Er riss die Tür auf und wurde von einem drückenden Windstoß wie aus einem Backofen empfangen. Mit einer Hand klammerte er sich am Griff fest, um dem von den Rotoren erzeugten Wirbelsturm etwas entgegenzusetzen. Ein rotes Kletterseil peitschte in der engen Gasse hin und her. Rapp preschte hin, bekam den Karabinerhaken zu fassen, der am unteren Ende baumelte, und hakte ihn am Gurtzeug unter dem Shirt ein. Ein kurzes Winken, schon stieg der Hubschrauber in die Luft und ließ ihn vom Boden abheben.

Rapp tastete nach der Bauchtasche und holte die Waffe heraus, um ein paar Kugeln in die Wand neben der Hintertür des Großraumbüros zu schicken, durch die gerade einer der Cops den Kopf steckte. Sofort verschwand dieser nach drinnen, schob nur die Hand ins Freie und feuerte blind am Griff vorbei. Die Patronen zischten als Querschläger durch die Gasse, doch Rapp war bereits in Sicherheit. Der Helikopter hatte ihn aus der Reichweite des Schützen befördert, senkte den Bug und flog in Richtung der alten Fabrikhalle, die Coleman entdeckt hatte.

Eine Stimme erwachte in seiner Ohrmuschel zum Leben, aber wegen des lauten Dröhnens der Triebwerke verstand er kein Wort. Er klammerte sich am Seil fest, um sicheren Halt zu finden, und spähte nach oben. Joe Maslick stand an der offenen Luke und deutete mit dem Finger auf einen Punkt in der Ferne. Rapp folgte der angegebenen Richtung zu einem hohen Bauwerk im Norden. Es beanspruchte einen kompletten Straßenzug für sich und wies am oberen Ende eine Reihe von Fenstern auf. Trotz der grellen Sonne erkannte er, dass dahinter gelegentlich Mündungsfeuer aufblitzte.

Ohne Colemans genaue Position, den Grundriss des Gebäudes oder die Zahl der Gegner zu kennen, hielt er es für puren Selbstmord, durch eins der zersplitterten Oberlichter einzudringen. Stattdessen winkte er zum Dach des angrenzenden Gebäudes.

Er tippte gegen sein Mikro, um es zu aktivieren.

»Scott! Ich beziehe erhöhte Position auf dem Nachbarhaus nordöstlich von deiner Position. Bin in etwa zwei Minuten bei dir.«

Keine Reaktion. Der Vogel setzte zum Sinkflug an. Rapp landete hart, rollte sich auf das glühend heiße Asphaltdach ab und ging neben der niedrigen Betonmauer, die es einrahmte, in die Hocke. Das Seil knallte ihm gegen den Kopf. Er schaute nach oben und deutete auf das HK416-Sturmgewehr, das Maslick in der Hand hielt. Der frühere Delta nickte und warf es ihm runter. Der Abwind des Rotors versetzte es in eine wilde Rotation, doch Rapp schaffte es, die Waffe rechtzeitig aufzufangen. Er huschte nach rechts zu einem der kaputten Fenster an der Seitenfront der Fabrikhalle.

Seine erhöhte Position erlaubte es ihm, etwa 70 Prozent der Grundfläche einzusehen. Die relativ dunklen Lichtverhältnisse im Inneren der Halle trugen nicht gerade dazu bei, dass er viel erkannte, aber es reichte.

Der Chopper zog davon und erlöste ihn von Lärm und Wind. Dafür musste er sich wieder mit der immensen Hitze herumschlagen.

»Scott, ich bin auf Position. Die ersten fünf Meter am nördlichen Ende hab ich wegen der Mauer nicht im Blick und im hinteren Teil sind etwa zehn Meter ein blinder Fleck. Dafür kann ich im Zentrum und an den West- und Ostwänden alles gut erkennen. Diesen Bereich kann ich für dich abdecken. Verstanden?«

Mündungsblitze flackerten im rückwärtigen Teil der Halle auf, doch es war unmöglich, daraus Rückschlüsse auf die Position einzelner Ziele zu ziehen. Immerhin folgerte er daraus, dass Coleman es mit drei oder vier Gegnern mit Automatikwaffen zu tun hatte.

»Scott, hast du verstanden?«

»Fünf Meter nördlich und zehn Meter südlich bist du blind«, kam die Bestätigung.

Rapp stieß einen erleichterten Seufzer aus und ließ den Sucher des Gewehrs über den rechten Abschnitt der Halle gleiten, um nach Zielen zu suchen. »Mas. Bringt den Hintern von eurem Vogel über uns in Position und kümmert euch drum, dass keiner lebend rauskommt.«

»Bestätigt, Mitch. Wir sind gleich da.«

16

Coleman wich nach rechts aus und ging hinter einer verrosteten Metallpresse in Deckung. Als der Gegner nachlud, nutzte er die Gelegenheit, um sich durch den ungedeckten Bereich fünf Meter weiter hinter einen

Stapel modriger Holzpaletten zu retten. Er tauchte dicht an der Wand im Schatten ab, was ihn zwar den Blicken der Tangos entzog, die Kugelhagel in seine Richtung schickten, es zugleich aber auch für Rapp unmöglich machte, ihn zu sichten.

Die Automatiksalven deckten erst die Rückseite ein und streiften dann auf der Suche nach ihm weiter an der rechten Seitenwand der Halle entlang. Er überwand eine weitere Lücke, rollte sich durch den überall herumliegenden Schutt ab, bevor er auf einem Knie Schussposition einnahm. Er konzentrierte sich auf das Aufblitzen der Waffen, schaffte es jedoch nicht, ein Ziel so verlässlich anzuvisieren, dass es sich lohnte, dafür seine Position preiszugeben. Stattdessen kroch er von der Wand weg und hoffte, dadurch in Rapps Blickfeld zu geraten, ohne vom Sonnenlicht angestrahlt zu werden, das durch die oberen Fenster eindrang.

Die Salven verstummten, eigentlich ein positiver Effekt, aber dass es so abrupt geschah, ließ bei dem ehemaligen SEAL die Alarmglocken schrillen. Bei diesem Lärm konnten seine Gegner unmöglich unisono einen Befehl aufgeschnappt haben, das Feuer einzustellen. Damit blieb nur eine Möglichkeit, die ihm gar nicht gefiel: Jemand war auf dem Weg zu ihm und die anderen wollten vermeiden, einen der ihren aus Versehen zu erwischen.

Er tauchte gerade noch rechtzeitig ab, als der dumpfe Knall aus einer schallgedämpften Pistole erklang. Das Projektil schlug mit einem ohrenbetäubenden Geräusch in den Motorradhelm ein und riss seinen Kopf zur Seite. Ihm blieb keine Zeit, sich über mögliche Verletzungen Gedanken zu machen. Vielleicht war er sogar schon tot und hatte es bloß noch nicht mitbekommen. Er nutzte die Wucht des Einschlags aus und sprang auf. In wundersamer Weise funktionierten Körper und Geist nach wie vor als Einheit. Er sprintete zur zentralen Büroeinheit in der Grenzzone zwischen Licht und Schatten. Im Augenwinkel registrierte er, wie ein Bewaffneter lässig in seine Richtung schlenderte. Kein Araber und definitiv kein typischer Terrorist. Nein, bei dem Schützen handelte es sich nicht nur um einen Weißen, sondern um noch einen draufzusetzen, trug er einen todschicken Anzug.

Kurz bevor er den Eingang zum verglasten Büro erreichte, wich Coleman vom geplanten Kurs ab und hechtete stattdessen durch die angrenzende Scheibe. Auf Höhe der Tür bildete sich eine Staubwolke, als das Projektil des Schützen in das Glas daneben einschlug. Das sah nach einem Volltreffer aus. Hätte er nicht in letzter Sekunde die Richtung gewechselt, würde die Kugel jetzt wahrscheinlich zwischen seinen Schulterblättern stecken.

Der Ex-SEAL rollte über einen Teppich aus zerbrochenem Glas, ohne nennenswert Einfluss auf seine Bewegungen nehmen zu können. Schließlich knallte er in die Ruine eines Schreibtischs, Oberkörper, Hände und Arme überzogen von einem dichten Netz pulsierender Schnittwunden.

Er lehnte sich mit dem Rücken gegen das kaputte Möbelstück und nahm den Durchgang ins Visier. Sein Gegner näherte sich mit Seitwärtsschritten, um die Trefferfläche so klein wie möglich zu halten. Coleman stutzte in Anbetracht der Geschwindigkeit, mit der sich der andere in seine Richtung vorarbeitete. Rapp war schon verflucht schnell unterwegs, aber dieser Hurensohn konnte ihm eindeutig das Wasser reichen.

Ihn vernünftig anzuvisieren erwies sich als Ding der Unmöglichkeit. Er entschied, sich die Munition lieber für später aufzuheben. Für einen weniger würdigen Rivalen hätte er vielleicht ein paar knappe Fehlschüsse geopfert, um ihn psychologisch unter Druck zu setzen. Aber dieses Arschloch kriegte er damit nicht klein, das spürte er.

Coleman glitt vom Schreibtisch weg durch die Glasscherben, als der Tango erneut das Feuer auf ihn eröffnete. Drei Schüsse trafen die Stelle, wo er sich noch vor dem Bruchteil einer Sekunde befunden hatte. Die Abweichung im Trefferbild betrug allenfalls zwei Zentimeter. Ein echter Meisterschütze. Selbst aus dem Stand gezielt hätte er für eine solche Leistung Beifall geklatscht. Dieser Bursche schaffte es sogar aus vollem Lauf. Scheiße, so was hatte er ja noch nie erlebt.

Coleman zog den Fuß aus dem Bereich der offenen Tür weg, allerdings reagierte er etwas zu spät. Der Schütze schien mit der Bewegung gerechnet zu haben und versenkte eine Kugel zentral in der rechten Wade. Das Blut spritzte in hohem Bogen durch den Raum.

Überzeugt davon, dass die nächsten Attacken der fadenscheinigen Sperrholzwand neben ihm galten, quälte sich Coleman auf dem verletzten Bein in eine aufrechte Position und gab vier Schüsse in kurzer Folge ab.

Damit hatte sein Kontrahent offenbar nicht gerechnet. Ihm fehlte die Zeit, sein Ziel neu zu erfassen. Stattdessen schnappte er sich einen Metallpfosten und ließ ihn durch die Luft sausen. Dabei führte er wie selbstverständlich einen Richtungswechsel um 90 Grad durch, ohne an Schwung zu verlieren. Kaum eine Sekunde später war er hinter einer riesigen Maschine abgetaucht, die vor einem deckenhohen Kran stand.

Coleman rechnete damit, dass die Männer im hinteren Teil der Halle nun ihren Dauerbeschuss fortsetzten, doch sie schienen das Interesse an ihm verloren zu haben. Mit einem Mal herrschte völlige Stille.

»Hast du mich im Blick, Mitch?«, fragte er in der Hoffnung, dass das Funkgerät noch funktionierte. »Ich bin im Büro, ein Tango ist östlich von mir in Deckung gegangen. Die anderen sind nach wie vor mit der Fracht beschäftigt. Verstanden?«

Keine Antwort.

Er schnappte sich ein Kantholz, das auf dem Schreibtisch lag, und schleuderte es durch die Scheibe vor sich. Das Glas zersprang; das ermöglichte ihm eine bessere Rundumsicht. Er spähte über das Visier seiner Sig hinweg. Keine Bewegung an der Maschine, hinter die der Meisterschütze abgetaucht war. Der einzige Beleg dafür, dass er je existiert hatte, waren die Fußabdrücke, die sich in größeren Abständen im Staub abzeichneten.

»Mitch, hörst du mich?«

Erneut blieb eine Reaktion aus.

Er spürte, wie seine Hände zitterten, und wusste, dass es weder mit seinem kurzen Sprint noch mit der Verletzung zu tun hatte. Es war Angst. Etwas an diesem Gegner unterschied ihn von allen bisherigen.

Ein Kampf bis aufs Messer war so ziemlich das Einzige, worauf sich niemand mit angezogener Handbremse einließ. In solchen Situationen gab man Vollgas, bis man entweder gewonnen hatte oder tot zusammenbrach. Coleman wurde trotzdem das Gefühl nicht los, dass dieser Typ hier lediglich mit ihm spielte.

Er griff mit der freien Hand nach oben und riss sich den Motorradhelm vom Kopf. Nun konnte er seine Umgebung noch besser erfassen. Außerdem erkannte er, dass der Helm an der Seite eingedellt war und die Überreste der integrierten Technik herumbaumelten. Kein Wunder, dass Mitch den Funkspruch nicht empfangen hatte.

Ohne die schützende Kopfbedeckung brach sich das Blut der Kopfwunde ungehindert Bahn über Hals und Schulterpartie. Um die Wade stand es noch wesentlich schlimmer, ahnte er, doch er traute sich nicht, die Wunde zu inspizieren.

Die Zeit hatte sich gegen ihn verschworen. Die Hitze bereitete schon genug Probleme, aber der Blutverlust vergrößerte die Misere ganz wesentlich. Coleman konnte bereits nicht mehr rennen, in ein paar Minuten funktionierte wahrscheinlich sein Verstand nicht mehr richtig.

Zum ersten Mal in seiner Laufbahn als Agent stellte er sich die Frage, ob er überhaupt lebend aus dieser Nummer herauskam.

17

Rapp schwenkte den Lauf des Gewehrs nach links, lugte durch das Zielfernrohr und erspähte Scott Coleman. Er hatte den Helm abgesetzt und blutete stark aus einer seitlichen Wunde am Kopf. Wie ernst die Verletzung war, ließ sich aus dieser Entfernung unmöglich abschätzen. Schädeltreffer bluteten oft übertrieben stark und wirkten gerade in Verbindung mit Schweiß schlimmer, als sie es eigentlich waren.

Scott schien außerdem das rechte Bein stärker zu belasten, was auf ein weiteres Handicap hindeutete, das vermutlich vom Sprung durch die Scheibe herrührte. Die meisten Sorgen bereitete Rapp jedoch der verängstigte Gesichtsausdruck seines langjährigen Freundes. Im Einsatz ließ er sich sonst durch nichts aus der Ruhe bringen.

Der ehemalige SEAL hing in dem verwüsteten Büro in der Mitte der Halle fest. Der untere Meter der es umgebenden Wand bestand aus Sperrholz, der Rest vollständig aus Glas. An der niedrigen Decke des Kubus, sicher nicht höher als zweieinhalb Meter, waren einige der schalldämpfenden Platten aus der Fixierung gerutscht und hingen schräg nach unten.

Colemans Gegner hatte Rapp bisher nicht zu Gesicht bekommen. Ausgehend von Scotts Bewegungen tippte er auf einen einzelnen Mann, der sich enorm schnell bewegte und irgendwo an der Ostfront des Gebäudes in Deckung gegangen sein musste.

Ein Schuss auf der Straße unten zog seine Aufmerksamkeit auf sich. Rapp spähte über den Rand des Visiers, um sich zu vergewissern, dass es nichts Ernstes war.

Die Schüsse aus dem Inneren der Fabrikhalle hatten Chaos auf der gut gefüllten Straße ausgelöst. Einige Cops und Soldaten waren vor Ort aufgetaucht. Einer von ihnen schien in die Luft geballert zu haben, um die Evakuierung zu beschleunigen. Erwartungsgemäß hatte er damit exakt den gegenteiligen Effekt erzielt.

Als Rapp sich erneut dem Visier zuwandte, verschob er den Lauf ein Stück nach links und konzentrierte sich auf dieselbe Produktionsanlage wie Coleman. Ein Teilbereich war nicht einsehbar. Er ging davon aus, dass der Schütze dahinter lauerte. Falls er an der Südflanke wieder auftauchte, konnte Rapp ihn ins Visier nehmen. Nördlich dürfte es dagegen für Coleman ein Leichtes sein, einen Treffer zu landen.

»Mitch, zwei Tangos sind gerade hinten aus dem Gebäude rausgelaufen«, empfing er Maslicks Mitteilung im Ohr. »Beide fliehen zu Fuß und haben außer einem kleinen Rucksack nichts dabei.«

»Verstanden.« Rapp beäugte den Ausleger eines Krans, der hinter der Maschine aufragte. »Auf Position bleiben. Nicht verfolgen.«

»Bestätigt.«

Maslicks Hubschrauber schwebte über dem südlichen Ausläufer des Fabrikgebäudes und schien bislang noch keine unerwünschte Aufmerksamkeit auf sich gelenkt zu haben. Die Pakistani ordneten die in Russland konstruierte Mil Mi-17 mit Sicherheit dem Militär zu. Die Illusion dürfte jedoch nicht von Dauer sein. Sobald es ihnen nicht gelang, die Besatzung per Funk zu kontaktieren, zogen die örtlichen Befehlshaber unweigerlich die richtigen Schlüsse. Hoffentlich ersparten ihnen die Intrigen der Streitkräfte untereinander zumindest für ein paar weitere Minuten eine entschlossene Gegenreaktion.

Rapp strich mit dem Zielfernrohr am Gerüst hinauf, bis er den 90-Grad-Knick zum Ausleger des Krans erreichte, der die gesamte Länge des Gebäudes abdeckte. Ein stumpfer Adrenalinkick setzte ein, als er erkannte, dass er auch das zentral gelegene Büro in einer Höhe von etwa sechs Metern überquerte.

»Scott!«, raunte er in sein Lippenmikro. Er konnte nicht ausschließen, dass Coleman den Helm bloß abgesetzt hatte, um das Blickfeld zu erweitern, und das Funkgerät nach wie vor funktionierte. In diesem Fall hörte er ihn wahrscheinlich trotzdem.

»Scott! Bitte melden!«

Keine Reaktion.

Coleman zählte zu den besten Soldaten, mit denen er je zusammengearbeitet hatte, aber er neigte gelegentlich zu eindimensionalem Denken. Das war sicher seinem Training geschuldet. Selbst in den Spezialeinheiten konzentrierten sich die Ausbilder für seinen Geschmack zu stark auf simples Schwarz-Weiß-Denken. Es schien jeweils nur *einen* richtigen und falschen Weg zu geben.

Rapps Mentor, Stan Hurley, hatte das deutlich lockerer gehandhabt und ständig betont, dass er Kreativität und Improvisationstalent für wesentlich wichtiger hielt als den Einsatz von angeeignetem Wissen. Eines seiner vielen Mantras passte in dieser Situation wie die Faust aufs Auge: *Wenn alle anderen bloß über rechts und links nachgrübeln, beschäftigst du dich verdammt noch mal auch mit oben und unten.*

Die Weisheit von Hurleys Warnung bestätigte sich wenige Sekunden später, als Rapp sah, wie dicht an der Spitze der Maschine ein dunkelgrauer Fleck aufblitzte. Seine Finger krümmten sich um den Abzug, aber er hatte kein klares Schussfeld.

»Sieh nach oben«, flehte er seinen Teamkameraden an, aber Coleman hatte weiterhin nur Augen für das, was sich direkt vor ihm befand.

Ein Schemen huschte geschickt am Gitternetz empor, das den Mast des Krans bildete. Dabei tauchte er immer wieder hinter den schweren Stahlstreben ab und hielt sich tief im Schatten. Wer immer dieser Wichser war, er war ein talentierter Wichser. Nicht nur dass er die senkrechte Oberfläche deutlich schneller erklomm als die meisten Leute eine stinknormale Treppe, er orientierte sich zudem auf einen verschlungenen Pfad, der ihn aus so gut wie allen relevanten Blickwinkeln unantastbar machte.

In kürzester Zeit hatte er den horizontalen Ausleger des Krans erreicht und verbarg sich dahinter. Rapp behielt ihn im Visier, aber an dieser Stelle bot das Metall keine Lücken. Gelegentlich bekam er kurz einen Ärmel oder ein Hosenbein zu Gesicht, aber nichts, um nachhaltigen körperlichen Schaden beim Gegner anzurichten.

Der Angriffsplan des Tangos wirkte ziemlich simpel. Er beabsichtigte, auf Höhe des Büros abzuspringen und Scott aus der Luft zu überrumpeln. Ein Sturz aus sechs Metern war kein Pappenstiel, aber die Deckenplatten pufferten einen Großteil der Wucht ab, wenn er sie durchschlug. Eine verflucht riskante Strategie, weil die Abdeckung bei einem Aufprall aus ungünstigem Winkel womöglich standhielt oder er auf halbem Weg irgendwo hängen blieb. Trotz dieser unkalkulierbaren Faktoren lagen seine Chancen nicht schlecht. Rapp hätte sich an seiner Stelle für dasselbe Vorgehen entschieden. Nur durch ein solches Überraschungsmoment konnte man einen Gegner von der Klasse eines Scott Coleman überhaupt bezwingen.

Rapp kämpfte den überwältigenden Drang nieder, an der Seitenwand des Gebäudes hinunterzuklettern und in die Fabrikhalle zu stürmen. Sein Bauchgefühl spornte ihn an, sich in diesen Kampf einzuschalten. Sein Kopf hielt dagegen, dass es keinen Sinn hatte. Bis er sich in das Gebäude vorkämpfte, wäre sowieso alles vorbei.

Rapp begnügte sich wohl oder übel damit, mit dem Visier den Bereich oberhalb des Büros zu scannen. Solange er kletterte, gab ihm dieser Tango keine Gelegenheit, ihn zu treffen, aber ewig konnte er ihm nicht entkommen. Spätestens wenn er sich fallen ließ, gab es ein kurzes Zeitfenster, in dem er verwundbar wurde.

Rapp kontrollierte seine Atmung, zwang sein Herz, langsamer zu schlagen, und lockerte die Schulterpartie. Der Schuss musste auf Anhieb sitzen.

Die Bewegung in der Randzone seines Sichtfelds traf ihn völlig unvorbereitet. Er versuchte, die Zielerfassung zu korrigieren. Der Unbekannte klammerte sich plötzlich mit den Händen am Kranausläufer fest und pendelte in der Luft hin und her. Er ließ sich fallen, nicht etwa senkrecht in Richtung Bürokubus, sondern in einem schrägen Winkel. Rapps Finger wanderten erneut zum Abzug, aber die unerwartete Änderung reduzierte seine Trefferchancen auf nahezu null. Allenfalls verriet er sowohl dem Tango als auch den Soldaten unten auf der Straße, wo er sich befand.

Der Schemen sauste durch die Luft und feuerte dabei eine Batterie aus dem Magazin auf die Deckenkonstruktion ab. Er landete hart auf dem Kubus, wobei sein leichter Seitwärtsdrall das Manöver deutlich gefährlicher gestaltete. Trotz der hohen Anforderungen an die Koordination seiner Bewegungen wirkte das Ganze beinahe grazil. Er rauschte begleitet von einer dichten Wolke aus Staub und Trümmern in die Tiefe. Rapp erhielt dadurch keine Möglichkeit, ihn anzupeilen.

Sofort durchmischte sich der Schleier mit dem Lärm von Schüssen. Wer sie abgab und ob sie erfolgreich waren, ließ sich unmöglich beurteilen.

»Komm schon, Scott«, spornte Rapp seinen Freund an und fand sich frustriert damit ab, dass er ihm für den Moment nicht helfen konnte. »Dräng ihn ab. Irgendwohin, wo ich ihn sehe.«

Scott Colemans erster Instinkt, als er die Schüsse wahrnahm, bestand darin, sich auf den Boden zu werfen. Dann merkte er, dass sie von oben kamen. Er hielt sich schützend den Arm vor die Stirn und ging in die Hocke, um wahllos in Richtung Dach zu feuern.

Ein Schmerz an der rechten Schulter, kurz danach brach das komplette Konstrukt in sich zusammen. Kanthölzer und Sperrholz sowie Füllmaterial und Bodenplatten regneten auf ihn herab. Das charakteristische Aufprallgeräusch eines menschlichen Körpers erklang hinter ihm. Er verzichtete darauf herumzuwirbeln, denn sein Waffenarm fühlte sich inzwischen völlig taub an und er ging davon aus, dass sein Gegner ihn ohnehin längst im Visier hatte.

Stattdessen schaffte er es irgendwie, sich über den Schreibtisch zu wälzen, da spürte er bereits einen Kontakt an der rechten Körperhälfte, der ihn mit dem Kopf voran auf den harten Untergrund beförderte. Es schien nur ein Streifschuss gewesen zu sein, deshalb schüttelte er sich nur kurz und trat mit dem unversehrten Bein gegen den Tisch, um ihn seinem Angreifer entgegenzuschleudern.

Er wechselte die Waffe in die linke Hand und zielte ungeschickt unter dem Möbelstück hindurch. Der massive Blutverlust und der ungünstige Winkel sorgten dafür, dass er das Ziel deutlich verfehlte.

Da warf sich der Unbekannte bereits auf ihn.

Finger umklammerten Colemans linkes Handgelenk und legten es lahm. Die Wunden des Ex-SEALs hatten seine Kraft ohnehin ans untere Limit verschoben, doch damit nicht genug. Nun schien der andere das Gelenk wie in einer Schraubzwinge zu zerquetschen.

Der Staub verzog sich langsam und sie konnten einander zum ersten Mal in die Augen sehen. Auf Knien.

Coleman fühlte sich vollkommen hilflos. Sein Kontrahent war einfach zu stark. Zu schnell. Der Griff der Waffe sauste unaufhaltsam auf seinen Kopf zu. Er rechnete mit einem stechenden Schmerz, einem verschwommenen Blick und dem raschen Tod. Die dunklen Augen, die ihn fixierten, würden das Letzte sein, was er lebend sah.

Doch dann zögerte der andere. Eine vorübergehende Verwirrung entstellte sein Gesicht. Scotts Anblick schien ihn völlig aus dem Konzept zu bringen. Als hätte er mit jemand anders gerechnet. Diese Ablenkung genügte völlig. Coleman schaffte es trotz der Armverletzung, einen schweren Holzbrocken aufzuheben und ihn voll in die Waffenhand des Gegners krachen zu lassen.

Der Aufprall riss seinem Gegner die Pistole aus der Hand, doch er reagierte sofort und riss ein Messer aus dem Hosenbund. Scott versuchte, nach rechts auszuweichen, aber sein Körper gehorchte ihm nicht länger. Die Klinge drang seitlich in die Hüfte ein und er spürte den dumpfen kalten Stahl. Beim Kontakt mit dem Knochen ließ der Mann den Griff los und riss seinen rechten Ellbogen nach oben, um ihn auf den Rücken zu zwingen.

Coleman wusste genau, dass er nie wieder aufstehen würde, wenn er jetzt kapitulierte, also warf er sein komplettes Gewicht nach vorn und ignorierte den rasenden Schmerz, mit dem der bereits schwer lädierte Schulterknochen aus der Gelenkkapsel gerissen wurde. Mit dem unversehrten Arm zwang er den Gegner in eine Umklammerung und hievte ihn mit einer letzten verzweifelten Kraftanstrengung in die Höhe.

18

Rapp hielt das Spektiv des Gewehrs stur auf den kaputten Fensterrahmen der Fabrikhalle gerichtet und konzentrierte sich auf das kleine Büro in der Mitte. Alle paar Sekunden geriet oberhalb der Sperrholzeinfassung ein Körperteil in Sicht, verschwand jedoch jedes Mal, bevor er bestimmen konnte, ob es zu Freund oder Feind gehörte. Er wusste eigentlich nur eins: Scott Coleman war hoffnungslos unterlegen. Sein Angreifer bewegte sich so unglaublich virtuos und kraftvoll, dass er den verletzten SEAL ans Limit trieb. Es gelang ihm nicht mal, sich einigermaßen zu verteidigen.

Ein Messer tauchte im Blickfeld auf und wurde nach unten gerammt. Rapp stockte der Atem. Seine Finger krampften sich noch etwas fester um den Kolben des Gewehrs, doch er verkniff sich einen Schussversuch. Solange das Risiko bestand, Scott zu treffen, verzichtete er lieber darauf, russisches Roulette zu spielen.

»Komm schon, Scott«, spornte er seinen Teamkollegen an. »Bring ihn in meinen Trefferbereich.«

Die Entscheidung, eine erhöhte Position zu beziehen, war ihm ursprünglich wie die einzig logische Wahl vorgekommen. Das erwartete Szenario, dass Coleman sich einer Gruppe von halbwegs vernünftig ausgebildeten Dschihadisten gegenübersah, lief darauf hinaus, dass sie sich aufteilten und ihn von mehreren Seiten unter Beschuss nahmen. Ein Scharfschütze konnte sie in diesem Fall von oben mit Leichtigkeit außer Gefecht setzen. Was hier geschah, hatte damit überhaupt nichts zu tun. Ein solcher Gegner war eher ein Fall für ihn als für Coleman.

Ein Schuss von unten riss einen Betonbrocken wenige Zentimeter rechts von Rapp aus der Umrandung des Daches. Die Polizisten hatten den einsamen Schützen auf dem Dach inzwischen bemerkt. Er ignorierte sie und verfolgte weiter das Kampfgeschehen in der verlassenen Fabrik.

»Mach schon, Scott«, wiederholte er seinen Appell. »Hoch mit dem Kerl.«

Als hätte er den Freund gehört, tauchten plötzlich zwei Köpfe hinter der Wand auf. Rapp fragte sich, weshalb er Coleman jemals wegen seiner blonden Haare kritisiert hatte. In diesem Augenblick war es das Beste, was ihm passieren konnte.

Er richtete das Fadenkreuz auf den dunkleren der beiden Haarschöpfe, reagierte jedoch minimal zu langsam. Scotts Kontrahent verlagerte blitzschnell das Gewicht und schob den Körper des Amerikaners als menschlichen Schutzschild vor den eigenen.

Die Szene schien wie in Zeitlupe abzulaufen und Rapp erfasste jedes kleinste Detail mit messerscharfer Präzision. Colemans rechter Arm war unbrauchbar. Er hing in einem grotesken Winkel in der Schulterpfanne. Außerdem ragte der Griff eines Messers seitlich aus dem Körper und er schien aus einer Vielzahl von Wunden zu bluten. Von oben bis unten war alles rot.

Sein Angreifer wirkte dagegen trotz Sturzes aus sechs Metern Höhe völlig unversehrt und war Herr der Lage. Er hielt Coleman am Shirt gepackt, hob ihn leicht an und duckte sich dabei zeitgleich, was Rapps Sichtlinie massiv verschlechterte.

Jemand musste ihm einen Tipp gegeben haben, dass ein Bewaffneter auf einem Dach nördlich von ihm lauerte. Anders ließ sich sein Verhalten nicht erklären. In derselben Situation hätte Rapp sich sogar noch ein wenig weiter zurückgebeugt, auf den Rücken fallen lassen und Colemans Körper als lebenden Schutzpanzer auf sich gelegt. Wenn man es geschickt anstellte, wäre dabei zugleich die Klinge noch tiefer in Scotts Körper hineingerutscht und der Schütze hätte es sich vollends abschminken können, ihn zu erledigen.

Offenbar war der Mann bei seinen Überlegungen zum gleichen Ergebnis gelangt. Er winkelte die Beine an, kippte nach hinten und verschwand mit Scott im Schlepptau hinter dem Sperrholz. Rapp begriff in diesem Moment, dass er sie nicht aus den Augen verlieren durfte, sonst wäre sein Freund endgültig ein toter Mann.

Er korrigierte die Position des Fadenkreuzes um einige Millimeter und drückte ab. Maslicks akribisch justiertes Gewehr knallte gegen seine Schulter und einer der wichtigsten Schüsse, die er je abgegeben hatte, attackierte sein Trommelfell.

Wie beabsichtigt verfehlte das Projektil beide Männer und zerschmetterte stattdessen die Überreste des Bürofensters, vor dem sie standen. Einige Splitter klatschten in Colemans Hinterkopf und blieben darin stecken. Die anderen flogen wie beabsichtigt in das Gesicht seines Gegners.

Der Mann schob Coleman von sich weg, sodass dieser gegen den Fensterrahmen prallte, und tauchte selbst ab. Rapp verfolgte, wie sein Freund langsam zu Boden ging, und deckte den Bereich um ihn herum mit Sperrfeuer ein. Der Tango wollte sich bestimmt hinter dem Schreibtisch verschanzen und die Überbleibsel der wackligen Rückwand durchbrechen. Von dort konnte er dann ins Freie fliehen.

»Mas, da taucht gleich einer am Hintereingang auf. Blutüberströmtes Gesicht, schicker Anzug. Leg den Motherfucker um.«

»Es sind eine Menge Zivilisten auf der Straße und ich hab dir mein Gewehr gegeben«, kam die Antwort. »Ich könnte höchstens das Bordgeschütz benutzen. Das liefe aber auf 'ne ziemlich große Sauerei hinaus.«

Rapp fluchte unterdrückt. Eine belebte Straße mit Salven einzudecken kam nicht infrage. In einem der amerikafeindlichsten Länder der Welt käme so etwas einer Kriegserklärung gleich.

»Vergiss meinen letzten Befehl«, presste er durch gefletschte Zähne. »Lass ihn laufen.«

»Sollen unsere Leute versuchen, ihm zu folgen?«

Und ob sie das sollten. Nichts wünschte er sich sehnlicher. Sie sollten ihn zu seinem Unterschlupf jagen, dort die Tür eintreten und ihm tief in die Augen starren, bevor sie sein Gehirn an der Wand verteilten. Allerdings hatte es bereits *einen* seiner Jungs erwischt. Das reichte.

»Negativ. Keiner nähert sich diesem Typen ohne ausdrückliche Anweisung. Verstanden?«

»Verstanden. Wir lassen ihn laufen.«

Ein weiterer Schuss von der Straße. Diesmal zischte er dicht an seinem rechten Ohr vorbei. Rapp drehte sich um und gab fünf Schüsse in rascher Folge ab. Jeder von ihnen verfehlte die fünf Uniformierten nur knapp. Sie rannten in Deckung.

Rapp drehte sich um und näherte sich im Krebsgang einem stabil wirkenden Belüftungsrohr.

Er wickelte das Nylonseil, das an seinem Gurtzeug hing, um den Sockel und ließ das andere Ende seitlich an der Mauer hinunterhängen. Da die Polizisten momentan keine Schüsse abgaben, schwang er sich über den Dachrand, packte das Seil und stürzte sich in die Tiefe. Etwa fünf Meter über dem Boden wurde er von einem Ruck gestoppt, der ihm fast die Schulter ausgekugelt hätte. Er löste die Griffhand und ließ sich fallen, rollte sich vom Asphalt ab und rappelte sich hinter einem parkenden Fahrzeug auf.

»Ich bin unten und lauf jetzt zur Halle rüber«, gab er per Funk weiter.

»Verstanden«, bestätigte Maslick. »Ich seh dich. Vorn ist alles dicht und du hast dort 'ne Menge unerwünschtes Publikum. Scott ist durch 'ne Gasse an der Südostseite reingekommen.«

»Alles klar.«

Rapp tauchte hinter der Motorhaube auf und feuerte ein paar wohlplatzierte Salven ab. Er durchlöcherte Fahrzeuge, Wände und Straßenschilder, die von den pakistanischen Ordnungskräften als Deckung genutzt wurden. Knapp vorbei, damit er niemanden verletzte, aber dicht genug, damit sie es sich zweimal überlegten, auf ihn zu schießen.

Trotz Hunderter Müllsäcke, die in der Hitze schmorten, fiel es ihm nicht schwer, den Zugang zu finden. Colemans Sig hatte dem Schloss bereits den Rest gegeben, sodass er die Tür einfach aufschieben und hindurchgleiten konnte.

Wie erwartet wurde er sofort unter Beschuss genommen. Automatikwaffen stanzten eine Reihe von Löchern in die Wand über ihm und zwangen ihn, in geduckter Haltung durch den Schatten zu spurten. Er orientierte sich nach rechts und warf sich hin. Den Spuren im Staub nach zu urteilen, landete er an exakt derselben Stelle wie vorhin Coleman.

Die Einschläge eines HK-Sturmgewehrs fielen deutlich heftiger aus als die seiner bevorzugten Glock. Er versuchte gar nicht erst, den üblichen Kopfschuss anzubringen. Der erste Tango kassierte einen Treffer in der Brust, flog rückwärts über die Kiste, auf der er gestanden hatte, und verschwand dahinter. Beim zweiten zielte er zwischen die Rippen. Er fiel um wie ein Sack Steine, nachdem sowohl Lunge als auch Herz den Dienst quittierten.

Rapp sprintete zum verwüsteten Büro im Herzen des Komplexes. Coleman lag auf dem Rücken zwischen Trümmern und Glassplittern. Seine Augen standen offen, aber er zuckte nicht mal, als Rapp das Gewehr neben ihm hinwarf.

»Mitch«, drang Maslicks Stimme aus dem Knopf im Ohr. »Gib mir einen Lagebericht.«

»Ich habe zwei Tangos ausgeschaltet. Scheinen die letzten gewesen zu sein. Scott ist außer Gefecht. Stand-by.«

»Außer Gefecht? Alles okay mit ihm?«

»Verdammt, was hast du an Stand-by nicht verstanden?«

Er zog die Glock 30 aus der Reißverschlusstasche an der Hüfte und entfernte sich vom Büro, durchquerte die Lagerfläche und hielt nach Bewegung Ausschau. Als er hinten angelangt war, stieg er über die Leiche von einem der Männer, die er erschossen hatte, und spähte in die offene Kiste neben ihm.

»Ich hab den Gefechtskopf, Mas. Wirf mir ein Seil mit Haken und Ersatzmunition für deine Heckler & Koch runter.«

»Verstanden.«

Im Freien wurde der Triebwerkslärm des Choppers deutlich lauter. Rapp schaffte es, eins der Rolltore zu öffnen, und spähte durch den Staub, der von den Rotoren aufgewirbelt wurde. Die Zivilisten, um die sich Maslick Sorgen gemacht hatte, schienen sich mittlerweile verzogen zu haben. Rapp zog die Metallkiste mit der Munition an dem Seil hinter sich her, das an einer Winde neben der Luke des Hubschraubers befestigt war.

Als er die Kiste erreichte, fiel ihm auf, dass es keine Möglichkeit gab, den Haken zu befestigen, nur glatten Stahl und ein grelles Abbild der pakistanischen Flagge. Ihm fiel nichts Besseres ein, als das Kabel um die Heckflosse des Gefechtskopfs zu wickeln und es sorgfältig zu verknoten.

»Alles klar«, sprach er in sein Kehlkopfmikro. »Holt das Seil ein!«

Das Nylon spannte sich und er zuckte innerlich zusammen, als die gefährliche Waffe über den Betonboden holperte. Die CIA-Experten hatten ihm zwar erklärt, dass es unwahrscheinlich war, dass sie allein durch Erschütterungen hochging, aber ob das wirklich stimmte, klärte sich erst in ein paar Sekunden. Eine Aussparung verfing sich am Rolltor, dann glitt der Gefechtskopf hindurch und riss dabei ein Stück Mauerwerk ab.

»Wir haben ihn«, bestätigte Maslick. »Und du musst dich darauf gefasst machen, gleich Besuch zu bekommen. Eine Gruppe pakistanischer Cops und Soldaten aus Richtung Norden. Sie haben die Schlösser an den vorderen Ladebuchten gesprengt und kommen in Kürze zu dir rein.«

»Verstanden. Kümmert ihr euch lieber drum, das Teil hier wegzuschaffen.«

»Was ist mit dir und Scott?«

»Haut ab!«, drängte Rapp und raste mit der Ersatzmunition zu Coleman. Sein Teamkollege atmete noch, aber sehr flach und angestrengt. Rapp wusste aus früherer Erfahrung leider nur zu gut, was das bedeutete.

Das Geräusch von schleifendem Metall ertönte von der Vorderseite des Gebäudes her, doch er kümmerte sich nicht darum. Stattdessen packte er Coleman im Feuerwehrgriff, das Gewehr und ein Kurvenmagazin zum Nachladen in der freien Hand.

Das Haupttor stand fast vollständig offen, aber keiner der Pakistanis ließ sich blicken. Er stürmte über die freie Fläche und duckte sich hinter der gleichen Apparatur wie Colemans Angreifer. Er legte seinen Freund auf dem harten Beton ab, warf das Magazin von Maslicks Gewehr aus und klatschte eilig ein neues hinein. Die ersten Männer lösten sich aus dem Zwielicht vor ihm.

Sie näherten sich im Schneckentempo, also nutzte er die Gelegenheit, um Irene Kennedys Nummer auf dem Satellitenhandy zu wählen und die Verbindung aufs Headset umzuleiten.

»Mitch!«, sagte sie, sobald sie abgenommen hatte. »Mich erreichen Meldungen von einem Feuergefecht mitten in Faisalabad.«

»Das bin ich. Die meisten Terroristen sind tot und Maslick transportiert den Sprengkopf gerade per Helikopter ab.«

»Wo bist du?«

»Ich steck in einer Fabrikhalle fest. Du musst dich mit der Regierung in Verbindung setzen und sie dazu bringen, ihre Leute abzuziehen. Bisher hab ich bloß Warnschüsse abgegeben, aber wenn sie mich umzingeln, bleibt mir nichts anderes übrig, als sie abzuknallen.«

»Das erledige ich sofort. Wo ist Scott? Begleitet er Joe?«

Ein kleiner Metallkanister flog durch die vordere Tür und

sprang ein paarmal in die Höhe, bevor sich der Inhalt entleerte. Tränengas.

»Er ist bei mir. Er hat's nicht zum Hubschrauber geschafft.«

»Warum? Ist er verletzt?«

»Je schneller er Hilfe bekommt, desto besser, Irene. Also beeil dich.«

Er legte auf und zerschoss mit Maslicks Sturmgewehr einige der noch intakten Oberlichter. Eher um seinen Angreifern Angst einzujagen. Das Tränengas bereitete ihm keine größeren Sorgen. Die Halle war riesig und zu gut belüftet, als dass er einen nennenswerten Effekt erwartete.

Eine schwache Hand klammerte sich an Rapps Bein fest. Er blickte in Scott Colemans Gesicht. Der Verletzte versuchte zu sprechen, doch statt Worten sprudelte nur ein unappetitlicher Mix aus Blut und Spucke aus seinem Mund.

»Ich bin erledigt, Mann. Hau ab.«

Rapp schüttelte die Erinnerungen an Stan Hurley ab, der vor einigen Wochen einen ganz ähnlichen Appell an ihn gerichtet hatte. Mit dem Unterschied, dass er als todkranker alter Mann die Spielregeln für seinen Tod selbst bestimmen durfte. Für Coleman galt das nicht.

Rapp war klar, dass jeder Anflug von Besorgnis oder Mitgefühl den Freund nur noch mehr schwächte. Er war ein Soldat. Einer der besten überhaupt. Und er verdiente es, als solcher behandelt zu werden.

Rapp zog die Pistole aus dem Hosenbund und schob sie Coleman in die schlaffe Hand. »Hör auf, hier rumzuflennen. Mach dich gefälligst nützlich.«

19

Joe Maslick lag auf den metallenen Bodenplatten des Hubschraubers. Sein Kopf hing aus der offenen Luke. Er war von bettelarmen Eltern in einer Wohnwagensiedlung in den Bergen von South Carolina großgezogen worden. Zum Zeitpunkt seines High-School-Abschlusses hatte er seinen Heimatstaat noch nie verlassen, noch nie Chinesisch gegessen oder das Meer gesehen. Sein Wissen über die Welt beschränkte sich auf das, was das verrauschte Bild des Familienfernsehers ihm gezeigt hatte.

Wie zum Henker war er mit einer solchen Vorgeschichte in Pakistan gelandet, eine Atombombe direkt vor der Nase? Rückwirkend betrachtet fand er den Job an der Kasse der örtlichen Tankstelle gar nicht mehr so mies.

»Das Teil schwankt wirklich ganz schön«, beschwerte er sich über das Mikro am Headset.

»Willst du lieber selbst ans Steuer, du Arschloch?«, kam die erwartete Antwort.

Der Mann an den Kontrollen hieß Fred Mason. Ein pensionierter Pilot der Navy, der sich inzwischen mit einer eigenen Firma in Kalifornien auf Bergungsmissionen spezialisierte. Coleman forderte ihn an, wenn er einen der Besten brauchte.

»Ich fänd's halt schön, wenn die Bombe nicht im Heckrotor landet, weißt du?«

»Seit wann bist du so eine Pussy, Mas?«

Sie stiegen in die Höhe, außerhalb der Reichweite der Cops und Soldaten auf der Straße, trotzdem konnte Maslick nach wie vor Details rund um die alte Fabrikhalle ausmachen. Ein Tor an der Vorderseite stand offen und mindestens zehn Bullen und Uniformierte hatten sich dort versammelt. Rauch kräuselte sich aus einer der Laderampen, aber keiner der Männer schien eine Atemmaske zu tragen. Auf den ersten Blick wirkte es, als hätte bei diesem Einsatz niemand die Hosen an. Das spielte Rapp und Coleman unter Umständen in die Karten.

Der Sprengkopf beendete seine Schaukeleinlage und Maslick benutzte die Kurbel an der Winde, um ihn nach oben zu hieven. Der Co-Pilot half ihm, das Teil in den Laderaum zu wuchten. Selbst zu zweit geriet es zur echten Kraftprobe. Nicht nur dass es megaschwer war, man konnte es nirgends vernünftig anpacken. Ein paarmal hatten sie es halb in der Luke drin, mussten aber wieder loslassen und es am Nylonseil pendeln lassen.

Der Pilot verfolgte ihre fluchenden Bemühungen und drehte sich kurz zu ihnen um. »Gut festhalten, Jungs. Ich helf euch.«

Die linke Seite des Choppers brach plötzlich nach unten aus. Maslick knallte mit dem Rücken gegen die Bordkanone und die Waffe rutschte auf einem Umweg über die Kufen in Richtung Laderaumöffnung. Dann neigte sich alles nach rechts und Joe prallte gegen die andere Bordwand. Nachdem sich der Heli austariert hatte, lag die Waffe vor ihnen und kullerte gemächlich zu einem Fangnetz, das mit einigen Splintbolzen befestigt war.

»Arschloch!«, fluchte Maslick und rieb sich den angeschlagenen Hinterkopf, während der Co-Pilot ihren Fang im Netz sicherte.

Ein eindringliches Piepen signalisierte das Eintreffen eines Anrufs auf dem Satellitentelefon. Maslick registrierte es im Kopfhörer und schloss die beiden Piloten von der Übertragung aus. »Ja?«

»Gib mir einen Lagebericht«, bat Irene Kennedy. Sie klang beunruhigt.

»Wir haben die Waffe an Bord und sind auf dem Heimweg.«

Eine Pause verriet, dass sie über diese Information nicht so glücklich war, wie sie es hätte sein sollen. »Mein Kontakt zu Mitch ist abgebrochen.«

»Da würde ich mir keine Sorgen machen. Wir haben ihn eben noch gesehen. Die Situation machte den Eindruck, als bekäme er sie problemlos in den Griff.«

Eine weitere, längere Pause. »Scott ist verletzt und ich erreiche weder General Shirani noch den örtlichen Polizeipräsidenten, um einen Abbruch des Einsatzes zu erwirken. Ihr müsst zurückfliegen und sie einsammeln.«

Maslick wusste nicht recht, wie er auf diese Bitte reagieren sollte. Rapp hatte ihm eingeschärft, ihre Fracht in Sicherheit zu bringen. Und obwohl Kennedy technisch gesehen das Kommando führte, fürchtete er sich nicht vor dem, was passierte, wenn er ihren Befehl ignorierte. Im Fall von Rapp allerdings …

»Negativ. Ich habe meine Befehle.«

»Ich bin diejenige, die dir Befehle gibt, und sie haben sich gerade geändert!«

Die Eindringlichkeit ihrer Antwort brachte ihn aus dem Konzept. In all den Jahren, seit er sie kannte, hatte er nie erlebt, dass Irene Kennedy ihre Stimme erhob.

Maslick kämpfte mit einem seltenen Moment des Zögerns. Wenn sie richtiglag – und das tat sie fast immer –, steckte sein Team in Schwierigkeiten. Rapp würde Coleman auf keinen Fall zurücklassen und die Pakistanis kriegten es über kurz oder lang irgendwie hin, das Gebäude zu umstellen. Die Vorstellung, die beiden im Stich zu lassen, fand er tausendmal schlimmer als die Vorstellung, an ihrer Seite zu sterben. Auf der anderen Seite fürchtete er sich davor, was Rapp mit ihm anstellte, wenn er seine Anweisungen nicht bis aufs i-Tüpfelchen umsetzte. Bisher hatte er es nie auf einen Versuch angelegt.

Schließlich drückte er einen Knopf, um die Verbindung zu den Piloten wiederherzustellen. »Wenden, Fred. Wir fliegen zurück.«

»Was? Sag das noch mal.«

»Du hast mich schon verstanden.«

»Dir ist klar, dass du im wahrsten Sinne des Wortes auf einer Atombombe hockst, ja?«

Maslick blickte unter sich. Er saß *tatsächlich* auf dem Ding. »Mach schon, Fred.«

Der Chopper ging in eine Steilkurve und Maslick schaltete mit der freien Hand auf die Frequenz, auf der Rapp mithörte. »Wir sind gleich wieder bei euch. Bitte bestätigen!«

Die Antwort war aufgrund der Interferenzen kaum verständlich. »Negativ. Aktuellen Kurs beibehalten.«

Maslick konnte sich des Gefühls nicht erwehren, dass er ein toter Mann war. Die einzige Frage lautete, ob der Zufallstreffer eines Pakistani oder ein perfekt gezielter Schuss von Rapp sein Ende besiegelte. »Wir haben neue Befehle von der Zentrale bekommen und erreichen eure Position in etwa drei Minuten.«

Rapp schob die Mündung des Gewehrs um die Kante der Maschine, hinter der sie sich verkrochen hatten, und versuchte, sich im langsam abziehenden Qualm zu orientieren. Im Eingang war niemand zu sehen. Vermutlich hatten sie doch noch gemerkt, dass sie ohne Atemmasken lieber auf Verstärkung warteten. Sollten sie clever sein – und daran zweifelte er stark –, hatten sie Männer hinter den umliegenden Gebäuden platziert und Positionsteams hinter Barrikaden, um die Ausgänge abzudecken. Dann reichte es, noch ein bisschen Gas in die Halle zu leiten oder – noch simpler – einfach abzuwarten. Ohne Wasser und bei Temperaturen oberhalb der 40-Grad-Marke hielt er maximal 24 Stunden durch. Coleman schaffte es vermutlich nicht mal 24 Minuten.

»Setzen zum Sinkflug an«, verkündete Maslicks Stimme über den Knopf im Ohr.

Rapp presste Ober- und Unterkiefer aufeinander und schaute nach Coleman. Die Pistole war ihm aus den Fingern gerutscht und er rührte sich nicht. Seine Kopfwunde sah wahrscheinlich schlimmer aus, als sie in Wirklichkeit war, dafür dürfte es bei dem Messer, das seitlich aus dem Körper ragte, genau so schlimm sein wie befürchtet. Hinzu kam das Blut, das ihm über Schulter und Beine lief.

»Scott.«

Seine Stimme löste nicht mal ein kurzes Zucken aus. Womöglich war er bereits tot, aber das machte in dieser Phase keinen Unterschied. Entweder verließen sie diese Halle gemeinsam – oder überhaupt nicht.

Er schaltete Maslicks Gewehr auf vollautomatischen Modus um und entleerte das Magazin in einen Stahlträger neben dem Eingang. Das Aufeinandertreffen von Metall und Metall verursachte einen Höllenlärm. Ausreichend, um jeden, der mit dem Gedanken eines Sturms auf das Gebäude liebäugelte, nachhaltig von der Idee abzubringen.

Mitch schleuderte das Gewehr weg und hievte sich Coleman auf die Schulter. Mit der Pistole, die dem anderen aus der Hand gerutscht war, rannte er so schnell, wie er es mit dem menschlichen Ballast hinbekam, zum hinteren Teil des Gebäudes. Er hatte etwa die halbe Strecke zurückgelegt, da ertönte von draußen das penetrante Knattern einer Kettenkanone. Hoffentlich stammte es von Maslicks Heli und nicht von einem als Verstärkung angeforderten pakistanischen Fluggerät.

Er trat ins helle Sonnenlicht hinaus, als Maslick gerade eine weitere Garbe entfesselte. Obwohl er nur in die Luft über den angrenzenden Gebäuden ballerte, erzielte es die gewünschte Wirkung. Sollten sich vor seinem Eintreffen Soldaten auf dieser Seite der Halle aufgehalten haben, hatte er sie erfolgreich in die Flucht geschlagen.

Trotz des zusätzlichen Ballasts, der auf seinen Schultern lastete, gelang es Rapp, das Seil zu erwischen, das aus dem Chopper baumelte, und es am Gurtzeug einzuhaken. Er setzte Scott ab und schlang die Arme um den Verletzten. Maslick lehnte aus der offenen Luke, vergewisserte sich, dass Rapp startklar war, und gab dem Piloten ein Zeichen, den Aufstieg einzuleiten.

Sie befanden sich erst wenige Meter über der Erde, als jemand aus einer Gasse im Norden Schüsse abgab. Rapps Pistole steckte an der Taille und er kam unmöglich an sie heran.

Colemans Körper war vom vielen Blut ganz glitschig und sein Gewicht kam ihm durch die Aufwärtsbewegung noch belastender vor als ohnehin schon. Rapp hatte genug damit zu tun, ihn nicht fallen zu lassen.

»Mas! Verpass diesem elenden …«

Der ehemalige Delta-Operator war ihm bereits einen Schritt voraus. Die Bordkanone verwandelte den Eingang zur Gasse in eine Wolke aus versprengtem Beton.

Endlich blieben die Dächer der Gebäude unter ihnen zurück und sie nahmen Kurs nach Osten. Über ihnen kurbelte Maslick schwungvoll an der Winde, um sie raufzuziehen. Rapp verstärkte den Griff um Coleman, obwohl die übersäuerten Muskeln in den Unterarmen brannten, als hätten sie Feuer gefangen. Der SEAL geriet ins Rutschen und Rapp schaffte es gerade noch, ein Bein um ihn zu schlingen, damit er nicht aus mehr als 100 Metern auf die Straße krachte.

Als sie endlich die Einstiegsluke erreichten, hatte Rapp zusätzlich die Zähne in Colemans Hemd vergraben, um die überforderten Arme zu entlasten. Der metallische Geschmack von Blut führte ihm den Zustand des Freundes einmal mehr drastisch vor Augen.

»Ich hab ihn!«

Maslicks kräftige Arme zerrten Colemans schlaffen Körper in den Hubschrauber. Als er in Sicherheit war, klammerte sich Rapp an den Kufen fest und zog sich selbst hinein. Er rollte sich ab. Im selben Moment kippte die Nase des Drehflüglers nach vorn und Fred Mason kitzelte die letzten Reserven aus dem Motor heraus.

20

CIA-Landefeld, Zentralpakistan

Rapp lehnte sich über die Schulter des Hubschrauberpiloten und deutete auf das militärische Transportflugzeug, eine C-17 Globemaster von Boeing. Sie stand hinter einer Reihe von Lagerhallen, in denen die CIA ihre

Reaper-Drohnen für den Einsatz gegen Terrorzellen in der Region bereithielt. »Da drüben landen!«

Die Kufen setzten etwa 20 Meter hinter der offenen Luke zur Laderampe der Globemaster auf. Die Sonne war bereits hinter dem Horizont versunken und die Innenbeleuchtung des vierstrahligen Transporters hob die Umrisse einer Gruppe von Soldaten hervor, die eine Krankenliege in ihre Richtung schoben. Im Flugzeug sah Rapp mehrere Liegeplätze und eine Ansammlung modernster medizinischer Geräte. Die Maschine war zu einer Art fliegendem Lazarett umfunktioniert worden, im Schichtbetrieb von mehreren medizinischen Teams bemannt und ausgestattet, um von der Erstdiagnose bis hin zu schweren Brandverletzungen so ziemlich alles zu behandeln.

Aufgrund der zahllosen Fragezeichen rund um die Operation in Pakistan hatte Kennedy die Globemaster für den Fall, dass die Sache in die Binsen ging, vor Ort belassen. Rapp hielt nichts davon, ein Scheitern einzukalkulieren, aber Irene war gern für alle Eventualitäten gerüstet. Wie so oft hatte sie die richtige Entscheidung getroffen. Auf diese Weise ließ sich Coleman auf dem Transport in ein US-Militärkrankenhaus in Deutschland unterwegs optimal versorgen.

Rapp sprang aus der Kabine. Joe Maslick und der Co-Pilot schoben die Trage, auf der Scott Coleman lag, in seine Richtung.

Es war ihnen gelungen, die sichtbaren Blutungen zu stoppen, aber die inneren Verletzungen überstiegen ihre Fähigkeiten bei Weitem. Die Haut des Ex-SEALs wirkte ungesund blass und bildete einen krassen Kontrast zu den Blutflecken. Die letzte Überprüfung vor zehn Minuten hatte noch eindeutige Lebenszeichen ergeben, aber wenn er ihn jetzt so anschaute, hatte er seine Zweifel, ob es dabei geblieben war.

Er zeigte keinerlei Regung, als Rapp sich ein Ende der Trage griff und ihn langsam aus dem Hubschrauber wuchtete. Laute Rufe hinter ihnen erklangen und er fand sich inmitten eines medizinischen Teams der C-17 wieder. Kurz darauf hatten sie Coleman auf die mobile Krankenliege verfrachtet und eilten mit ihm zum Flugzeug. Eine Krankenschwester in Wüstentarn hockte rittlings auf dem Patienten, um die provisorischen Verbände zu lösen und an der Halsschlagader nach einem Puls zu tasten. Eine weitere rannte neben ihr her und säbelte die Hosenbeine mit einer Schere auf.

Einer der Sanitäter folgte dem Transport in einigem Abstand. Rapp packte ihn an der Schulter und hielt ihn auf.

»Wir brauchen noch eine Liege.«

»Sir?«, erkundigte sich der Junge sichtlich nervös. »Uns wurde nur ein Verletzter gemeldet.«

Offenbar ein Frischling. Sicher intelligent und gut ausgebildet, aber noch unsicher, was seine Rolle bei diesem Einsatz anging.

»Besorg einfach 'ne Liege«, forderte Rapp.

»Es ist noch ein Team an Bord. Ich …«

»Quatsch nicht so viel und hör zu. Kein zweites Team. Niemanden um Hilfe bitten oder auch nur erzählen, was du vorhast. Organisier mir einfach die beschissene Liege. Verstanden?«

Der Typ wirkte aus verständlichen Gründen verängstigt und verwirrt, nickte jedoch.

»Ich geb dir eine Minute.«

Der andere spurtete los. Rapp kletterte zurück in den Chopper und zeigte auf den Sprengkopf. »Los, schaffen wir ihn raus.«

Sie mussten ein bisschen kämpfen, bekamen es aber hin, das schwere Teil zur Ausstiegsluke zu wuchten. Der Krankenpfleger war gerade mit der angeforderten Tragehilfe zurückgekehrt. Beim Anblick seines neuen Patienten wich er nervös einen Schritt zurück. Ein zweiter folgte, nachdem das radioaktive Gefahrensymbol auf der Metallhülle erkennbar geworden war.

»Sir? Unser Befehl lautet, drei Männer an Bord zu nehmen, einer davon verletzt. Niemand hat uns was gesagt von …« Seine Stimme verebbte. »Von so etwas.«

»Na, jetzt weißt du's ja.« Rapp schob die Liege ganz dicht an den Ausstieg des Helikopters heran. Maslick und der Co-Pilot stemmten ihre Schultern gegen den Sprengkopf und verpassten ihm einen letzten Stoß. Die Räder der Transporthilfe protestierten quietschend, aber sie hielten. Rapp breitete eine Decke über das Metall aus, zeigte erst auf Maslick, dann auf die Globemaster. Der ehemalige Delta sprang ins Freie und half dem Sanitäter, die seltsame Fracht zur Laderampe zu bugsieren.

Rapp ließ die offene Handfläche laut gegen die Seite des Choppers klatschen und beugte sich hinein. »Ab mit dir, Fred. Und wie üblich vergisst du sofort alles, was heute passiert ist.«

»Wird mir ein Vergnügen sein«, antwortete der Pilot und aktivierte einige Kontrollen über seinem Kopf. »Richtet Scott aus, dass ich ihm die Daumen drücke.«

Rapp joggte zur Transportmaschine. Der Helikopter wirbelte eine Menge Staub auf und stieg in den zunehmend dunkleren Himmel. Die vier Düsentriebwerke der C-17 liefen bereits und die Laderampe wurde gerade eingefahren. Er klammerte sich am oberen Rand fest, sprang hinein und landete sicher auf den Füßen.

Er ließ Maslick und den Sanitäter links liegen, die sich gerade abmühten, die Atomwaffe in einer Nische festzuschnallen, und lief nach vorn durch. Kurz vor dem Cockpit erreichte er eine Trennwand, blieb stehen und spähte dahinter.

Fünf Leute kümmerten sich um Coleman. Infusionsbeutel und Sauerstoffschläuche versorgten den nackten Patienten. Blutige Lappen, mit denen man ihn gereinigt hatte, um nach verborgenen Wunden zu forschen, türmten sich auf dem Boden.

Rapp bekam selbst nicht mit, wie lange er dastand und zusah. Wie lange er den Stimmen lauschte, die im Minutentakt zwischen Befehlston und Verzweiflung hin und her pendelten. Was sie genau taten, erfasste er ebenso wenig wie die Bedeutung ihrer Worte.

Ein Skalpell blitzte unter dem grellen Deckenlicht auf und Rapp verfolgte, wie es zwischen Colemans Rippen verschwand. Er lag da wie eine Weihnachtsgans auf der Tranchierplatte.

»Mitch?«

Rapp ignorierte die Stimme hinter sich und schaute weiter zu, wie das Ärzteteam seinen Freund behandelte.

»Mitch? Dr. Kennedy ist am Apparat. Sie will mit dir reden.«

Rapp drehte sich langsam zu Maslick um, der ihm verlegen ein Satellitenhandy hinhielt.

Statt es entgegenzunehmen, packte er ihn an der Kehle und drängte ihn gegen den Rumpf. »Ich hab dir gesagt, du sollst die Waffe wegschaffen. War mein Befehl nicht eindeutig genug oder bist du einfach zu blöd, um ihn zu befolgen?«

»Tut mir leid«, quetschte Maslick trotz des enormen Drucks auf seine Luftröhre heraus. »Dr. Kennedy hat dich überstimmt. Sie hat uns zurückbeordert.«

Rapp hörte ihre blecherne Stimme, die eine unverständliche Botschaft aus dem Lautsprecher zu seinen Füßen brüllte.

Die Maschine hatte inzwischen die Startbahn erreicht. Endlich ließ er Maslick los und schubste ihn in Richtung Heck. Der Ex-Soldat rappelte sich gerade ungeschickt auf, als Rapp sich den Apparat schnappte.

»Mitch!«, rief Kennedy. »Bist du da? Mitch!«

»Ich hör dich.«

»Joe hat auf meinen ausdrücklichen Befehl hin gehandelt. Er wollte es mir ausreden.«

»Eine bescheuerte Idee, Irene. Die Cops planten einen Vorstoß und wir wussten überhaupt nicht, wie sie ausgerüstet sind. Im schlimmsten Fall hätten sie Freds Vogel vom Himmel geholt.«

»Mir blieb nichts anderes übrig. Nach mehreren Anläufen bin ich zu Präsident Chutani durchgestellt worden, aber der meinte nur, er habe keine Möglichkeit, die Polizisten abzuziehen. General Shirani hat meinen Anruf nicht mal entgegengenommen.«

»Dann hättest du uns zurücklassen sollen.«

»Ich garantiere dir, dass Shirani es darauf angelegt hat, eine Auseinandersetzung zu provozieren. Videoaufnahmen, wie du ein Heer von Soldaten erschießt, bevor man dich mit einer Panzergranate erledigt, hätten ihm genau das Futter geliefert, das er braucht, um den Hass der Pakistani gegen Amerika zu schüren. Vermutlich wäre dadurch ein Aufstand gegen die Regierung in Gang gesetzt worden.«

Vermutlich traf diese Vermutung sogar zu, ahnte Rapp. Niemand verstand die komplexen Zusammenhänge der Machtkämpfe von Washington über Peking bis Islamabad so gut wie Irene. Außerdem war der Sprengkopf sichergestellt, er lebte noch und Coleman befand sich in den Händen der besten Traumaspezialisten. Es änderte trotzdem nichts daran, dass er stinksauer war.

»Also ging es dir um Pakistan, nicht um mich oder Scott.«

»Natürlich«, stellte sie nüchtern fest, wobei sie sich keine nennenswerte Mühe gab, überzeugend zu klingen. »Ihr beide seid für mich vollkommen entbehrlich.«

Die Räder des Flugzeugs touchierten die Landebahn und die Triebwerke röhrten. Langsam kam die imposante Globemaster zum Stillstand. Rapp blieb, wo er war: auf einer Pritsche, die mit Bolzen an der Außenhülle verankert war. Stumm verfolgte er, wie Coleman völlig reglos und umgeben von seinem Ärzteteam zum Heck gerollt wurde.

Es handelte sich nicht um den geplanten Stopp in Europa. Nach Auskunft der Mediziner konnten sie Coleman nicht lange genug stabilisieren, damit er den Flug dorthin überlebte. Dieser Stützpunkt der US-Luftwaffe in Afghanistan erfüllte noch am ehesten die an die Ausstattung der chirurgischen Einrichtungen gestellten Anforderungen.

Er blieb sitzen und starrte die Wand direkt vor sich an, bis ein Colonel der Air Force die Maschine durch die offene Laderampe betrat.

»Wer hat hier das Kommando?«

Rapp reagierte nicht. Maslick zeigte unauffällig auf ihn.

»Wer zur Hölle sind Sie?«, fragte der Mann mit den Händen in den Hüften und baute sich anklagend vor Rapp auf. »Ich wurde per Anruf über die Ankunft Ihres Fliegers informiert. Man sagte mir lediglich, es handele sich um einen medizinischen Notfall. Weder wurde mir gesagt, wer die Landung genehmigt hat, noch von wo Sie kommen oder wer sich an ...«

Er verstummte abrupt. Der Grund lag auf der Hand. Bei der Landung musste die Decke vom Sprengkopf gerutscht sein, der in einer Nische direkt links von ihm festgeschnallt war.

»Verdammt, was haben Sie da in meine Basis mitgebracht?«

»Nichts, worüber Sie sich Sorgen machen müssten«, verkündete Rapp seelenruhig. »Kümmern Sie sich lediglich darum, dass mein Mann die bestmögliche Versorgung bekommt, und organisieren Sie mir einen sofortigen Transport in die Vereinigten Staaten.«

Mit angewiderter Miene musterte der Offizier Rapps dreckige Klamotten, die langen Haare und den dichten Bart. »CIA, was?« Er spuckte vor ihm aus. »Sie können mich mal. Einfach so auf meiner Basis auftauchen und dann auch noch Befehle erteilen wollen.«

»Hören Sie, Colonel. Ich bin hundemüde und wir wissen beide, dass ich am Ende bekomme, was ich fordere. Wie wär's, wenn wir einfach direkt zu diesem Punkt springen?«

»Eingebildet sind Sie jedenfalls, das steht fest. Was macht Sie da so sicher?«

»Ich habe eine Atombombe.«

Die Augen des Mannes zuckten erneut in Richtung des Sprengkopfs. »Wo kommt die her und was wollen Sie damit anstellen? Ich lass mich auf keinen Fall in irgendeine bescheuerte CIA-Operation reinziehen, für die keine Genehmigung vorliegt.«

Es beunruhigte Rapp, dass er ernsthaft darüber nachdachte, den Kerl umzulegen. Und es waren keinesfalls vage, rein theoretische Mordfantasien. Er hatte einen Schraubenschlüssel in der Ablage über sich entdeckt und malte sich aus, wie er damit auf den Schädel dieses elenden Sturkopfs eindrosch.

»Okay, Colonel«, verabschiedete er sich zögernd von der Idee. »Dann besorgen wir Ihnen mal diese Genehmigung.«

Der andere verzog spöttisch das Gesicht. »Von wem denn? Etwa von Irene Kennedy? Für die arbeite ich nicht.«

Wut trat auf Rapps Miene. Maslick schob sich näher heran, um notfalls eingreifen zu können. Als Rapp hinter sich griff, verkrampfte der Delta, entspannte sich jedoch sofort, weil nichts Tödlicheres als ein Telefon zum Vorschein kam.

»Reicht Ihnen ein Okay vom Präsidenten?«

»Meine Fresse. Ihr Scheißkerle von der Agency seid doch alle gleich. Macht einen auf dicke Hose und protzt rum, dass euch das Weiße Haus an den Lippen hängt. Ich bin schon zu lange dabei, um auf so eine Nummer reinzufallen.«

Rapp schaltete das Handy auf Lautsprecher und wählte eine Nummer, die ihn mit einem eigens für ihn eingerichteten Nebenposten in der Vermittlungsstelle der 1600 Pennsylvania Avenue verband.

»Weißes Haus. Wie kann ich Ihnen helfen?«

»Bitte verbinden Sie mich mit dem Oval Office.«

»Ich stelle Sie durch, Sir.«

Der Air-Force-Colonel, der sich bisher noch nicht vorgestellt hatte, wurde langsam unsicher.

»Oval Office.«

»Gloria, hier ist Mitch. Ist er zu sprechen?«

»Er sitzt gerade in einem Meeting mit dem Vizepräsidenten. Soll ich ihn kurz stören?«

Rapp sah den Mann, der vor ihm stand, fragend an. Dieser schüttelte hastig den Kopf.

»Nein, so wichtig ist es dann doch nicht.«

»Soll er Sie anrufen, wenn er fertig ist?«

Erneut erntete Rapp eine energische Kopfbewegung.

»Nein, ich melde mich bei ihm, wenn ich zurück bin. Vielen Dank.«

Als er die Verbindung beendet hatte, eilte der namenlose Colonel bereits zum Ausstieg.

»Schneller Transport«, rief ihm Rapp hinterher.

»Ich werde die nächste freie Maschine herbeordern«, antwortete der andere, ohne sich noch einmal umzusehen. Kurz darauf verschwand er über das Rollfeld.

»Hilfsbereiter Mann«, fand Maslick.

Rapp stand auf. »Riegel das Flugzeug ab. Keiner steigt mehr ein oder aus, bis der Weitertransport bereitsteht. Ich bin in 20 Minuten zurück.«

Rapp hasste den Geruch von Krankenhäusern. Er assoziierte dieses abgestandene, sterile Müffeln mit Scheitern und Verlust. Am Empfangstresen fand er sich einer Frau in knackig gebügelter Air-Force-Uniform gegenüber. »Entschuldigen Sie, Ma'am. Einer meiner Männer wurde gerade eingeliefert.«

Ihre Augenbrauen zuckten in die Höhe. »Sind Sie der Typ, der gerade unseren Kommandanten gefaltet hat?«

Neuigkeiten sprachen sich auf einer Militärbasis schnell rum. »Yup.«

»Herzlichen Glückwunsch. So schnell hat ihn bisher noch niemand rennen sehen.« Sie schob ihm ein Klemmbrett hin. »Ihr Mann hatte kein Namensschild und konnte uns selbst auch nicht sagen, wie er heißt. Wär's möglich, dass Sie mir die Eckdaten kurz ausfüllen?«

»Klar. Wie geht's ihm?«

»Er wurde direkt in den OP-Saal gebracht.«

»Mit Verlaub, Ma'am, das hab ich nicht gefragt.«

»Ich weiß.«

Rapp nickte verständnisvoll und schnappte sich einen Kugelschreiber. »Kann ich das irgendwo in Ruhe ausfüllen? Ohne dass mich jemand stört?«

»Wir haben einen kleinen Andachtsraum, den Gang runter auf der rechten Seite. Das sollte passen.«

Er folgte ihrer Beschreibung durch eine Schwingtür, schleuderte das Klemmbrett in den erstbesten Mülleimer und rief Irene Kennedy an.

Ihm spukte der Tod seiner Frau und seines ungeborenen Babys durch den Kopf. Sein Bruder, den er seit über einem Jahr nicht mehr gesehen hatte. Und sein alter Freund Stan Hurley, wie er vor wenigen Wochen in seinen Armen gestorben war.

Und jetzt auch noch Scott.

Kennedy hob direkt beim ersten Klingeln ab. »Wie geht es ihm?«

»Nicht gut. Er wird grad operiert.«

»Und der Sprengkopf?«

»Joe passt drauf auf. Ich habe einen Transport angefordert.«

»Hast du immer noch vor, ihn hierherzubringen?«

»Wir wollten schon lange mal einen Blick auf den Stand der pakistanischen Nukleartechnologie werfen. Die Chance bietet sich so bald nicht wieder.«

Irene schwieg.

»Siehst du das anders?«

»Nein, aber ich bekomm eine Menge Druck aus Pakistan. Sie wissen, dass wir das Teil haben, und wollen es zurück.«

»Dann ruf Chutani an.«

»Er ist einer von denen, die mir Druck machen.«

»Der spinnt doch. Ohne mich wär er tot und der Sprengkopf zusammen mit einer Horde Terroristen auf dem Weg in ihr Hauptquartier.«

»Trotzdem ist er pakistanischer Präsident und kämpft politisch ums Überleben. Shirani könnte das Verschwinden der Waffe gegen ihn verwenden.«

»Dann halt ihn hin. Wir brauchen ja keinen Monat. Ich liefere das Teil bei Craig ab und sag ihm, seine Spezialisten haben 24 Stunden, um es genauestens unter die Lupe zu nehmen.«

»Wir reden hier nicht davon, einen IS-Kämpfer zu entführen oder uns in einen Rechner zu hacken, Mitch. Es geht um eine Atomwaffe. Wie soll ich ihm das beibringen?«

»Sag ihm, die Personaldecke sei wegen der Urlaubszeit dünn und meinem Flugzeug der Sprit ausgegangen. Halt, mir fällt noch was Besseres ein: Wenn sie nicht wollen, dass es in falsche Hände gerät, sollen sie es halt nicht in einem Obstlaster durch die Gegend karren.«

»Ich habe mit Präsident Alexander darüber gesprochen. Er ist grundsätzlich einverstanden. Allerdings stellte er mir einige Fragen, bei denen mir die Antwort schwerfiel. Wir wissen, dass sie Nuklearwaffen haben. Und wir wissen grundsätzlich, wie sie funktionieren. Sind uns die zusätzlichen Erkenntnisse das damit verbundene Risiko wirklich wert?«

Rapp stieß zischend die Luft aus. »Irgendwas stimmt nicht, Irene. Etwas, das ich selbst noch nicht verstehe.«

»Wie kommst du drauf?«

»Ein russischer Mafiaboss verbündet sich mit dem IS. Warum?«

»Um dich aus dem Weg zu schaffen, damit sie sich eine Vernichtungswaffe aneignen können. Seit Saddam Husseins frühere Generäle beim Islamischen Staat das Sagen haben, agieren sie deutlich raffinierter. Und sie haben inzwischen genug Geld, um externe Spezialisten anzuheuern.«

»Aber laut unseren Infos gehörten die Leute, die den Überfall geplant haben, nicht zum IS, sondern zu Al Badr. Die beiden Gruppen haben keine Verbindung zueinander.«

»Auch wieder wahr.«

»Und dann ist da noch die Sache mit Scott.«

»Was ist überhaupt passiert? Wurde er in einen Hinterhalt gelockt?«

»Nein, eben nicht. Ein einzelner Mann hat ihm das angetan.«

»*Ein* Mann? Bist du sicher?«

Rapp setzte sich auf eine Bank. »Ja, absolut sicher. Und der Kerl hat ihn quasi im Vorbeigehen erledigt.«

»Das klingt völlig unrealistisch.«

»Da geb ich dir recht. Nur hab ich's mit eigenen Augen erlebt.«

»Hast du ihn dir genauer anschauen können?«

»Halbwegs.«

»Und?«

»Ein Weißer. Etwa so groß wie ich. Dunkle Haare. Mitte 30. Leicht gebräunt.«

»Kanntest du ihn?«

»Nein.«

Sie gönnte sich einen Moment, um die neuen Informationen zu verarbeiten.

Die wenigsten Leute hätten ein direktes Aufeinandertreffen mit Scott Coleman überhaupt überlebt. Und dieser Kerl brachte ihn im Alleingang auf die Intensivstation? Wenn er so gut war, hätten sich seine Wege längst mit Mitch Rapp kreuzen müssen.

»Hör zu, Irene. So ein Typ arbeitet weder für die Mafia noch lässt er sich von einer Bande dilettantischer Terroristen anheuern. Ich kann mir nicht vorstellen, dass er überhaupt gezielt Aufträge entgegennimmt, sonst hätt ich schon mal mit ihm zu tun gehabt.«

»Aber du hältst ihn für wichtig.«

»Mein Bauchgefühl sagt mir, wenn wir ihn finden, finden wir auch den Schlüssel zu dem Ganzen.«

»Den Schlüssel? Oder nur ein willkommenes Ventil für deine Rache?«

Rapp ignorierte die Frage. »Ich schätze die Chancen, dass er eine Special-Ops-Ausbildung durchlaufen hat, auf 75 Prozent. Vermutlich ist er Europäer. Nachdem die Russen überall ihre Fingerabdrücke hinterlassen haben, würde ich bei denen anfangen.«

»Was ist mit den restlichen 25 Prozent?«

»Er könnte wie ich von einem Geheimdienst rekrutiert und trainiert worden sein.«

»Das sind verdammt magere Anhaltspunkte, Mitch. Weiße Elitesoldaten um die 30 gibt es wie Sand am Meer.«

»Ein weiteres Puzzlestück kann ich noch beisteuern, Irene. Der Kerl ist Athlet. Vielleicht hat er seine Karriere früh an den Nagel gehängt, aber er war mal so gut, dass er den Talentscouts aufgefallen sein muss.«

»Okay, talentierter weißer Teenager, der irgendeine Sportart in irgendeinem Land betrieben hat. Das grenzt den Radius natürlich gewaltig ein.«

»Wie schon gesagt, die Russen haben was damit zu tun. Man sollte sich einfach mal mit der Sportförderung zu Zeiten der Sowjetunion beschäftigen. Bestimmt gibt's da noch Unterlagen, die man wälzen kann, oder Verantwortliche, die noch leben. Ich vertrau auf unser Glück.«

21

Über dem Südwesten von Virginia

»Wir befinden uns in der letzten Phase des Landeanflugs«, sprach Rapp in sein Headset. »Könnt ihr bitte das Pistenfeuer anschalten?«

Niemand antwortete. Sie schwebten zwischen zwei dicht bewaldeten Bergkuppen, deren Umrisse im Schein des Mondes nur undeutlich erkennbar waren. Der Colonel, dessen Namen Rapp nach wie vor nicht kannte, hatte zwar eine Gulfstream III der Air Force für ihn auftreiben können, ironischerweise gab es aber tatsächlich einen urlaubsbedingten Engpass an Piloten. Deshalb musste Rapp seine eingerosteten Flugfertigkeiten hervorkramen und auf dem rechten Sitz des Cockpits einspringen.

»Ich wiederhole, wir befinden uns …«

»Ich find den dämlichen Schalter nicht«, unterbrach ihn eine vertraute Stimme. »Wart mal, ich glaub, er ist hier irgendwo hinter dem Busch. Jawohl, hab ihn.«

Zwei Reihen von Lichtern blitzten im Norden auf und erhellten eine Landebahn, die seit dem Kalten Krieg kaum mehr als zehn Mal benutzt worden war. Der Pilot steuerte den Jet auf sie zu und ging in einen steilen Sinkflug über.

»Wie peinlich«, ließ Rapp das Mikro wissen, das ihm vor dem Mund baumelte.

»Ach ja? Seit wann bin ich denn ein verkappter Elektriker?«

»Wir landen in zwei Minuten. Fass bis dahin nichts an, wenn's geht. Nachher krachen wir mit der Bombe noch irgendwo ins Gestrüpp.«

»Null Problemo.«

Rapp schaute in die Kabine. Die luxuriösen Sessel, die er bei der G550 der CIA schätzen gelernt hatte, gab es hier nicht. Stattdessen mussten die Passagiere mit improvisierten Sitzgelegenheiten aus Stahlrahmen und Stoff am hinteren Schott vorliebnehmen. Joe Maslick hatte einige Decken und Kissen neben dem Gefechtskopf gestapelt und schlief tief und fest. Sein Kopf lehnte dicht an der Spitze der Rakete.

»Mas, beweg deinen faulen Hintern. Wir landen.«

Der Ex-Delta schreckte hoch.

»Ist das Teil anständig festgemacht? Nicht dass es beim Aufsetzen durch die Gegend fliegt.«

»Keine Angst«, raunte Joe. »Aber ich kann mir wirklich was Schöneres vorstellen, als daneben aufzuwachen.«

Rapp drehte sich nach vorn. Die Lichter kamen rasch näher. Überraschenderweise weckte Maslicks Bemerkung Erinnerungen an Claudia Gould. Er versuchte, sie aus seinem Kopf zu verdrängen, machte sich klar, dass eine Beziehung mit ihr von vornherein zum Scheitern verurteilt wäre, aber ihr Gesicht ließ sich nicht so einfach vertreiben.

Seine Beziehungen tendierten immer zum Extrem. Vielleicht stimmte bei Claudia endlich die Mischung. Aber lohnte es sich, erneut eine Enttäuschung zu riskieren? Verantwortung zu übernehmen? Sich eingeengt zu fühlen? Und vor allem: War es ihr gegenüber fair? Anna lebte nicht mehr. Hurley lebte nicht mehr. Scott lag im Sterben. Menschen in seiner Nähe ereilte meist ein schlimmes Schicksal. Und in Claudias Fall kam noch eine kleine Tochter dazu, um die sie sich kümmern musste.

Die Reifen touchierten den Boden und ein Arsenal von Scheinwerfern flackerte auf elf Uhr auf. Rapp wies den Piloten darauf hin, bevor er das Headset gegen ein Telefon tauschte und damit in die Kabine lief. Auf ihrem Privatanschluss nahm Irene Kennedy diesmal erst nach dem fünften Klingeln ab. Vermutlich hatte er sie in der Tiefschlafphase erwischt. Wenn man bei den drei Stunden Schlaf, die sie sich pro Nacht gönnte, überhaupt von so etwas sprechen konnte.

»Schon gelandet?«

»Vor wenigen Sekunden.« Er half Maslick, den Sprengkopf loszuschnallen. »Weißt du schon was Neues über Scott?«

Rapp rechnete mit ausgedehntem Schweigen, wie es der Nachricht über den Tod eines Freundes meistens vorausging, aber in diesem Fall wurde er positiv überrascht.

»Die Verletzung an der Wade betraf nur das Weichgewebe. Der Treffer an der Schulter hat zwar das Schlüsselbein zerschmettert, aber das lässt sich mit einer Metallplatte in den Griff bekommen. Das ausgekugelte Gelenk ist definitiv ein größeres Problem als die eigentliche Schusswunde. Dafür hat der Kopf etwas mehr abbekommen, als wir anfangs dachten. Zur Gehirnerschütterung kommen noch einige Haarfrakturen im Schädel.«

»Und das Messer?«

»Er hat eine vierstündige Operation hinter sich. Die Ärzte glauben, dass sie den Schaden reparieren konnten …« Sie brach ab.

»Aber?«

»Aber der Blutverlust und der Hitzschlag sind kritisch. Er wurde in ein künstliches Koma versetzt und die Prognose lautet, dass er womöglich nie daraus erwacht und das Bewusstsein zurückerlangt. Selbst wenn, ist unklar, ob ein Hirnschaden zurückbleibt.«

Rapp schleifte die Rakete an der Spitze zum Ausstieg. »Wo ist er jetzt?«

»Auf dem Weg nach Bethesda. In der C-17, in der ihr ihn evakuiert habt. Es ist zwar selbstverständlich, aber ich will es trotzdem betonen: Wir werden die weltweit besten Spezialisten auf seinen Fall ansetzen und alles Menschenmögliche in die Wege leiten.«

»Seine Mutter lebt noch«, sagte Rapp. »Sie ist das einzige Familienmitglied, das er noch hat. Weiß sie schon Bescheid?«

»Nein, ich habe sie bisher nicht kontaktiert. Sie befindet sich in der Frühphase einer Demenz und ich halte es für besser, damit zu warten, bis wir eine genauere Prognose abgeben können. Frühestens wenn er in Amerika im Krankenhaus liegt.«

»Oder wenn er in Amerika im Sarg liegt.«

»Aktuell gibt es keinen Grund, so etwas zu befürchten.«

»Was ist mit dem Typen, der schuld an seinem Zustand ist?«

»Uns liegen ein paar verwackelte Handyaufnahmen von seinem Gesicht vor. Die Verletzungen, die er sich zugezogen hat, entstellen ihn zwar massiv, aber unsere Spezialisten haben es geschafft, mit ein paar elektronischen Tricks brauchbare Standbilder zu generieren. Wir haben sie zur Fahndung an alle relevanten Geheimdienste übermittelt. Bisher gab es leider keinen Treffer.«

Rapp sprang aus dem Flugzeug und lief ein paar Schritte. Trotz des kühlen Abends hing eine deutliche Schwüle in der Luft. Er überquerte die Landebahn, als gerade die Beleuchtung abgeschaltet wurde, und tauchte ins klamme Unterholz am Rand der Piste ab. Keine Spur von Wind. Das einzige Geräusch rührte von einem Triebwerk her, das einige Hundert Meter weiter westlich hochgefahren wurde.

»Sag deinen Leuten, wir müssen ihn finden, Irene. Nicht morgen. Nicht nächste Woche. Sofort.«

»Ich kann nachvollziehen, wie dir zumute ist, Mitch. Das musst du mir glauben. Wir geben wirklich unser Bestes. Trotzdem brauche ich dich umgehend in Pakistan. Nach allem, was vorgefallen ist, hat die Armee die Sicherheitsvorkehrungen zwar massiv nachgebessert, aber es bleibt die Gefahr, dass ein weiterer Sprengkopf ins Visier gerät. Ich fürchte, dass das Risiko durch die zusätzlichen Maßnahmen eher noch steigt.«

»Weil die Terroristen zuschlagen, bevor es endgültig zu schwierig wird.«

»Ganz genau.«

»Ich steig in die nächstmögliche Maschine.«

»Danke. Da weder du noch Scott momentan vor Ort seid, fliegt uns die Operation allmählich um die Ohren. Außerdem müssen wir ihnen ›unseren‹ Sprengkopf zurückbringen. Der politische Druck wächst und die pakistanische Armee scheint gewisse Vorbereitungen zu treffen. Wenn du mich fragst, plant General Shirani einen zeitnahen Coup.«

Rapp stöhnte. Ein Pakistan unter der Regie von Shirani wäre eine Katastrophe. Der amtierende Präsident war zwar ein Mistkerl, aber wenigstens ein gemäßigter, mit westlichen Kulturen sympathisierender Mistkerl. Bei Shirani handelte es sich dagegen um einen fundamentalistischen Möchtegerndiktator mit unstillbarer Machtgier und einem tief verwurzelten Hass gegen die Vereinigten Staaten.

»Wir beeilen uns«, versprach er, während ein alter Pick-up neben dem Jet hielt. »Ich melde mich bei dir, sobald wir was Interessantes rausgefunden haben.«

Rapp beendete das Gespräch und lief hinüber, um den Mann zu begrüßen, der gerade aus dem Wagen stieg. Craig Bailer war fast zehn Zentimeter größer als Rapp. Muskulöse, von oben bis unten mit Tätowierungen verzierte Arme quollen aus einem T-Shirt, das die Vorzüge von Pabst Blue Ribbon anpries. Das ausgemergelte Gesicht wurde von einem Dreitagebart und einem Basecap eingerahmt, das ein ähnliches Loblied auf das Gebräu sang.

»Wie läuft's, Mitch? Ist 'ne ganze Weile her.«

Trotz seiner prolligen Erscheinung besaß Bailer drei Doktortitel – einen in Kernphysik, zwei weitere in Fächern, die Rapp nicht mal aussprechen konnte. Kennedy hatte ihn nach seiner überraschenden Kündigung bei Lockheed Martin verpflichtet. Allerdings hasste er Langley, hasste seinen Job dort und hasste es, in einem Büro eingesperrt zu sein. Gegen Ende seines Gastspiels im Hauptquartier hatte er sich überwiegend in der Autowerkstatt rumgetrieben. Ihm verdankte Rapp das Aufpimpen seines Dodge mit der verstärkten Karosserie, Notlaufreifen, kugelsicherem Panzerglas und diversen anderen Kleinigkeiten. Kollegen schworen Stein und Bein, dass er der am besten ausgebildete und höchstbezahlte Mechaniker der Geschichte war.

Als er offen mit Abschied drohte, hatte Kennedy auf Krisenmodus umgeschaltet. Es war Rapps Idee gewesen, ihn in einen abgelegenen Winkel von Virginia zu versetzen, wo er sich in einer nach Ende des Kalten Kriegs stillgelegten Raketenfabrik austoben konnte. Wenn Bailer nicht freiwillig zum Berg ging, musste man den Berg eben zu ihm verfrachten.

Trotz großzügiger finanzieller Kompensation verbrachte der Bursche allerdings mehr Zeit in der örtlichen Ausnüchterungszelle als am Arbeitsplatz. Die Agency forderte ihn nur für Jobs an, die sie sonst niemandem zutraute. Das passte dem geselligen Redneck sehr gut in den Kram. Er hatte sich ungefähr 30 Kilometer entfernt eine offizielle Werkstatt eingerichtet, in der er im Kundenauftrag alles Mögliche fertigte. Vom Spionagesatelliten bis hin zum Spoiler für frisierte Sportwagen.

»Schön, dich zu sehen.« Rapp schlug ein. »Tut mir leid wegen der knappen Vorwarnung.«

Hinter ihm hatte Joe Maslick inzwischen den Sprengkopf zur offenen Luke der Gulfstream manövriert. »Wo ist der Transporter?«

»Na, hier«, grinste Bailer und schlug auf die Kühlerhaube seines Trucks. Er sprang hinter das Steuer und fuhr rückwärts an das Flugzeug heran, stieg aus und schob eine Kühlbox und ein paar Schaufeln zur Seite, um genug Platz für ihre heikle Fracht zu schaffen.

»Roll das Ding einfach drauf.«

»Aus einem Meter Höhe?«

»Das ist nicht wie mit Nitroglyzerin, Mas. Hast du 'ne Ahnung, wie viele hochkomplexe Reaktionen in Gang gesetzt werden müssen, damit die in die Luft fliegt?«

»Nö.«

Bailer grinste. »Ich auch nicht. Aber bestimmt mehr als zwei.«

Rapp gab Joe ein unauffälliges Zeichen und dieser schob die Waffe nach draußen. Sie landete mit einem brutal lauten Knall auf der Ladefläche.

Die Stoßdämpfer wurden fast bis zum Anschlag nach unten gerammt.

»Spring auf den Rücksitz, Mas. Vorn ist nicht genug Platz für drei.«

Maslick tat wie befohlen. Seine 100 Kilo Lebendgewicht bereiteten der Federung neuerliche Qualen. »Ist in der Kühlbox was drin?«

»Hab ich euch je enttäuscht?«, konterte Bailer und rutschte hinter das Lenkrad.

Rapp öffnete die Beifahrertür und nahm eine Dynamitstange vom Sitz. Bailer schleuderte sie achtlos nach hinten. »Ich war letztes Wochenende angeln. Wie geht's deinem Dodge?«

»Die Stereoanlage klingt scheiße«, beschwerte sich Rapp, während sie über die geteerte Piste beschleunigten.

»Ja, ich musste die Frontlautsprecher ausbauen, damit genug Platz für die Kevlarabschirmung bleibt. Inzwischen gibt's deutlich dünneres Zeug und ich hab 'nen prima Soundspezialisten an der Hand. Bring mir den Wagen bei Gelegenheit mal für ein kleines Update vorbei.«

Maslick klopfte mit einer Bierdose gegen den Fahrersitz. Bailer streckte die Hand aus, um sie durchs offene Fenster entgegenzunehmen. »Willst du auch eine, Mitch?«

»Nein.«

Sein Kumpel am Steuer riss den Verschluss auf und genehmigte sich einen kräftigen Schluck, während das Gefährt über eine Grasnarbe hoppelte. Nachdem die Stoßdämpfer bis zum Anschlag ausgereizt waren, veranstaltete die Bombe einen Höllenlärm und sprang auf der Ladefläche hin und her. Rapp machte sich keine Gedanken darüber. Wenn Craig Bailer dir sagte, dass es kein Problem gab, dann gab es auch keins.

Sie erreichten einen wenig spektakulären Abschnitt der Anlage und kamen schlitternd zum Stehen. Bailer zeigte auf einen Knopf an der Sonnenblende. »Wärst du so lieb, die Garage aufzudrücken, Mitch?«

Rapp tat ihm den Gefallen und kurz darauf fuhren sie auf einer riesigen Aufzugsplattform, die früher zum Transport von Interkontinentalraketen benutzt worden war, in die Tiefe.

»Sucht ihr eigentlich nach was Bestimmtem? Oder geht's euch nur drum, ob die Pakistanis das Teil in die Luft jagen können, ohne dass ihnen dabei die Pimmel abfallen?«

»Irene will eine Komplettanalyse der eingesetzten Technologien und Antriebsmethoden«, sagte Rapp.

»Und du?«

»Jemand wollte das Teil klauen. Ich will wissen, wer dahintersteckt.«

»Kein Problem. Ich bestell ein paar von den Forensikjungs her, mit denen ich zusammenarbeite. Noch was?«

»Nein«, sagte Rapp, während die schmucklosen Betonwände an ihnen vorbeiglitten.

»Alles in Ordnung mit dir, Mann?«

»Klar.«

»Sicher? Immerhin haben wir 'ne sternenklare Nacht, 'nen Kühler voll Bier und 'ne geklaute A-Bombe. Besser kann's kaum werden.«

22

NÖRDLICH VON ISLAMABAD, PAKISTAN

Grischa Asarow zog den Hut tief in die Stirn und schob das Gesicht hinter den aufgestellten Kragen der Jacke. Die Sonne war längst untergegangen, aber nach wie vor pendelten die Temperaturen um die 38-Grad-Marke, womit sein Outfit nicht nur völlig unpassend gewählt war, sondern auch für ungewollte Aufmerksamkeit sorgte. Glücklicherweise herrschte zu dieser späten Stunde kaum Betrieb auf dem privaten Flughafen.

Er joggte die Stufen der Bombardier Challenger 650 seiner Firma hoch und ging direkt nach hinten durch. Der Pilot verriegelte den Einstieg. Die Inneneinrichtung war nach seinen Vorgaben angepasst worden. So hatte man die Zahl der Sitze reduziert und ein Sofa eingebaut, das lang genug war, um sich ohne Rückenschmerzen vernünftig ausstrecken zu können. Er betrat das erweiterte Bad und schloss die Tür hinter sich, beugte sich über das Waschbecken und musterte das Spiegelbild.

Sein Gesicht war dick in Verbände eingepackt, vor ein paar Stunden noch an seinen Hautton angepasst, inzwischen jedoch vom Blut dunkel verfärbt. Er löste die Bandagen und zupfte vereinzelt zurückgebliebene Glassplitter aus den Wunden. Für eine sorgfältige Reinigung und Desinfektion hatte er auf der Flucht bisher keine Zeit gefunden. Auf Nähen konnte er zwar verzichten, doch der halbmondförmige Schnitt an der Nase schien deutlich tiefer zu sein als anfangs gedacht. Außerdem hatte er sein rechtes Auge um kaum einen Zentimeter verfehlt.

Zwangsläufig fühlte er sich an die schlimme Akne aus seiner Teenagerzeit erinnert. Der Schaden war nur durch eine Schönheitsoperation behebbar gewesen, der er sich vor Beginn des Dienstverhältnisses bei Maxim Krupin unterzogen hatte.

Das Telefon auf der Ablage neben ihm erwachte zum Leben. Die Nummer gehörte zum abhörsicheren Handy des Präsidenten. Asarow überlegte erst, den Anruf zu ignorieren, doch dieser Versuchung nachzugeben wäre in höchstem Maße unklug gewesen. Also schob er sich ein Bluetooth-Headset ins Ohr und nahm das Gespräch an.

»Guten Abend, Sir?«

»Was um alles in der Welt ist schiefgelaufen, Grischa? Meine Leute in Pakistan berichten mir, Mitch Rapp sei noch am Leben und habe die Waffe außer Landes geschafft.«

»Das kann ich nicht mit absoluter Sicherheit bestätigen, Sir. Aber es ist wahrscheinlich.«

Krupin verstieg sich zu einer üblen Schimpfkanonade auf Russisch. »Ich hätte nicht auf deine draufgängerischen Showeinlagen reinfallen dürfen. Es war mir fast klar, dass du versagst.«

Eine sehr eigenwillige Neuinterpretation ihrer letzten Besprechung. Immerhin hatte er mit seinen Bedenken bezüglich eines direkten Zusammentreffens mit Rapp nicht hinter dem Berg gehalten und sogar entschieden davon abgeraten. Krupin hätte jedoch nie einen Fehler zugegeben, sondern schob die Schuld stets anderen in die Schuhe.

Es war jedes Mal eine äußerst merkwürdige Erfahrung, denn der Präsident schien überhaupt nicht zu merken, dass er die Wahrheit nach seinem Gusto zurechtbog. Asarow glaubte inzwischen, dass es sich nicht um gezielte Lügen, sondern um einen unterbewussten Verdrängungsprozess handelte. Krupin hielt sich für völlig unfehlbar, eigene Fehleinschätzungen schienen von seinem Bewusstsein automatisch ausgeblendet zu werden. Typischerweise beseitigte er Unstimmigkeiten in seiner Erinnerung auf Kosten von Untergebenen.

»Mein Draufgängertum oder Mangel daran hat in diesem Fall keinen Unterschied gemacht«, widersprach Asarow und betupfte die Wunden mit Alkohol. »Ich habe Mitch Rapp gar nicht zu Gesicht bekommen, halte es aber für ziemlich wahrscheinlich, dass der Schuss, der mich verletzt hat, von ihm abgegeben wurde. Er hat Scott Coleman, einen seiner Männer, in die Fabrikhalle geschickt. Irgendwie musste ich ja auf seinen überraschenden Besuch reagieren.«

Krupin ignorierte die Bemerkung. »Die Pakistani wollen ihre Waffe zurück, aber die Amerikaner spielen auf Zeit. Wir müssen davon ausgehen, dass sie den Sprengkörper einer näheren Untersuchung unterziehen.«

»Davon ist auszugehen.«

»Deine Einschätzung zu diesen oder anderen Themen interessiert mich nicht im Geringsten, Grischa. Mich interessieren allein deine Taten. Die Amerikaner werden sich nicht darauf beschränken, die pakistanische Technologie zu analysieren. Sie werden auch Hinweisen nachgehen, wer sie in seinen Besitz bringen wollte. Für den Fall, dass es den Pakistani nicht gelingt, genug Druck aufzubauen, um eine sofortige Rückführung zu erwirken, befürchte ich, dass unsere Modifikationen entdeckt werden.«

Asarow durchschaute allmählich, was Krupin in Pakistan alles getrieben hatte, doch bezüglich der konkreten Ziele des Präsidenten tappte er nach wie vor im Dunkeln. Und von welchen Modifikationen sprach er?

Als Krupin weitersprach, war die eiskalte Fassade, die er gegenüber anderen zur Schau trug, zurückgekehrt. »Zum ersten Mal, seit wir uns kennen, hast du mich enttäuscht, Grischa.«

Asarow zog die Pistole aus dem Holster unter dem linken Arm und deponierte sie auf der Ablage. Er hielt es für unwahrscheinlich, dass Krupin in Bezug auf seinen jungen Protegé etwas überstürzte. Angesichts der unberechenbaren Entwicklung des aktuellen politischen Umfelds wäre es geschickter, das Ableben von Asarow so zu inszenieren, dass es seinen Absichten nützte, als ihn exekutieren zu lassen. Trotzdem wollte er nicht den gleichen Fehler wie Marius Postan begehen und darauf bauen, dass er für den Präsidenten unverzichtbar war.

»Ich kann im Moment nichts anderes tun, als Sie um Verzeihung zu bitten, Sir. Ich hoffe, dass die Operation in Pakistan trotz dieses Rückschlags von Erfolg gekrönt war und Sie bekommen haben, was Sie wollten.«

»Allerdings. Aber da Rapp noch lebt und den Gefechtskopf aus Faisalabad in seinen Besitz gebracht hat, ist es denkbar, dass Irene Kennedy Einblick in meine Pläne erhält.«

»Sie wurde von der Politik ernannt«, gab Asarow zu bedenken. »Sicher lässt sie sich durch entsprechenden Druck aus dem Amt entfernen.«

»So einfach ist das nicht. Wir haben mit vielen unserer Sympathisanten im amerikanischen Kongress gesprochen. Die meisten von ihnen scheinen sie zu fürchten. Fast genauso sehr wie Mitch Rapp übrigens. Ein weiterer Grund, weshalb er dringend ausgeschaltet werden muss. Dummerweise hat deine Inkompetenz ihm verraten, dass er gejagt wird. Entsprechend umsichtig wird er sich verhalten und vermutlich erst einmal abtauchen.«

Eine Aussage, die Asarow ein leicht hysterisches Lachen entlockte. »Herr Präsident, ich habe einen seiner engsten Vertrauten und Freunde höchstwahrscheinlich umgebracht. Ich bin mir absolut sicher, dass er das genaue Gegenteil vorhat. Er wird gezielt auf eine Konfrontation mit mir hinarbeiten, um sich zu rächen.«

Maxim Krupin schaltete die Freisprecheinrichtung ab und sah Tarben Schkalow über die Tischplatte hinweg an. Der mächtige Oligarch schwieg und richtete die müden Augen auf den verstummten Lautsprecher.

Es fiel Krupin schwer, seinen Ärger darüber zu verbergen, dass das alte Klappergestell hier in seinem Büro saß. Dass er gezwungen wurde, diesen Mann in Staatsangelegenheiten einzubeziehen – Angelegenheiten eines Landes, für das er alles geopfert hatte, um an die Spitze der Macht zu gelangen.

Doch selbst legendäre Autokraten wie Ludwig XIV. von Frankreich hatten mit dem Adel und religiösen Führern kooperieren müssen. Während sich das russische Volk durch das Vorgaukeln von Macht in Schach halten ließ, verlangten die Oligarchen nach handfesteren Gegenleistungen.

Wie streunenden Hunden musste man ihnen gelegentlich ein Leckerli vom Tisch zuwerfen.

»Irene Kennedy wird Ihre Manipulationen bemerken«, sagte Schkalow jetzt. »Man mag ihr vieles nachsagen, dumm ist sie jedenfalls nicht.«

Krupin hatte mit dem Einwand gerechnet und rang sich ein respektvolles Nicken ab. »Die am Einsatz beteiligten Männer gehörten einer pakistanischen Terrorgruppierung an. Ich wüsste nicht, wie das …«

»Auf Ilja Gusew in Südafrika trifft das nicht zu. Ebenso wenig auf Grischa. Natürlich gab es Zeugen in Faisalabad. In der modernen Gesellschaft, in der wir leben, hat immer jemand eine Handykamera griffbereit. Selbst wenn es ihnen nicht gelingt, Grischa zu identifizieren, wird jeder, der nicht auf beiden Augen blind ist, erkennen, dass er nicht aus der Region stammt. Und wer sagt uns, dass Scott Coleman tatsächlich tot ist? Rapp hat viel Mühe auf sich genommen, um ihn aus dieser Halle rauszuschaffen.«

»Die Amerikaner besitzen eine emotionale Blockade, wenn es darum geht, ihre Toten auf dem Schlachtfeld zurückzulassen.«

»Das mag sein. Aber sollte er *doch* überlebt haben, dürfte sich Grischas Gesicht tief in sein Gedächtnis eingebrannt haben.«

»Worauf wollen Sie hinaus, Tarben?«

Schkalow verstieg sich zu einem unterwürfigen Lächeln, das wenig überzeugend geriet. »Ich will auf gar nichts hinaus, Herr Präsident. Ich wollte lediglich darauf hinweisen, dass Ihre Bemühungen, die Schuld auf den IS oder verwandte Gruppierungen abzuwälzen, wenig Erfolg versprechen.«

»Die Amerikaner fürchten die Muslime. Das führt dazu, dass sie alles andere ausblenden. Sie werden unterstellen, dass ihr Kontinent einer nuklearen Bedrohung entgegensieht, und die Füße still halten, um keine vernichtende Reaktion zu provozieren. Bis sie die Wahrheit erkennen, wird es zu spät sein.«

»Sie werden eine ›Wagenburg aufstellen‹, wie man in den USA zu sagen pflegt«, präzisierte Schkalow. Er nutzte die Gelegenheit, seine hervorragenden Kenntnisse der Sprache und Kultur ihres Gegners unter Beweis zu stellen. »Ich gebe Ihnen allerdings recht, was die amerikanischen Politiker betrifft. Sie fürchten nicht nur die Bedrohung durch die Muslime, sondern müssen auch ihre Wähler bei Laune halten. Bei Kennedy und Rapp verhält es sich anders. Sie haben weder Angst vor ihnen, noch müssen sie Sympathiepreise gewinnen. Und sie kennen sich mindestens genauso gut mit den Gruppierungen aus, die Sie missbrauchen, um sie auf eine falsche Fährte zu locken, Sir. Vermutlich sogar noch besser.«

»Sie überschätzen die beiden, Tarben. Kennedy wird durch die wachsende Funktionsunfähigkeit der amerikanischen Regierung ausgebremst und Rapp ist nichts als ein Killer. Zugegebenermaßen ein begabter Killer, aber bei Weitem nicht klug genug, um zu verstehen, welche Kräfte hier am Werk sind.«

Schkalow beließ es bei einem Nicken.

23

Südwesten von Virginia

Das dumpfe Klopfen an der Stahltür hallte von den Wänden wider. Rapp richtete sich auf der Pritsche auf und spähte im Halbdunkel zu den rostenden Leitungen an der maroden Decke. In der Hochphase des Kalten Krieges hatte man die Einsatzteams der Interkontinentalraketen hier einquartiert. Inzwischen handelte es sich eher um eine Art Gedenkstätte für einen längst vergessenen Konflikt.

Das einzige Licht stammte von einer batteriebetriebenen Bodenlampe. Es gab keine Stromquelle und aufgrund der fehlenden Heizung fühlte man sich wie in einem Kühlraum. Trotzdem schnarchte Maslick auf der oberen Matratze laut. Der kondensierte Atem stieg rhythmisch in die unbewegte Luft hoch. Seine Rolle bei dem Ganzen hatte er erfüllt und er konzentrierte sich auf Regeneration, bis er wieder gebraucht wurde.

Das Klopfen wiederholte sich, diesmal gefolgt von einem knarzenden Geräusch, mit dem die Tür aufschwang.

»Mitch?« Craig Bailers Stimme, deutlich gedämpfter als sonst. »Bist du wach?«

»Ja«, sagte Rapp und glitt von der Kante der Liege. »Wie spät ist es?«

»Vier Uhr morgens.« Bailer winkte Rapp durch einen Gang, der sich als sechs Meter lange Betonröhre erwies.

»Habt ihr was entdeckt?«

»Nachdem wir uns vergewissert hatten, dass alles sicher ist, haben wir den Jungs von der Forensik den Vortritt gelassen. Die wollten Abdrücke, DNA, Fasern und Gott weiß was noch alles, bevor meine Leute alles durcheinanderbringen. Als sie fertig waren, legten wir mit Röntgenaufnahmen, MRTs und Metallproben los.«

Es ließ sich kaum ignorieren, dass Bailer seiner Frage auswich. »Und?«

»Nun, das Teil ist definitiv sicher«, redete der andere weiter um den heißen Brei herum. »Wir sind mit der Zerlegung so gut wie fertig, haben Aufnahmen angefertigt und arbeiten gerade an einem virtuellen 3-D-Modell.«

Sie verließen die Röhre und erreichten eine doppelte Tür aus Titanstahl – ein Teil der 50 Millionen Dollar teuren Umbauten, die die CIA hatte vornehmen lassen. Er drückte die Handfläche gegen einen in die Wand eingelassenen Sensor.

Nach dem Öffnen wurde der Blick auf eine Welt aus greller, fluoreszierender Helligkeit freigegeben, dominiert von Glas und glänzendem Metall. Nicht weniger als 20 Leute wuselten um die zerlegten Überreste einer der einst fortschrittlichsten Nuklearwaffen Pakistans herum, nunmehr reduziert auf eine endlose Reihe von Einzelteilen, die sich über den robusten weißen Bodenbelag verteilten.

»Ich hoffe, ihr wisst, wie man das Teil wieder zusammenbaut«, mahnte Rapp, während die Türen hinter ihnen zusammenglitten.

»Keine Sorge. Ich hab Bilder mit meinem Handy gemacht.«

Rapp hatte es schon immer etwas surreal gefunden, Bailer in Aktion zu erleben. Obwohl er äußerlich an einen Trucker erinnerte, schien er eindeutig der klügste Mann im Raum zu sein. Grauhaarige Mitarbeiter in Laborkitteln eilten zu ihm, um sich auf Clipboards geklemmte Dokumente abzeichnen zu lassen, andere nickten ihm respektvoll zu oder buhlten um seine Aufmerksamkeit, um Genehmigungen einzuholen, Fragen zu stellen oder ihre Arbeit checken zu lassen. Rapp schenkte all dem keine Beachtung. Die Diagramme und Gleichungen auf den Monitoren überstiegen seine geistigen Kapazitäten. Genau deshalb nahmen sie so große Anstrengungen auf sich, Bailer bei Laune zu halten.

»Was versuchst du mir beizubringen, Craig? Das Ding fliegt uns doch nicht um die Ohren, oder?«

»Auf keinen Fall.«

Bailer winkte ihn zu einer Plattform, die sich über die gesamte Breite der rückwärtigen Wand erstreckte. Das Personal, das dort an Computerterminals arbeitete, entschied spontan, dass es anderswo gebraucht wurde, was Rapps Nervosität nur noch steigerte. Sie wussten, wer er war, und wollten nicht in der Nähe sein, wenn ihm die Neuigkeiten überbracht wurden.

»Wie schlimm ist es?«, fragte er, während Bailer eine Fehlfarbendarstellung des Sprengkörpers auf den Bildschirm brachte.

»Ziemlich schlimm, Mitch. Wir haben das hier aus den Scans zusammengestoppelt, die wir angefertigt haben. Metall wird blau dargestellt, Plastik und Kohlefaser schwarz. Radioaktivität entspricht Rot.«

»Was soll das heißen? Hier ist nichts Rotes zu sehen.«

»Ganz genau.«

Rapp versuchte, sich einen Reim darauf zu machen. War Umar Shirani möglicherweise klüger, als sie es ihm zutrauten? Ließ er Bomben-Fakes durch die Landschaft fahren, um die endlose Armada pakistanischer Terrormilizen auf eine falsche Fährte zu locken?

»Die Bombe ist also eine Attrappe?«

»Nein, es handelt sich um ein voll funktionsfähiges Modell. Aber der Behälter, in dem sich normalerweise die nuklearen Substanzen befinden, ist leer.«

»Leer«, wiederholte Rapp tonlos. »Die pakistanische Armee hat also das spaltbare Material vor dem Transport entfernt? Es wird separat befördert?«

Bailers Miene verwandelte sich in eine unentschiedene Mischung aus Zusammenzucken und finsterem Blick. »Das dachte ich anfangs auch. Aber das passt alles nicht zusammen.«

»Erklär's mir.«

»Der leere Kanister ist eine echt gute Fälschung, aber er besteht nicht aus demselben Stahl wie die übrigen Komponenten.«

»Ja, und? Ist doch nachvollziehbar, dass er nicht zusammen mit den übrigen Bauteilen hergestellt wird. Vielleicht hat dieser Taugenichts von Shirani sie als zusätzliche Sicherheitsvorkehrung erst später nachrüsten lassen.«

»Bei deiner Theorie gibt's nur zwei Probleme. Zum einen verrät mir mein Bauchgefühl, dass der Kanister nicht aus pakistanischer Fertigung stammt.«

»Und zum anderen?«

»Das ist das weitaus größere Problem. Den ursprünglichen Kanister zu entfernen erfordert eine Menge Know-how und das richtige Werkzeug. Wer immer das erledigt hat, schien in Eile zu sein. Wir sind auf einige ziemlich tiefe Meißelspuren, einen gekappten Draht und einen beschädigten Schalter gestoßen.«

Rapp musste an die Lagerhalle denken, in der die Terroristen den Sprengkörper aus dem Truck geholt und die Kiste geöffnet hatten. »Geht's etwas genauer, Craig? Wie eilig?«

»Mit etwas Übung könnte man den ursprünglichen Kanister innerhalb von etwa vier Minuten durch einen Nachbau ersetzen.«

»Wie groß und schwer ist so ein Teil?«

»Stell dir 'ne 25 Kilo schwere Hutschachtel vor.«

»Shit«, fluchte Rapp.

»Meine Rede.«

Mitch entfernte sich ein paar Schritte, verfolgte das Treiben um ihn herum und wählte eine Nummer.

»Hallo?«, meldete sich Irene Kennedy. Ihre Stimme verriet, dass sie nicht geschlafen hatte.

»Wir haben ein Problem.«

»Ja?«

»Der Behälter mit dem spaltbaren Material wurde durch eine Attrappe ersetzt.«

»Steckt die pakistanische Armee dahinter?«

»Craig bezweifelt das. Für mich sieht's aus, als ginge es aufs Konto der Leute aus der Fabrikhalle. Wir gingen davon aus, dass sie die Waffe in einem Stück transportieren, und hatten nicht genug Manpower, um jeden Einzelnen zu verfolgen.«

Längeres Schweigen folgte. »Das klingt für mich nicht logisch, Mitch. Dass sie sich eine Bombe unter den Nagel reißen, versteh ich noch, aber wieso sollten sie sie durch eine Fälschung ersetzen? Wozu der Aufwand? Und wie haben sie es geschafft, so etwas zu bauen? Ist der Dummy denn überzeugend?«

»Ja. Craig geht allerdings davon aus, dass er nicht in Pakistan hergestellt wurde.«

»Das macht das Ganze noch unwahrscheinlicher. Hätten wir es mit Al-Qaida oder dem IS zu tun, wäre ich bloß skeptisch, aber im Fall von Al-Badr …«

»Die spielen eine Klasse tiefer«, führte Rapp ihren Gedankengang zu Ende.

»Exakt. Dass sie sich überhaupt um eine Nuklearwaffe bemühen, ist überraschend genug. Und nun willst du mir allen Ernstes verkaufen, sie hätten eine Möglichkeit gefunden, nicht nur den Container mit den atomaren Substanzen zu entfernen, sondern auch noch einen überzeugenden Ersatz zu produzieren? Das überspannt den Bogen der Glaubwürdigkeit vollends.«

»Ob nun Al-Badr dahintersteckt oder jemand anders, er hat sich jedenfalls das entscheidende Bauteil für eine Atombombe angeeignet. Und wenn du mich fragst, handelt es sich nicht um Freunde der USA.«

»Das seh ich genauso. Sorg dafür, dass Craig die Waffe so schnell wie möglich wieder zusammenbaut, damit wir sie zurück nach Pakistan schaffen können. Viele Leute sind nervös und wir sollten es nicht länger hinauszögern.«

»Shirani wird uns die Schuld in die Schuhe schieben«, gab Rapp zu bedenken. »Er behauptet sicher, wir hätten die spaltbaren Substanzen geklaut, und bringt mit der Anschuldigung die religiösen Fanatiker gegen uns auf. Wenn es ganz blöd läuft, reicht ihm das für eine Machtübernahme.«

»Keine Frage. Ich fürchte allerdings, das können wir ohnehin nicht ändern. Also konzentrieren wir uns lieber drauf, dass kein weiteres nukleares Material verschwindet.«

»Mas und ich können ins nächste Flugzeug nach Pakistan steigen, aber das macht unseren Job deutlich komplizierter. Bisher sind wir davon ausgegangen, dass komplette Bomben transportiert werden. Sie sind groß, schwer und nicht zu übersehen. Da alles danach aussieht, dass sie nur ein Brecheisen und ein paar Minuten Zeit brauchen, um sie zu zerlegen, haben sich die Bedingungen grundlegend geändert. Damit reicht es schon, irgendeinem unterrangigen Offizier der Armee ein paar Riesen zuzustecken und das Ding im Frachtbereich eines Zugs oder auf einem Truck während des Transports zerlegen zu lassen.«

Es kam keine Antwort.

»Irene?«

»Du solltest vor deiner Abreise noch mal in Maryland vorbeischauen, Mitch.«

Er verkrampfte. »Warum?«

»Die Ärzte in Afghanistan haben einige Löcher in Scotts Dünndarm übersehen. Unsere Chirurgen haben sich zwar darum gekümmert, aber er hat sich eine ernste Infektion eingefangen.«

»Bedeutet?«

»Sie tun, was sie können, Mitch …«

»Komm auf den Punkt, Irene!« Eine bedrohliche Schärfe schlich sich in seine zunehmend lautere Stimme ein. Einige der Wissenschaftler, die unter der Plattform an der Bombe werkelten, bedachten ihn mit nervösen Blicken.

»Sie befürchten, dass er noch heute Nacht stirbt.«

Rapp trennte die Verbindung und drehte sich zu Craig Bailer um.

»Ist alles in Ordnung, Mitch?«

»Ihr seid fertig. Baut das Teil wieder zusammen.«

»Darf ich 'ne kleine Probe von dem Behälter abkratzen? Ein Tausendstelzentimeter reicht schon. Gib mir etwas Zeit für die Analyse, und ich kann dir sagen, wo es herkommt.«

»Solange du es innerhalb der nächsten paar Stunden hinkriegst.«

»Kein Problem.«

»Craig, ich müsste dich um einen Gefallen bitten.«

»Klar. Worum geht's?«

»Mein Flieger ist weg und ich muss so schnell wie möglich nach Bethesda.«

Bailer nickte nachdenklich. »Sicher, das krieg ich hin.«

24

In der Nähe von Dominical, Costa Rica

Grischa Asarow steuerte den Pick-up mit konstant weniger als 30 km/h über die holprige Schotterpiste. Grundsätzlich wäre es kein Problem gewesen, schneller zu fahren. Er hatte mehr als 200.000 Dollar investiert, um das Fahrzeug nach seinen Vorgaben bauen zu lassen. Auf den ersten Blick wirkte es wie Tausende anderer Geländewagen, die auf den Straßen Mittelamerikas unterwegs waren, aber unter der Standardkarosserie von Toyota lauerte ein 600-PS-Rennmotor, speziell auf unwegsames Terrain ausgelegt. Seine Testfahrten hatten gezeigt, dass er mit fast 200 Sachen über Pisten brettern konnte, über die andere im Schleichtempo eines Pferdekarrens krochen.

Es erleichterte ihn ungemein, Pakistan den Rücken gekehrt zu haben, sich nicht länger mit den CIA-Einsatzkräften und Maxim Krupins Netzwerk herumschlagen zu müssen. Es war ein herrlicher Tag in Costa Rica. Schwül, aber ungewohnt kühl. Klarer Himmel. Die eintönigen Geräusche des Dschungels übten eine beruhigende Wirkung auf ihn aus. Er fühlte sich hier in mehrfacher Hinsicht zu Hause. Zumindest kam es der Heimat, die er nie gehabt hatte, am nächsten.

Asarow bog auf eine noch unwegsamere Seitenstraße ab, die steil bergauf führte. Er spähte in das dichte Buschwerk auf beiden Seiten, behielt das Fenster jedoch offen und ließ den linken Arm nach draußen hängen. Die Scheiben waren ohnehin nicht kugelsicher. Selbst wenn, dann hätte jemand, den Krupin schickte, um ihn für sein Versagen zu bestrafen, ohnehin eine Waffe eingesetzt, die jede Panzerung mühelos durchschlug.

Asarow hatte auf dem Flug nach Panama und der anschließenden Überlandfahrt ausgiebig über seine momentane Situation nachgedacht. Er war vorsichtig optimistisch, dass Krupin ihn in nächster Zeit nicht aus dem Weg schaffen ließ. Allerdings nicht so optimistisch, dass er auf die geladene Pistole im Schoß verzichtet hätte.

Mit 35 befand er sich auf dem Höhepunkt seiner körperlichen Verfassung. Von jetzt an ging es unweigerlich abwärts. Krupin dürfte sich darüber im Klaren sein und bereits nach einem Ersatz für ihn fahnden. Vielleicht hatte er ihn sogar längst gefunden und ließ ihn gerade dasselbe ausufernde Training und Finetuning durchlaufen, das hinter Asarow lag. Ob der neue Rekrut am Ende auf ihn angesetzt wurde, um zu beweisen, dass er es draufhatte?

Denkbar. Vorerst ging er davon aus, dass es für seinen Arbeitgeber mehr Vorzüge als Nachteile hatte, ihn am Leben zu lassen. Trotzdem tendierte Krupin dazu, Fehler seiner Untergebenen zu bestrafen. Der russische Präsident wollte vermeiden, dass Versagen auf ihn abfärbte.

Asarow erreichte den Scheitelpunkt der Steigung und tastete nach seinem Handy. Er wusste, dass das Signal hier stark genug war, bis er den Talkessel auf der anderen Seite erreichte. Er wählte und warf den Apparat auf die Mittelkonsole.

»Hola Grischa.«

»Hola Juan. Geht es dir gut?«

»Mein Rücken zickt seit letzter Woche wieder rum«, antwortete der andere auf Spanisch.

Asarow lächelte. Juan Fernández stand tagein, tagaus hinter seinem Obststand vor den Toren der kleinen Stadt Dominical, seit er ein kleiner Junge war. Er kannte jeden in der Gegend und galt als zentrale Anlaufstelle für örtlichen Klatsch. Falls sich jemand Verdächtiges in der Umgebung herumtrieb und neugierige Fragen stellte, erfuhr Juan zwangsläufig davon.

Für eine äußerst angemessene Gebühr von drei Millionen Colones im Jahr hatten sie sich darauf verständigt, dass Asarow jedes Mal, wenn er vor Ort war, bei ihm anrief. Sollte Juan ihm versichern, dass es ihm *bueno* ging, hätte er damit auf Probleme hingewiesen. Im Gegenzug bedeutete der Hinweis auf eine seiner vielen eingebildeten oder tatsächlichen Krankheiten, dass ihm nichts Ungewöhnliches aufgefallen war.

»Das tut mir leid, mein Freund. Bist du schon beim Arzt gewesen?«

»Ärzte.« Er spuckte das Wort förmlich aus. »Was wissen die schon? Die behaupten, ich sei kerngesund. Dabei bin ich inzwischen 80. Ich frage dich, wie kann man mit 80 Jahren kerngesund sein?«

»Indem man auf sich achtet«, schlug Asarow vor. »Soll ich Olga irgendwas mitbringen?«

»Nein, sie ist erst gestern zum Einkaufen in die Stadt gefahren. Stimmt es, was mir gerüchteweise zu Ohren gekommen ist? Hast du ein Problem mit deinem Kühlschrank?«

Asarow strahlte und war zufrieden. Der russische Geheimdienst wäre stolz gewesen, so fähige und aufmerksame Männer wie Juan Fernández in seinen Diensten zu haben.

»Danke, mein Freund. Wir sehen uns morgen. Lass uns einen trinken gehen.«

Er legte auf und wählte die Nummer von Olga, der Frau, mit der er zusammenlebte. Sie ging nicht dran, was nicht weiter ungewöhnlich war. Sie gehörte nicht gerade zu den zuverlässigsten Menschen und hatte sich bei seiner letzten Abreise sehr über ihn aufgeregt. Wenn sie eine Gabe besaß, mal abgesehen von ihrer einnehmenden Schönheit, dann die, nachtragend zu sein.

Er beschleunigte auf 50 km/h und passierte eine nur für Eingeweihte erkennbare Abbiegung nach rechts. Nach einigen Hundert Metern folgte eine weitere. Auch hier entschied er sich im letzten Moment, daran vorbeizufahren. Die dritte nahm er schließlich.

Die Einheimischen hatten ihn anfangs für verrückt gehalten, insgesamt fünf separate Zufahrten zu seinem Anwesen auf der Spitze eines Berges anlegen zu lassen. Das Grundstück selbst hatte ihn weniger als eine halbe Million Dollar gekostet. Eine weitere Million ging für den Bau des Hauses drauf. Die kilometerlange Infrastruktur verschluckte am Ende mehr als beides zusammen.

Eine weitere Lebensversicherung. Ein angeheuerter Killer hätte davor zurückgeschreckt, ihn in den eigenen vier Wänden umzulegen. Der Heimvorteil wäre eindeutig zu groß gewesen. Eher verlegte er sich darauf, ihn auf der Fahrt dorthin abzupassen. Und da sorgten die fünf unterschiedlichen Zufahrten dafür, dass man mit einem ziemlich großen Team operieren musste, um alle Möglichkeiten abzudecken. Ein so großes Team wäre jemandem wie Juan Fernández unweigerlich aufgefallen.

Die Qualität der Wege war schlecht genug, um sie für typische Fahrzeuge der hiesigen Mietwagenfirmen unpassierbar zu machen. Auch hier zeigte sich seine Weitsicht. Russischen Auftragskillern gelang es vielleicht noch, in diesem ruhigen Surfparadies unbemerkt abzutauchen, aber spätestens wenn sie mit ungewöhnlichen Geländewagen durch das Terrain kurvten, hätten sie Juan ebenso gut persönlich ihre Aufwartung machen können.

Er trat das Gaspedal ein Stück weiter durch und erhöhte das Tempo auf über 100. Das Röhren des Motors wurde ohrenbetäubend laut. Die Experten von der Tuning-Firma hatten sich geweigert, etwas daran zu ändern, und bestanden darauf, dass sie hart arbeiteten, das Geräusch exakt so hinzubekommen. Asarow erreichte eine kleine Brücke, trat hart auf die Bremse und fuhr rechts daran vorbei. Dabei krachte er so hart ins Flussbett, dass das Wasser über dem Dach zusammenschlug.

Die massiven Stoßdämpfer wurden nicht mal halb zusammengestaucht und ein spezielles Luftansaugrohr sorgte dafür, dass der Motor während der Überfahrt störungsfrei weiterlief.

Als er das gegenüberliegende Ufer erreichte, geriet der Truck kurz ins Schlingern. Er hasste Brücken. Viel zu auffällig. Aber Olga hatte darauf bestanden und er musste zugeben, dass sie in der Regensaison ganz praktisch waren.

Asarow beschleunigte erneut und erreichte eine Geschwindigkeit, bei der sich selbst der beste Scharfschütze schwergetan hätte, ihn aus der Deckung des Dschungels zu erwischen. Für unmöglich hielt er es trotzdem nicht. Manchmal fragte er sich, ob es nicht doch sicherer wäre, in die Stadt zu ziehen. Ihm gehörten Hochhauswohnungen sowohl in New York als auch in London. Städte mit unzähligen Überwachungskameras, 24-stündigem Verkehr auf den Straßen und hervorragender Polizei. Trotzdem hatte er seit Jahren keinen Fuß mehr in sie gesetzt. Er schätzte diese Zufluchtsmöglichkeit. Die Abgelegenheit. Die Stille. Die Distanz zu der Realität, die ihn nicht aus ihren Zwängen entließ.

Sobald das Haus in Sichtweite geriet, verlangsamte er die Fahrt. Ein massiver Komplex aus Gipsputz und Glas, so offen gebaut, dass der bei einer Vollbremsung aufgewirbelte Staub bis ins Wohnzimmer wehte. In Anbetracht dessen nahm er noch etwas mehr Gas weg. Es hätte ihm gerade noch gefehlt, dass ihn Olga zur Begrüßung mit einer einstündigen Schimpfkanonade auf Russisch empfing.

Ihr Auto parkte in der Einfahrt, aber sie kam nicht nach draußen, um ihn zu begrüßen. Normalerweise hätte er seine Waffe an dieser Stelle hinter den Hosenbund gestopft, statt sie in der Hand zu behalten, aber das Ausmaß der Stille beunruhigte ihn. Selbst die Insekten im Busch nebenan verhielten sich ungewohnt ruhig.

»Olga?«

Keine Antwort. Möglicherweise war sie gerade im Fitnessraum. Allerdings hielt er das für eher unwahrscheinlich. Ihre spektakuläre Figur verdankte sie eher ihrer Jugend und den winzigen Portionen, die sie zu sich nahm, als regelmäßigem Training.

Asarow hatte den Grundriss des Hauses extra so gestaltet, dass er die einzelnen Räume problemlos sichern konnte, ohne dass ihn jemand von hinten überraschte. Er arbeitete sich routiniert voran, ohne auf Abweichungen von der Norm zu stoßen. Bis er das Schlafzimmer erreichte.

Olga saß auf dem Bett und trug einen gelben Bikini, für den er in Paris mal über 1000 Euro hingeblättert hatte. Ihre Arme waren über dem Kopf mit Draht an einer Ablage fixiert. Der Kopf hing nach unten, wodurch die blonden Haare Teile ihres Gesichts verdeckten, nicht jedoch die klaffende Wunde an der Kehle.

Aus der Verletzung gesickertes Blut war auf den Brüsten getrocknet, jedoch weiterhin feucht an den Stellen, wo es in die Matratze eindrang. Er schob die Pistole hinten in die Hose, blieb im Durchgang stehen und starrte sie an.

Olga Smolin hatte man ihm nach einem besonders kniffligen Job in der Ukraine zum Geschenk gemacht. Ein Topmodel aus Tomsk, das schön, einigermaßen gut im Bett und angemessen geschickt im Haushalt war. Ansonsten erweckte sie den Eindruck einer zutiefst unglücklichen jungen Frau. Weder fühlte sie sich in der Abgeschiedenheit von Costa Rica wohl, noch in den Metropolen der Welt. Nichts schien ihr gut genug zu sein und sie schaffte es nicht, sich über irgendetwas zu freuen.

Vielleicht fühlte sie sich auch einfach nur bedrängt. Genau wie er.

Asarow machte sie los und bedeckte ihre Leiche mit dem blutnassen Laken. Obwohl er sie von sich aus nicht zur Partnerin erkoren hätte, würde er sie vermissen. Aber genau darum ging es hier, oder? Krupin hatte einmal mehr seine Raffinesse unter Beweis gestellt, indem er Asarow auf eine Weise bestrafte, die zwar Spuren hinterließ, welche jedoch nicht tief genug waren, um offenen Krieg zwischen ihnen auszulösen.

Er hörte das Knirschen auf dem Schotter vor dem Haus, griff aber nicht nach der Waffe. Die Bestrafung war bereits erfolgt. Er hatte nichts mehr zu befürchten.

»Hallo?«, hörte er eine vertraute Stimme. »Jemand da?«

Asarow trat in den Flur, als gerade eine junge Frau mit Kühlbox mit zögernden Schritten ins Wohnzimmer kam. Eine amerikanische Surflehrerin, die einigen der reicheren Ausländer in der Gegend Arbeiten im Haus abnahm.

»Wie geht es dir, Cara?«

Sie zuckte bei seinen Worten zusammen, schaffte es aber, den Cooler nicht fallen zu lassen. »Oh, hallo Grischa. Mir geht's gut, danke. Und dir? Was ist mit deinem Gesicht passiert?«

»Ein Autounfall. Die Scheibe ist geplatzt.«

»Mann, da hast du aber Glück gehabt, dass kein Splitter ins Auge geflogen ist, was?«

»Und wie.«

Cara Hansen war in vielfacher Hinsicht das genaue Gegenteil der Frau, mit der Asarow die letzten zwei Jahre zusammengelebt hatte. Ähnlich attraktiv, aber auf natürliche, ständig etwas zerzaust wirkende Weise, die einen krassen Kontrast zu Olgas eiskalter Perfektion bildete. Sie lächelte ununterbrochen und schien sich weder über die Vergangenheit noch über die Zukunft einen Kopf zu machen. Während Olga alles besessen und nichts geschätzt hatte, besaß Cara wenig und schätzte es umso mehr.

Asarow kannte sie seit Jahren beiläufig, hatte sich jedoch nie näher mit ihr befasst. Er wusste nichts über ihr Leben. Ihre gelegentlichen Gespräche beschränkten sich auf harmloses Geplauder über den Wellengang oder das Wetter. Eine bewusste Entscheidung. Hätte Krupin gewusst, wie sehr er die 29-jährige kalifornische Auswanderin mochte, hätte er nicht Olga, sondern sie verblutet auf der Matratze angetroffen.

Asarow deutete auf die Kühlbox. »Bist du deshalb vorbeigekommen?«

»Oh. Ja. Genau. Mir wurde gesagt, ihr braucht Eis. Party oder kaputter Kühlschrank?«

»Letzteres.«

»Ich schau ihn mir gern mal an.«

»Das ist nicht nötig.«

»Ach, kein Problem.« Sie schob sich an ihm vorbei in die Küche, stellte den Cooler auf der Arbeitsinsel ab, öffnete den Kühlschrank und kniete sich hin, um ihn genauer zu überprüfen.

Er verfolgte ihre Bemühungen mit kalkuliertem Desinteresse. Sie schob den Kopf hinein.

»Sieht alles so weit okay aus. Die Innenbeleuchtung geht an und er ist einigermaßen kalt.«

»Ja, aber er geht zwischendurch ständig aus.«

»Na, dann würde ich an deiner Stelle nichts von dem Zeug essen«, meinte sie und drehte sich zu ihm um.

Er ignorierte, wie eng das Shirt ihren Oberkörper umspielte, ebenso den verlockenden Streifen Haut zwischen Top und Shorts.

»Ein guter Tipp, Cara. Danke.«

»Wo ist Olga?«

»In Russland.«

»Cooler Trip. Wann kommt sie zurück?«

»Wahrscheinlich nie.«

»Oh.« Mit einem Mal wirkte sie ein wenig unsicher. »Tut mir leid.«

»Mir auch.«

Sie zeigte mit dem Daumen auf die Tür. »Brauchst du den Rest von dem Eis, den ich mitgebracht habe? Ich glaube, es ist viel zu viel.«

»Egal. Sicher ist sicher.«

Er folgte ihr nach draußen und sie fuhr mit der Hand über seinen Truck. »Das Teil ist schneller, als es aussieht, oder? Mir ist aufgefallen, dass er auf der Fahrt durch die Stadt mächtig Staub aufwirbelt.«

»Echt? Interessant. Darüber hab ich mir nie großartig Gedanken gemacht.«

Cara legte fragend den Kopf schief, bevor sie mit den Achseln zuckte und eine weitere Kühlbox aus dem Kofferraum ihres Suzukis holte. Er trug die letzte selbst und folgte ihr zurück ins Haus.

Sie stellte die Box auf den Fliesen neben dem Geschirrspüler ab, machte jedoch keine Anstalten zu gehen.

»Danke«, sagte er, unsicher, warum sie so dastand. Ahnte sie, dass Olga gar nicht in Russland war? Hatte sie jemanden auf dem Grundstück rumlungern sehen? Er ging davon aus, dass Krupin eine einzelne Frau geschickt hatte, um Olga zu töten. Dass Juan eine unbegleitete Frau aus Osteuropa übersehen hatte, die sich an den örtlichen Stränden herumtrieb, konnte er ihm nicht zum Vorwurf machen.

»Hey, ich dachte nur, nachdem … na, ich meine, weil deine Vorräte vermutlich alle schlecht sind … ich treff mich heute Abend mit ein paar Freunden im Patrón. Wie wär's, wenn du auf einen Happen vorbeischaust? Oder auf einen Drink? Es scheint, als könntest du gleich mehrere gebrauchen.«

»Danke für die Einladung, Cara, aber ich bin seit 30 Stunden auf den Beinen und will einfach nur schlafen.«

»Okay, das versteh ich. Vielleicht ein andermal.«

»Vielleicht.«

Endlich wandte sie sich zum Gehen. Er wartete, bis das Motorengeräusch ihres Autos in der Ferne verklungen war, bevor er eine der Kühlboxen ins Badezimmer schleppte und den Inhalt in die Badewanne entleerte. Krupin dachte wirklich an alles.

Nach weiteren zehn Minuten hatte er Olga in Eis eingepackt. Das reichte, bis er sich überlegt hatte, wie er die Leiche und die blutige Matratze loswurde, ohne für ungewollte Aufmerksamkeit zu sorgen.

Nachdem er das Schlafzimmer geputzt hatte, wünschte er sich nichts sehnlicher, als in der Hängematte zu liegen und eine Flasche guten Bourbon zu köpfen. Stattdessen streifte er die blutigen Klamotten ab und schlüpfte in eine kurze Sporthose. Da die Sonne in zwei Stunden unterging, beschloss er, die Stirnlampe mitzunehmen, die im Regal neben den Laufschuhen lag.

Mitch Rapp war unterwegs zu ihm. Nicht heute, auch nicht unbedingt morgen. Aber bald.

25

HIGHWAY 81, VIRGINIA

Noch zwei weitere Stunden bis Sonnenaufgang. Auf der schnurgeraden Straße war nicht ein einziges Rücklicht zu sehen. Rapp verlangte Craig Bailers umgebauter Corvette eine Menge ab, doch sie schien die Belastung mühelos wegzustecken. Die Stereoanlage hatte der Steuerung für ein Feuerbekämpfungssystem weichen müssen, deshalb hörte man nichts als das Röhren des V8-Motors und das leichte Pfeifen der nachgerüsteten Turbolader. Joe Maslicks massiger Körper drängte sich auf dem Beifahrersitz, den Bailer eigens für diese Fahrt als Provisorium eingebaut hatte. Wie für ihn typisch hatte er seit ihrem Aufbruch kein Wort gesagt.

Der Radarwarner piepte und veranlasste Rapp zu einem Blick auf den Tacho. *Ups, 250.* Im Rückspiegel blitzte das Blaulicht eines Streifenwagens auf, der aufgrund ihres enormen Tempos rasch auf Stecknadelgröße zusammenschrumpfte. Sekunden später wurde es abgeschaltet. Er hatte einige Gefallen eingefordert und dafür gesorgt, dass sie niemand auf der Fahrt zum Walter Reed Medical Center anhielt, in dem Scott Coleman an den Schläuchen hing. Das Kennzeichen der Corvette war an alle Polizeistationen in Maryland und Virginia durchgegeben worden, verbunden mit der Anweisung, sie auf keinen Fall rauszuwinken.

Rapp versuchte, sich auf die vermissten Atomkomponenten und die Spuren nach Pakistan zu konzentrieren, schaffte es aber nicht. Scott Coleman begleitete ihn schon fast seine ganze Karriere. Der ehemalige SEAL war ein absoluter Patriot, extrem loyal und mutig. Doch das war nicht alles. Er gehörte zu den Menschen, bei denen es der Dunkelheit, die sie ständig umgab, nicht gelang, sie in den Abgrund zu ziehen.

Der Tod von Rapps Mentor Stan Hurley schmerzte nach wie vor, aber auf andere Weise. Hurley war in erster Linie ein Killer. Ein Mann, den der Zorn über die Ungerechtigkeit der Welt antrieb und der sich damit tröstete, Verderben über die Menschen zu bringen, die sie zu verantworten hatten. Er war gestorben, wie er es sich immer gewünscht hatte: durchlöchert von Kugeln, während der Feind an einer tödlichen Wunde verblutete, die er ihm zugefügt hatte. Doch ein solches Ende passte nicht zu Coleman. Er verdiente etwas Besseres.

Rapp überlegte kurz, ob er Kennedy anrufen sollte, um sich auf den neuesten Stand bringen zu lassen, verabschiedete sich aber sofort von der Idee. Falls Scott bereits nicht mehr lebte, wollte er es gar nicht hören. Die Vorstellung, die nächsten zwei Stunden über die Landstraße zu kriechen, hielt er für völlig inakzeptabel. Immerhin gab es eine klare Dringlichkeit. Ein Ziel, auf das hinzuarbeiten sich lohnte. Selbst wenn es sich am Ende als Illusion entpuppte.

Er registrierte eine Berührung an der Schulter. Maslick deutete auf die Tankanzeige. Selbst bei normaler

Geschwindigkeit war Bailers Corvette nicht besonders sparsam. Wenn man sie so kitzelte wie jetzt, floss der Sprit im Zeitraffer durch.

»Fahr nach acht Kilometern raus«, brüllte Maslick über den donnernden V8 hinweg. »Laut GPS gibt es eine Tanke ein paar Hundert Meter abseits vom Highway. Wir sollten es in knapp vier Minuten hin und zurück schaffen.«

Das hintere Ende des weiß getünchten Korridors war abgesperrt. Abgesehen von einem einzelnen Mann im dunklen Anzug hielt sich dort niemand auf. Einer von Irene Kennedys Leibwächtern.

»Lebt er noch?«, fragte Rapp und zwängte sich an der Barriere vorbei.

»Nach letztem Stand ja, Mitch.«

Rapp wusste nicht recht, was ihm lieber war. Den Freund zu sehen, wie er sich mit aller Kraft ans schwindende Leben klammerte, oder ihn bereits tot vorzufinden. Letztlich war es eh egal. Irgendwann landeten sie alle unter der Erde.

Kennedy erschien aus einer Tür zu seiner Rechten. Sie trug eine sorgfältig gebügelte graue Anzugjacke mit passendem Rock, wirkte jedoch müde. Sie hatte die dunklen Haare zurückgebunden, was die Traurigkeit in ihrem Gesicht zusätzlich unterstrich.

»Schön, dass du da bist.«

»Wo ist er?«

Sie führte Rapp zu einer durchsichtigen Wand, die den Blick auf eine der Intensivstationen der Klinik ermöglichte. Mit den Bandagen um den Kopf und dem Beatmungsgerät, das einen Großteil seines Gesichts verdeckte, hätte er den Freund fast nicht erkannt. Eine blonde Haarsträhne und ein nackter Arm, in dem jede Menge Nadeln steckten, waren alles, was von einem der größten und loyalsten Kämpfer Amerikas zu sehen war.

Maslick starrte ein paar Sekunden durch die Scheibe und ging dann einfach weg. Seine breiten Schultern hingen durch und ließen ihn für einen Moment winzig erscheinen. Er hatte erst vor ein paar Monaten seinen besten Freund Mick Reavers bei einer Schießerei verloren und zahlte einen hohen Preis für Amerikas Kampf gegen den Terror.

Rapp bemerkte eine Bewegung und schaute nach rechts, wo sich eine Gestalt mit zwei Kaffeebechern näherte. Eine der wenigen Gelegenheiten in seinem Leben, in denen es ihm schwerfiel, seine Überraschung zu verbergen.

Claudia Gould stellte die Becher ab, kam rüber und umarmte ihn. »Das mit deinem Freund tut mir so leid, Mitch.«

Er stand einfach da und wusste nicht, wie er reagieren sollte. Kennedy verfolgte die Szene aus wenigen Metern Abstand. Garantiert hatte sie Claudia angerufen. Die beiden Frauen verband eine lange und komplizierte Beziehung, die sogar noch intensiver geworden war, nachdem Hurley Claudias Ehemann Louie getötet hatte. Aber was machte sie hier?

»Ich weiß, wie nah du und Scott euch steht«, meinte sie und ließ ihn zwar los, aber nicht aus den Augen.

»Danke.« Zögernd trat er einen Schritt zurück.

»Ich dachte eigentlich, wenn wir uns das nächste Mal sehen, erzähl ich dir von den Fortschritten bei der Einrichtung deines Hauses und den unanständig hohen

Beträgen, die ich in deinem Auftrag verprasse. Aber das kommt mir gerade völlig unwichtig vor.«

Seltsamerweise hatte er sich darauf gefreut, mit ihr über das Haus zu reden, gemeinsam hinzufahren und sich ihre endlosen Schilderungen über Details anzuhören, die ihm komplett am Allerwertesten vorbeigingen.

»Wie geht es Anna?«

»Sie vermisst ihr neues Zuhause und ihre neuen Freunde, aber Irenes Sohn verbringt viel Zeit mit ihr. Sie hat einen regelrechten Narren an ihm gefressen.«

»Ich sorg dafür, dass ihr zwei bald wieder am Kap seid, Claudia, versprochen.«

»Das weiß ich doch.«

Die nachfolgende Stille zog sich in die Länge, bis Kennedy Rapp sanft am Arm zupfte. »Entschuldigst du uns bitte für ein paar Minuten, Claudia? Ich muss mit Mitch reden.«

»Ja. Natürlich.« Mit einem Mal schien sie sich unwohl zu fühlen. »Soll ich … soll ich hier warten?«

»Das wär mir sehr lieb. Und gib uns Bescheid, sobald sich etwas an Scotts Zustand ändert.«

Ihre Unbehaglichkeit ließ sich nachvollziehen. Vermutlich hatte sie sogar mal ein Dossier über Coleman angelegt. Vorgeschichte, Gewohnheiten, Adresse, soziale Kontakte … alles, damit ihr Ehemann bei einem möglichen Aufeinandertreffen mit ihm am längeren Hebel saß. Nun hatten sich ihre Prioritäten um 180 Grad gedreht. Die Leute, deren Tötung sie einst unterstützt hatte, fungierten plötzlich als ihre Beschützer.

Rapp folgte Kennedy durch einen leeren Gang. »Gibt es was Neues?«

»Über Scotts Zustand? Nein. Sie flößen ihm intravenös

Antibiotika ein, aber die Ärzte sind nicht sicher, ob es funktioniert. Ständig heißt es, er werde die nächste Stunde nicht überleben, doch dann belehrt er uns erneut eines Besseren.«

Sie betraten einen Aufenthaltsraum. Irene setzte sich auf einen Plastikstuhl. Rapp schloss die Tür und sprach erst weiter, nachdem das Schloss mit einem Klicken eingerastet war.

»Was macht Claudia hier?«

»Ich wollte, dass jemand für dich da ist.«

»Was soll das, Irene?«

»Wir haben gerade erst Stan verloren. Und jetzt das. Ich mein's doch nur gut, Mitch. Ich will nicht, dass deine Welt völlig aus den Fugen gerät.«

»Hast du schon mit seiner Mutter gesprochen?«

Kennedy schüttelte den Kopf. »Ihre Demenz ist weiter fortgeschritten, als Scott durchblicken ließ. Das ist ein weiterer Grund, weshalb ich Claudia hergebeten hatte. Außer seiner Mutter hat er keine Familie mehr und seine engsten Freunde sind alle in Pakistan und arbeiten für dich. Ich kann ihn bewachen lassen, aber selbst nicht lange bei ihm bleiben. Claudia schon.«

»Was wissen wir über den Kerl, der ihm das angetan hat?« Rapp wechselte das Thema.

»Wir sind dran.«

»Ich will nicht hören, dass ihr ›dran seid‹, Irene. Ich will wissen, wer er ist und wo ich ihn finde. Wenn die Leute, die du darauf angesetzt hast, nicht bald verwertbare Informationen liefern, werde ich persönlich nach Langley kommen und dort ein paar Schädel zertrümmern.«

»Ich versteh dich gut, Mitch, ehrlich. Aber wir haben im Moment weitaus größere Sorgen als persönliche Rache.«

»Welche denn?«

»Wir haben zwei der Leute identifiziert, die Scott getötet hat. Sie waren keine Al-Badr-Mitglieder. Das sollte uns bloß auf eine falsche Spur lenken. Sie gehörten dem IS an.«

»Ihr habt also auf Anhieb zwei x-beliebige arabische Arschlöcher identifizieren können, aber an einem der besten Profikiller des Planeten beißt ihr euch die Zähne aus?«

»Na, das war nicht besonders schwierig. Einer von ihnen war Brite. Beide hatten Facebook-Seiten, auf denen sie sich offiziell zum IS bekannt und den Irak als Einsatzgebiet angegeben haben. Wir müssen wohl davon ausgehen, dass der Mann, der Scott so zugerichtet hat, in den sozialen Medien weniger umtriebig agiert.«

Rapp lief zu einem Getränkeautomaten in der Ecke des Raums. Der Münzschlitz war abgeklebt, also hämmerte er einfach mit der Faust auf einen der Auswahlknöpfe und wurde mit einer eisgekühlten Coke belohnt. Er hätte etwas Stärkeres vorgezogen, hatte dem Alkohol aber abgeschworen, bis er sein Leben wieder in den Griff bekam. So wie es im Moment lief, dauerte das vermutlich noch eine Weile.

»Hör zu, Mitch. Wir müssen über ein paar Aspekte reden.«

»Welche?«, fragte er, während er die Dose öffnete.

»Zunächst mal über die Möglichkeit, dass das spaltbare Material in der Waffe nicht Hauptziel des Angriffs war. Sondern eher so was wie ein willkommener Bonus.«

»Was sollte denn sonst das Ziel gewesen sein?«

»*Du*. Denk mal drüber nach. Wir erhalten Informationen von einem unserer zuverlässigsten Informanten, die uns zu einer verlassenen Fabrikhalle führen, in der ein bestens ausgebildeter Killer lauert. Logischerweise war damit zu rechnen, dass du – nicht Scott – das Gebäude als Erster betrittst. Hätte dein Bike nicht gestreikt, wäre es auch so gewesen.«

»Ja, das ist mir auch schon durch den Kopf gegangen.«

»Wer immer dahintersteckt, hat es nicht geschafft, dich in Südafrika abzulenken, und deshalb beschlossen, dich loszuwerden. Das liegt auf der Hand. Genauso wie bedauerlicherweise das Motiv.«

»Weil der Überfall auf den Waffentransport keine einmalige Angelegenheit war. Sie wollten mich aus dem Weg haben, um weitere durchzuführen.«

Sie nickte. »Entweder Sprengköpfe oder Spaltmaterial. Falls es ihnen um Letzteres geht, dann haben sie es bereits. Wie viel von Pakistans Arsenal mag bereits kompromittiert sein? Wie viele Sprengköpfe verfügen schon über leere Atomreservoirs? Der IS könnte schmutzige Bomben bauen, um sie in amerikanischen Städten zu zünden. Oder er entwickelt sogar eigene Nuklearwaffen.«

»Der IS? Ich weiß, dass sie inzwischen deutlich gezielter operieren, nachdem Saddams frühere Generäle Schlüsselpositionen besetzt haben, aber der Bau einer Atombombe? Das scheint mir etwas weit hergeholt zu sein.«

»Gestern hätte ich dir noch beigepflichtet. Aber laut Craig verfügt derjenige, der diesen Dummy angefertigt hat, über ein immenses Know-how und erstklassige Ausrüstung. Es fehlt nicht mehr viel, und sie sind am Ziel, Mitch. Du weißt selbst, dass es seit bald 100 Jahren nukleare Waffentechnologien gibt. In einem Zeitalter von computerbasiertem Design, CNC-Fräsen und 3-D-Druckern ist es deutlich einfacher geworden, eine solche Waffe zu erschaffen. Das Einzige, woran man nicht so leicht herankommt, sind atomare Substanzen. Waffentaugliches Spaltmaterial lässt sich nur mit einer unglaublich komplexen Maschinerie herstellen.

»Und die Russen haben etwas damit zu tun«, warf Rapp ein.

Sie nickte. »Neben Ilja Gusew in Afrika haben wir auch Aufnahmen von dem Mann, der Scott angegriffen hat. Ausgehend von seinen Gesichtszügen taxiere ich die Wahrscheinlichkeit, dass er osteuropäischer Abstammung ist, auf mehr als 50 Prozent.«

»Aber was steckt für die Russen drin? Warum sollten sie sich auf eine solche Geschichte einlassen?«

»Das sind die Teile des Puzzles, die für mich bisher noch nicht zusammenpassen. Allerdings kann ich dir sagen, dass Maxim Krupin zu den gefährlichsten Männern weltweit gehört. Auf externe Beobachter macht es den Eindruck, dass er Russland fest im Griff hat, aber das stimmt nicht. Seine Unterstützer sind nur loyal, solange er ihnen bei der Mehrung ihres Vermögens hilft. Er hat eine Menge Feinde, die sich auf ihn stürzen werden, sobald sie eine Gelegenheit wittern.«

»Und es bilden sich erste Risse in der Fassade.«

»Ja, laut unseren Prognosen wird die russische Wirtschaft in diesem Jahr um weitere vier Prozent schrumpfen. Die Staatseinkünfte dürften sogar um bis zu 30 Prozent zurückgehen. Krupins Macht – genau wie die seines Landes – steht unter den momentanen Bedingungen auf wackeligen Füßen. Das gehört zu den Schattenseiten der niedrigen Ölpreise. Oberflächlich betrachtet schwächeln Regimes wie in Russland oder Venezuela dadurch. Doch Schwäche kann binnen eines Wimpernschlags in pures Chaos oder Anarchie umschlagen. Du kannst dir gar nicht vorstellen, wie viel Energie ich investiere, unsere Politiker auf die fragile Lage in Russland hinzuweisen. Immerhin ein Staat, in dem ein Mann allein die Kontrolle über 1600 Nuklearsprengköpfe besitzt. Und ich habe Krupin mehrfach getroffen und schätze ihn so ein, dass er vor nichts zurückschreckt, um seinen Einfluss zu sichern. Notfalls verwandelt er den ganzen Planeten in eine ausgebrannte Hülle.«

»Ich finde, wir sollten nicht zu weit vorgreifen, Irene. Zuerst gilt es, den entstandenen Schaden einzuschätzen und dafür zu sorgen, dass kein weiterer entsteht. Wir müssen klären, wie viele atomare Waffen der Pakistanis tatsächlich betroffen sind. Und dafür musst du es schaffen, dass ich mit Präsident Chutani und dem General sprechen kann.«

»Das ist leichter gesagt als getan, Mitch. Unsere Beziehungen zur pakistanischen Heeresführung sind ziemlich unterkühlt und diese beiden sind drauf und dran, sich auf unterschiedlichen Seiten eines Bürgerkriegs gegenüberzustehen.«

»Ruf General Shirani an und sag ihm, dass ich in Kürze mit dem Atomsprengkopf zurückkehre und Chutani das Teil vor einem Haufen Fernsehkameras aushändigen werde, falls er bei meiner Landung nicht anwesend ist. Und dass ich die Medienpräsenz nutzen werde, um dem pakistanischen Volk zu erklären, wie sein Präsident den Großen Satan bedrängt hat, die Waffe zurückzubringen, während die eigene Armee mit dem Finger im Arsch untätig herumsaß.«

Kennedy ließ sich den Vorschlag durch den Kopf gehen. »Das könnte glatt funktionieren. Shirani inszeniert sich als starker Anführer, der die Feinde Pakistans in Angst und Schrecken versetzt. Deine Version sorgt wahrscheinlich dafür, dass diese Illusion wie ein Kartenhaus einstürzt und ihn unter sich begräbt.«

Rapp trank die restliche Cola. »Joe und ich werden zurück nach Virginia fahren und diese Bombe in die Luft bringen. Lass uns später klären, wie und wo wir sie abliefern.«

»Nicht so hastig, Mitch. Ich treffe mich in einer Stunde mit Präsident Alexander. Er will dich dabeihaben.«

Rapp schüttelte den Kopf und wandte sich zum Gehen. »Meetings sind *dein* Job, Irene. Sag ihm, ich schau vorbei, wenn ich wieder im Lande bin.«

26

In der Nähe von Dominical, Costa Rica

Grischa Asarow sprang über einen morschen Baumstamm und duckte sich eilig unter einem Ast hinweg, der rechts neben seinem Kopf in Reichweite geriet. Es wäre einfacher gewesen, sich abzurollen, aber das Manöver hätte Zeit gekostet. Fast eine Dreiviertelsekunde, wie er aus Erfahrung wusste.

Er erreichte eine Lichtung und beschleunigte sein Tempo, entschied sich für die steilste Route einen lehmigen Hang hinauf, lief geduckt, um so wenig wie möglich Angriffsfläche zu bieten. Zwar rechnete er nicht damit, dass jemand im dichten Unterholz in der Nähe lauerte, aber er hatte schon Pferde kotzen sehen.

Seine Schenkel brannten. Lunge und Herz steckten die Belastung jedoch mit einer Leichtigkeit weg, die selbst ihn überraschte. Sorgfältig dosierte Infusionen hatten die Sauerstoffversorgung der Muskeln bis zu einem gewissen Grad verbessert. Das war am heutigen Morgen um das Inhalieren einer Substanz ergänzt worden, über deren Zusammensetzung er rein gar nichts wusste. Er hatte mit einer geringfügigen Verbesserung seiner Kondition gerechnet wie bei früheren Veränderungen am Medikamentenmix, aber in diesem Fall fiel sie beträchtlich aus.

Asarow behielt den Schwung bei, bis er den Hügel vollständig erklommen hatte, und fand sich auf einer Spitzkuppe wieder, die aus dem umliegenden Dschungel ragte. Zu seiner Rechten zeichnete sich am Horizont das Meer ab, auf der Zehn-Uhr-Position das Ensemble aus Gipsputz und Glas, das eine Grundfläche von knapp 200 Quadratmetern beanspruchte. Ganz in der Nähe stand ein Mann vor einem Tisch mit Laptop.

Asarow zog zwei für ihn maßgefertigte Pistolen aus den Schulterholstern, gerade rechtzeitig, bevor der Mann nach rechts abtauchte und zu einem langen Stahlrohr griff. Er schwang es in Asarows Richtung, kurz bevor der Russe zum Stillstand kam und das Papierziel anvisierte, das knapp fünf Meter vor seinen Augen an der Stange baumelte. Es war auf den lebensechten Umriss eines Menschen geklebt, gefräst aus einer Aluminiumplatte, um den Einschlag der Patronen deutlich hörbar zu machen.

Der andere schwenkte sie hin und her, um Asarow am Treffen zu hindern. Dieser hatte bereits beide Waffen abgefeuert. Nachdem die Magazine leer geschossen waren, ließ er eine der Pistolen fallen und lud die zweite nach, während er nach links hastete. Sobald das Magazin einrastete, wechselte er in beidhändige Haltung und feuerte auf ein weiteres Ziel 30 Meter östlich.

Der ältere Mann ließ die Stange fallen und kehrte an den Laptop zurück. Durch die grelle Sonne Costa Ricas spähte er mit zusammengekniffenen Augen auf den Bildschirm. »Wie hat sich das angefühlt?«

Linus Heis' abgehackter deutscher Akzent klang noch genau wie bei ihrer ersten Begegnung, als Asarow im zarten Alter von sieben Jahren als junges Biathlon-Talent von einem Platz im sowjetischen Olympiateam geträumt hatte. Es war Heis gewesen, der das unregelmäßige Herzgeräusch entdeckte, das Asarows Karriere als Sportler ein jähes Ende bereitete und sein Leben in eine andere Richtung lenkte. In den folgenden Jahren hatte sich die Störung als vernachlässigbar herausgestellt. Noch heute machte sich der Wissenschaftler Vorwürfe wegen der vermutlich einzigen Fehleinschätzung seines Berufslebens.

»Gut. Mein Herzschlag kam mir langsamer vor, als ich oben angekommen bin.«

»14 Prozent langsamer«, bestätigte Heis. Der wohlwollende Gesichtsausdruck wirkte in der stoischen Miene des Deutschen wie ein Fremdkörper. »Das hat sich auch positiv auf die Koordination deiner Hände ausgewirkt. Deine Genauigkeit lag bei 100 Prozent.«

»Und die Zeit?«

Das kaum wahrnehmbare Lächeln verschwand von den Lippen. »Du hast deine persönliche Bestleistung um zwei Prozent übertroffen.«

»Zwei Prozent? Beeindruckend.«

Heis schüttelte den Kopf. »Es hätten 3,6 Prozent sein müssen. Ist etwas schiefgegangen? Bist du beim Aufstieg ins Straucheln geraten?«

Asarow überlegte kurz, ob er lügen sollte. Nichts machte Heis wütender, als wenn eine seiner akribischen

Berechnungen an der Realität vorbeiging. Doch es ging hier nicht darum, dem alten Mann ein gutes Gefühl zu verschaffen.

»Nein. Nichts.«

»Du hättest schneller sein müssen«, wiederholte sein Gegenüber.

»Ich bin sicher, du wirst das Problem finden und korrigieren, Linus. Das tust du schließlich immer.«

Der Deutsche verschränkte die Hände vor der schmächtigen Brust. »Da bin ich nicht so sicher. Dein Schießen ist exzellent, aber deine Laufleistung lässt zu wünschen übrig. Das Abfeuern einer Waffe ist einfach, Rennen verlangt dem Körper hingegen eine Menge ab. Ich frage mich, ob die Abweichung eher mental als körperlich bedingt ist.«

»Ich habe mehr psychologische Testreihen durchlaufen, als ich zählen kann, Linus. Und denk an meine vielen Operationen. Bisher trat nie eine Schwäche zutage, und das weißt du.«

»Die Dinge ändern sich, Grischa. Genau wie die Menschen. Du bist nicht mehr der Jüngste. Wir alle lassen irgendwann nach. Allerdings gebe ich zu, dass meine Sorge möglicherweise übertrieben ist. Es ist drei Grad wärmer als bei deiner früheren Bestleistung. Du lebst zwar schon eine ganze Weile in dieser elenden Gluthitze, aber so richtig daran gewöhnt hast du dich wohl nie. Denkbar ist auch, dass du nicht voll fokussiert warst. Nach der Sache mit Olga würde mich das nicht wundern.«

Asarow unterdrückte den Drang, nach rechts zu schauen. Sie lag dort am Rand der Lichtung begraben, direkt neben einem Mann, den er vor sechs Jahren versehentlich beim Training erschossen hatte. Ein hübsches

Fleckchen mit Ausblick auf das Meer und einige besonders hübsch blühende Sträucher. Nicht dass sie noch besonders auf die Schönheiten der Natur Wert gelegt hätten, aber er fühlte sich trotzdem verpflichtet, ihr Andenken in Ehren zu halten.

»Liegt es daran?«, bohrte Heis. »An Olga?«

»Ja«, antwortete er, aber es stimmte nicht. Es lag nicht an Olga und auch nicht an der Hitze. Sondern an allem anderen.

Bedacht darauf, das Thema zu wechseln, zeigte Asarow auf eine Pistole, die neben Heis' Rechner lag. »Was ist das?«

Der Mann starrte ihn noch einige Sekunden länger an, bevor er beschloss, die Frage nach der geistigen Fitness seines Schützlings fürs Erste auf sich beruhen zu lassen. »Eine neue Waffe, die du testen sollst. Nadia ist ziemlich stolz darauf.«

Asarow nahm sie in die Hand und untersuchte sie.

»Sie ist mehr als zwei Zentimeter kürzer als das Modell, das du aktuell benutzt. Du solltest sie also deutlich schneller ziehen können. Im Moment dauert es zu lange, sie aus dem Holster zu lösen. Außerdem ist es ihr gelungen, den Durchmesser des integrierten Schalldämpfers um drei Millimeter zu reduzieren.«

»Bei gleichbleibender Leistung?«

»Sogar bei besserer. Die Schallentwicklung ist noch mal ein Dezibel geringer.«

Asarow nahm das Fünf-Meter-Ziel ins Visier. »Darf ich's mal probieren?«

»Natürlich.«

Heis hatte recht. Das Schussgeräusch fiel merklich leiser aus. Die Waffe war besser ausbalanciert, ohne dass die Genauigkeit oder die Stärke des Rückstoßes darunter gelitten hätte.

»Ziemlich leicht.«

»Ja, eine Gewichtsverringerung um fast 20 Prozent in geladenem Zustand.«

»Nachteile?«

»Schießt mit 9-Millimeter-Standardmunition, ist für optimale Effizienz aber auf Spezialprojektile angewiesen.«

»Haltbarkeit?«

»Wenn du die empfohlene Munition benutzt, geht Nadia von 2000 Schuss aus, bevor du erste Leistungseinbrüche feststellst. Mit kommerziellen Kugeln lässt die Performance schon nach etwa der Hälfte nach.«

»Wie teuer?«

»17.000 Euro. Acht Euro pro Patrone.«

Asarow starrte auf die Waffe. Mitch Rapp benutzte nach wie vor eine Glock 19 mit Schalldämpfer vom Typ AAC Ti-RANT 9S, wie man sie an jeder Ecke bekam. Einigermaßen präzise und zuverlässig. Etwas zu laut und zu lang, aber dafür enorm verbreitet und bewährt.

»Ich nehme drei. Und 1000 Schuss.«

»Das gebe ich weiter. Jetzt erst mal ab ins Studio mit dir. Ich habe vor dem Schwimmen ein kurzes Krafttraining eingeplant.«

Auf dem Weg hielt Heis ihm einen Vortrag, dass er sich mehr anstrengen und größere Reserven aus seinem Körper herauskitzeln solle. Die dauerhafte Behandlung mit Medikamenten führe dazu, dass er seine Fähigkeiten nicht verlässlich einschätzen könne. Er müsse lernen, die Grenzen zu durchbrechen, die sein Unterbewusstsein ihm vorgaukele.

Asarow hörte gar nicht richtig hin. Seine Gedanken kreisten ausschließlich um Mitch Rapp. Wie hätte der sich bei Heis' Tests wohl geschlagen? Brachte er es mit seiner technisch unterlegenen Glock ebenfalls auf 100 Prozent Genauigkeit? Aller Wahrscheinlichkeit nach schon. Wie schnell hätte er diesen Trainingslauf absolviert? In seinen besten Zeiten war Rapp unfassbar schnell gewesen. Jüngste Röntgenbilder, die sich Asarow beschafft hatte, zeichneten jedoch ein anderes Bild. Die jahrelangen Strapazen hatten zur Bildung von dickem Narbengewebe und verdünnten Knorpeln geführt. Schaffte er es überhaupt noch …

»Grischa! Hörst du mir überhaupt zu?«

Asarow lächelte und neigte den Kopf in einer unterwürfigen Geste. »Ich habe jedes Wort gehört, Linus. Jedes Wort.«

27

In der Nähe von Bhakkar, Pakistan

Diesmal saß Rapp auf dem linken Sitz im Cockpit der Gulfstream G550 der CIA. Die Verhandlungen zur Ansetzung des Treffens waren kurz, aber kontrovers verlaufen. Der Präsident der Vereinigten Staaten hatte angedroht, seinen politischen Einfluss geltend zu machen, um jeden Penny Entwicklungshilfe für Pakistan streichen zu lassen. Irene Kennedy steuerte eine Reihe subtilerer Drohungen bei, in denen es um General Shiranis Privatadresse und eine besonders leistungsfähige neue Generation von Überwachungsdrohnen ging.

Keine Verhandlung verlief je komplett einseitig, was die USA dazu zwang, sich in einigen Punkten auf Kompromisse einzulassen. Bedauerlicherweise gehörte Rapps Team zu den ersten Aspekten, die geopfert werden mussten. Shirani hatte seine Teilnahme an den Gesprächen an die Bedingung geknüpft, dass Rapp allein kam. Immerhin handelten sie aus, dass er einen Piloten mitbringen durfte. Statt eines erfahrenen Flugzeugführers hatte sich Mitch für Joe Maslick entschieden, der nervös den Co-Pilotensitz neben ihm einnahm.

Zusätzlich zu Rapps eher fragwürdigen Fähigkeiten, die G550 sicher ans Ziel zu bringen, mussten sie sich auch noch mit einem relativ hektischen Anflugszenario arrangieren.

Statt begleitet von einigen Schafherden und durch die Luft wirbelnden Plastiktüten aufzusetzen, wimmelte es auf dem Flugfeld von Soldaten.

»Ich tippe auf insgesamt etwa 200 Männer«, sagte Maslick gerade. Er spähte mit einem Fernglas durch die Frontscheibe. »Knapp 100 westlich von der Landebahn und genauso viele östlich davon. Panzer, Artillerie und feste Geschützstellungen für Maschinengewehre, und das ist nur der Anfang. Sie scheinen die Anlage als eine Art halbherzige demilitarisierte Zone zu betrachten.«

»Kannst du erkennen, wer von denen zu wem gehört?«

»Anhand der Uniformen schätze ich, Shiranis Leute sind die im Westen, Chutanis Präsidentengarde hat sich östlich vor den einzigen vier Gebäuden postiert, die noch stehen. Unsere Informationen scheinen zuzutreffen. Die Anlage wurde seit 20 Jahren nicht mehr benutzt, aber die Bauten wirken solide genug, um als Deckung genutzt werden zu können, falls es zu einem Schusswechsel kommt.«

»Wie steht's mit SAMs?«

»Nope, Boden-Luft-Raketen seh ich nirgends, aber vermutlich halten sie irgendwo portable Varianten bereit. Sollte uns der ganze Mist um die Ohren fliegen, rennen wir besser nicht zum Flieger, sondern in die entgegengesetzte Richtung.«

Rapp schob das Steuerhorn leicht nach vorn und leitete den Landeanflug ein, während Maslick sich weiter mit ihrem Empfangskomitee beschäftigte. Sie befanden sich noch wenige Hundert Meter über dem Boden, als Maslick seitlich an seinem Fernglas vorbeilinste.

»Mitch. Du hast noch zu viel Höhe.«

Rapp überhörte die Bemerkung.

»Mitch, ich mein's ernst. Du fliegst verflucht noch mal zu hoch. So schießen wir über die Landebahn raus.«

»Willst du den Vogel steuern?«

»O Scheiiiiiße!!«, schrie Maslick als Antwort und suchte mit den Füßen Halt an der Instrumententafel, um sich für eine harte Landung zu wappnen.

Das Fahrwerk knallte im hinteren Drittel der Landebahn auf den Asphalt. Rapp aktivierte die Bremsen und leitete die Schubumkehr ein. Trotzdem rauschten sie mit knapp über 40 km/h über den befestigten Teil hinaus auf den von der Sonne gebratenen Lehm dahinter. Die Maschine holperte über das unebene Gelände, während Rapp alles versuchte, damit die Tragflächen nicht den Boden berührten und der Gulfstream nachhaltigen Schaden zufügten. In einer Staubwolke, die so dicht war, dass sie die Sonne vor ihren Augen verbarg, kamen sie schließlich zum Stehen.

»Ich hab doch gesagt, wir sind zu hoch«, schimpfte Maslick. »Warum hast du nicht abgedreht und neu angesetzt?«

»Wo sind wir?«, fragte Rapp und schaltete mit demonstrativer Gelassenheit die Triebwerke ab.

»Was? Wovon redest du, Mann?«

»Ist doch 'ne ganz simple Frage, Mas. Wo sind wir?«

Der ehemalige Delta-Operator überlegte kurz, dann verriet seine Miene, dass er den Grund für das waghalsige Manöver verstanden hatte. »Etwa inmitten von 200 Männern mit nervösen Fingern am Abzug?«

Rapp wies mit dem Daumen zum Heck. »Genau. Steigen wir aus und bringen es hinter uns.«

Als Mitch auf dem Wüstenboden aufsetzte, hatte sich die Staubwolke weit genug verzogen, um den Blick auf einen schwarzen SUV freizugeben, der sich mit einem einzelnen Panzerfahrzeug im Schlepptau näherte. Sie hielten wenige Meter vor dem Flugzeug und es entstieg jeweils ein Mann. Aus dem vorderen Fahrzeug ein Captain der Black Storks, einer Spezialeinheit der pakistanischen Streitkräfte, die General Shirani unterstellt war. Bei dem anderen handelte es sich um ein Mitglied von Präsident Chutanis Elitegarde. Zweifellos war jedes Detail dieses Besuchs inklusive der Frage, wer die Gäste nach der Landung in Empfang nahm, im Vorfeld penibel zwischen den politischen Kontrahenten abgeklärt worden.

»Haben Sie den Sprengkopf an Bord, den Sie uns gestohlen haben?«, erkundigte sich der Soldat polternd, während Chutanis Vertreter ihnen respektvoller begegnete.

»Hier ist er«, sagte Maslick und schleppte ihn zur Ladeluke. »Viel Spaß damit!« Er versetzte dem Metall einen harten Tritt und es schlug mit einem unheilvollen Scheppern auf. Die beiden Pakistani zuckten erschrocken zusammen.

»Aufladen!«, forderte Rapp und ließ sich auf den Beifahrersitz des Geländewagens plumpsen. Die Klimaanlage lief und er bog die Belüftungsschlitze in seine Richtung, während ihr Empfangskommando irritierte Blicke austauschte. Am Ende sahen sich die zwei Widersacher gezwungen, den Sprengkopf mit vereinten Kräften auf das Panzerfahrzeug zu hieven. Rapp schaltete derweil ungerührt das Radio an und suchte nach einem anständigen Sender.

Es dauerte fast zehn Minuten, bis Chutanis schweißüberströmter Vertreter auf den Fahrersitz kletterte. Er ließ den Motor an und fuhr davon. Maslick sah ihnen aus der offenen Luke der G550 hinterher.

»Wir waren nicht darauf vorbereitet, dass Sie so unkonventionell landen«, meinte der Angehörige der Leibgarde nervös.

»Lag an den Windverhältnissen«, log Rapp.

Er hatte Saad Chutani das Leben gerettet und dessen größten Rivalen beim ISI beseitigt. Trotzdem traute Rapp dem Präsidenten nicht über den Weg. Wie alle pakistanischen Politiker machte er nur so lange gemeinsame Sache mit den Amerikanern, wie es seinen Interessen diente. Wenn sich das änderte, kehrte er dem Gönner aus dem Westen schneller den Rücken, als diese Idioten in Washington es sich vorstellen konnten.

»Ist alles bereit?«, fragte er.

»Ja. Genau wie besprochen.«

Sie fuhren zwischen den Verbänden hindurch und hielten vor einem niedrigen Bauwerk aus Stein, dessen Dach kurz vor dem Zusammenbruch zu stehen schien. Rapp stieg aus und bemühte sich, jede hektische Bewegung zu vermeiden. Auf keinen Fall wollte er riskieren, dass mehrere Dutzend Soldaten plötzlich die Mündungen ihrer Waffen auf ihn richteten.

Zwei Männer traten durch den einzigen Ausgang ins Freie. Ein Major der Armee forderte Rapp auf, die Arme zu heben. Er tat ihm den Gefallen und wurde ausgiebig gefilzt. Nachdem sein Gegenüber zufrieden war, wiederholte einer von Chutanis Leuten das Prozedere. Der Präsident wollte auf keinen Fall den Eindruck erwecken, zu freundlich mit der amerikanischen CIA umzuspringen – einer Organisation, deren Sympathiewerte in Pakistan noch knapp unterhalb von Satan rangierten.

Sie gingen hinein, wo zwei weitere Uniformierte erneute Leibesvisitationen vornahmen. Den ersten erkannte er als einen von Shiranis engsten Vertrauten, einen wohlproportionierten Offizier mit beeindruckender Physis, obwohl er die 60 bereits deutlich überschritten hatte. Er erledigte den Job sogar noch gewissenhafter als sein Kollege draußen, fuhr mit den Fingern innen an Rapps Hosenbund entlang und bestand darauf, dass er die Schuhe auszog, um sie ebenfalls einer Inspektion zu unterziehen.

Chutanis Mann hätte unterschiedlicher kaum sein können. Ein Bursche Anfang 20, so hager, dass es auf leichte Unterernährung hindeutete. Extrem dunkle Haut, überstrapaziert durch das Leben in der Wüste, dafür adrett geschniegelte Haare und eine makellose Uniform, mit der er als junger Offizier einen recht passablen Eindruck hinterließ.

In Wahrheit handelte es sich bei Raza Khan um einen äußerst geschickten Taschendieb, den Chutani vor weniger als 15 Stunden aus dem Gefängnis geholt hatte, um ihn vor die Wahl zu stellen: Entweder er leistete einen kleinen Dienst im Tausch gegen seine Freiheit, oder seine fünfjährige Haftstrafe verwandelte sich in lebenslänglich. Offensichtlich war ihm die Entscheidung nicht schwergefallen.

Khan klopfte Rapp von oben bis unten ab, misstrauisch beäugt von Shiranis Vertreter. Der junge Kriminelle wurde seinen Erwartungen mehr als gerecht. Hätte Rapp nicht mit etwas Ähnlichem gerechnet, wäre ihm sicher entgangen, wie eine winzige Glock 39 unter sein Hemd hinter ebenjenen Hosenbund wanderte, den der andere noch vor wenigen Sekunden argwöhnisch kontrolliert hatte.

»Sind wir endlich fertig?«, fragte Rapp, als Khan zur Seite trat.

Der Taschendieb nickte kurz und öffnete eine Tür, die in den hinteren Teil führte. Er winkte ihn hindurch.

In dem Raum gab es keine Fenster und keinerlei Mobiliar. Nur zwei Männer, die schweigend an entgegengesetzten Wänden auf sie warteten. Präsident Saad Chutani war eine groß gewachsene, beeindruckende Gestalt mit scharfem Blick und einem Anzug, der auf wundersame Weise frei von dem Sand war, der ansonsten jeden Quadratzentimeter seines Heimatlandes bedeckte. General Umar Shirani war kleiner und verbarg ein Bäuchlein unter dem gespannten Stoff der Uniform. Er trug den für die pakistanische Militärelite typischen Schnauzbart. Eine Narbe zog sich gut sichtbar über die Wangenhälfte – ein Andenken an Pakistans Krieg gegen Indien im Jahr 1971.

Keiner der Männer rührte sich von der Stelle. Offenbar wollten sie sich einander nicht weiter nähern als unbedingt nötig.

Shirani sprach als Erster. »Haben Sie das Eigentum meines Volkes zurückgebracht?«

»Ja«, antwortete Rapp. »Nicht dass Sie etwas damit anfangen könnten.«

Die Augen seines Gegenübers verengten sich zu Schlitzen, während er sich bemühte, der Bedeutung von Rapps Worten nachzuspüren. »Soll das etwa eine Drohung sein? Glauben Sie nicht, dass wir …«

»General«, beschwichtigte ihn Chutani. »Bevor wir uns zu voreiligen Schlüssen hinreißen lassen, sollten wir Mr. Rapp erklären lassen, was er damit meint.«

»Gerne. Die Bombe ist ein Blindgänger. Die Ladung fehlt.«

»Was soll das heißen?«, ereiferte sich Shirani. »Sie …«

»Der Kanister, in dem sich normalerweise das spaltbare Material befindet, ist eine Fälschung«, schnitt ihm Rapp das Wort ab.

»Das geht auf Ihr Konto!«, brüllte Shirani und zeigte anklagend mit dem Finger auf ihn. »Sie haben sich unsere Waffe widerrechtlich angeeignet und sie dann sabotiert. Und nun wollen Sie die Schuld auf unsere Armee abwälzen und mich in Misskredit bringen. Meinen guten Ruf beschädigen.«

»Was glauben Sie, wen Sie vor sich haben, General? Legen Sie mir gefälligst nichts zur Last, wovon wir beide wissen, dass ich es nicht getan habe.«

»Meine Leute haben keine Terroristen in Faisalabad gesehen. Nur Ihre Leute und Ihren Hubschrauber. Sie fragen sich, warum wir unser Waffenarsenal nach einem festen Plan durchs Land fahren? Genau aus diesem Grund. Weil Ihre CIA nach Gutdünken unsere Männer tötet und uns der Möglichkeiten zur Selbstverteidigung beraubt.«

Der alternde Soldat wandte sich an Chutani. »Sie haben einen schweren Fehler begangen, sich mit diesem Mann zu verbünden. Das pakistanische Volk möchte nicht, dass unser Land von Washington aus gesteuert wird. Wir sind stolze …«

Rapp stürzte sich auf ihn, rammte ihm den Unterarm gegen die Kehle und stieß ihn gegen die Wand. Der General war einst ein großer Krieger gewesen, hatte die letzten 20 Jahre jedoch auf dem faulen Hintern gesessen und sich vom luxuriösen Lebenswandel verweichlichen lassen. Die Hand, mit der er grob in Rapps Richtung ausholte, richtete nichts aus.

Rapp packte den Mann mit der freien Hand an den Haaren und zerrte ihn zu Boden. Sekundenbruchteile später presste sich der Lauf der Glock gegen Shiranis Stirn.

»Sie …«, stammelte der General. »Meine Truppen stehen vor der Tür. Sie können mich nicht töten.«

»Sind Sie bereit, Ihr Leben drauf zu verwetten?«

»Wenn ich sterbe, sind Sie wenige Minuten später ebenfalls tot. Das werden Sie nicht riskieren. Alle Amerikaner sind Feiglinge.«

Rapp riss den Ärmel des Generals von der Uniform ab. Der andere konnte nicht verhindern, dass ihm der gestärkte Stoff in den Mund gestopft wurde.

»Mitch«, erklang Chutanis warnende Stimme in seinem Rücken. Es klang nervös. »Sie sollten besser …«

»Klappe«, raunte Rapp, ohne sich umzudrehen. »Sie hätten sich nicht darauf einlassen dürfen.«

Elende Politiker. Sie waren alle gleich. Knallhart, wenn es darum ging, Befehle aus der Ferne zu erteilen. Aber sobald die Gefahr bestand, dass ein Tropfen Blut auf ihre

5000-Dollar-Anzüge spritzte, kniffen sie den Schwanz ein.

»Wie viele?«, fragte Rapp und zog den Ärmel aus Shiranis Mund, um ihm die Chance zum Antworten zu geben.

»Was? Ich habe keine Ahnung, was Sie …«

Der Stoff wanderte zurück in den Mund und Rapp griff nach dem Ringfinger und brach ihn am Mittelgelenk. Das Geräusch des zerschmetterten Knochens hallte überraschend laut durch den Betonkubus. Shirani brüllte durch seinen Knebel, doch Rapp ließ ihn zunächst an Ort und Stelle. Besser, man ließ den Schmerz eine Weile für sich arbeiten.

Kennedy ging inzwischen davon aus, dass die nukleare Ladung nicht nur von dem Sprengkopf entfernt worden war, den Craig Bailer untersucht hatte. Rapp wiederum fehlte die Fantasie, sich auszumalen, dass Shirani nichts davon wusste, wenn Terroristen an seinen Atomwaffen herumpfuschten. Der Mann war zwar Abschaum und ein Gauner, aber kein völliger Idiot. Sobald er davon Wind bekommen hätte, dass mit seinem Arsenal etwas nicht stimmte, hätte er eine umfassende Untersuchung veranlasst.

»Bei wie vielen Ihrer Sprengköpfe fehlt das spaltbare Material?«, präzisierte er seine Frage und erlöste den Mann kurz vom Knebel.

»Ich weiß nicht …«

Er steckte ihn zurück und nahm sich diesmal Shiranis Zeigefinger vor. Er musste die Sache beschleunigen. Der Pakistani hatte mehr Finger als Rapp Zeit.

»Mitch …«, mahnte Chutani. »Vielleicht weiß er wirklich nichts davon. Wir …«

»Ich sagte doch, Sie sollen die Klappe halten!«

Beim nächsten Anlauf hustete Shirani heftig und schien sich übergeben zu müssen. Garantiert hatte er seinen Gegnern schon viel schlimmere Sachen angetan. Der Ausdruck in seinen Augen verriet allerdings, dass es ihm gar nicht gefiel, zur Abwechslung selbst auf der Seite zu landen, die einsteckte.

»Sie können es jederzeit beenden, General. Wie viele?«

»Sechs«, bekam er heraus. »Sechs inklusive desjenigen, den Sie mitgenommen haben.«

»Wer ist dafür verantwortlich?«

»Das wissen wir nicht. Ich habe den ISI nicht in die Untersuchungen einbezogen. Wir prüfen die Angelegenheit derzeit intern. Die Taliban haben nichts damit zu tun. So viel steht fest. Meine Experten verdächtigen den Islamischen Staat. Allerdings haben wir keinen Zugang zu ihrem Netzwerk.«

»Wo sind sie? Wo sind die Raketen, die manipuliert wurden?«

»Wir haben sie zu einer nahe gelegenen Waffenfabrik transportiert, um sie genauer zu untersuchen.«

Rapp drückte die Mündung der Waffe fester gegen Shiranis Stirn.

»Nein! Ich habe Ihnen erzählt, was Sie wissen wollen. Wenn Sie mich töten, kommen Sie und Chutani nicht lebend an meinen Leuten vorbei.«

»Sie hätten niemals einwilligen dürfen, dass Chutanis Männer die Ostseite der Landebahn besetzen, General. Fünf unserer Kampfdrohnen kreisen über dem Gelände und werden Ihre Truppen unter Beschuss nehmen, während die Garde des Präsidenten hinter den Gebäuden in Deckung geht. Danach geht's bloß noch drum, die Schweinerei zu beseitigen.«

Die Drohung stimmte nur zum Teil. Zwar gab es die Drohnen, aber Rapp wusste nicht, ob die zerfallenen Gebäude stabil genug waren, um dem von ihnen entfesselten Feuersturm standzuhalten.

»Es gibt eine andere Möglichkeit«, stellte er in Aussicht.

»Welche?«

»Sie bringen mich zu den Nuklearwaffen und erklären danach Ihren Rücktritt.«

»Das werde ich nicht tun.«

»Seien Sie nicht dumm, General. Wie groß ist Ihr Vermögen? Etwa 120 Millionen Dollar, verteilt auf zahlreiche Konten in aller Welt. Setzen Sie sich mit Ihrer Familie und Ihren Liebschaften nach London ab. Kaufen Sie sich eine hübsche Villa und lassen Sie es krachen. Es sei denn, Sie wollen lieber sterben. Jetzt. In diesem Drecksloch.«

Shirani sah zum Präsidenten. »Sind Sie sicher, dass Sie das riskieren wollen? Glauben Sie wirklich, Ihre Position ist stark genug, um einen Vergeltungsschlag der Armee zu überstehen?«

Chutani schüttelte den Kopf. »Ich bin mir nicht sicher, Umar. Aber Sie haben die Kontrolle über unser Atomwaffenarsenal verloren und waffenfähiges Plutonium in die Hände von Fanatikern gelangen lassen. So oder so müssen wir der Sache ein Ende bereiten. Unser Land und unsere Waffen müssen einer verantwortungsbewussten zivilen Kontrolle unterstellt werden. Falls wir heute beide sterben, um dieses Ziel zu erreichen, ist es eben so.«

28

Präsident Chutani war nach Islamabad zurückgekehrt und hatte Rapp mit einem Kontingent seiner Topleute zurückgelassen. Die Kolonne der Panzerfahrzeuge, die sie bemannten, zog sich vor und hinter dem Fahrzeug, in dem er mit General Shirani saß, in die Länge. Die Straße befand sich in einem guten Zustand, aber der Sand, der teilweise von der umliegenden Wüstenebene herangeweht wurde, hinderte den Konvoi ständig am Vorankommen.

Endlich geriet das Ziel ihrer Reise in Sicht. Einen halben Kilometer entfernt nahm Rapp die in der Hitze flirrenden Umrisse des massiven Bauwerks wahr. Alles in allem ziemlich unspektakulär – ein plumpes Rechteck, erbaut aus hiesigen Materialien, umgeben von einem schmucklosen Maschendrahtzaun. Laut Irene Kennedy war dem amerikanischen Geheimdienst nichts über die geheime Verwendung der Anlage bekannt. Bislang hatte man sie als gewöhnliche Textilfabrik eingestuft.

Der Korso kam zum Stehen und Rapp beobachtete durch die Windschutzscheibe, wie sich Shiranis Stabschef aus dem Führungsfahrzeug lehnte, um einer Wache in Zivilkleidung Befehle entgegenzuschleudern. Kurz darauf rollten sie in den Innenhof.

Shirani schwitzte neben ihm wie ein Schwein. Schweißflecken bedeckten seine Uniform. Rapp hatte ihm die gebrochenen Finger notdürftig eingerenkt, aber er litt nach wie vor unter starken Schmerzen.

Oder hatte sein Schwitzen noch einen anderen Grund? In der Kolonne fuhren 30 Mitglieder von Saad Chutanis Elitegarde mit, Shirani steuerte mindestens ebenso viele loyale Untergebene aus Armeekreisen bei. Liebäugelte er möglicherweise damit, sein Versprechen eines unauffälligen Rücktritts zu brechen und zu versuchen, sich in einem Feuergefecht durchzusetzen?

Sie hielten vor einem Tor mit abblätternder Lackierung und stiegen aus in die Sonne. Überall in der Schlange taten Chutanis Männer es ihnen gleich und achteten darauf, ihre Waffen verdeckt zu tragen. Rapp folgte Shirani in ein winziges Büro, das nach den Chemikalien stank, die in der Fabrik eingesetzt wurden. Der Mann hinter dem einzigen Schreibtisch trug ein Anzughemd und eine schmucklose Krawatte. Das typische Outfit eines Produktionsleiters, das jedoch seinen militärischen Background nicht verhehlen konnte. Nach einem strammen Salut betätigte er einen verdeckten Knopf unter der Tischplatte und entriegelte damit einen Durchgang an der Rückwand.

Die Produktionsumgebung hätte vielleicht sogar glaubwürdig gewirkt, wären da nicht die überall in zahlreichen Stadien der Demontage verstreuten Gefechtsköpfe gewesen. Außerdem fielen Rapp sofort Spalten im Betonboden auf, unter denen sich garantiert einsatzfähige Waffen verbargen. Hätte er einen Tipp abgeben müssen, wäre er von einsatzbereiten Shaheen-1A-Langstreckenraketen ausgegangen.

Die Ingenieure stellten ihre Arbeit an den Sprengköpfen vorübergehend ein und salutierten linkisch in ihre Richtung. Ein Mann, dessen Dienstabzeichen ihn als Major der Armee auswies, kam zu ihnen geeilt, blieb respektvoll in einigen Metern Abstand stehen und setzte zu einer etwas gekonnteren Ehrerbietung an als die Akademiker unter seinem Kommando.

»Willkommen in Bhakkar, Sir.«

»Welche Fortschritte haben Sie bei der Untersuchung des vermissten nuklearen Materials erzielt, Major?«

»Wir können bestätigen, dass nur diese fünf Raketen betroffen sind«, sagte er, streifte Rapp mit einem fragenden Blick, wagte es jedoch nicht, Fragen zu stellen. »Der Rest des Arsenals wurde vollständig untersucht, ausgenommen die Waffe im Besitz der Amerikaner.«

Shirani nickte. »Sie befindet sich in einem der Fahrzeuge draußen. Schicken Sie jemanden hin, um Sie zu holen.«

»Sofort, Sir. Kann ich sonst noch etwas für Sie tun? Leider wurden wir nicht vorab über Ihre Planungen informiert. Sind Sie hier, um den amerikanischen Gefangenen zu sehen?«

Rapps Augenbrauen zuckten leicht in die Höhe, während sich die Miene des Generals verfinsterte. Er hatte bisher nichts von einem Gefangenen erwähnt und offensichtlich nicht erwartet, dass ein Untergebener das Thema von sich aus zur Sprache brachte. Ein typisches Problem, wenn man seine Autorität auf Unberechenbarkeit und Brutalität gründete. Wenn sich alle gegenseitig überschlugen, den nächsten Befehl vorauszuahnen, flog einem das oft genug um die Ohren.

»Natürlich sind wir hier, um den Gefangenen zu sehen, Sie Idiot!«, versuchte sich Shirani an einer wenig überzeugenden Korrektur. »Wo ist er?«

Verfolgt von Shirani und Rapp eilte der Major zum hinteren Teil der Fläche. Vor einer Stahltür blieben sie stehen. Mitch wartete geduldig, bis der zunehmend nervösere Uniformierte den störrischen Riegel bezwungen hatte.

»Wir verhören ihn momentan«, sagte er, als der verrostete Griff endlich nachgab. »Bisher hat er uns nur wenig verraten. Sein Akzent verrät uns, dass er Amerikaner ist, und er behauptet, dem IS anzugehören.«

»Das wäre fürs Erste alles, Major.«

»Ja, Sir. Melden Sie sich, wenn ich oder einer meiner Männer Ihnen behilflich sein kann.«

Rapp verfolgte sein Verschwinden, bevor er Shirani vorwurfsvoll musterte.

»Ich habe vergessen, ihn zu erwähnen«, sprudelte es aus dem General heraus, der merklich bemüht war, den CIA-Vertreter nicht noch mehr gegen sich aufzubringen. »Unter den gegebenen Umständen hielt ich es …«

»Halten Sie den Mund. Mich interessiert im Moment nur, wo Sie den Mann aufgegriffen haben.«

»Eine Gruppe von IS-Kämpfern lauerte einem unserer Sprengstofftransporte auf der Strecke zwischen Naal und Khuzdar auf. Einer unserer Verbände hielt in der Nähe ein Manöver ab, wodurch es uns gelang, den Mann bei der Flucht festzunehmen.«

»Und die anderen sind entkommen?«

»Zwei wurden getötet. Der Rest schon, ja.«

Aus dem Augenwinkel sah Rapp, wie Joe Maslick durch die Halle zu ihnen kam.

»Informieren Sie Ihre Ingenieure, dass wir zeitnah einen vollständigen Untersuchungsbericht erwarten. Diesmal rate ich Ihnen, keine Details zu verschweigen.«

»Es war keine Absicht«, beharrte Shirani.

»Verschwinden Sie!«

Der General rauschte an Joe vorbei in die andere Richtung.

»Gib mir einen Lagebericht«, forderte Rapp, sobald sein Partner in Hörweite war.

»Wir haben nichts zu befürchten. Alle, die hier arbeiten, sind Armeeangehörige, aber ihre Sicherheitsprotokolle taugen nichts. Sie lassen vier Bewaffnete am Zaun patrouillieren, der Rest mimt den braven Fabrikarbeiter. Ihre Waffen lagern in einem Depot unter dem Gebäude. Ich habe Chutanis Leute auf die Halle und die Umgebung verteilt. Sie tragen zwar nur Handwaffen, aber das sollte im Notfall reichen, um die Kontrolle zu übernehmen. Wenn es hart auf hart kommt, dürfte es weniger als zwei Minuten dauern und wir werden wohl ohne Tote aus der Sache rauskommen.«

»Gut.« Rapp wies auf die teilweise geöffnete Tür. »Da drin wartet jemand, mit dem wir uns unterhalten sollten.«

Sie traten ein. Maslick zog die Tür hinter sich zu, bevor sie sich dem Gefangenen zuwandten, der an einen Stuhl gefesselt war.

»Sieht aus, als hätten Sie schon angenehmere Tage erlebt«, meinte Rapp zur Begrüßung.

Der Gefesselte hob den Kopf. Ein ähnlich struppiger Bart wie bei Rapp zierte das staubbedeckte Gesicht.

»Sind Sie … Sie sind Amerikaner?«, fragte er. Speichel und Blut tropften von den angeschwollenen Lippen.

»Ja.«

»Kommen Sie von der Botschaft?«

»Eher nicht.«

»Sind Sie gekommen, um mich nach Hause zu holen?«

»Gute Frage. Wer sind Sie?«

Er antwortete nicht, doch Rapp hatte eine ungefähre Vorstellung. Den Akzent des Mannes verortete er in Mittelamerika. Die schwarzen Haare und der dunkle Teint wiesen auf einen Immigranten der zweiten Generation aus dem Nahen Osten hin.

Es entzog sich Rapps Verständnis, dass ausländische Eltern, die Amerika für alles, was das Land für sie getan hatte, unendlich dankbar waren, Kinder wie den Mann vor ihnen zur Welt brachten. Wieso jemand, der in einer behüteten Umgebung aufwuchs, sich dermaßen radikalisierte. Wie kam es, dass jemand, der in Freiheit, Wohlstand und Sicherheit groß wurde, als Dank seiner neuen Heimat die Arschkarte zeigte?

»Ich versteh ja, dass Sie nach Hause wollen, aber ich weiß nicht, wo das sein soll. Einen amerikanischen Akzent kann man leicht nachmachen. Ich glaube, mit uns haben Sie nichts gemeinsam.«

Der andere starrte Rapp 30 Sekunden lang finster an, bevor er sagte: »Ich komme aus Durango in Colorado.«

»Haben Sie auch einen Namen?«

»Eric Jesem. Das können Sie gern überprüfen. Und jetzt bringen Sie mich heim.«

»Heim? Sie haben sich dem IS angeschlossen. Also gehören Sie jetzt hierher.«

»Ich bin amerikanischer Staatsbürger«, schrie der andere und fing unkontrolliert an zu husten. Er schien Schmerzen zu haben, was auf einige gebrochene Rippen zusätzlich zu den Verletzungen im Gesicht hindeutete. »Ich … kenne meine Rechte!«

»Wie steht es um die Rechte der Frauen und Kinder, die Sie und Ihre Freunde vergewaltigt und getötet haben?«

»Sie leben im neuen Kalifat und sind Allahs Gesetzen unterstellt.«

»Ach, aber für Sie gelten diese Gesetze nicht? Ist es das, was Sie mir erzählen wollen? Andere unterstehen göttlichen Regeln, aber Ihre eigenen wurden von Thomas Jefferson diktiert?«

»Bringen Sie mich zurück in die Staaten! Ich kenne meine Rechte und werde mich allen Fragen stellen.«

»Ich mache Ihnen einen anderen Vorschlag: Sie verraten mir alles, was Sie wissen. Sollte ich es für nützlich halten, lasse ich Sie in ein amerikanisches Krankenhaus bringen.«

»Bullshit. Ich muss Ihnen gar nichts sagen. Nachher belaste ich mich noch selbst. Kennen Sie unsere verfluchte christliche Verfassung nicht?«

»Sehen Sie sich doch mal um, Eric. Was glauben Sie, wo wir hier sind? Sieht das etwa nach einer Polizeistation in Colorado aus?«

»Ich diene dem einzig wahren Gott.«

Rapp wechselte zu Arabisch. »Sie haben hier unbescholtene Zivilisten abgeschlachtet.«

Jesem starrte ihn verständnislos an.

»Wollen Sie mich verarschen?«, fragte Rapp und wechselte zurück in seine Muttersprache. »Sie sitzen hier und halten mir Vorträge über den islamischen Glauben, obwohl Ihre Eltern Ihnen nicht mal beigebracht haben, sich mit den Menschen hier zu verständigen?«

»Sie müssen mich in die USA bringen! Ich bin amerikanischer Staatsbürger.«

»Klar, ich lass Sie am besten nach Denver fliegen. Da gibt's nicht nur erstklassige Ärzte, sondern auch tolle Skigebiete. Da können Sie sich erst ein bisschen vergnügen, bevor Sie hier Ihren Völkermord fortsetzen.«

»Nein«, sagte Jesem. Leichte Unsicherheit trat in seine Stimme.

»Nein? Fahren Sie nicht gern Ski?«

»Ich will einfach nur …« Tränen flossen und mischten sich mit dem verkrusteten Blut auf den Wangen. »Ich will einfach nur nach Hause.«

»Hören Sie bloß auf, mir was vorzuflennen, weil Sie Amerika vermissen. Sonst rupf ich Ihnen gleich den Schwanz ab und stopf Ihnen das mickrige Teil in die Fresse.«

Jesem hatte sein Schluchzen gerade etwas unter Kontrolle gebracht, da vibrierte das Satellitenhandy in Rapps Hosentasche. Die Nummer auf dem Display erkannte er sofort. Irene Kennedy.

»Schieß los«, sagte er nach dem Abnehmen.

»Ich habe gerade einen Anruf von Umar Shirani bekommen. Dein Plan hat offenbar funktioniert.«

»Er ist ein noch größerer Feigling, als ich dachte.«

»Laut seiner Aussage fehlen fünf weitere Behälter. Er hat zugesichert, uns innerhalb der nächsten Stunde einen ausführlichen Bericht von seinen Spezialisten zukommen zu lassen.«

»Leite ihn am besten an Craig weiter. Er kümmert sich gerade um die Analyse der Materialproben des Sprengkopfs, den ich in die USA mitgebracht habe.«

»Mitch, ich muss wohl nicht extra betonen, dass sich die Gefahrenlage gerade von ernst zu lebensbedrohlich verschoben hat. Selbst wenn die Leute, die sich das Nuklearmaterial angeeignet haben, nicht fähig sind, es zur Detonation zu bringen, könnten sie mit einer schmutzigen Bombe ganz Washington oder New York entvölkern und auf Jahrzehnte unbewohnbar machen.«

»Mit wem reden Sie da?«, fragte Jesem. »Ich will einen Anwalt. Sagen Sie denen, sie sollen mir einen schicken!«

»Was war das?«, hakte Kennedy nach.

»Ach, bloß der Fernseher«, antwortete Rapp, lehnte sich gegen die Wand und betrachtete Jesem. Bart und Haarschnitt ähnelten ihm zum Verwechseln, und da hörten die Gemeinsamkeiten noch nicht auf. Bei Körperbau und Hautton gab es ähnliche Parallelen. Im sitzenden Zustand ließ es sich zwar schwer abschätzen, aber er ging davon aus, dass sie in etwa gleich groß waren. Was den Altersunterschied anging, hatten Shiranis Männer durch ihre Torturen ganze Arbeit geleistet, sodass man den Unterschied beim groben Hinsehen nicht bemerkte.

»Uns läuft die Zeit weg«, fuhr Kennedy fort. »Jeder, der über die Ressourcen verfügt, eine so raffinierte Operation einzufädeln, dürfte einen Masterplan haben, der ähnlich raffiniert ist. Das Nuklearmaterial könnte bereits in Bomben stecken, die klein genug sind, um sie nach Amerika einzuschmuggeln.«

»Das sehe ich ähnlich. Gibt es Fortschritte, was das Lokalisieren des Mistkerls betrifft, der Scott erwischt hat?«

»Ja, aber noch keine entscheidenden. Es laufen überraschend viele weiße Scharfschützen mit sportlicher Vergangenheit auf der Erde rum.«

»Hallo!«, meldete sich Jesem zu Wort und entlockte seiner wunden Kehle ein Maximum an Lautstärke. »Wer ist da? Sie da am Telefon? Arbeiten Sie für die US-Botschaft?«

Rapp funkelte ihn warnend an und erhielt einen eingeschüchterten Blick zurück. Kennedy hatte recht. Ihnen lief die Zeit weg. Sie mussten handeln. Rapp nickte Maslick zu und fuhr sich dabei mit dem Finger über die Kehle.

Jesem interpretierte die Geste sofort richtig und zuckte wild auf dem Stuhl hin und her, um gegen die Fesseln anzukämpfen. »Halt!«, brüllte er, während sich der muskulöse Delta hinter ihm aufbaute. »Ich bin ein Bürger der Vereinigten Staaten, das dürfen Sie nicht! Sie …«

Maslick riss mit einer Hand an den Haaren des Mannes, mit der anderen am Kinn. Er drehte den Kopf des jungen

Kerls aus Colorado um volle 180 Grad, bevor er den Stuhl umtrat und auf die Leiche spuckte. Unter normalen Umständen hätte Rapp den letzten Teil als etwas unprofessionell kritisiert, aber in diesem Fall fiel es ihm schwer, Joe einen Vorwurf daraus zu machen.

»Mitch? Bist du noch dran?«

»Natürlich.«

»Das war nicht der Fernseher.«

»Ich erklär's dir später, Irene. Hör zu, ich hab eine Idee. Lass mir und Mas freie Hand. In der Zwischenzeit bring bitte so viel wie möglich über einen Mann namens Eric Jesem aus Durango, Colorado, in Erfahrung.«

»Eric Jesem«, wiederholte sie. »Ich setze unsere Analysten sofort auf ihn an.«

Rapp trennte die Verbindung und musterte das, was von dem jungen Extremisten übrig war. Sein verdrecktes Gesicht und die schweren Quetschungen an den Armen, die weiterhin an den umgekippten Stuhl gefesselt waren. Schließlich ging er zur Leiche und packte sie am Shirt.

»Wonach suchst du, Mitch?«

»Keine Tätowierungen.«

»Und?«

»Erinnert er dich nicht an jemanden?«

Maslick prustete. »Ein bisschen an dich.«

Als Rapp dem Toten die Kleidung vom Leib schälte, wich Maslick schockiert einen Schritt zurück. »Hör mal, Mitch …«

»Halt die Klappe und nimm dir seine Hose vor.«

Da er wusste, dass man Rapps Anweisungen besser nachkam, kniete Joe sich hin und öffnete Jesems Gürtel. »Ich hab kein gutes Gefühl dabei, Kumpel.«

»Bei Rickman hat es funktioniert.«

»Wovon zum Henker redest du? Du hast ihm den Hinterkopf weggeschossen. Was genau hat da funktioniert?«

Es gab keinen Schlüssel für die Handschellen, deshalb brach Rapp Jesem ein paar Knochen, um sie abzustreifen. Sobald der übel zugerichtete Körper komplett nackt vor ihnen lag, schlüpfte Rapp in die Klamotten des Toten. Sie saßen etwas locker um die Hüfte, doch das ließ sich mit dem Gürtel beheben.

»Hast du den Müllschlucker im Gang auf dem Hinweg gesehen?«, fragte Rapp.

»Wenn du die Metallklappe in der Wand meinst, dann schon. Ich bin mir nur nicht sicher, ob es ein Müllschlucker ist. Könnte genauso gut 'ne Rutsche in den Pausenraum sein, wenn du mich fragst.«

»Hiev ihn dir auf die Schultern«, befahl Rapp. Er zog die Tür einen Spaltbreit auf, um in den Gang zu spähen. Erwartungsgemäß hielt sich dort niemand auf. Shirani wartete vermutlich in einem der Fahrzeuge mit Klimaanlage. Seine Männer wurden von den Mitgliedern der Präsidentengarde abgelenkt, die Maslick gleichmäßig auf dem Gelände verteilt hatte.

Rapp winkte Maslick, ihm zu folgen, und huschte durch den Flur zu besagter Klappe, um sie zu öffnen. Der faulige Gestank, der ihm entgegenschlug, bestätigte seinen Verdacht, was den Verwendungszweck betraf. Er entsorgte sein altes Outfit. Jesems Leiche hineinzuzwängen erwies sich als etwas kniffliger, aber nach einer guten halben Minute rutschte der Tote durch die Dunkelheit dem Grab entgegen, das er verdiente.

Sie kehrten in die Zelle zurück. Rapp trat den Stuhl achtlos in die Ecke und sah Maslick an. Er hatte dem imposanten Körperbau seines langjährigen Partners selten nähere Beachtung geschenkt, aber jetzt musterte er andächtig die breiten Schultern, den durchtrainierten Brustkorb und die massigen Hände, die eher an Schaufeln erinnerten.

»Hat Dr. Kennedy das Ganze abgenickt, Mitch?«

»Shit. Wir wissen doch beide, dass du seit Jahren auf eine solche Gelegenheit wartest.«

»Das kannst du laut sagen.«

Damit landete er einen rechten Haken direkt unterhalb von Rapps Wangenknochen. Die Wucht des Schlags ließ das Gesicht herumwirbeln und Mitch krachte frontal in die Wand dahinter. Nur deshalb hielt er sich halbwegs auf den Beinen. Blut schoss aus der Nase und vermischte sich mit dem Jesems, während es dessen T-Shirt durchtränkte.

Er versuchte, Haltung anzunehmen, und wandte sich erneut dem Delta zu.

»Mehr hast du nicht drauf?«

29

Östlich von Moskau, Russland

Grischa Asarow konsultierte kurz die Karte auf dem Display seines Handys und bog am Ende einer halb fertiggestellten Wohnsiedlung links ab. Es herrschte so gut wie kein Verkehr, was ihm die Gelegenheit gab, die Bauruine genauer zu inspizieren.

Einige Zelte dienten in der mit Graffiti verzierten Betonumgebung des Erdgeschosses als improvisierte

Übernachtungsmöglichkeit. Typische Vertreter des Volks, das Maxim Krupin regierte. Sie froren und hungerten, hielten ihm aber dennoch die Treue und warteten darauf, dass er sein vollmundiges Versprechen einlöste, den Rest der Welt in Ehrfurcht vor Russland erstarren zu lassen.

Der Basset auf dem Beifahrersitz machte eine interessante Entdeckung und kläffte fröhlich, während sie in eine breitere Prachtstraße abbogen. Asarow hatte verlangt, dass der Bombenspürhund bei der Landung auf ihn wartete. Glücklicherweise hatte es sich als überflüssige Vorsichtsmaßnahme herausgestellt. Die trainierte Spürnase des Tiers hatte bei der Untersuchung des Fahrzeugs, das ihm Krupin zur Verfügung stellte, nicht angeschlagen.

Weitere vier Kilometer Fahrt brachten ihn zu einem unauffälligen Glas-und-Stahl-Komplex in einer fast noch unauffälligeren Seitenstraße. Er fuhr an der Einfahrt zur Tiefgarage vorbei und parkte den Wagen einen Block weiter in zweiter Reihe. Der Schwanz des Hundes zuckte aufgeregt, sobald Asarow die Fahrertür öffnete. Als dieser den Kopf schüttelte, hörte er damit auf. »Du wartest hier. Es dauert nicht lange.«

Der Vierbeiner schien die Ankündigung verstanden zu haben. Er rollte sich auf dem Sitz zusammen und schloss die Augen. Asarow hatte nie ein Tier besessen, aber er verstand den Reiz, einen Freund an seiner Seite zu wissen, der einen niemals hinterging, ausspionierte oder töten wollte. Nachdem Olga nicht mehr da war, spielte er ernsthaft mit dem Gedanken, sich einen vierbeinigen Begleiter zuzulegen. Er konnte Cara dafür bezahlen, sich während seiner Abwesenheit um ihn zu kümmern. Ein weiterer willkommener Vorwand, sie häufiger zu sehen, ohne für andere erkennbar seine Gefühle zu offenbaren.

Asarow überquerte den Gehsteig und betrat die Lobby des Gebäudes, an dem er eben vorbeigefahren war. Wie üblich saß niemand am Empfang. Er ging direkt durch zum einzigen Aufzug. Bei der Annäherung glitten die Türen automatisch zur Seite und er trat in die Kabine. Es gab keine Knöpfe. Er stand einfach da und tastete beiläufig nach seiner Waffe, während die Fahrt nach unten begann.

Der Lift war als tödliche Falle konzipiert. Man konnte ihn abstürzen lassen, Gas hineinleiten oder schlicht von außen hineinfeuern, sobald er das Ziel erreichte. Bedauerlicherweise blieb ihm aktuell keine andere Wahl, als darauf zu hoffen, dass niemand eine dieser Möglichkeiten ausschöpfte.

Als die Fahrt endete und die Türen geräuschlos zur Seite fuhren, stand kein Sondereinsatzkommando auf dem Posten, wie er es instinktiv erwartet hatte. Nichts als der vertraute graue Korridor mit der Tür auf der rechten Seite.

Er lauschte dem Geräusch seiner eigenen Schritte und dem Summen der Kameras, die ihn auf dem Weg dorthin verfolgten. Auch diese Tür schwang automatisch auf, als er sie erreichte. Statt den Raum zu betreten, blieb er auf der Schwelle stehen.

Der Konferenztisch, der sonst einen Großteil der Fläche einnahm, war verschwunden. Stattdessen stand ein voluminöses Schreibpult an der Rückwand, hinter dem sich Maxim Krupin niedergelassen hatte.

»Herr Präsident.« Asarow machte keinen Hehl aus seiner Überraschung, das Staatsoberhaupt hier anzutreffen. »Ich hatte nicht erwartet, dass Sie dieses Meeting persönlich leiten.«

Er musterte seine Umgebung, während er sprach, hielt nach Hinweisen Ausschau, dass er in eine Falle getappt war. Doch er entdeckte nichts. In Anbetracht dieses Umstands und weil ihm niemand die Waffe abgenommen hatte, rechnete er nicht mit einer unmittelbaren Gefahr. Ob sich das langfristig bestätigte, blieb abzuwarten.

Die Anwesenheit des russischen Präsidenten unterstrich, dass die Lage noch ernster war als in Asarows Worst-Case-Szenario. Dass Krupin freiwillig dem sicheren Moskau den Rücken kehrte, um ihm in einer verlassenen FSB-Außenstelle die Aufwartung zu machen, besagte einiges. Nicht genug damit, dass selbst engste Vertraute nicht an der Unterredung teilnahmen, er schien Asarow seine Anweisungen auch nicht länger im Kreml erteilen zu wollen.

»Setzen«, sagte Krupin schlicht.

Asarow zog den Stuhl vom Schreibtisch zurück und nahm Platz. Der Präsident drehte den Monitor eines Laptops zu ihm hin.

»Weißt du, was das ist?«

Er konnte die Umrisse sofort zuordnen. »Eine Karte von Saudi-Arabien.«

»Und das hervorgehobene Gebiet?«

»Die Region mit dem bedeutendsten Ölvorkommen. Die Mehrheit der Förderanlagen ist dort angesiedelt.«

»Traditionell haben die Saudis als Ausgleichsproduzenten fungiert. *Swing Producer* nennen es die Amerikaner. Wie eine Schaukel, die abhängig von der Nachfrage an den Märkten in die entsprechende Richtung schwingt.« Krupin ignorierte, dass Asarow dieser Begriff wegen seiner Tarnidentität als Energieberater bestens vertraut war. »Allerdings gehen sie mit dieser Rolle nicht länger verantwortungsvoll um. Sie bestehen darauf, maximale Kapazitäten zu fördern und die Rohstoffpreise weltweit zu drücken.«

»Damit versuchen sie, erneuerbare Energien unwirtschaftlich zu machen und die Amerikaner zu zwingen, ihre eigenen Vorkommen zum Schleuderpreis auf den Markt zu werfen.«

Krupin drückte eine Taste. Das Foto eines Raums, in dem sich Komponenten zur Herstellung von Bomben verteilten, erschien auf dem Bildschirm. »Und das hier?«

An einer Wand reihten sich sechs mittelgroße Holzkisten aneinander. Der Inhalt lag auf der Hand und Asarow spürte, wie ihm die Kehle trocken wurde. »Ich vermute, Ihre Unternehmungen in Pakistan waren von Erfolg gekrönt, Herr Präsident. In den Kisten lagern vermutlich die atomaren Komponenten der pakistanischen Sprengköpfe. Es sieht aus, als würde das Material benutzt, um schmutzige Bomben zu bauen.«

Es könnte schlimmer sein, beruhigte sich Asarow. *Wenigstens sind es keine fortschrittlichen Atombomben.* Insgeheim hatte er befürchtet, dass sich Krupin daran versuchen könnte. »Abgesehen davon kann ich lediglich spekulieren.«

»Tu mir den Gefallen.«

»Sie werden sie an strategischen Punkten auf den Ölfeldern der Saudis platzieren und zünden. Damit kommen Förderung und Raffination in der Region auf absehbare Zeit komplett zum Erliegen.«

»Sehr gut, Grischa. Aber ein Fehler steckt in deiner Annahme. Nicht ich werde die Bomben platzieren, sondern du. Unsere militärischen Wetterexperten prognostizieren eine Sturmfront, die für ideale Windbedingungen sorgt.«

»Natürlich«, erwiderte Asarow wie betäubt.

»Abgesehen von deinem Versagen, Mitch Rapp zu töten, hast du mir gute Dienste geleistet. Dies wird deine letzte Aufgabe sein. Nach deiner Rückkehr erhältst du einen einflussreichen Posten in meiner Regierung. Wenn du es vorziehst, kann ich dich auch zum Oligarchen machen. Dimitri Utkins Vermögen untersteht weiterhin meiner Kontrolle. Nachdem du derjenige bist, der ihn getötet hat, wäre es nur angemessen, wenn du auch sein Imperium erbst.«

»Ich bin mir nicht sicher, ob ich die klügste Wahl für diese Mission bin, Herr Präsident. Nach meiner Konfrontation mit Scott Coleman halte ich es für denkbar, dass die CIA meine Identität kennt. Sicher haben Sie fähige Männer an der Hand, die den Amerikanern bislang unbekannt sind.«

Krupin nickte gedankenverloren. »Es ist tatsächlich möglich, dass sie wissen, wer du bist. Allerdings halte ich es auch für vorstellbar, dass Irene Kennedys Verdachtsmomente längst über die Frage deiner Identität hinausgehen. Russlands gesamte Zukunft hängt vom Erfolg dieses Einsatzes ab, Grischa. Ob wir wieder eine einflussreiche Weltmacht werden oder in Bedeutungslosigkeit versinken. So eine wichtige Aufgabe kann ich niemandem sonst anvertrauen.«

»Aber wenn die Amerikaner Verdacht schöpfen, werden sie in der Lage sein, die Spur zu Ihnen zurückzuverfolgen, Sir. Zumindest der Fakt, dass Mutter Russland von den steigenden Ölpreisen profitiert, wird international jedem Beobachter klar sein.«

»Und was tun sie dann, Grischa? Sobald Saudi-Arabiens Reserven weitgehend brachliegen, wird unsere Produktion von entscheidender Bedeutung für die globale Wirtschaft sein. Unser Arsenal an Nuklearwaffen wird jeden Gegner von militärischen Attacken auf uns abhalten. Sobald das Geld ins Land fließt, werde ich die abtrünnigen Staaten, die uns geraubt wurden, eingliedern lassen und Russland zu früherem Glanz verhelfen.«

»Herr Präsident, ich muss …«

»Weißt du, was die Leute möchten?« Krupin fiel ihm ins Wort. »Keine vollen Bäuche. Keine warmen Betten. Sie wollen Ruhm. Sie wollen Macht und Respekt. Sie wollen Teil von etwas Großem sein, das ihnen das Gefühl gibt, ihre belanglosen Existenzen seien von Bedeutung.«

Absurderweise hatte Krupin damit sogar recht. Das russische Volk hasste die abgespaltenen Staaten, deren Bewohner sich für etwas Besseres hielten und vermehrt dem Westen annäherten. Vor allem neideten die Bewohner Russlands anderen den Erfolg. Der Verlust von Überlegenheit beim Blick auf die Nachbarstaaten des einstigen Imperiums nagte an ihnen.

Selbst wenn Krupins Manipulationen letztlich aufflogen, wertete die Nation sie wahrscheinlich nicht als Verbrechen an der Menschlichkeit, sondern eher als entschlossenen Vorstoß auf internationalem Terrain. Klare Kante gegen ein Regime wie die Saudis, die den Terror begünstigten und damit Russland schwächten.

Und vor allem stimmte es, was Krupin über den wachsenden Einfluss der russischen Öl- und Gasproduktion auf die globale Wirtschaft sagte. Ohne den Geldfluss, der die korrupte und hoffnungslos inkompetente Regierung Saudi-Arabiens stützte, drohte der Königsfamilie der Zusammenbruch. Der IS würde sich nicht nur in Saudi-Arabien, sondern auch in Kuwait und den Vereinigten Arabischen Emiraten breitmachen, um nur drei

Beispiele aus der Region zu nennen. Anschließend schossen die Energiepreise in die Höhe und Russland konnte seine Wirtschaftsleistung, die aktuell selbst von Italien übertroffen wurde, auf Weltmachtsniveau steigern und seine Feinde allein durch Sanktionen und andere ökonomische Daumenschrauben im Zaum halten.

Asarow bedauerte mit einem Mal sein tieferes Verständnis für wirtschaftliche und politische Zusammenhänge, das er sich im Laufe der Jahre angeeignet hatte. Er fühlte sich unwohl bei dem Gedanken an Millionen Todesopfer im Nahen Osten. Oder an eine Welt, die von einem Größenwahnsinnigen in den Würgegriff genommen wurde, der Atomwaffen und Bodenschätze nicht zum Wohle aller einsetzte – nicht mal allein zum Erzielen von Profiten –, sondern als Werkzeug zum Erhalt der eigenen Macht.

Das Gewicht der Pistole unter Asarows Arm machte auf sich aufmerksam. Er besaß die Möglichkeit, der Sache hier und jetzt ein Ende zu setzen. Krupin ein sauberes Loch zwischen die Augen zu stanzen und anderen Nationen die Schrecken zu ersparen, die sein kranker Verstand ausheckte.

Eine interessante Vorstellung, aber letztlich auch eine Utopie. Es lag nicht in seiner Hand, die Welt zu retten. Selbst wenn, was nützte es? Überspannte nicht Krupin den Bogen auf diese Weise, tat es eben ein anderer. Es war der menschlichen Rasse unweigerlich vorbestimmt, sich selbst aus dem Weg zu räumen. Sollten doch verblendete Patrioten wie Mitch Rapp ihr Leben aufs Spiel setzen, um einen Planeten zu retten, der diese Rettung weder wünschte noch verdiente. Asarow war sich selbst der Nächste.

»Wer gehört meinem Team an?«, wollte er wissen.

»Von mir handverlesene Profis aus den Reihen des IS.«

»Die sind unzuverlässig und schlecht ausgebildet«, protestierte er. »Zumindest sollte ich ein paar Soldaten oder Ex-Angehörige der Streitkräfte bekommen. Idealerweise Mitglieder der russischen Spezialeinheiten.«

»Ausgeschlossen.«

»Dann könnte diese Operation ebenso scheitern wie das Vorgehen gegen Rapp.«

Normalerweise wäre Krupin in Anbetracht dieser Aufmüpfigkeit an die Decke gegangen, doch in diesem Fall gelang es ihm in bewundernswerter Weise, sein berüchtigtes Temperament zu bändigen. Ein weiterer Beleg dafür, wie wichtig ihm der bevorstehende Einsatz war. Sollte sein Plan scheitern, wäre das Abrutschen Russlands ins politische und wirtschaftliche Niemandsland endgültig besiegelt. Dann wandte sich früher oder später das Volk gegen ihn. Mit derselben Entschlossenheit und Brutalität wie einst gegen die Zaren.

»Das halte ich für unwahrscheinlich, Grischa.«

»Darf ich nach dem Grund fragen?«

»Es würde mich beunruhigen, wenn du es nicht tätest. Mein Plan ist nicht besonders kompliziert. Du wirst die Waffen nach Hofuf bringen, eine Stadt in Saudi-Arabien, die dir vertraut sein dürfte. Dort wirst du sie in die Obhut von sechs Zwei-Mann-Teams übergeben, die sie zu Koordinaten fahren, von denen unsere Experten überzeugt sind, dass sie dort den größten Schaden anrichten. Die Fähigkeit dieser Teams, unbemerkt in der Masse unterzutauchen, ist wesentlich entscheidender als militärische Gesichtspunkte.«

Er betätigte ein paar Tasten am Laptop und blendete die entsprechenden Positionsmarken auf der Karte ein, bevor er fortfuhr. »Du wirst eins dieser Teams zu einer ehemaligen Ölraffinerie begleiten und die Bemühungen von dort aus koordinieren.«

»Ich sehe sieben Punkte auf der Karte.«

»Ein Back-up-Team für den Fall, dass Probleme auftreten.«

Asarow nickte in sich hinein. »Darf ich also davon ausgehen, dass Ihr Plan vorsieht, erst alle Waffen in Position zu bringen und sie dann gleichzeitig zu zünden?«

»Das scheint mir das Vernünftigste zu sein. Zur Position, die am weitesten von Hofuf entfernt ist, ist man etwa 14 Stunden unterwegs, die nächstgelegene erreicht man innerhalb von nur dreieinhalb Stunden. Die Teams brechen versetzt auf, damit sie alle zur gleichen Zeit am Ziel eintreffen. Die Saudis und Amerikaner sollen erst mitbekommen, was vorgeht, wenn es zu spät ist.«

»Wieso zünden wir die Bomben nicht aus der Ferne, sobald wir sehen, dass alle in Position sind? Weshalb ist es notwendig, dass ich mich vor Ort aufhalte?«

»Aus zwei Gründen. Erstens wegen der prognostizierten Stürme, die potenziell zu instabilen Satellitenverbindungen führen können. Zweitens weil die IS-Teams zwar bestmöglich vorbereitet wurden, wir uns beim Auftreten von unerwarteten Komplikationen aber nicht blind auf sie verlassen können. Ich zähle auf dich, dass du in solchen Fällen korrigierend eingreifst.«

»Werde ich denn die Möglichkeit haben, die Waffen selbst zu zünden?«

»Nein. Leider ist es uns nicht gelungen, dafür ein angriffssicheres System zu entwickeln. Jedes Team hat den Code für die Detonation ›seiner‹ Bombe. Sobald die zentrale Freigabe erfolgt ist, werden sie ihn im Abstand von 30 Sekunden eingeben.«

»Und dabei selbst umkommen.«

»Natürlich.«

»Wie soll das bei der Bombe am Standort funktionieren, an dem ich mich aufhalte?«

Krupin war es nicht gewohnt, dass ihm jemand so penetrant auf den Zahn fühlte, und reagierte leicht genervt. »Du wirst rechtzeitig vorher mit dem Fahrzeug wegfahren, das dich hingebracht hat. Erst wenn du dich auf eine sichere Entfernung zurückgezogen hast, zündet das Team vor Ort die Bombe. Sollten sie es nicht tun, hast du einen eigenen Code mit 20 Minuten Verzögerung.«

»Was ist, wenn …«

»Alle Einzelheiten sind darauf gespeichert.« Krupin schwenkte einen USB-Stick. »Beschäftige dich in Ruhe damit. Solltest du danach noch Bedenken haben, kannst du dich jederzeit mit mir in Verbindung setzen.«

Asarow nahm den Speicherstick entgegen und starrte ihn an.

»Erledige noch diese eine Sache für mich, Grischa, und du bekommst alles, was du dir je gewünscht hast. Grenzenlosen Reichtum. Grenzenlose Macht. Du …«

»Ich will aussteigen«, sagte Asarow, ohne den Blick von dem harmlos wirkenden Stück Plastik zu lösen, das er in der Hand hielt.

»Wie bitte?«

»Ich will danach nie mehr nach Russland zurückkehren. Ich will, dass Sie vergessen, dass es mich je gegeben hat.«

Krupin lehnte sich zurück. Seine schmalen Lippen formten ein Lächeln. »Willst du dich etwa nach Costa Rica absetzen und dort wie in deiner Kindheit auf einem Bauernhof arbeiten?«

»Das ist meine Angelegenheit.«

Nur Asarows Augen quittierten den aufmüpfigen Tonfall, ansonsten hielt er sich unter Kontrolle. »Und falls ich ablehne?«

»Wird das IS-Team, dem Sie offenbar blind vertrauen, die Operation ohne mich durchführen müssen.«

»Du bist nicht so unersetzbar, wie du vielleicht glaubst, Grischa.«

Die Waffe unter Asarows Arm machte sich erneut bemerkbar. Diesmal schien seine Körpersprache etwas zu verraten, denn zum ersten Mal, seit sie sich kannten, wirkte der russische Präsident spürbar nervös.

»Wenn du alles, was ich dir anbiete, gegen ein wertloses Leben eintauschen möchtest, Grischa, soll es so sein. Wie du selbst sagst, es ist deine Angelegenheit.«

30

In der Nähe von Bhakkar, Pakistan

Joe Maslick hatte sich bei Rapp untergehakt und schleifte ihn mit Unterstützung von einem der Männer Saad Chutanis durch den Flur. Rapp rührte sich nicht, seine nackten Füße glitten ohne eigenes Zutun über den Beton. Maslick verspürte Erleichterung, als der andere zu husten anfing, obwohl dabei jedes Mal Blut von den in grotesker Weise angeschwollenen Lippen spritzte. Als sich dabei ein rot verschmierter Zahn löste und auf dem Boden landete, lief dem ehemaligen Delta ein eisiger Schauer über den Rücken.

War er zu weit gegangen? Das Ziel hatte darin bestanden, die Verletzungen Jesems nachzuahmen und optische Unterschiede zwischen ihm und Rapp zu verschleiern. Keine leichte Aufgabe. Die Pakistanis hatten bei Jesem ganze Arbeit geleistet, außerdem unterschied sich die Form und Größe seiner Nase entscheidend von Rapps. Den Austausch überzeugend hinzubekommen, ohne dem anderen Verletzungen zuzufügen, die seine Einsatzfähigkeit einschränkten, erwies sich am Ende als unmöglich.

Rapp hatte so lange in diesem Geschäft überlebt, weil er schlicht schneller, stärker, cleverer und genauer als jeder andere agierte. Das konnte in seinem jetzigen Zustand niemand mehr behaupten. Sollte er von dieser Mission nie zurückkehren, würde sich Maslick wohl für den Rest seines Lebens mit der Frage quälen, ob er ihm nicht einen Kinnhaken zu viel verpasst hatte. Oder einen Tritt gegen die Rippen, der seine Bewegungsfreiheit über Gebühr eingeschränkt hatte. Ganz zu schweigen von den inneren Blutungen, die er ihm zufügen musste, um die Prellungen an Jesems Magen zu imitieren.

General Shirani tauchte mit zwei Untergebenen am Ende des Korridors auf, wodurch er sie effektiv am Weiterkommen hinderte. Rapp hatte es genau so vorhergesehen.

»Was machen Sie da mit meinem Gefangenen?«

Maslick atmete tief ein und stieß die Luft langsam aus. Jetzt kam der knifflige Teil. Er war nie ein großer Redner gewesen. Nicht dass es ihn gestört hätte. Sein Job bestand darin, Leute zu erschießen, nicht Ansprachen zu halten. Er sagte, was gesagt werden musste, bevor er Verbrecher tötete, die getötet werden mussten. Bedauerlicherweise verlangten seine heutigen Befehle, dass er von diesem Schema abwich.

»Gehen Sie verdammt noch mal aus dem Weg«, sagte er.

Fluchen kam immer gut, aber es klang zu leise. Zu zögernd. Shirani war zwar ein nutzloses Stück Pakistani-Scheiße, aber trotzdem ein Vier-Sterne-General. Ein Rang, den Maslick zeitlebens zu respektieren gelernt hatte.

»Wo ist Mitch Rapp?«

»Draußen bei den Trucks. Wollte sich abstimmen mit …«

Wie sich herausstellte, war Mitch nicht bewusstlos. Er verpasste ihm nämlich gerade einen schmerzhaften Kratzer am Rücken.

»Er wollte wohl einfach raus aus diesem elenden Loch.«

»Ach, unsere nukleare Einrichtung ist ihm wohl nicht vornehm genug?«

»Ich glaube, er meinte damit Ihr komplettes beschissenes Land.«

Der scharfkantige Daumennagel von Rapp zog sich zurück und wurde durch ermutigendes Tätscheln ersetzt.

Sowohl Rapp als auch Kennedy gingen davon aus, dass General Shirani enge Kontakte zum IS pflegte. Er hatte entsprechende Verbindungen zwar stets dementiert, aber in Wahrheit stieg er wohl mit jedem ins Bett, der ein Interesse daran hatte, die Zivilregierung seines Landes zu schwächen.

Es ging darum, ihn richtig sauer zu machen. So wütend, dass er seine Angst vor Rapp verdrängte und alles in seiner Macht Stehende unternahm, um Amerika im Allgemeinen und der CIA im Besonderen zu schaden.

»Beantworten Sie meine Frage«, quetschte Shirani durch gebleckte Zähne. »Was fällt Ihnen ein, meinen Gefangenen einfach mitzunehmen?«

»Er ist jetzt *unser* Gefangener«, antwortete Maslick und hielt sich an das von Mitch vorgegebene Drehbuch. »Ich bringe ihn zu unserem Stützpunkt in Awaran. Und jetzt lassen Sie mich durch, verflucht.«

Shiranis Wange zuckte sichtbar. Seine Männer schoben ihre Hände etwas dichter an die Waffen heran und warteten auf den Befehl, diesen ungehorsamen Amerikaner aus dem Weg zu räumen.

»Sie bringen ihn nirgends hin.«

Maslick zögerte und Rapp gab ihm einen aufmunternden Stupser.

»Hey, wenn Sie mit Mitch reden wollen, geh ich gern raus und hol ihn. Aber wenn ich ihn zwinge, noch mal reinzukommen, garantiere ich, dass er Ihren fetten Arsch durch diesen Gang treten wird. Ich wette, das sieht auf Ihren Wahlplakaten nicht besonders vorteilhaft aus.«

Damit hatte er den Kerl endlich zum Schweigen gebracht. Ob das eine gute Sache war oder nicht, blieb abzuwarten.

Fest stand, dass er Rapps Vorgaben gerade erfolgreich umgesetzt hatte. Der alte Soldat war so aufgebracht, dass er nicht länger klar denken konnte.

Joe setzte sich in Bewegung. In einem verzweifelten Versuch, sein Gesicht zu wahren, griff Shirani nach dem Mann, den er für Eric Jesem hielt, und starrte in dessen geschwollenes Gesicht. »Nehmen Sie ihn mit, wenn Sie ihn unbedingt wollen. Er hat uns sowieso alles verraten, was wir wissen wollten.«

Maslicks normale Strategie wäre es gewesen, den Punkt für sich zu verbuchen und von hier zu verschwinden, bevor alle rumzuballern anfingen. Aber darum ging es diesmal nicht.

»Einen Scheiß hat er Ihren erbärmlichen Vernehmungsbeamten gesagt.«

Maslick zog Rapp von dem anderen weg und schleifte ihn zur Vorderseite des Gebäudes. »Und jetzt befehlen Sie Ihren Leuten gefälligst, sie sollen Platz machen, damit Chutanis Männer mit einem Transporter vorfahren können. Der Gefangene muss bis 6:30 Uhr in Arawan sein. Mitch und ich wollen spätestens in einer Stunde im Flieger nach Hause sitzen. Haben Sie das geschnallt?«

Als er draußen ins gleißende Sonnenlicht blinzelte, rechnete Maslick insgeheim damit, 50 M4s auf sich gerichtet zu sehen. Stattdessen warteten ein gepanzerter Lieferwagen und einige Mitglieder von Chutanis Elitetruppe auf ihn. Er übergab ihnen den willenlosen Gefangenen. Sie warfen ihn förmlich auf die Ladefläche. Maslick beobachtete, wie Rapp unsanft mit den gefesselten Händen voran aufschlug und gegen eine Bank knallte. Einen Augenblick später wurden die Türen zugeworfen und er blieb in einer Staubwolke zurück, die von den rotierenden Rädern des Fahrzeugs aufgewirbelt wurde.

Joe sah fast ein wenig zu lange dabei zu, wie der Lieferwagen durch das Tor rollte und auf die dahinterliegende Straße einbog. Schließlich begab er sich zu einem Wagen, der ihn zum nächsten Flughafen bringen sollte. Offensichtlich hatte Rapp das Fahrwerk der G550 mit seinem kleinen Abstecher in die Wüste geschrottet.

Aus dem Augenwinkel sah er Umar Shirani im Durchgang zum winzigen Büro stehen. Der Mann machte den Eindruck, als wollte er jemandem das Herz aus der Brust schlitzen.

Mission erfüllt.

31

Die Türen des Vans knallten zu. Rapp blieb reglos auf dem harten Stahl liegen, die Hände hinter dem Rücken fixiert. Der Motor wurde angelassen, und schmerzhaft holpernd näherte sich das Fahrzeug über die Schotterpiste dem Tor der Anlage. Er rollte sich auf die Seite und schloss die Augen, um zu verhindern, dass Blut hineinlief. Maslick hatte es hervorragend hinbekommen, die Verletzungen von Eric Jesem nachzuahmen, ohne den kritischen Punkt zu überschreiten.

Soweit Rapp es einschätzen konnte, hatten Rippen und Gelenke keinen ernsthaften Schaden genommen. Seine Sicht war zwar leicht getrübt, aber die Augen nicht so stark geschwollen, dass er es als deutliches Handicap empfand. Die Schrammen am Körper sahen übel aus, aber er rechnete nicht mit inneren Verletzungen oder einem Bandscheibenvorfall.

Dumm nur, dass er einen Zahn verloren hatte und einige weitere bedenklich wackelten. Auch die Verletzung an der Nase war so schlimm, dass er sich fragte, ob er je wieder durch sie atmen konnte. Außerdem blutete er wie ein Schwein aus dem Schnitt, den Maslick ihm an der Stirn zugefügt hatte. Ein wahres Meisterwerk, denn er glich dem von Jesem bis ins Detail.

Der Lieferwagen machte einen Satz auf den Asphalt und beschleunigte. Nun verlief die Fahrt deutlich ruhiger. Als Rapp sicher war, dass sie sämtliche Wachposten hinter sich gelassen hatten, die potenziell einen Blick auf die menschliche Fracht werfen wollten, schlüpfte er aus den Handschellen. Maslick hatte sie mit der Spitze von

Jesems Schnürsenkeln so präpariert, dass der Verschlussmechanismus nicht einrastete. Primitiv, aber effektiv.

Auf der Ladefläche war es brutal heiß, gefühlt um die 50 Grad. Die Belüftung beschränkte sich auf ein paar nachträglich in die Seitenwände gebohrte Löcher. Schon bald würde die Sonne untergehen und die unerträgliche Hitze in bittere Kälte umschlagen. Es dauerte gut zwölf Stunden, ihr angebliches Ziel zu erreichen: die Black Site der CIA. Sollte alles nach Plan laufen, waren sie allerdings nicht annähernd so lange unterwegs.

Maslick war es prima gelungen, Umar Shirani auf die Palme zu bringen. Das hätte Rapp dem ehemaligen Delta-Soldaten so gar nicht zugetraut. Der General dürfte außer sich vor Wut sein, vor den eigenen Männern so gedemütigt worden zu sein. Genau das Ergebnis, auf das er spekuliert hatte. Das ließ der alte Haudegen auf keinen Fall auf sich sitzen.

Seine Möglichkeiten, Rache zu nehmen, hielt Rapp allerdings für begrenzt. Ohne seine Verbindung zum IS auffliegen zu lassen, konnte er allenfalls seine dortigen Kontakte mobilisieren und ihnen mitteilen, auf welcher Strecke der Van mit dem amerikanischen Mitstreiter unterwegs war. Shirani wollte mit Sicherheit verhindern, dass der CIA sein Gefangener und dessen Wissen in die Hände fielen.

Rapp schloss die Augen und versuchte, ein wenig zu dösen und den Schmerz zu verdrängen, der von jedem einzelnen Körperteil ausging. Die Hitze und der Wassermangel setzten ihm bereits zu und er wollte Kräfte schonen. Wenn er die weitere Entwicklung korrekt vorhersah, musste er für das, was als Nächstes kam, sowohl körperlich als auch mental so fit wie möglich sein.

Mitch erwachte, als der Fahrer des Vans hart auf die Bremse trat – er reagierte den Bruchteil einer Sekunde zu spät, um zu verhindern, dass er nach vorn rutschte und sich den Kopf anschlug. Salven aus Automatikwaffen bretterten los und er drückte sich so eng wie möglich gegen den Stahlboden. Einige Querschläger prallten außen am Lack ab. Der Beschuss nahm zu und wurde ohrenbetäubend laut, als die Männer im Fahrzeug anfingen, ihn zu erwidern.

Rapp fühlte sich ziemlich benebelt. Er schnappte sich die abgestreiften Handschellen und klappte einen der Bügel auf, um ihn als scharfkantige Nahkampfwaffe benutzen zu können, bevor er keuchend die restliche Strecke zum Heck zurücklegte. Die Schüsse wurden immer lauter und er legte die Hände schützend um den Kopf, während die Projektile Dellen im Lack hinterließen.

Pure Absicht, glaubte er. Chutanis Männer taten, was sie nur konnten, um zu verhindern, dass Eric Jesem von den IS-Kämpfern lebend aus dem Fahrzeug geborgen wurde.

Rapp hörte, wie am Griff gerüttelt wurde, und kämpfte sich auf die Knie. Einen Moment später wurden die Türen aufgerissen und einer der Schergen des Generals tauchte mit der Beretta in der Hand vor ihm auf. Kaum ein halber Meter trennte die beiden Männer voneinander.

Die Pistole wurde auf ihn gerichtet. Rapp holte aus und rammte die geöffnete Handschelle gegen den Hals des Gegners. Als sie ihr Ziel traf, war der andere jedoch schon tot – getroffen von einer Kugel, die rechts in den Körper einschlug und links in einer Wolke aus Blut und Knochen wieder austrat. Sie landeten im Knäuel wenig anmutig auf der Straße. Rapp rollte die Leiche von sich weg. Im selben Augenblick eröffneten Schützen aus einem nachrückenden Fahrzeug 25 Meter weiter das Feuer. Die Sonne versank bereits hinter dem Horizont, was die Sichtweite reduzierte, nicht jedoch die Temperatur des Straßenbelags. Teer klebte an seinem Shirt und verbrannte die Haut am Rücken. Es tat so weh, dass er in geduckter Haltung zum Seitenstreifen humpelte.

Zu seiner Linken schlugen Kugeln ein und er passte den Fluchtweg an, um ihnen zu entgehen. Der Schlag gegen den Kopf, den er bei der abrupten Bremsung eingesteckt hatte, wäre für sich betrachtet schon ein starkes Handicap gewesen. Hinzu kamen die Hitze und die Auswirkungen der Prügel von Maslick. Seine Beine fühlten sich an, als wollten sie jede Sekunde unter ihm wegknicken.

Die Schützen arbeiteten sich näher an ihn heran, während er mit letzter Kraft den Straßenrand erreichte, im Flirren der untergehenden Sonne ins Stolpern geriet und gegen einen Haufen scharfkantiger Felsen prallte, bevor er eine steile Böschung hinabschlitterte. Unten angekommen wollte er sich aufrichten, doch sein Körper verweigerte den Gehorsam. Nackte Willenskraft brachte ihn auf alle viere, dann brach er zusammen und wälzte sich auf dem versengten Rücken im Schotter.

Das Bewusstsein kam und ging, während um ihn herum eine kleine Schlacht tobte. Schüsse. Befehle. Aufschreie von Verwundeten. Als es ihm endlich gelang, die Augen zu öffnen, sah er die Umrisse bewaffneter Männer über sich aufragen. Einer von ihnen befreite ihn von dem Schal, der sein Gesicht verhüllte, und setzte ihm eine Wasserflasche an die aufgesprungenen Lippen.

»Was haben sie dir angetan, Bruder?«

32

An einem unbekannten Ort

Rapp erwachte zuckend und von Krämpfen geschüttelt aus der Ohnmacht. Zuerst registrierte er die Geräusche – das mechanische Brummen von Motoren in einiger Entfernung, den Wind, der durch Spalten in der Wand eindrang. Gedämpfte Stimmen. Als Nächstes kam der Schmerz. Seltsamerweise setzten ihm die Verbrennungen am Rücken am meisten zu, dicht gefolgt vom Schädel. Kein Stechen, sondern ein Pochen, das sekündlich an Intensität zunahm.

Er klappte seine Augenlider wie in Zeitlupe auf, um sich langsam an das Licht zu gewöhnen, bevor er sie vollständig öffnete. Vor ihm stand eine Frau Anfang 30, die Haare mit einem Tuch verhüllt, das hübsche Gesicht entstellt durch ein auffälliges Veilchen. Sie betupfte seine Stirn, zog sich jedoch hastig zurück, als sie merkte, dass er aufgewacht war.

Rapp lag auf einem Bett und trug nichts als die braun verkrusteten Boxershorts von Eric Jesem. Seine Wunden schienen alle gereinigt, genäht und verbunden worden zu sein.

Seine vermeintlich nutzlose Nase fing zumindest den Geruch von medizinischem Alkohol auf.

Der Raum war klein und bestand aus nichts als vier Betonwänden, die schon bessere Tage erlebt hatten. Allerdings hielt er sich nicht in einer Zelle auf. Es gab zwar keine Fenster, aber einen offenen Durchgang zum Nebenzimmer. Dort unterhielten sich Männer auf Arabisch, zu leise allerdings, um mehr als ein paar Fragmente aufzuschnappen.

Kurz darauf kam ein junger Mann herein und musterte sein lädiertes Gesicht. Als er sprach, tat er es in unbeholfenem Englisch: »Eric. Freund. Du wach. Bewegen geht?«

Rapp nickte und lavierte sich in eine sitzende Position. Am besten beschränkte er die Kommunikation auf ein Minimum. Irene hatte ihn zwar mit einigen Details über Jesem versorgt, aber nach den harten Schlägen gegen den Kopf war es um sein Erinnerungsvermögen nicht gerade gut bestellt. So oder so hatte er keine Ahnung, wer das Arschloch war, das gerade vor ihm stand, oder woher es Jesem kannte. Zum Glück wusste er, dass der Typ aus Colorado kein Wort Arabisch sprach.

»Der General fragt nach dir, Eric. Du kommst? Du stark genug?«

Rapp bewegte den Kopf erneut auf und ab. Der Mann half ihm beim Aufstehen und führte ihn in den anderen Raum. Dort kauerte die Frau, die ihn verarztet hatte, in einer Ecke. Er würdigte sie im Vorbeigehen keines Blickes und folgte dem anderen einige Stufen hinunter ins Freie.

Sie liefen eine schlammige Piste entlang, auf der außer ihnen niemand unterwegs war. Ursprünglich musste sich hier ein Marktplatz befunden haben, doch die Läden und Stände waren entweder niedergebrannt oder zerbombt worden. Rapp erhaschte einen Blick auf die Überbleibsel einiger Schilder, ohne sich anmerken zu lassen, dass er sie lesen konnte. Immerhin lieferten sie genug Informationen, um ihm zu verraten, dass er sich im Irak befand, nicht in Syrien. Gut für ihn, denn auf diesem Teil der Weltbühne hatte er sich schon häufiger bewegt.

Da der Typ, der ihn begleitete, mit Sicherheit zum IS gehörte und sich mit enormer Selbstsicherheit bewegte, hielten sie sich vermutlich in einer Region auf, die von der Terrormiliz kontrolliert wurde. Das deutete darauf hin, dass er sich im nördlichen Irak aufhielt.

Er setzte seine unauffälligen Erkundigungen fort, ohne auf einen Städtenamen zu stoßen, und wagte es nicht, seinen Begleiter danach zu fragen. Es war zwar denkbar, dass sich Jesem zum ersten Mal hier aufhielt, genauso gut hätte das gerade aber auch seine Wohnung sein können. Er musste seine Fragen auf Punkte beschränken, die dem amerikanischen Terroristen definitiv nicht bekannt waren.

»Wie lange war ich bewusstlos?«

»Vier Tage, Bruder.«

Verdammt noch mal zu lang. Das gestohlene Nuklearmaterial konnte inzwischen so gut wie überall sein.

»Wie bin ich hergekommen?«

»Wir haben Männer bekämpft. Sie wollten dich zu Amerikanern bringen. Du nicht erinnerst?«

»Nein.«

»Du Kopf verletzt. Wir dachten, du stirbst. Allah nimmt dich nicht zu sich. Du bleibst. Das will er so. Zum Kämpfen.«

Sie bogen in eine breitere Straße ein. Ein Pick-up mit jungen Soldaten fuhr an ihnen vorbei. Sie winkten ihnen zu und feuerten sie an. Rapp ignorierte die Männer und konzentrierte sich stattdessen auf das Gebäude, dem sie sich näherten. Es machte einen offiziellen Eindruck, doch das Schild neben der Tür war abgerissen und mit der Schrift nach unten in einem Müllhaufen gelandet. Zu dumm, so blieb das Rätsel seines Aufenthaltsorts ungelöst.

Drinnen erwarteten sie beträchtliche Schäden durch kleinkalibrige Schusswaffen, aber die Treppen zum Keller befanden sich in gutem Zustand. Nachdem sie einige argwöhnische Wachen passiert hatten, fand sich Rapp vor einem Mann wieder, der die Uniform eines Generals von Saddam Hussein trug.

»Man hat mir berichtet, was die Amerikaner mit dir angestellt haben, Eric, aber es selbst zu sehen schockiert mich noch mehr«, sagte der General in respektablem Englisch. Rapp fiel sein Name nicht ein, aber das Gesicht kam ihm unglaublich bekannt vor. Hatte er es auf den Spielkarten gesehen, die man den US-Soldaten in die Hand drückte, um bekannte Terrorkämpfer zu erkennen? Oder waren sie sich im Zuge der Bemühungen der Agency über den Weg gelaufen, das undurchschaubare Geflecht aus religiösen, politischen und lokalen Allianzen im Irak zu entwirren? Damals als die Politiker in Washington sich noch der Illusion hingegeben hatten, es gäbe eine Möglichkeit, die Guten von den Bösen zu trennen.

»Meine Quellen sagen, du bist Mitch Rapp von der CIA begegnet?«

Rapp nickte. Mit Quellen war in diesem Fall garantiert Umar Shirani gemeint, dieser verräterische Mistkerl. Glücklicherweise war der Kerl ebenso berechenbar wie korrupt.

»Sie sagen auch, dass du ihm nichts verraten hast. Ich bin beeindruckt. Rapp bricht selbst die Besten und Gläubigsten.«

Rapp nahm das Kompliment schweigend zur Kenntnis.

»Was kannst du mir verraten, Eric? Was wissen die Amerikaner? Haben sie Verdacht geschöpft?«

Nun fing der riskante Teil an. Wie viel durfte er sagen? Einerseits musste er den Kerl in ein Gespräch verwickeln, andererseits drohte ihm beim geringsten Patzer die sofortige Enthauptung.

»Sie sagen, wir hätten spaltbares Material von den pakistanischen Waffen in unseren Besitz gebracht.«

»Von wie vielen?«

»Sechs, meinten sie.«

»Also haben sie alle Diebstähle bemerkt«, murmelte der General. »Was wissen sie über unsere Pläne?«

»Sie glauben, wir wollen Atomwaffen bauen und sie in die Vereinigten Staaten schmuggeln.«

»Diese Narren. Zu gern sähe ich den fassungslosen Blick des amerikanischen Präsidenten, wenn er die Wahrheit erkennt.«

Welche Wahrheit?

»Das kann ich mir denken.«

»Die Schwester, die dich untersucht hat, hält keine deiner Verletzungen für lebensbedrohlich. Du wirst wieder gesund. Allerdings nicht bald genug, um an der Operation mitwirken zu können. Es tut mir leid.«

Der Ausdruck tiefen Bedauerns, der sich auf Rapps geschwollenen Gesichtszügen ausbreitete, war nicht mal komplett gespielt. Er hielt es für unwahrscheinlich, dass irgendjemand wusste, wo er sich aufhielt oder ob er noch lebte. Ohne Verbindung zur Außenwelt blieb ihm keine andere Wahl, als sich der Sache selbst anzunehmen. Das konnte er allerdings vergessen, wenn er an ein Krankenbett gefesselt aus der Ferne zusehen musste.

»Bitte, General. Ich fühle mich schon viel besser. Stellen Sie mich auf die Probe. Ich kann meinen Teil beisteuern.«

»Ich bewundere deine Entschlossenheit, Eric. Und du hast recht. Du wirst bald gesund sein und dann eine bedeutende Rolle übernehmen, um Gottes Gesetz überall in der Welt zu verbreiten. Aber nicht innerhalb der nächsten drei Tage.«

Damit kannte Rapp zwar den Zeitrahmen, nicht jedoch den zugrunde liegenden Plan. Und ihm fehlte nach wie vor eine Möglichkeit, andere zu warnen.

»Sir, ich flehe Sie an …«

»Nein«, entschied der andere und wirkte erzürnt, dass jemand seine Entscheidung in Zweifel zog.

Rapp blieb nichts anderes übrig, als unterwürfig das Haupt zu senken.

»Es tut mir aufrichtig leid, dass du nicht zum Zuge kommen wirst, Eric. Aber es gibt noch unzählige Gelegenheiten, dich später für deinen Mut und deine Hingabe zu belohnen.«

33

Rapp folgte dem namenlosen General. Sie erreichten eine Straße, auf der nur ein paar bewaffnete Männer an strategischen Punkten postiert waren. Der Iraki spähte in den diesigen Himmel und Rapp tat es ihm gleich. In dieser Region fürchteten sich die Leute vor der Dauerpräsenz amerikanischer Drohnen. Da Rapp so dicht neben diesem Drecksack stand, lief er momentan selbst Gefahr, zusammen mit jemandem ausgelöscht zu werden, der sich ihm nicht mal vorgestellt hatte. Glücklicherweise ging ein so starker Wind, dass man die Drohnen zurück zur Basis beordert haben dürfte und die Beobachtungssatelliten durch den aufgewirbelten Sand im Blindflug unterwegs waren.

Der General lief voraus in eine ausgebombte Gasse. Rapp blickte über die Schulter auf den Typen, der ihm vorhin beim Aufstehen geholfen hatte. Die drei waren allein in dem schmalen Korridor, umgeben von hohen Mauern und heulenden Böen. Es wäre ein Klacks gewesen, den Mann hinter sich auszuschalten. Eine unauffällige Fersendrehung genügte, um ihm an die Gurgel zu gehen. Der General, in Gedanken versunken, würde es erst mitbekommen, wenn Rapp ihm die Hand vor den Mund hielt und ihn in eins der verfallenen Gebäude zog.

Doch es würde nicht lange dauern, bis das Verschwinden des Generals bemerkt wurde. Sicher schlenderte er gelegentlich mit geringer Bewachung durch die Straßen, aber bei seinem engen Zeitplan dürfte es auffallen, wenn er einmal nicht zur vereinbarten Zeit am vereinbarten Ort auftauchte. Das reichte nicht, um genügend verwertbare Informationen aus ihm herauszubekommen. Zumal Mitch nach wie vor das Problem hatte, niemanden erreichen zu können, der das auf diese Weise erlangte Wissen nutzbringend einsetzen konnte.

Rapp hörte die Menschenmenge, bevor er sie sah. Jubelrufe, laut genug, um den Wind zu übertönen, schwollen in einem unkalkulierbaren Rhythmus an und ab. Weniger als zwei Minuten später betraten sie einen großen Platz mit einer Versammlung, die bei besseren Wetterverhältnissen sofort ins Visier der Drohnen geraten wäre. Locker 200 Männer, die ihre Sturmgewehre triumphierend in die Höhe reckten. Im nördlichen Abschnitt der Fläche war eine erhöhte Bühne aus Holzbrettern improvisiert worden. Darauf stand ein Mann, der zwei Mädchen festhielt.

Eine mochte um die 16 sein, die andere nicht älter als 13. Beide hatte man nackt ausgezogen. Sie wirkten apathisch. Kein Wunder, hatten sie doch den Großteil ihres Lebens in Ganzkörperverschleierung unter den wachsamen Blicken der männlichen Familienmitglieder zugebracht. Nun waren ihre Angehörigen vermutlich alle tot und sie wurden mutterseelenallein als Sexsklavinnen zur Schau gestellt und versteigert.

»Wenn euch eine von ihnen gefällt, bedient euch ruhig«, sagte der General zu seinen beiden Begleitern. »Ich muss euch jedoch warnen, sie sind keine Jungfrauen mehr.«

Das erklärte die Blessuren am Körper, die immer deutlicher erkennbar wurden, je weiter sie durch die zur Seite weichende Menge vordrangen. Vermutlich standen sie bereits zum zweiten oder dritten Mal zum Verkauf, weil frühere Herren ihrer überdrüssig geworden waren.

Der Höchstbietende erhielt den Zuschlag und sprang auf die Bühne. Nach mehreren akribischen Zählungen des fälligen Betrags zerrte er das jüngere der beiden Mädchen vom Podest, während der Auktionator sich erneut ins Zeug warf, um die Vorzüge der Älteren anzupreisen.

Rapp hatte schon einiges erlebt, aber das hier besaß eine neue Qualität. Al-Qaida ging zwar skrupellos vor, aber sie hatten ein Ziel, eine rationale Begründung und eine klare Strategie, um es zu erreichen. Dasselbe galt für Hamas und Hisbollah. Dem Islamischen Staat schien es jedoch gar nicht um den Sieg zu gehen. Seine einzige Motivation bestand darin, vor der endgültigen Zerschlagung so viel verbrannte Erde wie möglich zu hinterlassen.

Er spürte, wie die Wut in ihm anschwoll, und musterte die gierigen Gesichter der Männer auf dem Platz. Ihre Körper berührten seinen und er musste an sich halten, um nicht vollkommen die Beherrschung zu verlieren. Er wandte sich zu einem Terroristen um, der völlig in Schwarz gekleidet war, und fixierte das AK-47, das an einem Riemen über der Schulter hing. Es machte einen gepflegten Eindruck, Ersatzmagazine baumelten am Gürtel. Wie viele dieser Hurensöhne konnte er umbringen, bevor sie ihn in die Knie zwangen? 20? 50? 100?

Der General blieb stehen und legte einen Arm um Rapps Schultern. Die abrupte Berührung holte ihn aus seinen Gewaltfantasien in die Realität zurück. Das ältere Mädchen wurde gerade von der Bühne geschleppt, ein weiteres die Stufen hochgedrängt. Im Unterschied zu den anderen trug sie einen Tschador. Vermutlich sollte das dunkle Gewand die Triebe der Männer mit einem Hauch von Geheimnis auf Touren bringen.

In beeindruckender Entertainer-Manier nahm der Auktionator sie in Empfang und riss ihr in einer fließenden Bewegung den Tschador vom Kopf. Der Mob johlte, kam jedoch sofort zur Ruhe, als sich herausstellte, dass die Frau unter dem Umhang Jeans und T-Shirt trug.

»Sie ist schon etwas älter«, stellte der General fest. »Ihre Familie ließ zu, dass sie eine Universität besuchte, statt zu heiraten. Trotzdem wurde überprüft, ob sie noch Jungfrau ist. Ihr werdet zugeben müssen, dass sie ausgesprochen hübsch ist.«

Sie standen nun direkt vor der Bühne und Rapp musste dem Mann recht geben. Lange schwarze Haare und makellose Haut flankierten Augen, die weniger entsetzt wirkten, als er es von einer Frau in dieser Lage erwartet hätte.

»Wollt ihr mehr sehen?«, rief der Auktionator.

Der ausbrechende Jubel war so laut, dass die Schwingungen Rapps Brustkorb zum Zittern brachten.

Der Mann wollte gerade nach dem Shirt der Schwarzhaarigen greifen, um es zu zerreißen, da rammte sie ihm einen Daumen ins Auge. Keinesfalls zögernd, sondern fast bis zum Knöchel.

Die Menge schwieg schockiert und Rapp kämpfte gegen ein Grinsen an, während der Lustmolch auf der Bühne einen schrillen Schrei ausstieß.

Zwei Männer eilten die Tritte hoch und schnappten sich die Frau, die wild um sich schlug und sie mit Schimpfwörtern in mindestens fünf unterschiedlichen Sprachen eindeckte.

Der Auktionator schaffte es, sich zu beruhigen, und raunte einem Mann am Bühnenrand etwas zu, das Rapp nicht mitbekam. Einen Moment später kam er mit einem Benzinkanister heraufgeeilt. Der halb blinde Versteigerungsleiter griff danach und schraubte den Deckel ab. Als er die Flüssigkeit über der widerspenstigen Gefangenen ausschütten wollte, zeigte Rapp auf sich und brüllte über den Lärm hinweg: »Ich nehme sie.«

Der General feixte. »Ein echtes Rasseweib! Du hast einen guten Geschmack, mein Junge.«

Er zog die Waffe und feuerte in die Luft, um dem Treiben auf der Plattform ein Ende zu bereiten. Alle Aufmerksamkeit richtete sich nun auf sie.

»Das ist unser amerikanischer Bruder Eric Jesem«, rief der General. »Der Mann, der von Mitch Rapp gefoltert wurde, uns jedoch nicht verraten hat!«

Diesmal wurden die zustimmenden Rufe von sporadischen Automatikfeuer-Salven begleitet. Der General hob die Hände, um das Publikum zum Schweigen zu bringen. »Er will dieses Weib und wir werden ihm seinen Wunsch erfüllen. Als Belohnung für seine Tapferkeit und seine Hingabe zum Dschihad.«

Rapp erklomm die Stufen unter dem Beifall der Menge und dem wütenden einäugigen Starren des Auktionators. Er versuchte sich einzureden, dass er die Entscheidung aus rein taktischen Erwägungen getroffen hatte. Diese Frau hatte Mumm, kannte sich in der Gegend aus und hasste den IS. Aber steckte nicht mehr dahinter? Hatte ihn der Kampf gegen den Terror weichgespült? War er wirklich davon überzeugt, dass sie ihm helfen konnte, oder wollte er sie einfach vor dem grausamen Schicksal bewahren, bei lebendigem Leib verbrannt zu werden?

Als er ganz dicht vor ihr stand, entließen die Männer sie aus ihrem Griff. Sie versuchte nicht etwa zu entkommen, sondern griff ihn an und vergrub rot lackierte Nägel in Rapps übel zugerichtetem Gesicht. Er packte sie an der Kehle und zog sie mit einem brutalen Ruck aus dem Verkehr. Zumindest dachte er das, doch sie leistete weiterhin Widerstand und mühte sich erfolglos ab, ihn zu verletzen, während er den Druck um ihren Hals erhöhte. Schließlich brach sie ohnmächtig auf den Holzplanken zusammen.

Rapp trug sie im Feuerwehrgriff von der Bühne. Seine neuen Fans johlten und applaudierten.

34

WALTER REED MEDICAL CENTER
BETHESDA, MARYLAND

Irene Kennedy schob ihre Lesebrille auf die Stirn und betrachtete die Wände im Pausenraum der Klinik, der von den CIA-Experten nach Abhörvorrichtungen abgesucht worden war. Sie hatte den sicheren Laptop mitgebracht, konnte von hier aus aber trotzdem nur einen Teil ihrer Pflichten erledigen. Sosehr sie in Scott Colemans Nähe bleiben wollte, sie musste zurück nach Langley.

Es klopfte leise an der Tür, bevor Mike Nash den Kopf hereinsteckte. »Hast du mal 'ne Minute für mich, Irene?«

Nash war vor Kurzem 40 geworden, obwohl man es ihm nicht ansah. Der Ex-Marine hatte verständlicherweise sauer reagiert, als Mitch Rapp seiner aktiven Karriere ein jähes Ende bereitete, damit ihm mehr Zeit für die Familie blieb. Inzwischen hatte er sich mit seiner neuen Laufbahn arrangiert und leistete erstklassige Arbeit als einer ihrer engsten Vertrauten.

Weil ihm der Job keine körperliche Schnelligkeit oder Ausdauer abverlangte, hatte er einiges an Masse zugelegt, allerdings fast ausschließlich Muskeln. Das verlieh seinem Körper mehr Stabilität, um die Schäden an der Wirbelsäule zu kompensieren, die er sich bei einer Explosion in Afghanistan zugezogen hatte. Die Veränderung machte ihn außerdem deutlich attraktiver, weshalb er sich in Verbindung mit seinem angeborenen Charme auf dem Capitol Hill großer Beliebtheit erfreute. Selbst die CIA-feindlichsten Kongressabgeordneten nutzten jede sich bietende Gelegenheit, ihm aufmunternd auf den Rücken zu klopfen oder sich mit dem dekorierten Nationalhelden fotografieren zu lassen.

Kennedy ertappte sich immer häufiger dabei, politische Besprechungen abzusagen und ihn als Stellvertreter hinzuschicken. So gut er im Einsatz gewesen war, fast noch besser stellte er sich beim Tätscheln der empfindlichen Egos in Washington an, womit sie sich stattdessen von Jahr zu Jahr schwerer tat.

»Gibt's was Neues von Mitch?«, fragte sie.

»Nichts.« Er setzte sich direkt gegenüber von ihr an den Tisch.

»Gar nichts? Es muss doch …«

»Gar nichts. In der Region zieht ein Sturm auf und wir haben das Fahrzeug, in dem er transportiert wurde, aus den Augen verloren, weil die Sichtverhältnisse vor die Hunde gingen.«

»Wie steht es mit Informanten?«

»Die wenigen Quellen, die wir vor Ort haben, wollen wir ungern nutzen, um Fragen nach Eric Jesem zu stellen. Es wäre ungeschickt, zu viel Aufmerksamkeit auf ihn zu lenken.«

Kennedy sog laut die Luft ein, um ihren Ärger über den mangelnden Fortschritt zu übertünchen. Sie ging mit Joe Maslick generell viel zu hart ins Gericht. Er hatte die Agency rechtzeitig informiert, um eine Luftüberwachung anzustoßen, mehr konnte er nicht tun. Selbst sie durchschaute Rapps Planungen meist nur ansatzweise. Das galt umso mehr, wenn er komplett den Verstand verlor und entschied, sich allein und verletzt mitten in gefährliches IS-Terrain zu begeben.

»Wie steht's mit dem Mann, der Scott angegriffen hat?«

»Da bringe ich bessere Neuigkeiten mit.« Nash tippte gegen die Aktentasche, die er neben sich abgestellt hatte. »Wir haben einige verlässliche Zeugen aufgetrieben, die unsere Leute gerade intensiv befragen.«

Er klang gut gelaunt wie immer, aber sein Gesicht verriet, dass er sich Sorgen machte. Zwischen Rapp und ihm waren oft genug die Fetzen geflogen, aber sie standen sich trotzdem nahe. Und Scott Coleman gehörte zu seinen engsten Freunden. Glücklicherweise hatte sie ebenfalls gute Neuigkeiten.

»Die Ärzte sagen, Scotts Körper wehrt sich gegen die Infektion.«

Nashs Augenbrauen hoben sich wahrnehmbar, aber die Erfahrung lehrte ihn, dass es nichts brachte, sich in übertriebenen Optimismus zu flüchten. »Heißt das … er hat eine Chance? Er könnte durchkommen?«

»Er ist sogar wach.«

Nash fuhr sich mit der Hand über den Mund, um den Schweißfilm wegzuwischen, der auf der Lippe glänzte. »Darf ich zu ihm?«

Kennedy stand auf. »Das sollte sich einrichten lassen. Aber man hat uns gewarnt, dass er sich nicht zu sehr aufregen darf. Er ist extrem schwach und hat enormes Glück, überhaupt noch am Leben zu sein.«

Nash war bereits zur Tür gerannt, schaffte es aber, sich lange genug im Griff zu haben, um sie für Irene aufzuhalten. Da ihnen gerade alles um die Ohren flog, fühlte es sich gut an, zur Abwechslung mal die Überbringerin guter Nachrichten zu sein. Zumal jemand in ihrer Position nur selten Gelegenheit dazu bekam.

Nash stand einige Meter vor der Scheibe und musste sich erst mal an den Zustand des Patienten auf der anderen Seite gewöhnen.

Coleman saß mit einem Kissen im Rücken aufrecht da. Verbandsmaterial bedeckte seinen Schädel und das halbe Gesicht. Mehrere Infusionsschläuche führten zu einem Arm, der andere wurde von einer aufwendigen Konstruktion fixiert. Das dick bandagierte Bein ragte in einer Schlinge nach oben, eine Kanüle endete zwischen den Rippen.

Allerdings waren seine Augen geöffnet und blickten entrückt auf die Sonne hinter der Scheibe.

Nash gab sich einen Ruck, straffte sich und betrat das Krankenzimmer.

»Na, wie fühlt sich's an, Urlaub auf Staatskosten zu machen?«

Coleman drehte vorsichtig den Kopf, um zu verfolgen, wie sich Nash auf einen dick gepolsterten Stuhl fallen ließ.

»Ziemlich gut, Arschloch.«

Kennedy kam herein und setzte sich auf den einzigen anderen Stuhl. »Wie geht's dir, Scott?«

»Sag du's mir.«

Seine Stimme klang merkwürdig. Vermutlich lag es daran, dass man ihm erst vor Kurzem den Atemschlauch herausgezogen hatte. Außerdem schwang in der Heiserkeit eine Mischung aus Emotionen mit, gegen die der frühere SEAL normalerweise immun zu sein schien: Ärger, Enttäuschung, Verlegenheit. Kennedy ahnte, dass er an seinen Fähigkeiten zweifelte und sich Vorwürfe machte, das Team im Stich gelassen zu haben. Das war natürlich völliger Blödsinn, aber Männer wie er neigten manchmal zu irrationalem Denken und Handeln.

»Die Ärzte sagen, dass dir ein langer und komplizierter Heilungsprozess bevorsteht, du am Ende aber wieder völlig gesund sein wirst.«

Keine Lüge, aber eine deutlich überzuckerte Interpretation.

»Haben wir den Sprengkopf?«

»Yep«, bestätigte Nash. »Der war sogar 'ne Zeit lang hier in den USA. Craig hatte Gelegenheit, das Teil auseinanderzunehmen. Wir sind jetzt deutlich schlauer.«

»Wo ist Mitch?«

»Er und Mas mussten die Bombe zurückbringen. Die Pakistani haben sich vor Angst in die Hose gepisst, als sie plötzlich weg war.«

Dass Rapp vermisst wurde, die nukleare Ladung der Rakete fehlte und die Manipulation auch weitere Waffen betraf, wollten sie Coleman erst zumuten, wenn er sich deutlich besser fühlte. Fürs Erste galt es, die Operation als durchschlagenden Erfolg zu verkaufen.

»Und der Idiot, der mich so zugerichtet hat?«, fragte er und ließ den Blick erneut zum Fenster abschweifen.

»Darüber müssen wir im Moment nicht reden, Kumpel. Das kann warten.«

»Wissen wir, wer er ist?«

Nash wandte sich fragend an Kennedy, die unauffällig nickte. Wenn Coleman sich dazu in der Lage fühlte, brauchten sie seine Hilfe.

»Wir haben ein paar Ideen gesammelt. Willst du's dir mal ansehen?«

»Logisch«, kam die erwartete Antwort.

»Erinnerst du dich an sein Gesicht?«, hakte Kennedy nach.

Coleman erstarrte für einen Moment. »Allerdings.«

Nash holte ein Tablet aus dem Aktenkoffer, arrangierte die Fotos von neun Männern auf dem Bildschirm und schob es dem verletzten Freund hin.

»Ihr glaubt, dass es einer von denen war?«

»Wir halten es für wahrscheinlich. Es kommen nicht allzu viele Leute infrage angesichts dessen …« Nashs Stimme brach für einen Moment. »Du weißt schon. Was passiert ist.«

»Du meinst, weil er mir einen Arschtritt verpasst hat, als ob ich 'ne unfähige Tippse aus der Verwaltung wäre?«

Nash stieß die Luft aus. »Keiner macht dir einen Vorwurf, Scott. Weder ich noch Mas. Und schon gar nicht Mitch.«

Coleman kaufte es ihm nicht ab. »Wärst du an meiner Stelle gewesen, wär's anders gelaufen.«

»Ja, dann wär ich jetzt tot. Pass auf, Scott, ich war ein guter Soldat. Aber so ungern ich's zugebe, im Vergleich zu dir bin ich 'ne Null. Also hör auf mit diesem Schwachsinn, okay?«

Als Coleman nicht reagierte, tippte Nash auf das Tablet. »Was sagst du, Kumpel? Mitch konnte uns bloß sagen, dass er weiß, um die 1,80 und zwischen 30 und 40 gewesen ist. Du bist der Einzige, der uns helfen kann. Kommt dir einer von den Jungs hier bekannt vor?«

»Wer sind sie?«

»Allesamt ausländische Special Ops, die wir aus den Augen verloren haben.«

Der frühere SEAL konzentrierte sich auf die Porträts. »Der Typ unten rechts sieht zwar nicht so aus, aber er kommt mir trotzdem bekannt vor. Ist es möglich, dass ich ihn von woanders her kenne?«

»Das bezweifle ich«, sagte Nash und lehnte sich zurück. »Der nennt sich Grischa Filipow.«

Coleman schüttelte bloß den Kopf, als Nash anfing, das Gesicht zu verändern, indem er die Haare nachdunkelte, die Wangen glättete und die Position der Augenlider korrigierte.

»Beschreib seine Nase, Scott.«

»Ich weiß nicht. Relativ normale Größe. Ein bisschen spitz.«

Nash rief eine Auswahl von Nasen aus einem Dropdown-Menü auf. Das wirkte, als hätte sich ein Schönheitschirurg daran zu schaffen gemacht. Es war einfacher, Gewebe zu entfernen, als welches hinzuzufügen.

Er entschied sich für eine passende Variante und benutzte ein spezielles Tool, um den Mann auf Mitte 30 altern zu lassen. Schließlich lief er mit dem Tablet zurück zu Coleman.

Diesmal brauchte er gar nicht erst zu fragen, was der andere dachte. Der Rhythmus des Herzmonitors, an den er angeschlossen war, beschleunigte sich mit einem vernehmlichen Piepen.

»Grischa Filipow«, sprudelte es aus Coleman heraus.

»Ich wollte nichts sagen, um dich nicht zu beeinflussen, aber er war von Anfang an unser Topkandidat.«

»Russe?«

»Ja, SpezNas. Als Kind wurde eine außerordentliche sportliche Begabung bei ihm festgestellt und er landete im sowjetischen Förderungsprogramm. Interessanterweise entschied er sich für eine Disziplin, die du sehr magst … Biathlon. Allerdings wurde er wegen eines leichten Herzfehlers aussortiert und zurück auf den Bauernhof seiner Familie geschickt. Einige Jahre später verpflichtete er sich beim Militär. Offensichtlich absolvierte er das Special-Ops-Training, als wäre es ein Kinderspiel, und erzielte erstaunlich gute Ergebnisse bei den IQ-Tests. Nachdem er sich bei einigen Operationen ausgezeichnet hatte, schied er aus dem aktiven Dienst aus und tauchte unter. Wir gehen davon aus, dass er ins Visier des amtierenden russischen Präsidenten geraten war.«

»Krupin«, meinte Coleman.

»Es passt alles zusammen«, schaltete sich Irene Kennedy ein. »Krupin begann damals, seinen Einfluss zu erweitern. Dafür brauchte er jemanden wie Filipow. Jung, talentiert und relativ unbekannt.«

»Wisst ihr, wo er ist?«, wollte Scott wissen.

»Noch nicht. Aber wir werden ihn finden.«

»Wenn es so weit ist, komm ihm bloß nicht zu nah, Mike. Glaub mir, dieses Arschloch bombt man am besten aus der Stratosphäre weg.«

»Das wird Mitch entscheiden.«

Coleman öffnete den Mund, um etwas zu sagen, verstummte jedoch, als zaghaft an die Tür geklopft wurde. Irene Kennedy blickte zur Glaswand und sah, dass Claudia Gould dahinter stand. Sie winkte sie herein.

»Gehen sie dir auf die Nerven?«, fragte Claudia, ging zu Coleman und schüttelte seine Kissen auf.

»Definitiv«, sagte er. »Ich schlage vor, du lässt sie alle rauswerfen.«

Sie schenkte seinen Besuchern einen warnenden Blick. »Ihr redet doch nicht etwa über den Job? Die Ärzte haben gesagt, er darf sich nicht aufregen. Er braucht viel Ruhe.«

Kennedy stand auf und gab Nash ein Zeichen, ihr zu folgen. »Du hast recht. Wir haben es übertrieben, Claudia. Ich muss sowieso zurück ins Büro. Du hast meine Privatnummer und auch die von Mike. Wenn es Probleme gibt – ganz egal, was –, ruf sofort einen von uns an.«

»Alles klar.«

Die junge Frau griff nach dem Tablet und erstarrte, als sie das Foto sah.

»Claudia?«, fragte Kennedy. »Ist alles in Ordnung?«

»Grischa Asarow«, hauchte sie und klang erschrocken. »War er es, Scott? Hat er dir das angetan?«

»Was sagst du?«, fragte Nash. »Asarow? Wir dachten, sein Name sei Filipow.«

»Nein«, antwortete Claudia. »Nicht Filipow. Schon seit Jahren nicht mehr.«

»Du kennst diesen Mann?«

Sie starrte die CIA-Chefin an wie ein von grellem Scheinwerferlicht geblendetes Reh. »N-nein, ich …«

»Beruhig dich erst mal. Du bist unter Freunden. Jeder in diesem Raum weiß, wer du bist.«

»Nein, das ist Vergangenheit.«

»Tut mir leid. Du hast natürlich recht. Wir wissen, wer du *gewesen* bist. Also noch mal: Du kennst diesen Mann?«

Sie nagte an ihrer Unterlippe und nickte dann. »Louis ist ihm vor vielen Jahren in Weißrussland begegnet. Er hat mir nie genau erzählt, was passiert ist, aber eins weiß ich: Mein Ex-Mann hat sich nur vor zwei Männern gefürchtet. Vor Mitch und vor Grischa Asarow.«

»Hast du ein Dossier zu ihm angelegt?«

»Natürlich. Louis wollte für den Fall, dass sie sich noch einmal über den Weg laufen, alles über ihn wissen.«

»Und du kannst nach wie vor auf diese Unterlagen zugreifen?«

»Natürlich. Über meinen Rechner. Er ist in Mitchs Wohnung.«

Nash griff nach dem Tablet und schob eine Hand auf Claudias Rücken. »Was hältst du davon, wenn wir beide mal kurz bei Mitch vorbeifahren? Du musst vermutlich eh ein paar Sachen aus der Wohnung holen, oder?«

»Was ist mit Scott?«, protestierte Claudia, während Nash sie zur Tür bugsierte.

»Keine Sorge«, rief ihr Irene hinterher. »Ich halte die Stellung, bis ihr wieder da seid.«

35

An einem unbekannten Ort

Rapp verlagerte den schlaffen Körper der Frau in eine stabilere Position auf seiner Schulter und schob die Eingangstür zu Eric Jesems Apartment auf. Er hatte darauf geachtet, ihre Luftzufuhr gerade lang genug zu unterbrechen, um sie vom Austicken abzuhalten und ungestört durch die Menge tragen zu können. Aktuell ging er davon aus, dass sie ihm die Ohnmacht nur vorspielte und geduldig auf eine Möglichkeit wartete, ihn einen Kopf kürzer zu machen.

»Hallo?«, rief er.

Keine Antwort. Die Frau, die ihm vorhin so zugesetzt hatte, schien den Körper gewechselt zu haben.

Rapp lief mit ihr direkt ins Schlafzimmer – wie sie es garantiert erwartet hatte –, ließ sie jedoch einfach nur aufs Bett fallen und ging in die Küche.

Er konnte sich gar nicht erinnern, wann er das letzte Mal etwas gegessen hatte. Er hielt es für eine gute Idee, erst ein paar Kalorien zu sich zu nehmen, bevor sie ihn durch die Wohnung jagte.

Die Küche war kaum groß genug, um sich seitlich zwischen den Arbeitsflächen durchzuzwängen, aber eine oberflächliche Suche förderte in den Schränken die nahöstliche Variante von Ramen-Nudeln zutage. Okay zum Sattwerden, aber nicht seine erste Wahl. Weiteres Suchen belohnte ihn mit einem Vorrat an amerikanischen Fertiggerichten, versteckt hinter dem kaputten Herd. Normalerweise hätte es ihn beunruhigt, US-Nahrung bei Terroristen zu finden, doch heute beschwerte er sich nicht, untersuchte die Packungen und entschied sich für mexikanisch gewürztes Hühnchen.

Überraschenderweise streikte der Wasserhahn nicht. Er füllte einen Topf und stellte ihn auf den Herd, um den Folienbeutel zu erhitzen. Für die Wartezeit schmierte er sich ein Sandwich mit Erdnussbutter und Marmelade. Er kaute behutsam, um die gelockerten Zähne nicht zu sehr zu strapazieren, und lief damit ins Wohnzimmer. Die Einrichtung beschränkte sich auf einige wacklige Stühle und einen Fernseher, der mit gezogenem Stecker auf dem Boden stand. Rapp knipste den Lichtschalter an. Erwartungsgemäß passierte nichts. In einer Ecke des Raums standen zwei Lampen, eine davon batteriebetrieben, die andere an einen Gaskanister angeschlossen. Interessanter fand er das Handy, das an einem Solarladegerät hing und auf dem Sims des einzigen Fensters der Wohnung lag.

Er schaltete das Gerät an und stellte fest, dass es keinen Empfang hatte. Während der Kämpfe waren etliche Mobilfunkmasten zerstört worden, die restlichen hatte das US-Militär gezielt blockiert. Eine Stichprobe von Jesems E-Mails und Kurzmitteilungen ergab nichts von Interesse. Die Anruferliste war komplett leer. Vermutlich hätte Marcus Dumond in Langley alle möglichen nützlichen Informationen aus dem Speicher auslesen können. Dummerweise beschränkten sich Rapps technische Fähigkeiten auf ein Minimum.

Unter einem der Stühle stand ein Karton. Er stieß darin auf Jesems amerikanischen Pass, einige persönliche Gegenstände und Pornos. Nicht gerade ein Füllhorn an verwertbaren Informationen. Über sein Leben, seine Mission in Pakistan oder die IS-Pläne für das entwendete Nuklearmaterial ließ sich daraus nichts ableiten. Außerdem wusste Rapp nach wie vor nicht, wo genau er sich befand.

Die Schränke im Bad enthielten lediglich eine Zahnbürste und etwas Zahncreme. Er schloss die verzogene Tür des Raums, so gut es ging, und spähte in den gesprungenen Spiegel. Das Gesicht, das zurückstarrte, entsprach seinen Erwartungen: aufgesprungene Lippen, dunkle Augenringe und eine ramponierte Nase unter der genähten Stirnwunde.

Immerhin sah es nicht mehr so schlimm aus wie direkt nach Maslicks Spezialbehandlung. Zu Rapps zahlreichen Stärken gehörte, dass Wunden bei ihm schnell verheilten. In diesem Fall arbeitete das gegen ihn. Die in Cartoon-Manier aufgequollenen Augen wirkten schon wieder relativ normal und die Hautverfärbungen an den Stellen, an denen die Wangen unter dem Bart hervorblitzten, gingen zurück.

Am schlimmsten rächte es sich im Fall der Nase. Da er Eric Jesem überhaupt nicht ähnlich sah, hatte Maslick sie gebrochen, um diesen Umstand zu verschleiern. Bedauerlicherweise hatte die Frau, die sich so hingebungsvoll um das Reinigen seiner Wunden gekümmert hatte, ähnlich gute Arbeit beim Richten der Nase geleistet. In ein paar

Tagen durchschaute jeder, der Jesem persönlich kannte, unweigerlich die Täuschung.

Sein Talent, sich gezielt selbst zu verletzen, ließ etwas zu wünschen übrig. Er sah sich im Bad nach brauchbaren Utensilien um. Die Toilettenbrille wirkte zunächst vielversprechend, stellte sich aber als zu leicht und klapprig heraus. Das Waschbecken lenkte seine Aufmerksamkeit kurz auf sich, doch ein überhängender Wandvorsprung hinderte ihn daran, genug Schwung zu holen. Zumal sich schwer erklären ließ, wieso seine Verletzungen schlimmer statt besser wurden.

Einen Moment später trat die Lösung seines Problems die Tür zum Bad auf. Er duckte sich instinktiv weg, da schwang die batteriebetriebene Lampe bereits über seinen Kopf hinweg und knallte über einer leeren Handtuchablage gegen die Wand. Die junge Frau holte für einen weiteren Versuch aus und Rapp erkannte die Chance, die sich ihm bot.

Als sie erneut Schwung nahm, blockte er den Schlag nur teilweise ab und ließ zu, dass das Unterteil der Lampe wuchtig gegen seine rechte Gesichtshälfte knallte. Nicht ganz so knackig wie Maslicks Fäuste, aber für den Anfang nicht schlecht.

Rapp glitt an ihr vorbei ins Wohnzimmer, um sich Raum zum Manövrieren zu verschaffen. Ohne zu zögern, setzte sie nach und versuchte erneut, ihn zu treffen. Hass und Wut verzerrten ihr hübsches Gesicht zu einer Fratze, die selbst Stan Hurley Angst eingejagt hätte – einem Mann, der sich mit Hass und Wut besser ausgekannt hatte als jeder andere.

Statt den Rückzug anzutreten, schob sich Rapp dichter an sie heran. Der Griff der Lampe erwischte ihn am linken

Auge und ließ ihn einige Schritte nach hinten taumeln. Er blinzelte ein paarmal, um sich zu vergewissern, dass er noch etwas sehen konnte, schon stürzte sie sich mit einem markerschütternden Schrei auf ihn. Jetzt wurde es ernst. Er musste zugeben, dass er sich nicht gerade auf die Erfahrung freute. Ein Adrenalinschub durchzuckte ihn. Er wirbelte herum, damit die Lampe ihn mitten auf die gebrochene Nase traf.

»Fuck!«, fluchte er und geriet ins Taumeln. Blut spritzte auf seinen Bart.

Sie nutzte ihren Vorteil im sicheren Glauben, ihn jeden Moment erledigen zu können. Diesmal fing er die Lampe ab und holte sie von den Beinen. Sie landete rücklings auf dem harten Betonboden und ihr blieb für eine Sekunde die Luft weg.

Rapp schleuderte die Lampe zur Seite und eilte ins Bad, um den Schaden im Spiegel zu begutachten. Nun bestand keine Gefahr mehr, dass jemand seine Nase von Jesems unterscheiden konnte. Vielmehr fiel es schwer, das blutige Etwas in seinem Gesicht überhaupt noch als Nase zu identifizieren. Falls er lang genug überlebte, um zurück in die Staaten zu fliegen, würde Irene Kennedy den plastischen Chirurgen in Diensten der Agency einen saftigen Scheck ausstellen müssen.

Er stopfte sich Toilettenpapier in die Nasenlöcher, um die Blutung zu stoppen. Als er wieder im Wohnzimmer war, hatte sich die Frau mühsam auf die Knie gekämpft und schaute zu ihm hoch. Ihre Schmerzen schienen nichts an ihrem lodernden Hass zu ändern.

»Sprichst du Englisch?«, fragte er mit leichtem Akzent, um seine Sprachfertigkeiten zu überspielen.

»Wenn Sie mich anrühren, mach ich Sie kalt.«

Okay, sie sprach Englisch, sogar ziemlich fließend.

»Was hältst du von einem vorübergehenden Waffenstillstand? Das Essen sollte gleich fertig sein.«

Er verschwand kurz in der Küche, um das Hühnchen vom Herd zu holen. Sie war aufgestanden und blickte ihm skeptisch entgegen. Garantiert wunderte sie sich, dass er sie im Schlafzimmer nicht sofort vergewaltigt hatte.

»Da sind garantiert K.-o.-Tropfen drin«, verkündete sie misstrauisch.

Er schaufelte sich einen großzügigen Bissen in den Mund und hielt ihr den Rest hin. Zögernd machte sie einen Schritt in seine Richtung und riss ihm den Beutel aus der Hand.

Gierig schlang sie alles in sich hinein, als hätte sie seit einer Woche nichts gegessen. Vermutlich stimmte das sogar.

»Wie heißt du?«, fragte er.

»Ich muss nicht mit Ihnen reden«, erwiderte sie und mühte sich, das letzte Hähnchenstück zu erwischen.

»An deiner Stelle würd ich mir das noch mal überlegen.«

»Wenn Sie mir zu nah kommen, bring ich Sie um.«

»Das hast du schon mal gesagt. Ich mach dir einen Vorschlag. In der Küche ist noch ein asiatisches Fleischgericht. Wenn du mir ein paar simple Fragen beantwortest, wärm ich's dir auf. Also, wie heißt du?«

Sie ging auf Sicherheitsabstand. »Laleh.«

»Kommst du aus dieser Gegend, Laleh?«

»Ja.«

»Wo sind wir?«

»Ich verstehe die Frage nicht.«

»In welcher Stadt? In welchem Land?«

Ihre Augen verengten sich, als rechnete sie mit einem Trick. »Asch-Schirqat, Irak.«

Rapp sah sich in seiner Vermutung bestätigt. Er befand sich im nördlichen Irak. Mitten im IS-Territorium.

36

Weisses Haus
Washington, D. C.

»Sie können direkt reingehen, Dr. Kennedy.«

»Danke, Gloria.« Sie trat durch eine Tür, die direkt ins Oval Office führte. Wie meistens telefonierte Präsident Alexander. Bei ihrem Eintreten erhob er sich und deutete auf einen Stuhl vor dem Schreibtisch. Auf einem kleinen Rollwagen daneben wartete eine dampfende Tasse Tee.

Sie stellte fest, dass es bei seinem Gespräch um strategische Absprachen ging, die sie überhaupt nicht interessierten, also blendete sie es aus und konzentrierte sich darauf, das Staatsoberhaupt zu beobachten, wie es den Kugelschreiber auf den Fingerkuppen tanzen ließ und seiner Ungeduld freien Lauf ließ.

Josh Alexander war knapp über 50. In die braunen Haare schlichen sich zunehmend graue Strähnen ein. Das Grinsen mit den Lachfalten und den spitzbübisch funkelnden Augen, das bei den Wählern so viele Pluspunkte gesammelt hatte, hatte er sich jedoch bewahrt. Vor allem erwies er sich bei Besprechungen unter vier Augen als erfreulich pragmatisch. Er wusste, was getan werden musste, um die Sicherheit im Land zu gewährleisten. Zwar mochte er es nicht, direkt in unpopuläre Entscheidungen eingebunden zu werden, aber er hatte keine Schwierigkeiten damit, im entscheidenden Moment wegzusehen. Mehr konnte sich Irene von einem Politiker kaum erhoffen.

Alexander schaffte es endlich, das Gespräch abzuwürgen. Er legte das Mobilteil auf die Ladestation.

»Irene, Sie sehen grauenhaft aus«, meinte er, bevor er sich selbst zurückpfiff. »Tut mir leid, das war ziemlich unhöflich, oder? Wie geht es Scott?«

»Deutlich besser. Nett, dass Sie fragen.«

»Normalerweise würde ich das als Chance werten, dass Sie endlich ein bisschen Schlaf nachholen können. Allerdings bitten Sie nie um ein kurzfristiges Gespräch mit mir, um zu berichten, dass alles im Lot ist.«

»Das sehen Sie leider ganz richtig, Sir.«

»Hören Sie, es tut mir wirklich leid, aber ich habe nur fünf Minuten für Sie. Der türkische Botschafter ist unterwegs hierher und ich muss Ihnen sicher nicht erklären, wie heikel die Situation ist.«

»Natürlich nicht, Sir. Ich werde direkt zur Sache kommen. Wir haben erfahren, dass es sich bei der Entfernung des spaltbaren Materials aus dem pakistanischen Sprengkopf, den wir untersucht haben, nicht um einen Einzelfall handelt.«

»Worauf wollen Sie hinaus?«

»Uns liegen bestätigte Informationen vor, dass fünf weitere Waffen davon betroffen sind.«

Alexander saß für einen Augenblick stumm da und starrte sie an. »Wissen Sie, wer das Zeug hat?«

»Wir tippen auf den IS. Allerdings stellt sich die Angelegenheit deutlich komplizierter dar.«

»Der IS? Sekunde mal, Irene. Wollen Sie allen Ernstes behaupten, dass die schlimmste Bande von Psychopathen, die sich in den letzten 500 Jahren auf der Erde rumgetrieben hat, über die nötigen Komponenten für den Bau von sechs Atombomben verfügt?«

»Ich fürchte, ja, Sir.«

»Kriegen die das überhaupt hin? Verfügen sie über das nötige Know-how?«

»Allein sicher nicht. Eine solche Konstruktion stellt hohe Anforderungen an Material, Fertigungsmethoden und technischen Hintergrund. In den Gebieten, die der Islamische Staat kontrolliert, herrscht diesbezüglich Fehlanzeige.«

»Also werden sie schmutzige Bomben bauen?«

»Das ist ihnen auf alle Fälle zuzutrauen. Oder sie verkaufen das Plutonium ... an andere Terrorzellen, an die Iraner oder weitere Staaten, die am Aufbau einer atomaren Drohkulisse interessiert sind.«

Alexanders Sekretärin klopfte und spähte ins Oval Office. »Sir, der türkische ...«

»Geben Sie ihm einen neuen Termin, Gloria.«

»Aber Sie sind bis 23:30 Uhr komplett ausgebucht, Mr. President. Ich ...«

»Dann empfange ich ihn eben um Mitternacht!«

»Ja, Sir.« Sie zog sich zurück und schloss die Tür.

»Bedauerlicherweise gibt es noch eine weitere Komplikation«, fuhr Irene fort, sobald sie wieder allein waren.

»Eine *weitere?* Sie machen Witze.«

»Alles deutet darauf hin, dass die russische Regierung ihre Finger im Spiel hat.«

»Krupin? Weshalb sollte er sich auf so etwas einlassen? Er kontrolliert das zweitgrößte Atomwaffenarsenal der Welt. Ein Umstand, auf den er mich jedes Mal hinweist, wenn wir miteinander reden. Er ist nicht darauf angewiesen, den Pakistanis spaltbares Material wegzunehmen.«

»Unsere Experten haben die nachträglich in die Gefechtsköpfe eingebauten Ersatzbehälter einer ausführlichen Analyse unterzogen. Sie haben sich außerdem mit den pakistanischen Ingenieuren ausgetauscht, die mit den fünf anderen kompromittierten Waffen befasst sind. Alle Behälter scheinen identisch zu sein. Das verwendete Metall stammt aus China, aber alles deutet darauf hin, dass sie in einer russischen Einrichtung gefertigt wurden. Einer Einrichtung der Regierung.«

»Und wie wurde das festgestellt?«

»Mikroskopische Rückstände von Pollen und Industriestaub, die sich an den Schweißnähten nachweisen lassen.«

»Das ist alles, was Sie haben?«

»Nein, Sir. Bei dem Mann, der Scott Coleman angegriffen hat, handelt es sich allem Anschein nach um einen ehemaligen russischen Armeeangehörigen, der vor mehr als einem Jahrzehnt von der Bildfläche verschwunden ist.«

»Darf ich davon ausgehen, dass Sie ihn in Gewahrsam haben?«

»Das kann ich leider nicht bestätigen.«

»Also wurde er anhand von Fingerabdrücken und DNA-Spuren identifiziert?«

»Bedauerlicherweise nicht, Sir. Scott hat ihn anhand eines Fotos erkannt.«

»Es gibt also eine aktuelle Aufnahme von ihm?«

»Nein, wir haben eine frühere herangezogen und auf Basis von Alterung und plastischen Korrekturen eine digitale Näherung errechnet.«

Er starrte sie über den Resolute Desk hinweg an. »Lassen Sie mich raten. Craig Bailer ist der Mann, der den Sprengkopf für Sie untersucht hat?«

»Das ist korrekt, Sir.«

»Erlauben Sie, dass ich mal kurz zusammenfasse: Ein Mann, der früher an Autos in Ihrem Fuhrpark rumgeschraubt hat, behauptet, dass der Staub an einem pakistanischen Atomsprengkopf aus Russland zu stammen scheint.«

»Sir, Craig hat Doktortitel in …«

Alexander brachte sie mit erhobener Hand zum Schweigen. »Bitte, Irene. Ich bin derjenige, der die Mittel für sein kleines Spielzeughaus draußen in Virginia bewilligt hat. Aber erwarten Sie jetzt ernsthaft von mir, dass ich unsere Truppen vor der russischen Grenze zusammenziehen lasse? Stellen Sie sich das mal vor: Craig Bailer, wie er vor einem UN-Gericht über sibirische Pollen schwadroniert, während er Kautabak in eine leere Bierdose spuckt. Und zur Unterstützung seiner Theorie zaubern Sie das Bild eines russischen Agenten aus dem Hut, das Sie mit Photoshop nachbearbeitet haben, bis es quietscht.«

»Ich verstehe Ihre Haltung …«

»Tun Sie das? Tun Sie das wirklich?«

»Die Daten sind belastbar, Sir.«

»Genau das macht mir ja so eine Scheißangst, Irene. Ich weiß, dass Sie mit so etwas nur zu mir kommen, wenn Sie fest davon überzeugt sind.«

Er schob den Stuhl zurück und faltete die Arme vor der Brust. »Krupin ist ein ausgewiesener Soziopath und hat sich in eine Ecke manövriert. Die russische Wirtschaft steht vor dem Abgrund und das Volk lässt sich nicht länger durch irgendwelche sinnlosen Militärmanöver davon ablenken. Ferner weiß er, dass er die Macht auf keinen Fall aus der Hand geben darf, weil er sonst entweder ins Gefängnis gesteckt oder diskret mit einer Kugel aus dem Verkehr gezogen wird.«

Alexander lag völlig richtig, was seinen Kontrahenten im Kreml anging. Die meisten Amerikaner fürchteten die Stärke der Russen, doch weitaus bedrohlicher war deren momentane Schwäche. Sie hatten ihr früheres Imperium eingebüßt und wurden aktuell durch sinkende Energiepreise und Handelssanktionen zusätzlich in die Mangel genommen. Krupin trat zwar in den staatlich kontrollierten Medien als starker Mann auf, doch in Wahrheit war er verzweifelt. So verzweifelt, dass die CIA ihm in den vergangenen Jahren mehrfach unter die Arme gegriffen hatte. So kompliziert ging es in ihrer Welt zu. Ein skrupelloser Diktator, der in Osteuropa rücksichtslos agierte, war zwar nicht der Idealzustand, aber allemal besser als ein Machtvakuum, das chaotischen Zuständen Tür und Tor öffnete.

»Inwiefern profitiert er davon, sich an einem solchen Unterfangen zu beteiligen, Irene? Was hat er vor?«

»Darüber können wir momentan nur spekulieren, Mr. President.«

»Ich bin ganz Ohr.«

»Wie Sie schon sagten, droht ihm ein Machtverlust, was überwiegend mit wirtschaftlichen Gründen zusammenhängt.«

»Und was ändert es an seiner Position, wenn er dem IS die Mittel an die Hand gibt, Chicago atomar auszulöschen?«

»Ich bin mir nicht sicher, ob Chicago das Ziel darstellt. Es steht außer Zweifel, dass der Islamische Staat die USA in einen bewaffneten Konflikt verwickeln will, aber seine primären Ziele liegen vor der eigenen Haustür. Wir halten es für wahrscheinlich, dass die Strategie des IS vorrangig darauf ausgerichtet ist, im Nahen Osten Schäden anzurichten.«

»Also legen sie mit Krupins Unterstützung Riad, Teheran, Tel Aviv und Gott weiß was in Schutt und Asche. Er streitet jegliche Beteiligung ab und lehnt sich zurück, während seine Terrorfreunde die wichtigsten Energieproduzenten in der Gegend auslöschen.«

»Zumindest nützt ihm das unter ökonomischen Aspekten. Die Ölpreise würden explodieren und die zentralen globalen Player in eine Krise schlittern. Russland selbst könnte aufgrund seiner Bodenschätze finanziell und machtpolitisch enormen Profit daraus schlagen. Wobei sich mir die Frage stellt, ob es überhaupt so weit kommen muss. Ihm geht es nur um das Herbeiführen von Preissteigerungen. Die Art von Zerstörung, über die wir hier reden, könnte ihm um die Ohren fliegen. Vor allem, wenn man die Interessen seiner Oligarchen berücksichtigt, die an Unternehmungen überall auf der Welt beteiligt sind.«

»Was hat er also vor?«

»Damit beschäftigen wir uns momentan, Sir. Der Nahe Osten befindet sich derzeit in einem so fragilen Stadium, dass nicht viel fehlt, um alles zum Einsturz zu bringen. Sobald einige der etablierten Regierungen entmachtet werden, droht ein Dominoeffekt.«

»Wie beim Arabischen Frühling.«

»Genau, Sir. Allerdings mit deutlich destruktiveren Folgen.«

»Was sollen wir dagegen unternehmen, Irene? Haben Sie eine Art Aktionsplan entwickelt?«

»Mitch arbeitet daran.«

»Und wie?«

»Indem er sich als amerikanischer IS-Rekrut ausgibt.«

»Hat er schon etwas herausgefunden?«

»Wir sind nicht sicher.«

»Was soll das heißen, Sie sind nicht sicher?«

»Wir wissen nicht, wo er sich momentan aufhält. Vermutlich in einem IS-kontrollierten Teil des Iraks, aber das konnten wir bislang nicht verifizieren.«

»Sind Sie denn sicher, dass er noch lebt?«

Sie griff zur Teetasse und wärmte sich die Hände an der Keramik. »Sicher? Nein, Sir. Aber wir haben allen Grund, das anzunehmen.«

»Wieso?«

»Weil er bisher immer überlebt hat.«

37

Asch-Schirqat, Irak

Rapp mühte sich, auf der verschlissenen Matratze eine bequemere Haltung einzunehmen, doch irgendwann merkte er, dass es keinen Sinn hatte. Die Verbrennungen auf seinem Rücken und die von Maslick zugefügten Wunden ließen allenfalls im Stehen auf etwas Schlaf hoffen.

Wobei ihn nicht allein der Schmerz wach hielt. Seine Gedanken kreisten um sein Scheitern in Pakistan. Das nukleare Material befand sich nur deshalb im Umlauf, weil er durch den Besuch in Südafrika das eigentliche Ziel aus den Augen verloren hatte. Blieb die Frage, wie er seine Scharte am besten auswetzte.

Die Möglichkeiten waren eingeschränkt. Die offensichtlichste Option bestand darin, den irakischen General zu überreden, ihn in sein Team zurückzubeordern. Leichter gesagt als getan. Idealerweise mischte er vor Zeugen irgendeinen fiesen Mistkerl in der Stadt auf, um zu beweisen, dass er körperlich fit genug für einen solchen Einsatz war.

Allerdings hielt er diese Idee für ziemlichen Mist. Vielleicht war Eric Jesem normalerweise zu feige, um sich auch nur um die letzte Milchpackung zu prügeln. In diesem Fall hätte ein gewonnener Kampf seine Tarnung sofort auffliegen lassen und ihm die Hauptrolle im nächsten Exekutionsvideo des IS beschert. Zu viel Risiko ohne konkrete Hoffnung auf Erfolg.

Seine zweite Idee lautete, mit Kennedy in Kontakt zu treten. Eventuell verfügte sie über nützliche Erkenntnisse, die ihm weiterhalfen. Oder er überredete sie dazu, die Stadt in einem göttlichen Racheakt zerbomben zu lassen und alles zu vernichten, was über Kieselsteingröße hinausging. Dieser Plan war jedoch noch problematischer. Aufgrund der technischen Blockaden des US-Militärs konnte er sich das Herstellen einer Telefonverbindung abschminken. Außerdem wusste er nicht mal, ob die spaltbaren Materialien überhaupt im direkten Umkreis von Asch-Schirqat gelagert wurden.

Im anderen Zimmer führte Laleh im Schlaf Selbstgespräche. Er hatte sie mit einer Wolldecke und gefülltem Magen auf dem Fußboden in der Nähe der Küche zurückgelassen. Bei der Beantwortung seiner Fragen erwies sie sich als Meisterin der nichtssagenden Ein-Wort-Rückmeldung.

Ein Vertrauensverhältnis mit ihr aufzubauen, hielt er für fast noch schwieriger als die Sicherstellung des gestohlenen Nuklearmaterials. Dass sie den IS verachtete, bedeutete nicht automatisch, dass sie sonderliche Sympathien für Uncle Sam hegte. Möglicherweise hasste sie Amerika noch mehr als die Männer, die ihre Heimat zerstörten. Er hatte so etwas oft genug erlebt.

Ein fast unhörbares Klicken ertönte aus dem vorderen Teil der Wohnung. Rapp hob den Kopf von Jesems dreckigem Kissen. Die Atemgeräusche des Mädchens waren gerade laut genug, um den heulenden Wind draußen zu übertönen. Er wollte sich gerade wieder hinlegen, da erreichte das Knacken von morschem Holz seine Ohren.

Rapp rollte sich von der Matratze und huschte geräuschlos zum Durchgang nach nebenan. Der fahle Schein des Wüstenmondes drang durch ein Loch in dem schäbigen Handtuch, das vor der Fensterscheibe hing. Das ermöglichte es ihm, einen Blick auf den schemenhaften Umriss von Laleh auf dem Boden zu werfen. Viel mehr erkannte er nicht.

Das nächste Geräusch ließ sich unschwer zuordnen – das Schaben der Vordertür über den unebenen Boden. Er huschte durch den Raum, hielt sich am Rand, wo die Holzdielen am meisten Halt hatten, und verharrte neben dem einzigen Zugang.

Die Tür glitt ganz langsam nach innen, bis der Spalt groß genug war, um einer Person das Durchzwängen zu erlauben. Rapp rührte sich nicht, während ein Mann mit AK-47 hereinkam. Direkt hinter ihm erschien ein zweiter und drückte vorsichtig gegen das Holz, bis das Schloss einrastete. Nachdem sie in der Wohnung waren, rechnete er damit, dass sie sich aufteilten und einer das

Schlafzimmer sicherte, der andere Küche und Bad. Doch das geschah nicht.

Verwirrt beobachtete er, wie die zwei Eindringlinge in geduckter Stellung verharrten. Nach einigen Sekunden verstand er den Grund für ihr Verhalten. Sie hatten im Treppenhaus zu viel Licht benutzt und mussten ihre Augen erst an die Dunkelheit gewöhnen.

Was eine naheliegende Frage aufwarf: Was hatten zwei Amateure um drei Uhr morgens in Eric Jesems Wohnzimmer verloren?

Mit einem Satz sprang er den Hinteren an und verpasste ihm einen Fausthieb gegen den Schädel. Er fiel um wie ein Kartoffelsack. Der andere drehte sich alarmiert um, doch Rapp hatte ihm bereits die Kalaschnikow entwunden und holte mit dem robusten Griffstück aus. Für eine Befragung reichte es, wenn einer von ihnen überlebte. Alles andere sorgte nur für eine Verdopplung der möglichen Komplikationen.

»Nein!« Lalehs Schrei ertönte und im gleichen Augenblick warf sie sich schützend vor den Gegner. Rapp schaffte es gerade noch so, ihren Hinterkopf zu verschonen, indem er den Schwung in eine andere Richtung umlenkte.

Er drehte sich zu ihr und ließ dabei den Finger an den Abzugsbügel rutschen, bevor er die Kerosinlampe entzündete. »Kennst du diese Männer?«

Weil sie keine Antwort gab, hob er das Gewehr auf die Schulter und zielte auf den Kopf des Mannes in ihrem Rücken.

»Halt!«, sagte Laleh sofort. »Das sind meine Brüder.«

Sie trat zu dem Bewusstlosen, wälzte ihn auf den Rücken und bettete seinen Kopf in ihren Schoß. Rapp hielt das Sturmgewehr auf den anderen gerichtet.

»Was habt ihr hier verloren?«

Der Mann antwortete auf Arabisch. »Wir wollen unsere Schwester befreien und ein gottloses IS-Schwein abknallen!«

»Was hat er gesagt?«, fragte Rapp und beschloss, in sprachlicher Hinsicht den Naivling zu mimen.

»Dass Sie Ihnen nichts tun wollten und mich nur nach Hause holen wollten.«

An Lügen war er gewöhnt, aber unglaubwürdiger ging es wirklich nicht. Abgesehen vom unverhohlenen Hass in der Stimme tänzelte der Mann unruhig hin und her. Er schien zu überlegen, ob sich das Hineinstürzen in Automatikfeuer vor dem Hintergrund lohnte, dass er vor dem tödlichen Treffer möglicherweise eine Hand um Rapps Kehle bekam.

»Gehören sie der Widerstandsbewegung gegen den IS an?«

»Welcher Widerstandsbewegung?«, antwortete sie. »Sie sind fromme Muslime, die das nahende Kalifat willkommen heißen. Es geht ihnen lediglich darum, die Familienehre zu bewahren.«

Rapp presste den Kolben der Waffe fest gegen die Schulter und holte das Gesicht des Manns mittig ins Fadenkreuz. »Ich zähl jetzt bis drei, Laleh. Entweder erzählst du mir dann die Wahrheit oder du verbringst den Rest der Nacht damit, die Gehirne deiner Brüder von der Wand abzukratzen.«

»Bitte!« Panik blitzte in ihrer Stimme auf. »Meine Brüder haben bei den ersten Angriffen des IS Gegenwehr geleistet, seitdem halten sie sich versteckt. Wir haben verloren. Ihr habt uns alles weggenommen.«

Rapp senkte die Waffe an die Hüfte, zielte mit dem Lauf jedoch weiterhin auf den Gegner. »Es ist mir egal, ob deine Brüder daran beteiligt sind oder nicht. Existiert ein aktiver Widerstand?«

»Nein. Nicht mehr.«

»Verrat diesem Monster nichts!«, herrschte sie ihr Bruder auf Arabisch an. Sie antwortete ihm in derselben Sprache. »Ich sag ihm nur, was er mit eigenen Augen sehen kann, Mohammed. Ihr stellt keine Bedrohung für ihn und seine Armee dar.«

Sie wechselte zurück zu Englisch. »Meine Brüder und ihre Freunde reden nur. Das ist alles, was sie tun. Reden.«

Das stimmte vermutlich sogar. Die Streitkräfte auf der ganzen Welt rätselten seit Langem, wie man dem IS beikommen sollte. Eine kleine Gruppe untrainierter Bewaffneter in einem Keller war wohl kaum fähig, mehr auszurichten, als im Rekordtempo unter der Erde zu landen. Unter kompetenter Führung und mit einem guten Plan konnte allerdings selbst eine überschaubare, unerfahrene Truppe einen Unterschied machen.

»Ich bin ein amerikanischer Agent auf der Suche nach atomarem Sprengstoff, der in Pakistan gestohlen wurde«, entschied er sich für die Wahrheit. »Ich habe die Vermutung, dass der IS das Material für einen Angriff einsetzen und ihn von Asch-Schirqat aus durchführen will.«

Der Mann vor ihm schien zu verstehen, was er sagte, und blickte Laleh an. Langsam schüttelte sie den Kopf und meinte auf Arabisch: »Es könnte stimmen, Mohammed. Er hat mich davor gerettet, verbrannt zu werden. Und er hat mich nicht angerührt.«

»Nein, er lügt«, antwortete ihr Bruder. »Wir wissen alles über Eric Jesem. Welche Gräueltaten er verübt hat. Er ist kein amerikanischer Agent. Selbst bei CIA-Leuten gibt es Grenzen, die sie nicht überschreiten.«

»Mein Bruder glaubt Ihnen nicht, dass Sie ein amerikanischer Agent sind.«

»Du meinst, er glaubt nicht, dass Eric Jesem ein amerikanischer Agent ist.«

»Ich verstehe nicht, wie Sie das meinen.«

»Was wisst ihr über ihn? Über Jesem?«

Diesmal übernahm ihr Bruder das Antworten direkt. Sein Englisch war nicht so gut wie das von Laleh, aber es reichte, um ihn zu verstehen.

»Wir wissen, dass er ein Schlächter von Frauen und Kindern ist.« Seine Augen huschten durchs Zimmer.

Rapp hätte gelächelt, wären seine Lippen nicht in so einem üblen Zustand gewesen. Obwohl er nicht die geringste Chance hatte, ihn zu erreichen, ohne erschossen zu werden, forschte der Jüngere nach Gelegenheiten, ihn anzugreifen. Die fehlende Ausbildung machte er durch Motivation wett. Besser als nichts.

»Einer meiner Männer hat Eric Jesem das Genick gebrochen. Wir haben seine Leiche in einen Müllschlucker geworfen.«

Lalehs Augenbrauen zuckten. Sie fing an zu begreifen.

»Er hat mich gefragt, in welcher Stadt wir sind«, sagte sie auf Arabisch. »Und die Lampe! Er ließ zu, dass ich ihm damit mehrmals ins Gesicht schlug, bevor er sie mir wegnahm. Er wollte, dass ich ihn verletze! Um sein Gesicht zu entstellen!«

Ihr Bruder schüttelte nur den Kopf. »Nein. Er ist clever. Wir kennen ihn. Er stammt aus einer reichen amerikanischen Familie und hat ein College besucht. Dann kam er in unser Land, um Menschen zu töten, die ihm nichts getan haben. Glaub ihm kein Wort, Laleh. Er ist der Teufel.«

»Spricht Eric Jesem denn eure Sprache?«, fragte Rapp in fehlerfreiem Arabisch.

Sie starrten ihn ungläubig an.

»Wie ihr schon sagt, war er ein 32 Jahre alter Amerikaner, der in Colorado aufwuchs, dort das College besuchte und nach seinem Abschluss als Makler in der Firma seines Vaters anfing.« Rapp zog sein Hemd hoch und zeigte ihnen nicht nur die von Maslick zugefügten Wunden, sondern auch die im Laufe von Jahrzehnten verheilten: hervortretende Einschussnarben, Überreste von Stichwunden und gleichmäßigere Linien, die Skalpelle von Chirurgen hinterlassen hatten. »Sehen Männer wie Jesem etwa so aus?«

Sie waren zu geschockt, um etwas zu sagen.

»Wie heißt der General, der mich auf den Platz begleitet hat?«

Laleh fand ihre Sprache wieder. »Mustafa. Ali Mustafa.«

Rapp kam der Name vage bekannt vor. Keiner aus dem inneren Zirkel von Saddam Hussein, aber ein hochrangiger Offizier seiner Armee. Aus der Artillerie, falls er sich richtig erinnerte.

»Wisst ihr etwas über eine Operation, die Mustafa von hier aus koordiniert? Etwas im großen Stil?«

»Es kursieren Gerüchte«, entschied sich Mohammed zum Reden. »Keine Details, aber es hat etwas mit einer Anlage draußen vor der Stadt zu tun. Mustafa hat Männer dorthin gebracht, um sie auszubilden. Eric Jesem war einer von ihnen.«

»Wie viele insgesamt?«

»15. Vielleicht auch 20.«

Das klang realistisch. Sechs Waffen, die von Zwei-Mann-Teams begleitet wurden, um keinen unnötigen

Verdacht zu erregen. Und Ersatzleute für den Fall, dass Schwierigkeiten auftraten.

»Kennt ihr eine Möglichkeit, jemanden außerhalb der Stadt anzurufen?«

»Nein. Das Festnetz wurde komplett zerstört und die Amerikaner blocken die Funksignale.«

Rapp nickte. »Könnt ihr mich zu diesem Ausbildungscamp führen?«

»Ja. Es ist nicht weit von hier. Aber wozu?«

Er gab dem Mann seine Waffe zurück. »Um so viele der Männer zu töten, wie ich kann.«

38

LANGLEY, VIRGINIA

Irene Kennedy setzte sich zum ersten Mal seit Tagen an ihren Schreibtisch. Sie hatte kaum die Hand nach der Mappe mit dem Briefing ausgestreckt, da kam auch schon Mike Nash rein und wedelte mit einem Umschlag vor ihrem Gesicht herum. Einem verstörend dünnen Umschlag.

»Habt ihr ihn gefunden?«, fragte sie hoffnungsvoll.

Nash setzte sich auf einen der Stühle und quälte sich ab, eine bequeme Haltung zu finden. Sie hatte absichtlich Sitzgelegenheiten mit ergonomisch ungünstig geformten Rückenlehnen und dünnen Polstern ausgesucht, um lange, unproduktive Meetings zu vermeiden. In einem Lagerraum warteten einige noch unbequemere Modelle, die sie bei anstehenden Besprechungen mit Kongressmitgliedern holen ließ.

»Gefunden wäre zu viel gesagt. Aber mithilfe von Claudias Daten haben wir gewisse Fortschritte erzielt.«

»Ich brauche keine Fortschritte, Mike. Ich brauche Erfolge.«

»Ich weiß. Der Apparat läuft auf Hochtouren, aber dieser Typ ist nicht gerade ein Anfänger.«

Er zog einen großformatigen Abzug aus dem Kuvert und legte ihn auf den Schreibtisch. Grischa Asarow schien im Gegensatz zu Mitch Rapp das Talent abzugehen, scharfe Ablichtungen seines Gesichts zu verhindern. Er starrte direkt in die Kamera und schien mit einem Mikro in der Hand auf einer Art Bühne zu stehen. Dunkle Haare und eine offensichtlich operierte Nase entsprachen weitgehend dem von Nash digital verfremdeten Foto. Seine Haut war allerdings etwas gebräunter und die Augen tendierten eher ins Asiatische. Der Nadelstreifenanzug, den er trug, wirkte etwas zu groß – als wäre es eine Maßanfertigung, die gezielt einen muskulösen Körper kaschieren sollte.

»Das ist Asarow … oder Filipow, wenn es dir lieber ist … während einer Rede vor fast 1000 Zuschauern auf einer Konferenz in Abu Dhabi letztes Jahr.«

»Was für eine Konferenz?«

»Förderindustrie. Der Typ hievt das Konzept, mitten in der Öffentlichkeit unterzutauchen, auf eine völlig neue Stufe. Er ist der Kopf einer bekannten Consultingfirma für die Öl- und Gasbranche mit Niederlassungen in aller Welt. Zu seinen Kunden gehören Konzerne wie Exxon, BP und Aramco, um nur einige zu nennen. Der Laden ist so gut, dass sogar wir schon öfter auf ihre Dienste zurückgegriffen haben.«

»Das erlaubt es ihm natürlich, Russland und den Nahen Osten zu bereisen, ohne dass es auffällt.«

»Und das nutzt er aus. Verdammt oft sogar. Unsere Daten zu seiner Reisetätigkeit sind zwar lückenhaft, aber anhand von Ein- und Ausreisedaten können wir nachweisen, dass er sich zum Zeitpunkt des Angriffs auf Scott in Pakistan aufhielt. Er flog mit dem Firmenjet hin und übernachtete in einer der schönsten Suiten, die das Marriott in Islamabad zu bieten hat. Er besitzt Eigentumswohnungen in London und New York, scheint sie aber seit Jahren nicht zu nutzen. Wir haben Leute bei den Hausverwaltungen eingeschleust, die sich um die Wohnungen kümmern, doch sie sind dort nicht fündig geworden.«

»Er *muss* doch irgendwo wohnen.«

»Natürlich. Offiziell hat er die Adresse seiner Firma in Moskau als festen Wohnsitz angemeldet, aber so leicht lassen wir uns natürlich nicht täuschen.«

Er zog eine farbenfrohe Weltkarte aus dem Umschlag und breitete sie auf der Tischplatte aus.

»Ist das eine grafische Darstellung seiner privaten Flüge?« Hunderte geschwungener Linien verbanden einzelne Länder und Kontinente.

»Nicht ganz. Wir vermuten, dass der Jet zahlreiche Leerflüge unternimmt.«

»Um mögliche Beobachter auf eine falsche Fährte zu lenken?«

»Wie ich schon sagte, der Kerl ist kein Amateur. Er benutzt keine Linienmaschinen. Was du hier siehst, ist eine Auswertung von Charterflügen, die an Punkten gestartet und gelandet sind, an denen wir ihn zum jeweiligen Zeitpunkt verorten konnten. Mit Passagieren an Bord, deren Identität sich anhand uns zugänglicher Quellen nicht ermitteln ließ. Insgesamt 312 Flüge im Rahmen von fünf Jahren. Fällt dir was Ungewöhnliches auf?«

»Enorm viele Landungen in Mittelamerika.«

»In Nicaragua, Costa Rica und Panama, um genau zu sein. Unsere Statistikspezialisten beziffern die Wahrscheinlichkeit, dass es sich um ein zufälliges Muster handelt, auf unter zehn Prozent.«

»Also wohnt er dort irgendwo«, stellte sie fest.

Nash nickte. »Wir gehen von Costa Rica aus, da es in der Mitte der drei Landepunkte liegt. Infrage kommende An- und Abflüge zu korrelieren nimmt viel Zeit in Anspruch, aber es zeichnet sich ein Schema ab. Jemand hält sich dort regelmäßig zwischen einer Woche und zwei Monaten auf, und zwar immer dann, wenn Grischa Asarow keine öffentlichen Auftritte absolviert.«

»Wenn er das nächste Mal nach Costa Rica fliegt, könnten wir uns also an ihn dranhängen?«

»Ich glaube, schon. Immerhin muss er auf einem von etwa zehn Flugfeldern landen, die es dort gibt, und fährt anschließend aller Wahrscheinlichkeit nach mit einem Privatfahrzeug zu seinem Wohnsitz. Da er für keines der infrage kommenden Länder über ein Visum verfügt oder dort ein Auto auf seinen Namen zugelassen ist, gehen wir davon aus, dass er einen Decknamen verwendet. Unsere Teams überwachen sämtliche Landebahnen. Da er offenbar ein Faible dafür hat, den echten Vornamen zu benutzen, orientieren wir uns daran. Allerdings gehen die Uhren in Mittelamerika noch etwas langsamer. Die meisten Unterlagen werden nur in Papierform archiviert.«

»Das heißt, aktuell hast du noch keine Ahnung, unter welchem Namen er dort unterwegs ist?«

»Nicht die geringste. Nach dem Vorfall in Pakistan ist er von der Bildfläche verschwunden. Wir haben versucht, über eine unserer Tarnfirmen, die in der Vergangenheit mit seinem Unternehmen zusammengearbeitet hat, Kontakt herzustellen. Man sagte uns lediglich, er sei aktuell nicht erreichbar.«

Kennedy schob die Karte zur Seite und lehnte sich zurück. »Ich weiß nicht, ob uns das weiterhilft, Mike. Ich habe die Befürchtung, dass er seinen nächsten Zug bald machen wird. Vermutlich kehrt er erst nach Hause zurück, wenn die Mission erfolgreich beendet ist.«

»Wissen wir denn, was für eine Mission das ist?«

»Unsere Analysten haben mehrere Szenarien ausgearbeitet. Genau genommen sind es zu viele. Die Bandbreite reicht von Angriffen mit schmutzigen Bomben auf US-Städte bis hin zu einer nuklearen Anschlagsserie in Israel.«

»Nichts, was sich besonders aufdrängt?«

»Nun, die Bestätigung von Asarows Identität deutet für mich darauf hin, dass Krupin hinter dem Ganzen steckt. Und damit halte ich ehrlich gesagt einen Vorstoß auf amerikanisches Festland für unwahrscheinlich. Ich wüsste nicht, inwiefern er davon profitieren sollte. Er müsste mit vernichtenden Vergeltungsschlägen rechnen. Nein, Krupin hat gerade ganz andere Sorgen.«

»Seine Machtposition im eigenen Land zu behaupten?«

»Genau. Seine Popularität in der russischen Bevölkerung befindet sich auf dem absteigenden Ast. Er muss ihnen wirtschaftliche Verbesserungen verschaffen, und zwar bald.«

»Na, aber jemandem eine Atombombe vor den Latz zu knallen hilft ihm da kaum weiter.«

»Das nicht. Chaos im Nahen Osten dagegen schon.«

»Ölpreise«, begriff Nash, verschränkte die Hände hinter dem Kopf und bemühte sich erneut um eine bequemere

Sitzposition. »Das traue ich diesem durchgeknallten russischen Mistkerl definitiv zu.«

»Zumal er kaum noch was zu verlieren hat.«

»Aber wie kriegt er das hin?«

»Einen Teil der Antwort hat er uns selbst geliefert: mit dem IS. Sie haben bereits wiederholt unter Beweis gestellt, dass sie sich in politisch wackligen Konstellationen durchsetzen. Saudi-Arabien, Ägypten oder die Vereinigten Arabischen Emirate spielen allerdings in einer anderen Liga. Sie sind entweder politisch oder militärisch stabil, manchmal auch beides.«

»Also wirft man Bomben über Dubai, Kairo, Riad, Teheran und Dschidda ab. Vielleicht nimmt man noch Tel Aviv dazu, damit der Shitstorm so richtig auf Touren kommt. Dann schickt man den IS rein und die Ölpreise schießen auf Rekordniveau. Danach kann Krupin mit seinen eigenen Ressourcen genug abkassieren, um jeden korrupten Bürokraten zwischen Moskau und Sibirien zu schmieren und die Durchschnittsbürger mit Vergünstigungen und Ehrentiteln zu pampern.«

Kennedy schwieg, setzte ihre Lesebrille ab und legte sie auf den Tisch.

»Hab ich recht, Irene?«

»Zumindest hast du nicht *unrecht*. In diesem Stadium ist alles möglich. Aber Krupin ist ein Soziopath, kein Geisteskranker. Er hält sich weder für Gottes Stimme auf Erden noch träumt er von der Weltherrschaft. Ihm geht es nur darum, sich auf seinem Sessel zu halten. Dein Szenario wäre viel zu riskant. Vergeltungsschläge des Westens, unvorhersehbare wirtschaftliche Verwerfungen, möglicherweise sogar ein Anstieg von Terrorakten in Russland. Mir scheint, so weit wird er sich gar nicht aus dem Fenster lehnen wollen, um den gewünschten Effekt zu erzielen.«

»Dann beschränkt er sich auf Saudi-Arabien. Dort lässt sich am meisten holen.«

Sie nickte, ohne überzeugt zu wirken.

»Frustrierend, was, Irene? Ich hab das blöde Gefühl, dass Mitch die Antworten auf all unsere Fragen kennt, aber keine Möglichkeit hat, sie uns zukommen zu lassen.«

Sie vermutete dasselbe, obwohl ihr Optimismus langsam nachließ. Heute Morgen hatte sie sich länger mit Joe Maslick unterhalten, der einräumte, die Schwere der Verletzungen, die er Rapp zugefügt hatte, zunächst verharmlost zu haben. Außerdem deutete die Auswertung der Satellitenaufnahmen von Rapps ›Rettung‹ aus dem Lastwagen darauf hin, dass er eine ziemlich steile Böschung hinuntergestürzt war. Einiges sprach für die Theorie, dass dem ein Schuss in den Rücken vorangegangen war. Unterm Strich konnte niemand ausschließen, dass Mitch Rapp entweder tot oder zumindest dauerhaft außer Gefecht gesetzt war.

Die Stimme eines Assistenten drang aus der Sprechanlage auf Irenes Schreibtisch. »Ich habe General Templeton auf der sicheren Leitung für Sie.«

Nashs Augenbrauen zuckten bei der Erwähnung des Vorsitzenden der Vereinigten Stabschefs in die Höhe.

»Stellen Sie ihn durch.«

Sie drückte einen Knopf, um ihn auf Lautsprecher zu legen. »Danke, dass Sie so schnell zurückgerufen haben, James.«

»Kein Problem, Irene. Was kann ich für Sie tun?«

»Meines Wissens wurden Sie über die jüngst in Pakistan entwendeten Gegenstände in Kenntnis gesetzt?«

»Ja.«

»Einer unserer Agenten hat mutmaßlich den IS infiltriert und hält sich derzeit in einem der vom Islamischen Staat kontrollierten Territorien auf. Es ist denkbar, dass er über nähere Informationen zu diesen Gegenständen und ihrem vorgesehenen Einsatz verfügt.«

»Ich verstehe. Und wie kann ich da helfen?«

»Ich möchte dem Präsidenten empfehlen, die technischen Kommunikationsblockaden in dieser Region vorübergehend zu deaktivieren, und wäre Ihnen für Ihre Unterstützung dankbar.«

Betretenes Schweigen folgte. »Damit ich Sie da richtig verstehe, Irene … Ihnen schwebt vor, dass wir die technisch fortschrittlichste Terrorgruppierung der Geschichte wieder ans Netz lassen, weil Sie glauben, einer Ihrer Männer habe *möglicherweise* den IS infiltriert und verfüge *vielleicht* über brauchbare Informationen? Sie wissen, dass ich den größten Respekt vor Ihrer Arbeit habe, aber haben Sie völlig den Verstand verloren?«

»Der Agent, um den es hier geht, ist Mitch, James.«

Diesmal dauerte das Schweigen etwas länger. Schließlich sagte der General: »Ich kann mich für eine achtstündige Abschaltung starkmachen, Irene. Keine Minute länger.«

39

Asch-Schirqat, Irak

Der Wind war stärker geworden und blies nun konsequent mit 28 km/h, einzelne Böen erreichten fast die doppelte Geschwindigkeit. Die Finsternis und die zischenden Geräusche, mit denen der Staub durch die umliegenden Gebäude fegte, erzeugten ein desorientierendes Gefühl von Reizabschirmung. Rapp musste gegen den Drang ankämpfen, die Straße zu verlassen und sich in einen der umliegenden Bauten zu flüchten.

Lalehs Wegbeschreibung fiel zwar erstaunlich detailliert aus, aber sich unter den herrschenden Bedingungen daran zu halten erwies sich als Herausforderung. Ein Scheinwerferpaar tauchte am anderen Straßenende auf und kam näher. Er schirmte die Augen ab und prägte sich jedes Detail der abrupt erhellten Umgebung ein – die von Kugeln zerschmetterten Steinfassaden, die engen Gassen und schwarz verfärbte Leichen, die von funktionslosen Stromkabeln baumelten.

Als das Fahrzeug ihn fast erreicht hatte, drehte er sich um und hob eine Hand zum Gruß. Die bewaffneten Soldaten auf der Ladefläche beäugten ihn misstrauisch, erkannten in ihm aber schnell den Amerikaner, der sich General Mustafas Gunst erfreute. Den Mann, der nicht nur der CIA, sondern auch dem berüchtigten Mitch Rapp die Stirn geboten hatte.

Sie riefen ihm im Vorbeifahren etwas Unverständliches zu und salutierten mit den Sturmgewehren. Rapp setzte seinen Weg anhand der mental angefertigten Landkarte fort, während seine Augen sich an die zurückkehrende Dunkelheit anpassten.

Er fuhr mit der Hand an der Mauer eines Gebäudes zu seiner Rechten entlang, um sich den Weg zur Gasse zu ertasten, die der Lichtkegel noch vor wenigen Sekunden erhellt hatte. Laleh hatte ihn im Vorfeld darauf hingewiesen, doch der Durchgang war weniger als zwei Meter breit, was die Schwärze noch steigerte. Es dauerte fast eine Minute, bis Rapp den Türgriff gefunden hatte, von dem er wusste, dass er hier sein musste. Er betrat ein Treppenhaus, in dem es nach verkohltem Holz roch. Er erklomm die Stufen und näherte sich einem schmalen Lichtschlitz am oberen Ende.

Anklopfen erwies sich als überflüssig. Die Tür wurde von innen geöffnet und er nach drinnen gezogen. Den Mann, der vor ihm stand, identifizierte er auf Anhieb als Lalehs Bruder Mohammed. Die anderen vier Anwesenden waren bewaffnet und starrten ihm von der hinteren Wand entgegen. Ihr Arsenal bestand aus AKs und einer Smith & Wesson SD40, deren Mündungen ausnahmslos auf ihn zeigten.

»Sind das deine Leute?«, fragte Rapp auf Arabisch.

»Ja«, kam Mohammeds Antwort, während er sich zu den anderen gesellte.

Rapp stieß die Luft aus und kniff die geschwollenen Augen gegen die grelle Glühbirne an der Decke zusammen. Er stellte sich die Frage, woher sie Strom bekam, widmete sich dann aber der Betrachtung von Lalehs anderem Bruder, der nach dem Schlag, den er ihm verpasst hatte, nach wie vor etwas neben der Spur wirkte. Die beiden Männer rechts von ihm waren beide hager und trugen Brillen mit relativ dicken Gläsern. Rapp hatte

Hunderte wie sie im Rahmen seiner Nahost-Einsätze kennengelernt. Intellektuelle, die sich in endlose politische Diskussionen verstiegen, ohne etwas zu bewirken. Der letzte von Mohammeds Freunden war ein Koloss, fast so bullig wie Maslick, mit dichtem Vollbart und Augen voller Hass.

»Sind das *alle?*«, hakte Rapp nach.

Mohammed nickte.

Also zwei Männer, die aussahen, als ob sie ohne künstliche Beatmung auf der Stelle zusammenbrachen, einer, den er ein bisschen zu hart erwischt hatte, und einer, der ihn anfunkelte, als wollte er ihm das Herz mit einem scharfkantigen Stein aus dem Leib ritzen. Großartig!

»Wo hast du so gut Arabisch sprechen gelernt?«, fragte der Hüne.

»Meine Mutter ist in den 50er-Jahren aus dem Irak emigriert. Sie hat es mir beigebracht.«

Eine hinreichend glaubwürdige Begründung, die sowohl seinen dunklen Teint als auch den Akzent erklärte.

»Du lügst. Du bist einer dieser CIA-Leute, die seit Jahrzehnten Angehörige unseres Volkes töten.«

Rapp zuckte die Achseln und winkte mit der Hand grob in die Richtung der verdunkelten Fensterscheiben. »Was haben unsere Geheimdienste euch jemals angetan, was sich mit dem hier vergleichen lässt?«

Die anderen Männer hatten ihre Waffen bereits runtergenommen, doch der Riese zielte nach wie vor auf Rapps Brust.

»Wieso sollten wir ihm helfen?«

»Darüber haben wir bereits gesprochen«, sagte Mohammed. »Die Amerikaner sind als Einzige in der Lage, den IS zu besiegen und unser Land zu befreien.

Aber sie zögern. Warum, Gaffar? Weil sie sehen, dass wir uns untereinander nicht einig sind, und merken, dass es uns an Hoffnung fehlt.«

Mohammed griff zu einem aufgerollten Stück Papier und strich es auf dem Boden glatt. Rapp kniete sich neben ihn und erkannte darin eine Straßenkarte von Asch-Schirqat.

»Wir sind hier.« Mohammed tippte auf den nördlichen Teil der Stadt, während sich die anderen um ihn versammelten. Er fuhr mit dem Finger in Richtung Westen. »Die Einrichtung, in der die Männer trainiert werden, befindet sich dort.«

»Außerhalb der Stadtgrenze.«

»Ungefähr einen halben Kilometer, ja. Die Amerikaner haben das Gebäude ursprünglich als Schule vorgesehen, aber die Lehrer wurden alle hingerichtet. Inzwischen bringt man dort Mädchen unter, die vom IS verkauft und missbraucht werden. Vor etwa drei Monaten traf dort eine neue Gruppe zur Ausbildung ein. Unter ihnen befand sich auch Eric Jesem.«

»Wie viele Männer sind es insgesamt?«

Mohammed sah zu einem seiner bebrillten Begleiter, der so leise antwortete, dass er ihn kaum verstand.

»Anfangs etwa 50. Die meisten, Jesem eingeschlossen, sind vor einem Monat abgereist. Einige kehrten zurück, die meisten nicht. Aktuell sind es nach unseren Schätzungen 23.«

Das passte. Mustafa hatte mehrere Teams ausgesandt, um das spaltbare Material in Pakistan zu beschaffen, darunter auch Jesems Leute.

Einige von ihnen waren umgekommen, andere vermutlich zu anderen IS-Stellungen geschickt worden. Die

Männer, die sich jetzt noch dort aufhielten, hatte man ausgewählt, um die nächste Phase der Operation durchzuführen.

»Beschreibt mir das Gebäude«, bat Rapp.

»Es ist ein zweistöckiger Bau, der überwiegend aus Beton besteht«, schilderte Mohammed. »Das Gelände ist eingezäunt, aber das Tor wurde bei der Zerstörung durch den IS eingerissen und nie repariert. Eine Wache steht am Eingang. Die Mädchen werden nachts in den oberen Stock gebracht. Er ist über eine Treppe an der Rückseite erreichbar. Die Männer schlafen in mehreren Räumen im Erdgeschoss.«

»Sind deine Männer alle mit dem Grundriss vertraut?«

Er nickte.

»Elektrizität?«

»Sie haben Generatoren, die sie überwiegend nachts einschalten. Aber eher selten.«

In etwa das, was Rapp erwartet hatte. Sie hatten ihr Trainingsquartier in einem Gebäude voller Kinder bezogen, um es vor Bombenangriffen der Amerikaner zu schützen. Zu viel Licht in der Nacht hätte unweigerlich für Aufmerksamkeit gesorgt.

»Waffen?«

»Jeder verfügt über ein AK-47 und eine Pistole. Unterschiedliche Modelle.«

»Wie steht's mit eurer Ausrüstung?«

»Das, was du hier siehst. Ein paar Ersatzmagazine für jeden.«

»Habt ihr die Möglichkeit, an weitere Männer oder Waffen ranzukommen?«

»Nein.«

»Okay«, sagte Rapp und stand auf. »Lasst uns gehen.«

Sie starrten ihn an. Mohammeds Bruder war der Erste, der sich fing. »Gehen, wohin? Was meinst du?«

»Wir werden ihr Ausbildungslager stürmen.«

»Das ist unmöglich. Darüber müssen wir vorher reden. Einen Plan schmieden. Wir …«

»Was gibt es da zu bereden? Mohammed sagt, ihr wisst alle, wie es drinnen aussieht. Und uns ist bekannt, wie viele Gegner es gibt und wo die Mädchen schlafen.«

»Schon, aber …«

»Ruhe!«, brüllte Gaffar und richtete sich zu voller Größe auf. Rapp tippte auf mindestens zwei Meter. »Wir werden diese Einrichtung nicht angreifen.«

»Warum?«, wollte Rapp wissen. »Hast du etwa Angst?«

Als Antwort hob der andere die SD40, bis der Lauf wenige Zentimeter vor Rapps verunstalteter Nase schwebte. »Weil ich mich von jemandem wie dir nicht führen lasse. Sieh dir dein Gesicht an. Wie du dich hast zurichten lassen. Nein. Du redest wie ein großer Krieger, aber du stinkst wie ein Verwaltungshengst. Wie ein Feigling, dem die Pisse am Bein runterstrullt, sobald er irgendwo Blut sieht.«

Rapp überlegte, ob er dem Kerl erzählen sollte, wen er vor sich hatte, doch er wirkte nicht wie einer, der sich durch Worte überzeugen ließ.

Was ihn zu einer echten Ausnahmeerscheinung in dieser Truppe machte.

Stattdessen sprang er nach links, packte Gaffars Handgelenk und riss an seinem Arm. Ein leichter Schlag gegen den ungeschützten Ellbogen des Iraki genügte, damit er die Waffe fallen ließ. Er wollte ihn auf keinen Fall verletzen. Diesen Fehler hatte er vorhin schon bei Mohammeds Bruder gemacht.

Die Pistole fiel dem Gegner aus der Hand. Rapp fing sie auf, während die anderen Männer im Raum nervös an ihren Waffen hantierten. Er ließ einen Fuß gegen das Schienbein des Riesen krachen, um ihn aus dem Gleichgewicht zu bringen, und gab parallel vier Schüsse auf die anderen ab. Jeder strich weniger als zwei Zentimeter an ihren Händen vorbei.

Nachdem der Nachhall verklungen war, trat völlige Stille ein. Gaffar krümmte sich mit schmerzverzerrtem Gesicht, die anderen standen wie erstarrt vor der Wand. Rapp stopfte die Pistole vorn in die Hose und deutete auf die Tür.

»Okay, wer von euch Jungs fährt?«

40

IN DER NÄHE VON JIWANI, PAKISTAN

Der Mann am Steuer des Trucks fuhr zu schnell, aber jeder Versuch, den Menschen in dieser Region vernünftiges Verhalten im Straßenverkehr beizubringen, lief sowieso ins Leere. Grischa Asarow klammerte sich an der Holzkiste fest, auf der er hockte, und wickelte den Schal enger ums Gesicht, damit kein Staub in seine Lunge eindrang.

Die jungen Männer um ihn herum schienen die Reise durchs westliche Pakistan auf der offenen Ladefläche zu genießen. Weder die heftigen Erschütterungen noch die drückende Hitze schienen ihre Laune zu beeinträchtigen.

Alle gehörten dem IS an, aufgrund ihrer Qualitäten von Maxim Krupin ausgewählt. Dass sie sportlich und stark waren, sah man ihnen an. Abgesehen von diesen beiden Punkten und dem grenzenlosen Enthusiasmus fiel es Asarow jedoch schwer, etwas Außergewöhnliches an ihnen zu erkennen.

Der Truck fegte mit einem Tempo um die Ecke, das die Ladung gefährlich ins Wanken brachte. Die Kisten, überwiegend mit Handelsgütern gefüllt, die überall am Golf gefragt waren, stapelten sich mehr als vier Meter hoch. Asarow hielt sich an einem der Seile fest, welche die Ladung sicherten, während das Gefährt auf zwei Reifen weiterschlitterte. Fast ertappte er sich dabei, auf einen gut getimten Windstoß zu hoffen. Es hätte ihrem verqueren Plan ein würdiges Ende bereitet: er in einem Knäuel mit den verletzten IS-Männern, umgeben von Stoffballen, Dosengerichten und dem gestohlenen Plutonium aus dem pakistanischen Arsenal.

Sie erreichten den Gipfel einer Anhöhe und der Golf von Oman tauchte am Horizont auf wie ein aufblitzender Spiegel unter der mächtigen Wüstensonne. Seine Begleiter plapperten aufgeregt miteinander, aber er verstand nur wenige Brocken Arabisch und hatte keine Ahnung, worum es ging.

Einer von vielen Gründen, weshalb er lieber Tausende Kilometer weit weg gewesen wäre. Seine Erfahrungen in Nahost beschränkten sich nahezu ausschließlich auf seine Tätigkeit als Energieberater. Er kannte sich bestens mit den Luxussuiten in den Hotels der Region aus, mit Konferenzsälen und europäisch geprägten Restaurants. Dann und wann wurde er auf dem Rücksitz eines Geländewagens mit Klimaanlage zu einer neuen

Fördereinrichtung chauffiert – fast immer gab es eine Minibar.

Seine Gedanken drifteten von der bevorstehenden Aufgabe in die Zukunft ab – ein Thema, dem er bis vor wenigen Wochen keine nennenswerte Aufmerksamkeit beigemessen hatte. Ob Krupin ihn wirklich ziehen ließ? Sicher wäre es die vernünftigste Option. Gelegentlich entschied sich der russische Präsident sogar dafür, solange es auch seinen Interessen diente. Allerdings gab es einige Ausnahmen von dieser Regel. Asarow hatte es schon am eigenen Leib zu spüren bekommen.

Es lag nahe, die Gründe für Krupins Machtbesessenheit allein auf seinen politischen Überlebenskampf zu reduzieren. Allerdings wurde man ihm damit nicht gerecht. Es gab Gelegenheiten, da nahm der russische Staatsmann bedeutende Risiken auf sich, um einen unbedeutenden Apparatschik oder Kleinkriminellen zu bestrafen, der sich ihm widersetzte. Er zog keinen Profit daraus, sondern reagierte bloß seinen Frust ab und fühlte sich für kurze Zeit überlegen.

Rückte er, Asarow, bald ins Zentrum eines weiteren solchen Vergeltungsszenarios?

Er diente dem russischen Präsidenten schon so lange, dass er sich kaum noch an seine Wurzeln als einfacher Farmer und Soldat erinnern konnte. Bei ihrem ersten Aufeinandertreffen war ihm Krupin wie ein Gott vorgekommen. Kühn und gerissen, ein Mann von Welt, ungemein gebildet. Asarow war von dem Mann fasziniert gewesen, um nicht zu sagen: überwältigt. Er nahm sich Krupin zum Vorbild. Wollte auch respektiert und von bedeutenden Zeitgenossen gefürchtet werden. Macht und Reichtum mit derselben Leichtigkeit an sich reißen.

Jemand sein, der die Aufmerksamkeit der Weltöffentlichkeit auf sich lenkt.

Jetzt wünschte er sich nichts mehr von alledem. Er hatte gelernt, Maxim Krupin als das zu sehen, was er wirklich war: ein verzweifelter, letzten Endes schwacher Mann, der nichts als Zerstörung hinterließ, weil er nichts anderes kannte.

Der Lieferwagen bremste an einer Stelle, wo die schlammige Piste in einen Sandstrand mündete. Eine dreimastige Dau ankerte dicht vor der Küste, mit abgeschrägtem Heck und spitz zulaufendem Bug krängte sie im leichten Wellengang.

Seine Begleiter gingen umgehend an die Arbeit. Einige sprangen von der Ladefläche, andere machten die Fracht los. Asarow kletterte an einem der Riemen nach unten und blickte im Schatten der aufgetürmten Kisten über das Meer in Richtung Oman.

Stand Mitch Rapp am Ufer auf der anderen Seite und starrte von einem ähnlichen Strand in seine Richtung? Der russische Geheimdienst hatte ihn in dem Krankenhaus aufgespürt, in dem Scott Coleman behandelt wurde, sich allerdings von ihm abschütteln lassen. Es gab Berichte, die ihn in der Nähe von Bhakkar verorteten, aber Krupins Agenten hatten letztlich nur die Präsenz von Joe Maslick bestätigen können.

Eine Konfrontation mit Rapp schien unvermeidlich, doch Asarow wollte nicht, dass sie hier unter greller Sonne bei Gluthitze stattfand. Hier fühlte sich Rapp wohl, im Prinzip wie zu Hause. Asarow hätte es vorgezogen, ihn in den Norden Russlands zu locken – irgendwohin, wo es kalt, dunkel und beengt zuging und er den Vorteil auf seiner Seite wusste.

Der Kapitän der Dau watete an Land, deutete auf ihn und rief etwas auf Arabisch. Asarow verstand zwar nichts, aber die Bedeutung seiner Worte lag auf der Hand: *Hilf den anderen gefälligst beim Entladen!*

Der Kerl hatte keine Ahnung, mit wem er es zu tun hatte. Trotzdem war es wohl besser, keine unnötige Aufmerksamkeit auf sich zu ziehen, indem er faul im Schatten lungerte, während die anderen Kisten zum Boot schleppten. Asarow gesellte sich zum Rest. Einer der Männer deutete auf einen Behälter mit einem unauffälligen roten X an der Außenhülle. Er stapelte einen weiteren obendrauf und trug sie durchs Wasser, wo er sie auf einem großen Gummireifen verkeilte.

Der Russe schob den Reifen in Richtung Steuerbord des Segelschiffs und verpasste ihm, als er nur noch etwa zehn Meter davon entfernt war, einen kräftigen Schubser. Ein Schatten glitt durch das Wasser unter ihm. Der Taucher stieg aus der Dunkelheit auf und zog die Kiste mit der Markierung von unten aus dem Schlauch heraus. Die Prozedur verlief noch reibungsloser, als Asarow erwartet hatte. Hätte jemand die Szene von der Küste aus beobachtet, wäre ihm nichts Ungewöhnliches aufgefallen. Und die Drohnen der Amerikaner bekamen aus der Luft erst recht nichts davon mit.

Er zog sich zurück, während der Taucher die Fracht zu einem versteckten Behälter am Rumpf schleppte.

Nach dem Beladen brachte die Dau ihn und seine Männer in den Persischen Golf, wo sie die mitgeschmuggelte Kiste an einem entlegenen saudi-arabischen Strand an Land zu holen gedachten. Eine unbequeme und zeitraubende Transportmethode. Vor allem aber eine, die keine ungewollte Aufmerksamkeit erregte.

Asarow erreichte das Schiff. Zwei Männer kletterten an einem Ladenetz herunter, um die zweite Kiste vom Gummireifen zu holen. Sobald sie an Bord war, schwamm er zur Küste zurück, um Nachschub zu holen.

In ein paar Tagen lag all das hinter ihm. Dann würde er nach Costa Rica zurückkehren, um weit weg von dem Chaos, das der Welt drohte, in gnädigem Vergessen zu versinken.

41

ASCH-SCHIRQAT, IRAK

Rapp robbte in nahezu völliger Finsternis den lehmigen Hang hoch. Gaffar und Mohammed waren links von ihm, die beiden Brillenschlangen rechts. Er hatte entschieden, Mohammeds Bruder am Wagen zurückzulassen. Er hatte sich nach wie vor nicht vollständig vom Schlag gegen den Hinterkopf erholt, machte abgesehen davon jedoch einen stabilen Eindruck.

Trotz Vollmond ließ sich der Erdtrabant wegen des allgegenwärtigen Staubs nur als verschmiertes Etwas am östlichen Himmel wahrnehmen. Es genügte, um mitzubekommen, dass einer der Geeks auf allen vieren weiterkrabbeln wollte. Rapp drückte seinen Hintern zum vierten Mal genervt nach unten und erntete zum vierten Mal eine gemurmelte Entschuldigung.

Nicht unbedingt das Niveau, auf dem er normalerweise arbeitete. Er hätte mit Vergnügen einige Finger geopfert, um dafür ein paar von Colemans Jungs zu bekommen, doch das konnte er vergessen. Wie hatte Donald Rumsfeld es formuliert? *Man muss mit der Armee in den Krieg ziehen, die man hat. Nicht mit der Armee, die man sich wünscht.* In diesem Fall bestand seine Armee aus zwei Computerfreaks, einem Mann ohne Kampferfahrung und einem ehemaligen irakischen Soldaten, der danach gierte, Rapp eine Kugel zu verpassen, sobald er ihm den Rücken zuwandte.

Auf dem Gipfel angekommen blieben sie erst einmal liegen und spähten zu dem etwa 100 Meter entfernten Gebäude. Details ließen sich schwer erkennen. Immerhin schien zu stimmen, dass es zwei Stockwerke besaß und überwiegend aus Beton bestand. Der erwähnte Maschendrahtzaun schimmerte leicht im Dunkel. Kaum höher als zwei Meter, kein Stacheldraht an der Spitze. Eher darauf ausgelegt, Kinder während der Pause auf dem Gelände zu halten, als einen bewaffneten Angriff abzuwehren. Etwas Licht drang hinter einem nachlässig vors Fenster geschobenen Blickschutz hervor, mehr war nicht zu erkennen. Keinerlei Anzeichen von Aktivität. Um zwei Uhr morgens schliefen vermutlich alle – sowohl die Schüler als auch die hier untergebrachten IS-Kämpfer.

Ein kurzes Aufblitzen am offenen Tor weckte seine Aufmerksamkeit. Er konzentrierte sich vorübergehend auf sein peripheres Sehen, um die Lichtempfindlichkeit zu steigern. Ein vager Umriss kristallisierte sich in Staub und Schwärze heraus: ein einsamer Wachposten, der lässig an einer Barriere aus Sandsäcken lehnte. Ohne das rote Glühen seiner Zigarette hätte er ihn nie bemerkt.

»Etwa 23 Leute auf dem Gelände, hast du gesagt, oder? Haben wir eine Ahnung, wie viele Mädchen oben schlafen?«

»Um die 40?«, antwortete Mohammed. »Schwer abzuschätzen. Mustafas Leute schleppen ständig neue an und verkaufen andere. Die meisten stammen nicht mal aus der Gegend.«

»Alter?«

»Die Jüngsten gerade mal sechs. Ein paar sind schon fast erwachsen.«

Das versprach, ein Riesendurcheinander zu werden. Fast vier Dutzend Kids, die hysterisch durch die Gegend rannten. Vermutlich versuchten einige der Älteren, die Jüngeren zu beschützen, damit sie nicht totgetrampelt wurden. Ihm graute davor.

»Wie sieht unser Plan aus?«, wollte Mohammed wissen.

Rapp versammelte die Männer um sich.

»Mo und ich gehen rein.«

»Nein«, widersprach Gaffar sofort. »Ich begleite dich.«

Der Goliath traute ihm kein Stück.

»Ich brauch dich hier«, meinte Rapp. »Jemand muss uns Feuerschutz geben, wenn wir rauskommen, und du bist der einzige erfahrene Schütze im Team.«

Gaffar murrte, schien jedoch einzusehen, dass ihm aufgrund der beschränkten Manpower keine andere Wahl blieb.

»Was ist mit uns?«, fragte einer der Geeks.

»Euer Job besteht darin, Gaffar und diese Position zu schützen. Wenn sich jemand von hinten oder von der Seite anschleicht, müsst ihr ihn erledigen. Eins will ich noch mal klarstellen: Unter keinen Umständen feuert ihr eine Waffe in meine Richtung ab.«

Gaffar lachte unterdrückt auf.

»Was ist mit uns beiden?«, erkundigte sich Mohammed. »Wie gehen wir vor?«

»Halt dich einfach an mich. Sobald wir drin sind, rücken wir so leise wie möglich zum hinteren Treppenhaus vor. Das Wichtigste ist, dass die Kinder im ersten Stock bleiben. Darum wirst du dich kümmern.«

»Und du?«

»Sobald du dafür gesorgt hast, dass mir die Kleinen nicht in die Quere kommen, werde ich unsere Gegner abknallen.«

»Allein?«, hakte Gaffar nach. »Nur mit meiner Pistole?«

»Ja. Wenn alle Ruhe bewahren und ihren Job machen, ist die Sache innerhalb von ein paar Minuten erledigt.«

Rapp verpasste Gaffar einen Klaps auf den Rücken. »Wenn Mustafas Männer nach draußen stürmen, warte erst mal ab. Abschüsse aus dieser Entfernung sind schwierig. Außerdem flüchten sie sich nachher noch in eine Deckung, falls du zu früh schießt. Sollten Kinder im Freien auftauchen, erkennst du sie hoffentlich rechtzeitig. Ein Tipp: Das sind die kleinen Menschen.«

Er half Mohammed beim Aufstehen und pirschte sich mit ihm langsam an den Eingang heran.

Der Wachposten entpuppte sich als grotesk unaufmerksam. Rapp und Mohammed hatten sich ihm bereits auf zehn Meter genähert, ohne dass er sie bemerkte. Den Mann zu erschrecken war keine gute Idee, nur blieb ihnen keine andere Wahl. Hoffentlich gelang es ihnen, vorher auf Schlagdistanz an ihn heranzukommen.

Noch acht Meter. Noch fünf. Der andere konzentrierte sich weiterhin darauf, seine Zigarette möglichst komplett aufzurauchen. Vielleicht hatten sie ja Glück und konnten ihn leise und unauffällig erledigen.

Vielleicht aber auch nicht. Drei Meter vor dem Ziel

nahm der Kerl sie im Augenwinkel wahr und wirbelte herum. Er griff nach der Waffe an der Schulter.

»Bruder!« Rapp trat mit ausgebreiteten Armen auf ihn zu. Mohammed folgte einen Schritt hinter ihm in Wüstentracht und mit einer Kopfbedeckung, die nur seine Augen freiließ. Der Amerikaner war ähnlich gekleidet, verzichtete jedoch darauf, das Gesicht zu bedecken, damit man seine ramponierte Visage auf Anhieb sah. Im Moment galt er in dieser Gegend als großer Held, warum also nicht davon profitieren?

»Jesem?«, fragte der Wächter, bevor er das Gewehr in Anschlag bringen konnte. An der Aussprache ließ sich erkennen, dass er kein Englisch konnte. Rapp winkte Mohammed heran und legte kumpelhaft einen Arm um seine Schultern. »Übersetz für mich, Bruder.«

»Natürlich.«

»General Mustafa hat mir meinen Platz im Team zurückgegeben. Ich hätte bis morgen früh warten sollen, aber ich wollte so gern meine Kameraden wiedersehen.«

Mohammed übersetzte seine Aussage und die Erwiderung.

»Willkommen zurück, Bruder.«

Rapp griff in die Tasche und kramte eine Packung Zigaretten hervor. Er wusste, dass man in muslimischen Staaten besser nie ohne aus dem Haus ging. Gleichzeitig ließ er ein Messer aus dem Bund gleiten und verbarg die Klinge flach am Unterarm. Die Mühe hätte er sich in Anbetracht der Tatsache, dass der andere von den Marlboros wie hypnotisiert schien, prinzipiell sparen können. Als er sich vorbeugte, um danach zu greifen, zückte Mitch das Messer und schlitzte ihm die Kehle auf. Die Bewegung war so beiläufig und die Schneide so scharf, dass der Mann es zunächst gar nicht zu bemerken schien.

Rapp legte ihn mit dem Gesicht voran im Sand ab. Ein Fuß zwischen den Schulterblättern sorgte dafür, dass beim Ausbluten nicht alles durch die Gegend spritzte.

»Bist du in Ordnung?«, wandte er sich an Mohammed.

»Ja. Natürlich.«

Rapps Begleiter hatte im Leben garantiert schon einiges mit angesehen. Aber es bestand ein großer Unterschied zwischen bloßem Zuschauen und aktiver Beteiligung. Er war nicht in Panik geraten und davongestürmt, womit er bei Mitch etliche Pluspunkte sammelte.

»Dann lass uns weitergehen.«

Sie näherten sich dem Eingang der ehemaligen Schule. Rapp hob aus Gewohnheit die Hand, um das Lippenmikro zu aktivieren, bis er merkte, dass er gar keins hatte. Genauso wenig wie Körperpanzer, Nachtsichtgerät und – was er am meisten bedauerte – einen Schalldämpfer an der Waffe. Nicht ganz so schlimm, wie mit Stock und Felsbrocken auf eine Bande bestens ausgerüsteter Dschihadisten loszugehen, aber fast. Zumindest verursachten Stöcke und Steine keinen Lärm.

Sie blieben vor der Tür stehen. Rapp beugte sich an Mohammeds Ohr. »Denk dran, wir gehören dazu. Sobald wir dafür gesorgt haben, dass die Kinder oben sicher weggesperrt sind, ist jeder, dem wir begegnen, unser bester Freund. Du musst einfach nur für mich übersetzen, so wie eben bei dem Wachposten. Bleib ganz ruhig, dann ist es bald überstanden.«

Nach einem nervösen Nicken seines Begleiters betraten sie die Lobby, in der eine von Einschusslöchern übersäte Tafel an die Eröffnung der Schule erinnerte. Trübe, in weitem Abstand platzierte Glühbirnen, mit Verlängerungskabeln behelfsmäßig angeschlossen, lieferten genug Licht, um sich zu orientieren, mehr aber auch nicht. Rapp ging voran, das blutige Messer erneut am Unterarm verborgen.

Sie hielten sich in der Mitte des Gangs, liefen an achtlos auf den Boden geworfenen Buntstiftzeichnungen vorbei, die an bessere Tage erinnerten.

»Links direkt vor uns«, lotste ihn Mohammed.

Rapp bog in den engeren Korridor ab und verlangsamte seine Schritte, weil ihm auffiel, dass es Sichtfenster in den Türen auf der rechten Seite gab. Bei manchen war die Scheibe noch intakt, bei anderen gesplittert. Alle Räume wirkten dunkel und verlassen. Rasch lugte er in den vorderen. Ein Klassenzimmer mit jeder Menge umgestürzten Tischen.

Der nächste bot ein ähnliches Bild – mit einem entscheidenden Unterschied: Ein Mann schlief auf einer Matratze in der Raummitte. Rapp wollte schon weitergehen, da fiel ihm ein Schatten auf, der sich zwischen den vor der Wand gestapelten Pulten bewegte. Ein Mädchen, kaum älter als Anna, nackt und zitternd.

Rapp fühlte, wie Wut in ihm aufstieg, schluckte die Emotion jedoch herunter. Bald gab es genug Gelegenheiten, sie abzureagieren.

Schritte näherten sich von Westen her. Rapp drehte sich von der Tür weg und gab Mohammed ein Zeichen, ruhig zu bleiben.

Der Bewaffnete, der um die Ecke bog, wirkte deutlich bedrohlicher als die Wache am Tor. Rapp schätzte die Entfernung ab und überschlug die Möglichkeit, ihn mit einem Messerwurf aus dem Handgelenk zu erledigen.

Bevor er seine Berechnung abschließen konnte, sprach ihn der Mann in stark akzentbehaftetem Englisch an.

»Eric! Ich hab dich auf dem Platz gesehen, aber das Gedränge war zu groß.«

Rapp begann, Gefallen an seiner Popularität zu finden. Vielleicht schmissen sie ihm spontan eine Party und er konnte jeden dieser Mistkerle umlegen, während sie die Torte anschnitten.

»Bruder!« Rapp umarmte ihn und spürte den kalten Stahl der Kalaschnikow am Oberkörper. Es wäre verlockend gewesen, das Messer einzusetzen, aber ihr freudiges Wiedersehen verursachte so schon genug Lärm. Über kurz oder lang kamen andere vorbei, um ihn ebenfalls zu begrüßen.

»Wieso bist du hier, Eric?«

»General Mustafa hat mich ins Team zurückgeholt«, plapperte Rapp aufgeregt drauflos und zeigte auf Mohammed. »Das ist mein neuer Freund. Er übersetzt für mich, wenn es nötig ist.«

»Gott sei mit dir.«

»Und mit dir«, erwiderte Mohammed.

»Du musst wirklich lernen, unsere Sprache zu sprechen, Eric. Dies ist jetzt dein Zuhause. Wir sind deine Brüder.«

»Ich weiß. Du hast ja recht.«

Die Tür, durch die sie eben hineingespäht hatten, schwang auf und der Mann, der auf der Matratze geschlafen hatte, trat in den Flur.

Rapp hob die Hand zum Gruß, doch das unerwartete Geräusch hatte Mohammed aufgeschreckt.

Er wirbelte herum und leerte eine Salve in die Brust des Mannes.

Rapps Kumpel hing zwar ein Sturmgewehr vor der Brust, dennoch zögerte er. Da ihm keine andere Wahl blieb, nutzte Rapp die Gelegenheit, die Klinge in seinem Hinterkopf zu versenken.

»Hol die Mädchen!«, rief er und schleifte die Leiche zur geöffneten Tür, vor der Mohammed wie erstarrt stand.

»Es tut mir leid«, stammelte der Iraki. »Er hat mir Angst eingejagt. Ich wollte nicht …«

»Die Mädchen!«, rief Rapp und zog den Schal vors Gesicht, um es zu verdecken. »Los!«

Mohammed sprintete zum hinteren Teil des Gebäudes, während Rapp sich um die beiden Toten kümmerte. Er hatte den ersten gerade über die Schwelle zum Klassenraum gezerrt, da stürmte das nackte Mädchen an ihm vorbei und rannte schluchzend in Richtung Lobby.

Das Geräusch der hinter ihr zuknallenden Eingangstür wurde von erstaunten Rufen der Männer begleitet, die überall aus dem Schlaf hochschreckten. Allerdings hörte er keine Schüsse. Gaffar schien dankenswerterweise weniger schreckhaft als Mohammed zu sein. Die Kleine würde unverletzt in die Nacht entkommen.

»Amerikaner!«, rief Rapp auf Arabisch. »Die Amerikaner greifen uns an!«

Er ließ das Messer im Hosenbund verschwinden und umklammerte humpelnd den Oberschenkel, als wäre er angeschossen worden. Ein Mann tauchte im Treppenhaus zu seiner Rechten auf. »Beeil dich!«, rief Rapp. »Die Amerikaner! Sie sind draußen!«

Weitere IS-Kämpfer erschienen und stürmten Richtung Ausgang, prüften dabei ihre Waffen und spekulierten lauthals über die Zahl der Angreifer und ob der Feind es wagte, die verhassten Drohnen einzusetzen. Rapps vorgetäuschte Verletzung lieferte ihm einen Vorwand zurückzubleiben. Sechs Männer liefen vor ihm, keiner schaute sich nach ihm um. Er zückte Gaffars Smith & Wesson, da hörte er das Geräusch, vor dem er sich am meisten gefürchtet hatte: das Kreischen junger Mädchen, durchmischt mit trampelnden Füßen.

Sein schöner Plan ging innerhalb von Sekunden zum Teufel. Die Männer vor ihm drehten sich fragend um. Schon fand er sich inmitten eines Pulks verängstigter Kinder wieder. Sie keilten ihn zusammen mit den Kämpfern ein und schoben ihn Richtung Ausgang. Die Terroristen brüllten wütend, als sie merkten, was los war, und schwangen drohend ihre Waffen. Einige von ihnen erwischten die Mädchen, doch das änderte nichts an der prekären Lage. Der Handel mit den Lustsklavinnen lief deutlich besser als von Mohammed prophezeit, denn um ihn drängten sich mindestens 100 Kinder.

Schießen kam nicht infrage. Rapp hätte unter diesen Umständen froh sein können, auch nur den Boden zu treffen. Er schaute sich um und fand, wonach er suchte, wenige Meter vor ihm auf der rechten Seite: eine knapp einen Meter breite Lücke zwischen den Spinden an der Wand.

Unter beträchtlichen Anstrengungen gelang es ihm, sich aus dem Strom der flüchtenden Mädchen herauszuziehen. Fünf Männer hielten sich noch in Sichtweite auf. Er ging zwischen den Schränken in Deckung und richtete die Pistole auf einen Terroristen, der gerade um die nächste Ecke verschwinden wollte.

Rapp zielte auf die obere Rückenhälfte, um die Schweinerei zu vermeiden, die zwangsläufig mit einem Kopftreffer einherging. Es klappte. Der Kerl brach zusammen, doch es sah aus, als wäre er in dem Durcheinander gestürzt. Der Schuss war zwar höllisch laut, aber dank der schallschluckenden Eigenschaften des Betons ließ sich die Quelle des Angriffs unmöglich lokalisieren.

Ein groß gewachsenes Mädchen, ein Handtuch um den Oberkörper gewickelt, knallte im Vorbeirennen gegen Rapps Waffenhand. Er erholte sich rasch vom Schreck und eliminierte einen weiteren Mann, der allen Ernstes mit einem Schwert auf die flüchtenden Kinder einhackte. Ein weiterer, der dicht hinter ihm lief, sah über die Schulter und entdeckte Rapp, fand jedoch keine Gelegenheit, etwas zu unternehmen, weil die nächste Kugel direkt seine Kehle zerfetzte.

Das letzte Ziel in Reichweite verschwand zusammen mit dem Ende der trampelnden Meute um die Biegung. Nur ein paar ganz kleine Mädchen waren zurückgeblieben, blickten sich verwirrt um und heulten.

Mohammed tauchte kurz danach auf. Er entschuldigte sich ein wenig zu wortreich, aber wenigstens hatte er nicht wild in der Gegend herumgeballert.

»Sie kamen schon rausgerannt, als ich oben ankam. Ich wollte die Tür zudrücken, aber es ging nicht.«

Rapp sagte nichts, sondern stürmte zum Vordereingang. In der Lobby stieß er auf fast 15 Männer, die blind durch die Fenster nach draußen ballerten. Er lehnte sich mit dem Rücken an die Tür, Gaffars Pistole vor der Brust: »General Mustafa hat uns geschickt, um euch zu warnen, dass die Amerikaner einen Angriff planen. Wir sind leider zu spät gekommen.«

Mustafas Teams komplett zu dezimieren gehörte nicht zu seinem Plan, aber er brauchte noch ein paar weitere Tote, bevor die Nacht zu Ende war.

»Wir müssen hier weg!«, drängte er. »Nachdem die Mädchen aus dem Gebäude raus sind, werden die Amerikaner ihre Kampfdrohnen einsetzen. Uns bleibt nicht viel Zeit!«

Die Männer nickten zustimmend.

»Ihr müsst am Leben bleiben, um die Anweisungen des Generals umzusetzen. Ich geh als Erster raus und lenk das Feuer der Amerikaner auf mich. Folgt mir mit ein paar Sekunden Abstand und flieht in die Wüste.«

Er taumelte zu Mohammed und packte ihn am Kragen. »Du kommst mit.«

Mit einem lauten ›*Allahu akbar!*‹ stürmten sie in die Nacht hinaus und feuerten mit ihren Waffen auf den Fuß des Hügels, auf dem sich Gaffar versteckte. Rapp zog den Schal vom Gesicht weg und hoffte, dass der Gorilla richtig hinsah.

Offensichtlich tat er das, denn als die Mündung seines Gewehrs aufblitzte, zielte er deutlich an ihnen vorbei.

Rapp sprintete los und ließ Mohammed allein zurück. 25 Meter vor dem Tor warf er sich auf den Bauch und zielte in der Düsternis auf die Islamisten, die in die Nacht flohen. Auf zwei Uhr ging einer zu Boden, ein Opfer von Gaffars Treffsicherheit. Sein Begleiter ging in die Hocke und pirschte am Zaun entlang, um nach einer geeigneten Stelle zum Drüberklettern zu suchen. Rapp schickte eine einzelne Patrone auf den Weg, um ihn daran zu hindern. Ein sichtbarer Ruck ging durch den Tango, bevor er reglos liegen blieb.

Mohammed hastete an ihm vorbei, ohne zu merken, dass Rapp wenige Meter neben ihm lag. Er würde sich ihm gleich anschließen. Nach seiner Zählung mussten noch zwei Gegner sterben, damit das Soll erfüllt war.

42

Östlich von Fudschaira, Golf von Oman

Grischa Asarow machte es sich auf einer von nur drei Hängematten unter Deck bequem. Die ihm zugeteilten Männer belegten die beiden übrigen sowie einige Matten auf dem Boden. Den Crewmitgliedern, die gerade keinen Dienst hatten, blieb somit nichts anderes übrig, als auf den Kisten zu schlafen, die den ohnehin beengten Platz nahezu komplett beanspruchten.

Laut seiner Uhr befand er sich seit weniger als acht Stunden auf dem Schiff. Es fühlte sich trotzdem an wie Tage. Der Captain versicherte ihm, dass sie gut vorankämen – der Wind, der für das Gelingen von Krupins Plan eine so entscheidende Rolle spielte, blähte die Segel.

Asarow rief sich die Einzelheiten der Operation ins Gedächtnis, aber seine Gedanken wanderten ständig zu Mitch Rapp. Stand ihr Aufeinandertreffen unmittelbar bevor? Steuerte der Konflikt zwischen ihnen in den kommenden Tagen auf eine endgültige Lösung zu? Eventuell sogar in den kommenden Stunden?

Es lag auf der Hand, was eine Niederlage bedeutete, aber wie würde sich ein Sieg anfühlen? Stolz, weil der leblose Körper des CIA-Agenten vor seinen Füßen lag? Erleichterung, weil er eine Bedrohung neutralisiert hatte, die ihn andernfalls bis zum Tod verfolgte? Oder doch nichts als die übliche Taubheit, die ihn befiel, nachdem er ein Leben genommen hatte?

Verängstigte Rufe trieben vom Hauptdeck nach unten. Zwar auf Arabisch, aber Asarow verstand genug, um eine

Bedeutung aus ihnen herauszukitzeln. Ihr bescheidenes Schiff hatte das Interesse der Amerikaner auf sich gelenkt. Sie befanden sich auf Abfangkurs.

Angehörige der Besatzung kletterten hastig auf der Leiter nach oben, während Asarows Leute hektisch Kisten umschichteten. Endlich hatten sie den entscheidenden Teil des Decks freigelegt. Asarow hebelte drei nicht befestigte Holzdielen auf, die eine elektrisch angetriebene Winde freigaben.

Er legte einen Schalter um, bevor er die Bretter mithilfe einer Flasche Sekundenkleber wieder fixierte. Seine Leute verschoben die Fracht an die ursprüngliche Position über der Winde. Noch während sie damit beschäftigt waren, fuhr der am Rumpf befestigte Behälter mit dem spaltbaren Material an einem 100 Meter langen Kabel in die Tiefe. In weniger als zwei Minuten würde er im Schlick des Meeresbodens versinken.

Nachdem alles geregelt war, erklommen sie die Streben zum Hauptdeck. Asarow mischte sich unter die Crew, die nervös das herannahende Schiff der amerikanischen Küstenwache beäugte.

Betraut mit der Sicherheit im Golf von Oman wirkte der schnittige weiß-rot lackierte Kutter der Inselklasse in dieser Umgebung völlig fehl am Platz. Das änderte nichts an der Gefährlichkeit ihrer Lage.

Das andere Fahrzeug drosselte längsseits den Motor und ein Beiboot zum Übersetzen wurde zu Wasser gelassen. Es überwand den Abstand mit einer Geschwindigkeit, die von einer gewissen Dringlichkeit zeugte. Ein arabischer Übersetzer kam als Erster über das Ladenetz geklettert und sprach mit dem Captain. Uniformierte Besatzungsmitglieder folgten.

Der Hund, der kurz darauf an Bord sprang, war keine Überraschung. Die Araber mochten die Vierbeiner nicht sonderlich, aber sie waren nützlich, um nach Drogen und Waffen zu suchen. Bei dem Geigerzähler, der über die Reling gehievt wurde, handelte es sich jedoch definitiv nicht um Standardinventar. Größere Sorgen bereiteten ihm die amerikanischen Taucher, die am Heck in die Tiefe glitten.

Mitglieder eines russischen Spezialkommandos hatten ihm allerdings versichert, dass der geringe Durchmesser und die Farbe des Kabels es unter Wasser nahezu unsichtbar machten. Außerdem wurde es durch die Strömungen vom Wasser weggetrieben, weshalb nicht damit zu rechnen war, dass einer der Taucher versehentlich dagegenstieß.

Erneut fühlte sich Asarow gedanklich aus der Realität gerissen – eine gefährliche Angewohnheit, die ihm in letzter Zeit zunehmend zu schaffen machte. Trotzdem sorgte er sich: *Was wird aus mir, wenn sie Krupins Waffen entdecken? Natürlich werden sie mich und die Crew dann in Gewahrsam nehmen und die Dau zum nächsten Hafen schleppen. Dann ist es nur noch eine Frage der Zeit, bis sie merken, dass ich nicht aus der Gegend stamme, und sie mich in eins der geheimen Lager der CIA abtransportieren. Hat das Schicksal es so bestimmt, dass ich dort auf Mitch Rapp treffe? Nicht auf dem Schlachtfeld, sondern gefesselt an einen Stuhl in einem entlegenen Winkel der Erde?*

Asarow schaute sich um. Seine Männer wirkten äußerst nervös. Allerdings kaum mehr als die übrige Besatzung. Die Seeleute waren schlichte Gemüter, ungebildet. Es stand nicht zu erwarten, dass den Amerikanern ihr Verhalten ungewöhnlich vorkam.

Nach weniger als fünf Minuten tauchten die Männer der Küstenwache, die sich unter Deck umgesehen hatten, wieder auf und lieferten ihren Bericht ab. Fünf Minuten später folgten die Kampfschwimmer.

Und dann war es vorbei.

Asarow blieb an Deck und sah zu, wie die Amerikaner auf ihr Schiff zurückkehrten und der Captain der Dau Vorbereitungen traf, um die Fahrt fortzusetzen. Nachdem der Kutter der Küstenwache abgedampft war, verschwand er unter Deck, um die geschmuggelte Fracht zurück nach oben zu holen.

43

Asch-Schirqat, Irak

Das Gewehrfeuer am Stadtrand war seit gut einer halben Stunde verstummt, doch nach wie vor näherten sich Fahrzeuge mit Bewaffneten der ehemaligen Mädchenschule. Da mit Ausnahme von Kurzstreckenfunk alle Kommunikationsmittel blockiert waren, mussten sie sich auf Spekulationen beschränken und fuhren einfach auf gut Glück dorthin, wo sie den Ursprung der Tumulte vermuteten.

Rapp hörte einzelne Schüsse im Osten und bekam mit, wie sie von mehreren Feuerstößen aus Automatikwaffen beantwortet wurden. Das Hin und Her dauerte ungefähr eine halbe Minute, dann trat erneut Stille ein.

Mohammeds Bruder hatte sie zu den Ausläufern der Stadt gefahren, wo sie sich aufteilten und ihren Weg zu Fuß fortsetzten. Entfernung und Richtung deuteten nicht darauf hin, dass jemand aus seinem Team in die Gefechte verwickelt war. Eher handelte es sich um zwei IS-Gruppen, die ihren Frust aneinander ausließen oder nicht merkten, dass sie es mit den eigenen Leuten zu tun hatten.

Er mied die Hauptstraße und arbeitete sich durch die Seitengassen zu Eric Jesems Apartment vor. 40 vorsichtige Minuten führten ihn schließlich zum Eingang des Gebäudes, das er momentan als Zuhause betrachtete. Zunächst vergewisserte er sich, dass ihn niemand beobachtete, dann schlich er leise ins Treppenhaus.

Laleh pirschte unruhig im Wohnzimmer hin und her, als er die Tür aufschloss. Sie blieb abrupt stehen und rief ihm entgegen: »Meine Brüder. Sind sie …«

»Es geht beiden gut«, versicherte Rapp und näherte sich einem der Stühle. Statt sich hinzusetzen, trat er dagegen und zerschmetterte die klapprigen Beine. Kurzes Wühlen in den Splittern förderte ein passendes Holzstück zutage, dass sich als Keil in den Spalt unter den Eingang klemmen ließ. Zwar hielt das einen Eindringling nicht vom Betreten der Wohnung ab, aber es verschaffte ihnen zumindest ein paar Extrasekunden.

»Was tun Sie da?«, fragte Laleh, als er ein langes Stück Stoff vom Verdunklungsvorhang am Fenster abriss.

»Wir teilen uns heute Nacht das Bett«, antwortete er. »Zieh dich aus. Die Unterwäsche kannst du anlassen.«

»Was? Nein! Ich lass nicht zu, dass Sie mich anrühren.«

Rapp hatte keine Lust, sich zu streiten. »Hör zu, ich hab letzte Woche insgesamt höchstens drei Stunden Schlaf abbekommen und fühl mich wie gerädert. Es muss einfach danach aussehen, dass wir ein Paar sind, okay?«

Er ging ins Bad und musterte sein Gesicht im Spiegel. Die Blessuren, die Laleh ihm zugefügt hatte, leisteten ganze Arbeit. Beim Ausspülen des Mundes löste sich ein Backenzahn und landete im Waschbecken, bevor er im Abfluss verschwand. *Dieser verdammte Joe Maslick!*

Auf der positiven Seite notierte er, dass er sich weder mit eitrigen Geschwüren noch mit müffelnden Wunden oder Fieber herumplagen musste. Also hatte er sich zumindest keine Infektion eingefangen, beim Schießen die übliche Trefferquote erzielt und beim Sprint über den Schulhof maximal fünf Prozent vom gewohnten Lauftempo eingebüßt. Alles in allem ging das unter den aktuellen Umständen – und in seinem Leben generell – als akzeptabler Tag durch.

Als er ins Schlafzimmer kam, saß Laleh auf der durchgelegenen Matratze und hatte sich bis zum Hals in die Decke eingewickelt. Die Kleidung, die adrett gefaltet auf dem Boden lag, deutete darauf hin, dass sie seine Anweisungen tatsächlich befolgt hatte. Es überraschte ihn selbst, wie sehr ihn das erleichterte. Für weiteres Hin und Her hätte er jetzt absolut keinen Nerv mehr gehabt.

Ihr Blick suchte seinen, während er die Schuhe abstreifte und sich auf das Bett fallen ließ.

Er tastete nach der Kerosinlampe auf dem Boden, drehte am Rädchen, um sie zu löschen, und schloss die Augen. Eine Sekunde später öffneten sich seine Lider flatternd.

»Laleh?«

»Was?«

Es war dunkel, aber er wusste, dass sie immer noch mit dem Rücken an die Wand gelehnt dasaß.

»Greif mich nicht an, während ich schlafe.«

»Ist gut.«

»Ich mein's ernst.«

»Ich sagte doch: Ist gut.«

Ihre Antwort klang ehrlich, also klappte er die Augen zu und war nach nicht mal einer halben Minute weggetreten.

Rapp wurde von lautem Hämmern geweckt.

»Eric! Mach sofort die Tür auf!« Die Stimme wurde gedämpft, aber er erkannte sie auf Anhieb. General Ali Mustafa.

»Ich komme!«, rief Rapp, wälzte sich von der Matratze und griff nach dem vom Vorhang abgerissenen Fetzen Stoff. Irgendwann während der Nacht musste Laleh sich hingelegt haben, aber er bezweifelte, dass sie auch nur eine Sekunde geschlafen hatte. Sie musterte ihn mit exakt dem gleichen Ausdruck im Gesicht wie gestern Nacht vor dem Löschen des Lichts.

»Halt deine Hände ans Kopfteil vom Bett.«

»Was? Nein. Ich …«

»Streiten können wir später«, raunte Rapp leise. »Tu's einfach.«

Sie ließ sich darauf ein, nachdem aus dem Hämmern ein Treten geworden und das Splittern von Holz zu hören war. »Eric! Mach die verdammte Tür auf!«

»Ich komm ja schon!«, brüllte Rapp, während er ihre Hände ans wackelige Bettgestell fesselte. Er befürchtete, dass sie in Panik geriet, wenn er die Knoten zu fest zuzog, also band er sie relativ locker. Gerade geeignet, um eine überzeugende Show abzuliefern.

»Roll dich auf die Seite, mit dem Rücken zu mir.«

Diesmal zögerte sie nicht.

Er zog die Decke halb hinunter und löste den Verschluss ihres BHs. Einen der Träger drapierte er kunstvoll über ihrer Schulter. »Gut. Bleib so und tu, als ob du bewusstlos bist.«

Er verteilte ihre sorgsam gefalteten Kleider mit einem Tritt auf dem Boden, schaltete die Lampe an und rannte ins Wohnzimmer. Es wäre realistischer gewesen, in Unterwäsche zu öffnen, aber sein definierter Körper und das Flickwerk aus verheilten Kampfwunden passten so gar nicht zum Image des behütet aufgewachsenen Muttersöhnchens aus Colorado.

»Hör auf dagegenzutreten«, schrie er. »Das Teil klemmt.«

Er hebelte den improvisierten Keil unter der Tür weg und zog sie auf. Ali Mustafa platzte mit zwei Maskierten in die Wohnung.

»Warum hast du nicht ...« Der General verstummte, als er die ans Bett gefesselte Frau entdeckte. »Ah. Ich verstehe.«

»Tut mir leid, Sir. Ich wusste nicht, dass Sie es sind«, entschuldigte sich Rapp. »Durch das Holz klang Ihre Stimme ...«

»Das macht doch nichts«, stellte Mustafa fest und zuckte merklich zusammen, als sein Blick Rapps Nase streifte. »Dein Gesicht ...«

»Dieses Mistweib hat mich angegriffen«, sagte Rapp und zeigte auf die zerbrochene Lampe.

Mustafa übersetzte und seine beiden Leibwächter grinsten ihn herablassend an.

»Hast du mitbekommen, was bei unserem Ausbildungscamp los war?«

»Nein. Gibt es ein Problem?«

»Es wurde heute Nacht angegriffen.«

»Angegriffen? Von wem?«

»Zwei Männer haben den Wachposten am Eingang getötet und sich Zutritt verschafft, indem sie behaupteten, von mir geschickt worden zu sein.«

»Wurden sie bereits geschnappt?«

»Noch nicht, aber bei Allah, das ist nur eine Frage der Zeit. Sobald sie geschnappt sind, werde ich sie leiden lassen, wie noch nie jemand gelitten hat.«

»Wie viele von unseren Leuten wurden verletzt? Sind noch genug übrig, um den Plan durchzuführen?«

Jetzt wurde die Sache knifflig – und genau aus diesem Grund hatte Rapp nicht jeden Einzelnen dieser pädophilen Hurensöhne gekillt. Wäre Mustafas Team komplett ausgelöscht worden, hätte sich der General möglicherweise zu einem halb garen Plan B verstiegen. Im schlimmsten Fall wäre die nukleare Beute dann auf mehrere Gruppen verteilt worden, die jeweils ganz eigene Ziele damit verfolgten. Nein, er hatte gezielt in etwa so viele Gegner getötet, dass Eric Jesems Beteiligung an der Mission wieder notwendig wurde, aber nicht genug, um sie komplett zu boykottieren.

»Bist du so weit in Ordnung?«, erkundigte sich der General und ignorierte Rapps Frage. »Sind die Wunden, die diese Hure dir zugefügt hat, ernst?«

»Ich kann zwar nicht durch meine Nase atmen, aber ansonsten ist so gut wie alles verheilt.«

Mustafa nickte nachdenklich. »Wir haben noch genug Männer für die primären Teams. Aber ich brauche dich für das Back-up-Duo.«

»Sir, wirklich, mir geht es gut. Ich kann …«

»Du wirst dich an meine Befehle halten!«, raunzte Mustafa, der nach den Vorfällen des Morgens keine Lust aufs Diskutieren verspürte. Rapp fragte sich, was den Typen mehr auf die Palme brachte: der Tod seiner Männer oder der Fakt, dass seine minderjährigen Schäfchen mittlerweile in alle Winde zerstreut waren.

»Selbstverständlich, Sir. Ich werde Ihre Instruktionen genauestens befolgen.«

Mustafa nickte und zeigte auf Laleh, die reglos mit ans Kopfteil gefesselten Händen auf dem Bett lag. »Vergnüg dich noch ein bisschen, bevor du nachher mit den anderen nach Saudi-Arabien aufbrichst.«

44

PERSISCHER GOLF, VOR DER KÜSTE VON SAUDI-ARABIEN

Grischa Asarow verfolgte, wie die beiden Männer das Schleppnetz hinunterkletterten und leise ins Wasser glitten. Statt ihnen direkt zu folgen, blieb er zunächst an Deck und starrte auf das offene Meer. Wie von Krupins Meteorologen prognostiziert, wurde der Region eine kleine Verschnaufpause vom Sturm gegönnt, bevor nach Sonnenaufgang in einigen Stunden die nächsten Böen kamen. Er genoss es, die stickige Hitze im Frachtraum gegen die frische, salzige Luft einzutauschen, und ließ den Blick über die Küstenlinie schweifen.

Mit Ausnahme der fernen Zivilisationsspuren der Hafenstadt Dammam, 60 Kilometer weiter südlich, war nirgends ein Licht zu sehen. Etwas dichter im Norden lag

Al-Dschubail, wo das Schiff bald ankern sollte, um den offiziellen Teil der Fracht zu entladen. Bis dahin hielt der Kapitän am Bug Stellung und musterte nervös den Horizont.

Asarow zog eine ziemlich ramponierte Tauchmaske über den Kopf und folgte den anderen Männern ins Wasser. Professionelle Ausrüstung hätten sie auf keinen Fall mitnehmen dürfen, weil sie bei der Durchsuchung der Küstengarde unweigerlich aufgefallen wäre und Fragen aufgeworfen hätte.

Er verschwand unter den Wogen und arbeitete sich mit kräftigen Tritten an die beiden Männer heran, die sich am Rumpf des Schiffs zu schaffen machten. Ein Leuchtstab tauchte die Umgebung in fahles grünes Licht und unterstützte ihre Bemühungen, den Container in Kielnähe zu öffnen. Sie arbeiteten mit beeindruckender Effizienz, wie von Krupin im Vorfeld zugesichert, nachdem sie in einem russischen See an einer exakten Kopie der Dau geübt hatten.

Asarow tauchte kurz auf und wandte sich dem Ufer zu. Seine Maske war beschlagen und er zog sie in die Stirn. Ein kleines Fischerboot tuckerte von Westen heran. Gemäß den Vorgaben verfügte es über einen Elektromotor, der deutlich weniger Lärm verursachte als der übliche Außenborder.

Etwas schlug tanzend auf der Wasseroberfläche rechts von ihm auf. Er musterte beiläufig den ersten von bald sechs schwarzen Ballons. Die Männer im Fischerboot trugen Nachtsichtgeräte, was ihre Aufgabe deutlich erleichterte.

Asarow blieb auf Abstand und sah zu, wie die Kiste, die auf den Wellen schaukelte, in den Kahn gehievt wurde.

Sobald sie sicher verstaut war, wurde der Ballon mit einem Messer zerstochen und auf den Grund des Golfs geschickt. In den nächsten zehn Minuten wiederholte sich das Spiel. Immer wieder schwappten Schwimmkörper an die Oberfläche, die Männer hievten die daran befestigten Behälter an Bord und ließen die Beweise verschwinden. Nachdem die letzte Kiste geborgen war, kletterte Asarow in das kleine Boot.

Sobald er sich vergewissert hatte, dass ihre Fracht sicher unter einem Stapel Netze versteckt war, warf er die nasse Kleidung über Bord und schlüpfte in eine ausgebeulte Hose und ein Sweatshirt, wie es die Fischer trugen, die das Ruderboot der Küste entgegensteuerten.

Hinter ihnen dröhnten die Triebwerke der Dau, die sich in tieferes Fahrwasser absetzte. Der Job war erfolgreich erledigt und sie konnten sich wieder ihrem gewohnten Leben als Kaufleute und Schmuggler zuwenden, als wäre das alles nie geschehen.

Das Boot erreichte die Küste und Asarow sprang an Land. Ein SUV mit zwei Männern parkte etwa 50 Meter weiter. Er joggte durch den Sand.

Der Geländewagen erwies sich als nagelneuer Range Rover. Die Insassen wirkten in ihren maßgeschneiderten Anzügen mit der traditionellen Kopfbedeckung ähnlich makellos.

In den meisten Ländern im Nahen Osten wären sie in diesem Outfit aufgefallen, doch in Saudi-Arabien entsprach es dem üblichen Erscheinungsbild. Tatsächlich mussten die Männer nicht einmal eine Rolle spielen: Es handelte sich um örtlichen Adel, seit dem Tag ihrer Geburt mit massiven Privilegien gesegnet. Wie so viele Heranwachsende ähnlicher Herkunft langweilte sie ihr normales Leben. Darum spielten sie jetzt ein bisschen Dschihad.

»Gepriesen sei Allah, dass er euch sicher zu uns geführt hat«, sagte einer von ihnen und streckte die Hand aus. Er hatte eine Ausbildung in Amerika genossen und sprach fehlerfrei Englisch.

»In der Tat«, antwortete Asarow und ließ zu, dass der übertrieben selbstbewusste Jüngling ihm die klamme Hand fast zerquetschte.

Obwohl der Nutzen, solche Leute einzusetzen, offensichtlich war – immerhin standen sie in ihrer Position weitgehend über dem Gesetz –, traute er ihnen nicht. Wer wie sie an Luxus und Anspruchsdenken gewöhnt war, ließ andere und selbst den Gott, dem sie zu dienen vorgaben, beim ersten Anzeichen von Gefahr im Stich.

Der Fischer näherte sich und lud die ersten Kisten in den Range Rover. Natürlich machten die Saudis im feinen Frack keinerlei Anstalten, ihm zu helfen. Asarow wusste aus seiner Arbeit als Energieberater, dass es sinnlos war, sie darum zu bitten. Eine Aufforderung, sich zu körperlicher Arbeit herabzulassen, hätte sie ernsthaft verwirrt.

Er wollte ihre Aufenthaltsdauer an diesem Strand so kurz wie möglich halten, deshalb drehte er um und spurtete zum Fischerboot. Mit seiner Hilfe schafften sie es, binnen fünf Minuten abzuladen und auf die Straße nach Hofuf einzubiegen.

45

Asch-Schirqat, Irak

Rapp lehnte mit dem Rücken an der Mauer des winzigen Schlafzimmers. Er hatte den primitiven Vorhang vom einzigen Fenster der Wohnung entfernt. Die Morgensonne schickte ihre schwachen Strahlen auf Laleh, die ihn mit zusammengekniffenen Augen betrachtete. Sie war inzwischen losgebunden und hatte sich unter den Decken verkrochen. Die schwarzen Haare fielen ihr locker ins Gesicht.

»Was siehst du mich so an?«, wollte sie wissen. »Woran denkst du gerade?«

Das Erlebnis der letzten Minuten schien sie die förmliche Anrede endgültig vergessen zu lassen.

Er dachte an die panischen Mädchen, wie sie in der Schule an ihm vorbeirannten. An die anderen, die auf der Bühne meistbietend versteigert worden waren. Und an die, die sich jetzt irgendwo versteckten und zu Allah beteten, damit er sie beschützte. Aber vor allem dachte er an sie.

In ein paar Stunden würde er Saudi-Arabien den Rücken kehren und den Versuch unternehmen, Ali Mustafas Vorhaben zu vereiteln. Worin auch immer es genau bestand. Das war seine Pflicht, machte er sich bewusst. Seine einzige Pflicht. Um Laleh und Tausende andere wie sie mussten sich andere kümmern. Das schaffte er nicht auch noch.

»Du hast mir nie deinen Namen verraten«, sagte sie, nachdem er ihr eine Antwort schuldig blieb.

»Nein, habe ich nicht.«

»Du bist Mitch Rapp, nicht wahr?«

Lügen fiel ihm leicht, vor allem, wenn es um seine Identität ging. Aber sie hatte die Wahrheit verdient.

»Ja.«

Sie nickte. »Du wirst also nachher mit ihnen losziehen. Sie aufhalten. Sie töten.«

»Falls ich es schaffe.«

»Gut.«

Sie saßen lange schweigend zusammen. Die Helligkeit im Raum steigerte sich mit einer bedrückenden Endgültigkeit.

»Ich werde danach nicht hierher zurückkehren können, Laleh. Vorausgesetzt ich überlebe überhaupt.«

»Ich weiß.«

»Zieh dich an. Ich bringe dich zu deinen Brüdern.«

»Und wie willst du meine Abwesenheit den Männern erklären, wenn sie dich nachher abholen?«

»Das lass mal meine Sorge sein.«

»Danke, Mitch. Aber das geht nicht. Meine Brüder sind gute Menschen, aber sie sind nicht wie du. Es würde sie überfordern, mich zu beschützen.«

»Sie hätten zumindest einen Versuch verdient.«

»Natürlich. Aber sie würden scheitern und meinetwegen sterben. Und wozu? Nur um mein Schicksal noch eine weitere Woche hinauszuzögern? Nein. Ohne mich haben sie eine Chance. Mit mir ist ihr Tod unvermeidlich.«

Rapp reagierte überrascht, als Laleh plötzlich die Decke zurückschlug. Sie trug nichts als Slip und BH. Er hatte darauf bestanden, damit Mustafa und seine Männer keinen Verdacht schöpften.

»Komm, leg dich zu mir.«

Das Schrillen der Klingel war fast unhörbar, aber Rapp schoss trotzdem mit einem Ruck in die Höhe. Er hatte seit Tagen kein elektronisch erzeugtes Geräusch mehr gehört. Anfangs ging er davon aus, nur geträumt zu haben, doch dann drangen freudig erregte Schreie von der Straße an seine Ohren.

Rapp stand vorsichtig auf, um Laleh nicht zu wecken, und lief nackt in den Flur. Der weggezogene Verdunklungsschal lag auf dem Boden. Er schob sich an der Wand entlang zur zerbrochenen Fensterscheibe. Unten standen zwei Männer und redeten aufgeregt miteinander. Sie schienen sich auf etwas zu konzentrieren, das der Mann rechts in der hohlen Handfläche hielt.

Eric Jesems Mobiltelefon lud noch auf dem Fensterbrett. Rapp griff danach und stellte fest, dass es drei Balken und sogar eine schwache Datenverbindung hatte.

Irene Kennedy hatte mal wieder das Unmögliche möglich gemacht. Zu gern hätte er Mäuschen gespielt, wie sie Jimmy Templeton überredet hatte, bei seinem geliebten Störprogramm den Stecker zu ziehen.

Rapp tippte die US-Vorwahl gefolgt von Kennedys Privatnummer in die Tasten. Insgeheim rechnete er nicht damit, dass die Verbindung tatsächlich zustande kam. Umso mehr überraschte es ihn, den Wählton zu hören.

»Hallo?«

»Irene! Verstehst du mich?«

Die Pause schien sich endlos in die Länge zu ziehen, doch dann kam ihre Antwort. »Mitch. Gott sei Dank. Wo steckst du?«

»In Asch-Schirqat.«

»Asch … verdächti… Gebiet.«

»Irene! Die Verbindung ist Mist. Uns bleibt nicht viel Zeit. Was habt ihr rausgefunden?«

Als sie weitersprach, hatte sich das Netz etwas stabilisiert. »Nicht viel, Mitch. Wir haben Szenarien für den möglichen Einsatz des spaltbaren Materials durchgespielt und sie nach Wahrscheinlichkeit sortiert. Das hat allerdings mehr mit Bauchgefühl als mit belastbaren Daten zu tun.«

»Okay, hör zu. Folgendes hab ich rausgefunden. Diese Sache wird von einem von Saddams früheren Generälen koordiniert, einem gewissen Ali Mustafa. Die sechs gestohlenen Sprengköpfe, über die wir Bescheid wissen, sind alles, was sie haben. Und als ich Mustafa gegenüber erwähnte, dass die CIA davon ausgeht, der IS wolle Atomwaffen daraus bauen, um sie in die USA einzuschmuggeln, machte er sehr deutlich, dass das nicht ihr Plan ist.«

»Und was haben sie stattdessen vor?«

»Ich weiß es nicht, aber es geht heute Nacht los. Klingt, als hätte es was mit Saudi-Arabien zu tun.«

»Hast du gesehen, wo sie das Zeug lagern? Wir könnten Teams hinschicken.«

»Nein. Mein Bauchgefühl sagt mir, dass es nicht hier in der Nähe ist.«

»Meins auch. Wenn sie's in Pakistan klauen, um es in Saudi-Arabien einzusetzen, wieso sollten sie es vorher in den Irak schaffen? Es läge auf der Hand, es den Golf raufzuschicken.«

»Ich habe mich in die Operation eingeschleust, Irene. Ich gehöre dem Back-up-Team an und breche noch heute auf.«

»Verstanden. Alles, was du mir erzählt hast, stützt meinen Verdacht. Ich glaube, es geht gar nicht um nukleare Explosionen, Mitch.«

Rapp nickte in stummer Zustimmung. Wenn das Ziel darin bestand, Saudi-Arabien aus dem Spiel zu nehmen, wären sechs Sprengköpfe völlig übertrieben gewesen.

»Es gibt vermehrt Indizien, dass Maxim Krupin in die Geschichte verwickelt ist«, fuhr sie fort. »Wenn wir deine Informationen berücksichtigen, scheint mir ein Angriff mit schmutzigen Bomben das wahrscheinlichste Szenario zu sein.«

»Vermutlich Riad, Dschidda und Medina. Glaubst du, sie trauen sich an Mekka ran?«

»Nicht die Städte, Mitch. Die Ölfelder. Damit können sie die Wirtschaft des Landes grundlegend destabilisieren und den Weg dafür ebnen, dass der IS die Kontrolle übernimmt. Und danach …«

Ihre Stimme brach weg, bevor sie den Satz beenden konnte, aber das machte nichts. Er begriff, worauf sie hinauswollte. Danach kämen Kuwait, Bahrain und die Vereinigten Arabischen Emirate an die Reihe. Die Ölpreise würden durch die Decke schießen und Maxim Krupin, der gerade noch in den Trümmern einer einstigen Weltmacht ums Überleben gekämpft hatte, würde zum neuen Herrn des Universums aufsteigen.

»Irene? Bist du noch da? Irene!«

Die Leitung war tot.

Er spähte aus dem Fenster. Die Männer auf der Straße kämpften mit demselben Problem. Je mehr Leute entdeckten, dass das Mobilfunknetz wieder funktionierte, desto mehr versuchten, sich einzubuchen. Das hatte in kürzester Zeit zur Überlastung geführt. Er ging davon aus, dass sich daran so schnell nichts ändern würde.

46

LANGLEY, VIRGINIA

Irene Kennedy konzentrierte sich auf die Darstellung des geteilten Bildschirms ihres Rechners. Auf der linken Hälfte zeigte eine öffentliche Webcam den südöstlichen Wüstenabschnitt bei Riad. Laut Angaben der CIA-Meteorologen wehte der Wind in nördlicher Richtung mit durchschnittlich 55 km/h. Einzelne Böen erreichten Spitzenwerte von bis zu 90. Der verwirrende Wirbel aus Staub und Sand, der den kompletten Bildausschnitt füllte, ließ sie keine Sekunde an dieser Einschätzung zweifeln.

Der andere Teil des Monitors wurde von einer Karte der wichtigsten Ölfelder Saudi-Arabiens eingenommen. Die sechs eingezeichneten Markierungen hatten ihre Analysten auf Basis einer Maximierung der erzielbaren Schäden errechnet. Wenn man die Menge atomarer Substanzen, die sich in Händen des IS befand, die vorherrschenden Wetterverhältnisse und die Verteilung der saudischen Ölreserven ins Kalkül einbezog, handelte es sich dabei um die optimalen Punkte, um eine Detonation herbeizuführen. Ihre aktuelle Theorie ging davon aus, dass das radioaktive Material an sechs Sprengladungen angebracht wurde, die stark genug waren, um es in den Himmel zu befördern, wo es von den Böen über einige der ertragreichsten Fördergebiete der Erde verteilt wurde.

Sollte Maxim Krupin hinter dieser Operation stecken – wovon sie immer stärker ausging –, dürften seine Mitarbeiter ähnliche Rechnungen angestellt haben. Ob er wohl gerade im Kreml saß und eine ähnliche Karte studierte?

Die Wechselsprechanlage summte und die Stimme eines Assistenten erklang. »Ich habe Prinz Khaled bin Abdullah für Sie in der Leitung, Dr. Kennedy.«

Zehn Minuten zu spät. Wie üblich. Sie griff nicht sofort zum Hörer, sondern wappnete sich für das bevorstehende Wortgefecht. Abdullah war nicht nur ein extrem konservativer Zeitgenosse, tief in religiösen Überzeugungen verhaftet, sondern auch vollkommen inkompetent. Er begriff zwar, dass Saudi-Arabien auf die politische Unterstützung der USA angewiesen war, verachtete Christen im Allgemeinen und amerikanische Christen im Besonderen jedoch zutiefst. Um die Aufgabe noch zu erschweren, war er ein erklärter Frauenhasser, was ernsthafte Diskussionen mit ihm fast unmöglich machte.

Mitch hatte bei einer Reihe von Gelegenheiten angeboten, diesen Unsympathen aus dem Verkehr zu ziehen. Eine verlockende Vorstellung. Bedauerlicherweise waren seine designierten Nachfolger fast noch schlimmer. Abdullah mochte zwar ein antiamerikanisch eingestellter religiöser Fanatiker sein, aber wenigstens war er ein berechenbarer antiamerikanisch eingestellter religiöser Fanatiker.

Sie stellte die Verbindung her und flötete in den Hörer: »Eure Hoheit, vielen Dank, dass Sie die Zeit für einen Rückruf gefunden haben.«

»Ich habe heute eine Menge Arbeit zu erledigen, Dr. Kennedy. Was wollen Sie von mir, wobei Ihnen mein Assistent nicht ebenfalls behilflich sein kann?«

»Auf meinem Schreibtisch landete vor Kurzem ein höchst beunruhigender Bericht über einen unmittelbar bevorstehenden Angriff auf Ihr Land.«

»Wir leben in gefährlichen Zeiten. Sie müssen nicht gleich hysterisch reagieren, wenn so etwas passiert.«

Kennedy grinste, als das Wort ›hysterisch‹ fiel. Natürlich durfte sie nichts unversucht lassen, die Ölförderung Saudi-Arabiens zu schützen, aber die Vorstellung, die zerrüttete Königsfamilie in die Hände genau jener radikalen Kräfte fallen zu lassen, zu deren Entstehung diese selbst beigetragen hatte, war überaus verlockend. *Dann würdest du mal am eigenen Leib erfahren, was hysterisch ist, du aufgeblasener Chauvi,* dachte sie.

»Natürlich haben Sie recht, Eure Hoheit«, erwiderte sie stattdessen. »Allerdings scheint mir diese Bedrohung höchst akut zu sein. Präsident Alexander hat mich gebeten, Sie darüber zu informieren.«

Erwartungsgemäß stieß sie damit bei Abdullah auf offene Ohren. Durch die Erwähnung des Präsidenten wurde sie zu einer reinen Überbringerin der Nachricht. Etwas, das sich mit seinen überkommenen Werten deutlich besser vereinbaren ließ.

»Was beunruhigt den Präsidenten?«

»Der IS hat die nuklearen Komponenten von sechs Gefechtsköpfen in seinen Besitz gebracht. Offenbar gibt es Bestrebungen, sie in Ihr Land einzuschmuggeln.«

»Was?«, rief er. »Wieso erfahre ich erst jetzt davon?«

»Sie nehmen diese Gefahr also doch ernst?«

»Machen Sie sich nicht …«, begann er, biss sich jedoch auf die Zunge, bevor ihm eine weitere Beleidigung über die Lippen kam. Unter Umständen war er doch nicht ganz blöd.

»Verfügt der Gegner über Mittel und Wege, atomare Sprengkörper zu bauen?«, fragte er und kämpfte damit, die Stimme ruhig zu halten.

»Wir halten es für unwahrscheinlich.«

»Also eine schmutzige Bombe.«

»Unsere Analysten halten dieses Szenario für am wahrscheinlichsten, ja.«

»Welche Ziele peilt der IS an?«, fragte er. Seine Worte überschlugen sich fast im Mund. »Riad? Dschidda? An welcher Stelle werden sie ins Land geschmuggelt? Wie viele gibt es? Haben Sie …«

»Eure Hoheit! Bitte beruhigen Sie sich.«

»Ich brauche mehr Informationen, damit ich handeln kann«, bedrängte er sie. »Sie berichten mir von einer drohenden Katastrophe für mein Land und scheinen nicht mal die grundsätzlichen Fakten zu kennen. Wie soll ich in Anbetracht solcher Inkompetenz ruhig bleiben?«

Den Umstand, dass seine eigenen Geheimdienste bislang nicht einmal etwas von einer Bedrohung geahnt hatten, ignorierte er kurzerhand. Und natürlich wusste sie mehr. Sie hatte nur nicht die Absicht, ihn einzuweihen. Sobald sie es tat, würde er Patrouillen in die Wüste entsenden, damit die IS-Teams vorwarnen und dafür sorgen, dass sie untertauchten. So würde es quasi unmöglich, sie zu verfolgen und mögliche sekundäre Ziele in Erfahrung zu bringen. Sobald Krupin die Kontrolle entglitt, kam der IS möglicherweise auf die Idee, seiner eigenen Agenda zu folgen und in Israel, Europa oder den Vereinigten Staaten zuzuschlagen.

»Behalten Sie das bitte für sich, aber wir haben einen Informanten beim IS eingeschleust, der sich bemüht, uns mit Details der Planungen zu versorgen.«

»Ich verlange, dass Sie ihn augenblicklich in die Leitung holen, damit ich mit ihm sprechen kann.«

»Ich bedaure, aber das ist derzeit nicht möglich, Eure Hoheit.«

»Wer ist dieser Mann? Und wo genau hält er sich auf?«

Sie ignorierte seine Fragen. Abdullah hätte keine Sekunde gezögert, die IS-Führungsriege zu kontaktieren und Rapp auffliegen zu lassen, falls er glaubte, dass es seinen Interessen diente.

»Ich versichere Ihnen, dass wir alles in unserer Macht Stehende tun, um den Kontakt zu ihm herzustellen. Sie werden der Erste sein, der davon erfährt. In der Zwischenzeit möchte ich Ihnen nahelegen, Ihre Spezialeinheiten in Bereitschaft zu versetzen. Sobald mein Mann sich meldet, muss es vermutlich ganz schnell gehen.«

47

ASCH-SCHIRQAT, IRAK

»Shit!«, fluchte Rapp und starrte auf das Handydisplay. Er hatte es nicht geschafft, Kennedy noch einmal zu erreichen, und jetzt war das Netz komplett weg. Genau acht Stunden nach Deaktivierung der Sperre, wenn er richtig gerechnet hatte.

»Ist alles in Ordnung?«, erkundigte sich Laleh, die gerade aus der Küche kam. Sie hatte die letzten paar Stunden damit verbracht, sämtliche Fertigrationen aus Eric Jesems Sammlung warm zu machen und mit wachsendem Vergnügen zu verspeisen.

»Die Mobilfunkverbindung ist wieder tot.«

»Ach so.« Es schien sie nicht sonderlich zu beunruhigen. »Ich habe gerade Jambalaya gekocht. Nicht so gut wie das Hühnchen mit Reis, aber du solltest es trotzdem mal probieren.«

Es war unmöglich, ihren Gesichtsausdruck zu deuten. Das Apartment wurde durch den Sonnenuntergang zunehmend in Dunkelheit gehüllt. Der Schatten ihrer schwarzen Haare machte es ohnehin schwer genug, Einzelheiten zu erkennen.

»Ich wollte eine Abholung für dich organisieren, Laleh. Leider ist das nun nicht länger möglich.«

»Nein. Natürlich nicht.«

»Es wird Zeit, dass du von hier verschwindest«, meinte er und hielt ihr das Telefon hin. »Geh zu deinen Brüdern und sag ihnen, sie sollen dich nach Osten zur iranischen Grenze bringen. Ich gehe davon aus, dass du dort Empfang haben wirst. Ruf die letzte Nummer aus der Anruferliste an und erzähl der Frau, die sich meldet, wer du bist. Sie wird dir helfen.«

»Das wird nicht funktionieren. Meine Brüder sind zwar nicht so stark wie du, aber zumindest werden sie alles versuchen, um ihr Haus zu verteidigen. Sie lassen es auf keinen Fall ungeschützt zurück.«

»Dann geh und bleib bei ihnen.«

»Ich hab dir doch schon gesagt, das wäre zu gefährlich für sie.«

»Wenn du nicht gehst, wird es noch gefährlicher, weil sie dann versuchen, dich erneut zu retten. Glaub mir, das ist definitiv eine Nummer zu groß für sie.«

»Ich bin 22 Jahre alt und keine Jungfrau mehr. Damit ist sogar eine Packung Zigaretten von größerem Wert als ich. Nein, ich gehe nicht davon aus, dass es einen weiteren Rettungsversuch geben wird.«

Rapp ahnte, dass sie damit richtiglag. Allerdings würde der Auktionator, dem sie das Augenlicht genommen hatte, nichts unversucht lassen, um sich an ihr zu rächen.

»Dann geh einfach. Besser du stirbst beim Versuch, dich selbst zu retten, als darauf zu warten, dass der Tod durch diese Tür zu dir kommt.«

Sie hatte ein wunderschönes Lächeln, das ließ sich selbst im Halbdunkel erkennen. »Als Frau ganz allein? Du kennst dieses Land so gut wie ich, Mitch. Du weißt, dass das unmöglich ist.«

»Nichts ist unmöglich, Laleh.«

»Und wie erklärst du mein Verschwinden?«

»Da fällt mir schon etwas ein.«

»Du könntest behaupten, ich sei entkommen, aber Mustafa glaubt dir das nie. Und wenn doch, traut er dir danach nicht mehr zu, dich an seiner Mission zu beteiligen. Die einzige Alternative wäre zu behaupten, du hättest mich verkauft, aber dann fragt er garantiert nach, an wen, meinst du nicht? Im schlimmsten Fall bringt er dich um und die Leute, die du retten willst, sind verloren. Und wofür? Wegen der minimalen Chance, dass ich es schaffe, mich Hunderte Kilometer durch IS-Territorium vorzukämpfen und deine Freundin anzurufen, damit sie mich rettet? Ich will dein Blut nicht an meinen Händen haben. Auch nicht das Blut meiner Brüder oder eines anderen.«

Rapp war daran gewöhnt zu bestimmen, wo es langging. Schwierigkeiten zügig und dauerhaft zu beseitigen. Jetzt stand er vor diesem Mädchen und hatte ihr keine Lösung anzubieten.

»Komm«, sagte Laleh. »Das Jambalaya wird kalt.«

Sie verschwand in der Küche, doch Rapp folgte ihr nicht, sondern grübelte, wie er ihr helfen sollte. Schließlich ging er doch hinterher und setzte sich an den Tisch, um ihr beim Essen zuzusehen. Als das unvermeidliche

Geräusch der Faust, die gegen die Eingangstür schlug, schließlich kam, schien sie es nicht einmal wahrzunehmen.

Er lief in den Flur und öffnete. Drei Männer betraten die Wohnung und er wich einen Schritt zur Seite. Mustafa gab sich persönlich die Ehre. Eric Jesem hätte das sicherlich als große Auszeichnung empfunden, würde er nicht gerade in einem pakistanischen Müllschacht verrotten.

»Es wird Zeit«, verkündete der General.

Gaffar hatte seine Waffe bisher nicht zurückverlangt und Rapp hatte es von sich aus nicht angeboten. Sie steckte hinten am Rücken im Hosenbund. Er hätte alle drei Männer in unter einer Sekunde beseitigen, sich Vorräte von Lalehs Brüdern besorgen und einen Lastwagen klauen können, um Saudi-Arabien und die Welt mit allen Problemen allein zu lassen.

»Wo ist das Mädchen?«, wollte Mustafa wissen.

»Ich bin hier.« Laleh kam aus der Küche. Reste von etwas, das Rapp für Chili hielt, klebten am Mundwinkel.

Mustafa gab einem seiner Männer ein Zeichen. Er packte sie am Arm. Sie wehrte sich nicht, als er sie brutal zur Tür schleifte.

»Ich habe bei Zaid Salib einen guten Preis für dich ausgehandelt. Das ist der Mann, dessen Auge sie so schlimm zugerichtet hat. Er lässt es sich einiges kosten, die Chance zu bekommen, dieses Miststück …«

»Du Schwein!«, spuckte ihm Laleh ins Gesicht, als sie auf gleicher Höhe mit dem General war. Etwas blitzte in ihrer Hand auf und Mustafa verstummte. Ein verwirrter Ausdruck trat auf sein Gesicht, als er nach unten schaute und den Messergriff entdeckte, der aus seinem Bauch ragte.

Der Mann, der Laleh festhielt, riss sie mit einem entsetzten Aufschrei nach hinten, während der andere den General auf den Boden gleiten ließ. Trotz der enormen Größe des Kochmessers und des tiefen Eindringens der Schneide war Mustafa noch in der Lage zu sprechen. Seine Stimme, kaum lauter als ein Flüstern, verriet Rapp, dass er dem Mann, der vor ihm kniete, den Befehl gab, ihn zu jemandem namens Najjar zu bringen. Vermutlich ein Arzt, den sie irgendwo festhielten.

Rapp sah auf. Sein Blick traf den der jungen Frau. Sie ließ ihn nicht aus den Augen, auch dann nicht, als sie durch die Tür gezerrt wurde. Zum ersten Mal seit er sie kannte, entdeckte er so etwas wie Furcht. Rapp zog die Smith & Wesson und zielte. Ihre Furcht wich tiefer Gelassenheit.

Die Kugel traf sie mitten ins Herz und sie brach zusammen, den Arm weiterhin in der Hand ihres Peinigers.

Mit ausdrucksloser Miene betrachtete Rapp ihre Leiche. Vermutlich ein paar Sekunden zu lange. Seine verstorbene Ehefrau hatte sich immer gefragt, wie er es schaffte, nach einem Mord ruhig zu schlafen. Vermutlich wäre sie beruhigt gewesen, dass diese Tage nun endgültig hinter ihm lagen.

Der Mann neben Mustafa sprang auf die Beine. Rapp stieß ihn roh gegen die Wand. Schwäche wurde in diesem Teil der Welt prompt bestraft. Mustafas Verletzung durch eine Frau und sein pathetisches Winseln um medizinische Versorgung untergruben die kläglichen Reste seiner Autorität. Das entstehende Machtvakuum gedachte Rapp für sich zu nutzen.

»Lassen wir den General einen Märtyrertod sterben. Es gilt, Allahs Werk zu verrichten.«

Der andere streifte Lalehs Arm ab, nickte kurz und übersetzte die Bemerkung für seinen Begleiter. Einen Augenblick später eilten beide die Treppe hinunter. Bevor Rapp sich ihnen anschloss, kniete er sich neben den Sterbenden, der ihn keuchend auf Englisch um Hilfe anflehte.

Er lehnte sich dicht an das Ohr des Irakis und sagte nüchtern: »Na, hat sich deine Meinung über Rasseweiber jetzt geändert?«

48

Hofuf, Saudi-Arabien

Grischa Asarow saß auf einem Stuhl neben den dreckigen Fensterscheiben des kleinen Zwei-Zimmer-Apartments, das mit grellen bunten Teppichen und einem Mischmasch aus marodem Mobiliar vollgestopft war. Nicht unbedingt sein gewohnter Standard, aber definitiv anonymer als die übliche Suite im Interconti. Der Trubel auf den Straßen hatte sich innerhalb der letzten Stunde verflüchtigt. Die Nacht brach heran und der Wind, der in Maxim Krupins Planungen eine so gewichtige Rolle einnahm, legte wieder deutlich zu.

Er wischte etwas von der Schmiere vom Glas weg und spähte auf das deutlichste Mahnmal des wachsenden amerikanischen Einflusses: das geschwungene goldene M der Neonreklame von McDonald's. Die Beleuchtung flackerte auf und lenkte seine Gedanken von der bevorstehenden Aufgabe auf Mitch Rapp.

Krupin hätte wahrscheinlich behauptet, dass er in Bezug auf den Agenten unter einer krankhaften Paranoia litt. Dass es der CIA selbst dann, wenn sie sich grundsätzlich einen Reim auf sein Vorhaben machte, auf keinen Fall gelang, die Strategie weit genug zu durchschauen, um Rapp nach Saudi-Arabien zu beordern. Der Geigerzähler im Besitz der US-Küstenwache behauptete allerdings das Gegenteil. Genau wie das nervöse Kitzeln in Asarows Magengrube. Je näher er den Ölfeldern kam, desto deutlicher spürte er die Präsenz des Amerikaners.

Sein Handy steckte in einer bulligen Dockingstation, die es um eine Satellitenverbindung und das Abhören von Funkfrequenzen erweiterte. Auf dem Display war eine Karte der Hauptfördergebiete von Saudi-Arabien zu sehen. Blaue Kreise blinkten an sechs Punkten auf, sorgfältig festgelegt auf Basis der Wetterdaten des russischen Militärs und einer Einschätzung der vorhandenen Ölreserven, die von seiner eigenen Beratungsfirma stammte. Zwei-Mann-Teams des IS sollten zu jeder dieser Positionen ausrücken, um eine der von ihm bereitgestellten schmutzigen Bomben zu zünden. Damit reduzierte sich das Fördervolumen des zweitgrößten Ölproduzenten der Welt über Nacht auf ein Niveau unterhalb desjenigen von Norwegen. Im Ergebnis drohte der wirtschaftliche Zusammenbruch, der dem Einfall des IS und dem Erstarken radikaler antimonarchistisch orientierter Splittergruppen innerhalb der Bevölkerung Saudi-Arabiens Tür und Tor öffnen würde.

Ohne finanzielle Anreize war nicht davon auszugehen, dass die USA nennenswerte Energie investierten, um eine fundamentalistisch geprägte Monarchie zu stützen, die offen den Terrorismus förderte. Eher konzentrierten sie sich auf die Stabilisierung der benachbarten

Förderstaaten. Versprach eine solche Strategie Erfolg? Immerhin war der Islamische Staat kein externer Bedrohungsfaktor, sondern aufgrund seiner wachsenden Popularität und des geschickten Rückgriffs auf soziale Medien ein Krebsgeschwür, das sich ungehindert in den Siedlungen und Moscheen überall im Nahen Osten ausbreitete.

Die Amerikaner würden sich schwertun, das Chaos zu beherrschen und die Weltwirtschaft im Zaum zu halten, während Maxim Krupin die Flammen des Zusammenbruchs gezielt schürte. Russland würde aus dem eigenen Grab auferstehen wie ein blutsaugender Vampir aus der eigenen Mythologie.

Asarow konzentrierte sich auf die zentralste der blauen Kennzeichnungen auf der Karte und schaltete auf Satellitenmodus um. Er zoomte an die über eine Fläche von mehr als 9000 Quadratmetern verteilten Röhren- und Tanksysteme heran. Das Ziel des Teams, dessen Leitung ihm Krupin aufgezwungen hatte. Der russische Präsident behauptete, von dort aus könne man die Unternehmung optimal koordinieren und im Fall auftretender Schwierigkeiten die nötigen Gegenmaßnahmen einleiten.

Der Stahl der Anlage glänzte trotz des Umstands, dass sie vor fast fünf Jahren aufgegeben worden war. Er hatte ein 3-D-Computermodell in Auftrag gegeben und endlose Stunden damit verbracht, sich jede einzelne Treppe, Umbauung oder Nische einzuprägen. Am Ende entpuppte es sich mutmaßlich als überflüssig, aber seine Besonnenheit hatte ihm oft genug das Leben gerettet.

Es klopfte leise. Er öffnete und behielt die Hand dabei am Holster, das er über das Hemd geschnallt hatte. Die beiden Saudis entsprachen den übermittelten Fotos.

Er ließ sie eintreten und deutete auf eine große Werkzeugkiste in einer Ecke. Einer von ihnen sprach offenbar Englisch, aber zum Reden bestand kein Grund. Sie waren mit den Eckdaten der Operation vertraut und mit einem GPS-Gerät ausgerüstet, das sie zum festgelegten Explosionsort der Bombe lotste. In ihrem konkreten Fall handelte es sich um einen unauffälligen, unbewohnten Abschnitt der Wüste mehr als 600 Kilometer südwestlich.

Für den unwahrscheinlichen Fall, dass sie von örtlichen Behörden aufgehalten wurden, trugen sie dieselbe Montur wie unzählige Geologen von Aramco, die sich auf der Suche nach neuen Bohrstellen in der Region herumtrieben. Niemand wäre auf die Idee gekommen, die Werkzeugkiste näher zu untersuchen und auf den doppelten Boden zu stoßen. Sonst hätten sie darin nämlich eine gewaltige Ladung C4-Sprengstoff neben einem Container mit spaltbaren Substanzen aus Pakistan entdeckt und wären per Kopfschuss aus dem Verkehr gezogen worden.

»Möge Allah mit einem Lächeln über euch wachen«, sagte Asarow, während sie die Kiste zum Eingang schleppten. Einer bedankte sich mit einer kurzen Kopfbewegung. Er schloss die Tür hinter sich.

Die Männer eilten bereitwillig in den Tod, getrieben von der lächerlichen Illusion, dass Gott sie für ihr zerstörerisches Werk mit dem Paradies belohnte. Sie glaubten ernsthaft, dass der Schöpfer allen Lebens und der physikalischen Gesetze auf Menschen angewiesen war, um seine archaischen Regeln durchzusetzen. Sollte Gott tatsächlich existieren, war Asarow davon überzeugt, dass ihn das Leben und Sterben seiner Geschöpfe einen feuchten Kehricht anging.

Er rief sich zur Ordnung. Philosophieren über den Allmächtigen brachte ihn nicht weiter, wenn er die nächsten 24 Stunden überleben wollte. Er wickelte ein mittelgroßes Paket aus, das vor knapp einer Stunde geliefert worden war. Der Zünder entsprach exakt seinen Spezifikationen, angefertigt von einem ungemein zuverlässigen Spanier, mit dem er schon häufiger zusammengearbeitet hatte.

Er kniete sich neben eine der anderen Werkzeugkisten, die sich vor der Wand aneinanderreihten, entfernte den falschen Boden und beäugte die explosive Ladung. Der Zünder, der daran befestigt war, sah nicht wesentlich anders aus als der, den er in der Hand hielt.

Vielleicht stimmte es sogar und Krupin sagte die Wahrheit: dass die Männer, die Asarow in die Wüste führen sollte, die Bombe erst hochgehen ließen, wenn er sich in sicherer Entfernung befand. Allerdings war er nicht bereit, ein derartiges Risiko einzugehen.

Nachdem er die bestehende Zündvorrichtung durch seine eigene Variante ersetzt hatte, ging er zum Handy, löschte die von Krupins Leuten installierte App zum Aktivieren der Bombe und spielte stattdessen das von seinem spanischen Helfer programmierte Gegenstück auf.

Asarow wartete, bis die Selbstdiagnose abgeschlossen und der Zünder lokalisiert war. Die Bestätigung, dass alle Systemkomponenten störungsfrei funktionierten, erschien auf dem Schirm. Anschließend legte er das Gerät zur Seite und setzte den falschen Boden der Werkzeugkiste wieder ein.

Er hatte kurzzeitig überlegt, die in Russland hergestellte Sprengvorrichtung zur Untersuchung nach Madrid zu schicken, dann jedoch entschieden, dass es keinen Unterschied machte. Ob Krupin wollte, dass er bei dieser

Mission umkam, oder nicht, änderte für ihn nichts. Sollte der Präsident dem Austausch auf die Schliche kommen, zog er ihn hinterher sowieso auf dieselbe Weise aus dem Verkehr wie so viele andere vor ihm.

49

NÖRDLICH VON RIAD, SAUDI-ARABIEN

Die Sonne stand hoch am Himmel, aber wegen des aufgewirbelten Sands betrug die Sichtweite nur knapp 100 Meter. Der Geländewagen, in dem Rapp saß, war an die hiesigen Gegebenheiten angepasst worden. Trotzdem kämpfte er an Stellen, an denen die mangelhaft befestigte Piste zugeweht war, um die Kontrolle über das Fahrzeug.

Sie waren vor etwa fünf Stunden über einen Grenzposten nach Saudi-Arabien gelangt, der von Wachposten bemannt wurde, die mit dem IS sympathisierten. Rapp ging davon aus, dass sie sich aktuell ein Stück östlich von Hafar Al-Batin befanden und in südlicher Richtung fuhren.

Er musterte im Rückspiegel die vier Männer, die sich auf der Sitzbank aneinanderdrängten, dann den Mann zu seiner Rechten – einen gewissen Mihran. Rapp wusste nicht, wie die übrigen hießen, und wollte auch nicht nachfragen, weil er davon ausging, dass Eric Jesem mit ihnen in der Mädchenschule ausgebildet worden war. Der Kerl direkt hinter ihm schien sogar in der Nacht vor Ort gewesen zu sein, in der sie die Einrichtung überfallen hatten.

»Ich kann die Straße nicht mehr erkennen«, sagte Rapp auf Englisch.

»Halt den Mund und fahr geradeaus weiter«, kam Mihrans Antwort. Er starrte auf den Bildschirm eines Toughbooks mit Satellitenverbindung.

»Es wäre hilfreich, wenn ich eine ungefähre Vorstellung hätte, wo ich hinmuss«, gab Rapp zu bedenken.

»Du musst nach Süden, du Schwachkopf. Find einfach die Straße wieder und bleib drauf.«

Dass er und Mihran beste Freunde wurden, hielt er für eher unwahrscheinlich. Der Typ hatte von Anfang an keinen Hehl daraus gemacht, dass er Amerikaner hasste – selbst radikalisierte. Obwohl er halbwegs gut Englisch sprach, schien ihm das eher peinlich zu sein. Seine Erziehung durch ein »gottloses britisches Weib«, wie er es ausdrückte, war ihm von moderat eingestellten muslimischen Eltern aufgezwungen worden. Er schien sich in den Kopf gesetzt zu haben, die Welt dafür bezahlen zu lassen.

»Die Waffen sind in Hofuf eingetroffen und werden in Kürze verteilt«, wechselte Mihran zu Arabisch und bildete sich fälschlicherweise ein, Rapp die Information auf diese Weise vorzuenthalten. »Die Operation hat begonnen.«

Aufgeregtes Geplapper brach auf dem Rücksitz aus, doch Mihran brachte seine Gefährten rasch zum Schweigen. »Wir fahren noch eine halbe Stunde, dann halten wir an und warten, ob wir gebraucht werden. Lasst uns zu Allah beten, dass es nicht der Fall ist.«

»Worüber sprecht ihr?«, erkundigte sich Rapp, um den Schein zu wahren.

»Du fährst – und redest nur, wenn ich dich ausdrücklich dazu auffordere.«

Rapp nickte unterwürfig. Die Theorie von Irene und ihren Analysten erwies sich als zutreffend. Jede Wette, dass sie die Waffen in einer Dau über den Persischen Golf ins Land geschmuggelt hatten. Vermutlich waren sie an einem verlassenen Strand vor Anker gegangen, um alles in einen Truck zu verladen und nach Hofuf zu kutschieren. In Schlagdistanz zu einigen der ergiebigsten Ölfelder der Saudis.

Rapp blickte auf den Computer in Mihrans Schoß und sah, dass ihre aktuelle Position in Rot auf einem nicht kartografierten Bereich angezeigt wurde. Deutlich interessanter fand er einen weiteren Punkt, der südwestlich von Al-Hoff blinkte. Er ging davon aus, dass es sich dabei um eins der primären Teams handelte.

Nachträglich trat er sich für seinen taktischen Patzer selbst in den Hintern. Ursprünglich hatte er den irakischen General dazu bringen wollen, einem der Hauptteams zugeteilt zu werden. Jetzt erkannte er, dass das ein fataler Fehler gewesen wäre. Sollte Krupin tatsächlich hinter der ganzen Sache stecken, erfuhr jeder der Beteiligten nur so viel, wie der russische Präsident unbedingt für notwendig hielt. Kein einzelnes Team kannte den Status oder das Ziel des anderen. Die einzige Ausnahme, und davon profitierte er jetzt, war das Back-up-Team. Es musste zwangsläufig die Positionen aller anderen Akteure auf dem Spielfeld kennen, um jederzeit einspringen zu können.

»Hier links abbiegen«, befahl Mihran und deutete durch die Windschutzscheibe auf eine kaum erkennbare Weggabelung. Rapp tat, wie ihm geheißen, und bald erreichten sie eine steile Klippe, deren Spitze von der staubigen Luft verschluckt wurde.

»Anhalten.«

Rapp steuerte das Fahrzeug in eine knapp zehn Meter tiefe Aushöhlung im Fels. Daraufhin verstummte das omnipräsente Geräusch von Sandkörnern, die gegen die Außenhülle prasselten.

Sie stiegen aus. Mihran huschte mit dem Laptop sofort zum Eingang der kleinen Grotte, um besseren Satellitenempfang zu bekommen. Die anderen holten sich Wasser aus einem Reservoir im hinteren Teil. Drei zogen sich mit gefüllten Flaschen an die Seitenwand zurück, die maximalen Schutz vor dem Wind bot, der Vierte stand mit dem Behälter in der Hand da und setzte ihn an die Lippen. Er nahm einen ausgiebigen Schluck, bevor er die Verschlusskappe aufschraubte. Rapp gab zu verstehen, er sei durstig, aber der Jüngere grinste ihn lediglich abfällig an.

Er war vermutlich keinen Tag älter als 18, spindeldürr und mit fusseligem Kinnbart. Mihrans Verachtung für den amerikanischen Kameraden schien auf ihn abgefärbt zu haben und er nutzte sie, um sich selbst eine Illusion von Autorität zu erschaffen.

Rapp tat, als würde er hinten im Fahrzeug nach Wasser suchen. In Wahrheit schaute er sich genau an, welche Ausrüstung sie mitführten: vor allem eine Reißverschlusstasche voller Waffen und eine sorgfältig zusammengestellte Sammlung von Ersatzteilen für den Motor. Kaum Vorräte, was darauf hindeutete, dass die Operation nicht besonders lange dauern sollte. Ansonsten noch einige Kanister mit Benzin und eine Winde, mit der sie sich notfalls befreien konnten, falls der SUV im Sand feststeckte.

Der Junge hinter ihm öffnete erneut die Flasche und trank mit übertrieben lautem Gluckern. Vermutlich wollte er ihn damit reizen. Teenager. Überall auf der Welt gleichermaßen beschränkt.

Rapp linste durch die Frontscheibe und vergewisserte sich, dass die Männer auf der anderen Seite der Höhle ihn nicht sehen konnten. Hinter ihm stand Mihran und hatte freie Sicht auf den Wagen, konzentrierte sich jedoch völlig auf den Rechner und wartete auf Meldung, ob eins der anderen Teams in Schwierigkeiten steckte.

Der Dreikäsehoch tippte ihm auf die Schulter, schwenkte das Wasser hin und her, bevor er den Behälter mit einer lächerlich dramatischen Geste verschloss. Als Reaktion darauf schnappte sich Rapp ein Werkzeug und drosch es ihm seitlich gegen den Schädel. Der leblose Körper des Pubertierenden landete mit einem dumpfen Geräusch im Sand. Rapp schob ihn unter den Geländewagen, bevor er die aus seinen Händen gefallene Flasche aufhob und zu einem Drittel leerte.

Eine oberflächliche Durchsuchung des Waffenarsenals förderte mehrere Pistolen und einige Ersatzmagazine zutage. Rapp entschied sich gegen eine Kel-Tec P11 und eine Ruger SR9 – mit beiden schoss er nicht besonders gern, erst recht nicht unter solchen Bedingungen. Die Sig Sauer P226, die er ganz unten in der Tasche fand, entsprach eher seinen Vorlieben.

Er ging zur Kühlerhaube des SUV und entdeckte die drei Männer, die sich seitlich gegen die Wand drängten. Lieber wäre er dichter an sie herangeschlichen, aber ohne Schalldämpfer konnte er so oder so vergessen, dass niemand etwas mitbekam. Er hatte keine Ahnung, wie Mihran darauf reagierte. Ihn musste er jederzeit im Auge behalten.

Als er knapp 15 Meter vor den IS-Kämpfern stand, richteten sich alle Augen auf ihn. Während der endlosen Stunden am Steuer hatte er sich davon überzeugt, dass

Mihran unbewaffnet war, aber er wusste nicht, ob das auch für die übrigen Mitfahrer galt. Er würde es zwangsläufig gleich herausfinden.

Rapp zog die P226 hinter dem Gürtel hervor und richtete sie auf die Männer, wobei er ihre Reaktion genau im Auge behielt. Der Typ ganz links warf sich auf den Boden, der daneben huschte in geduckter Haltung zur Rückwand der Höhle. Der Verbliebene griff mit der rechten Hand hinter sich. Ihn erledigte Rapp zuerst. Er traf ihn seitlich am Kopf, woraufhin er rückwärts gegen das Gestein geschleudert wurde. Als Nächstes kam der Flüchtende an die Reihe. Aus diesem Winkel konnte er seinen Kopf schlecht treffen, deshalb zielte Rapp auf den unteren Teil des Rückens, ruinierte ihm das Rückgrat und schickte ihn in den Sand. Er war nicht tot, sondern schrie vor Schmerzen, während er sich mühte, von der Hüfte abwärts gelähmt irgendwie Abstand zu gewinnen.

Der Letzte lag nach wie vor auf dem Boden, wie erstarrt in einer Mischung aus Entsetzen und Verwirrung. Er starrte ihn aus weit aufgerissenen Augen an. Rapp platzierte eine Kugel dazwischen, bevor er zur vorderen Öffnung der Höhle rannte.

Wie erwartet kam Mihran im Vollsprint angelaufen und versuchte, im weiten Bogen den Truck mit den Waffen zu erreichen. Als er merkte, dass Rapp gezielt auf Abfangkurs unterwegs war, machte er kehrt und floh samt Laptop in Richtung Wüste.

Der Araber lief nicht besonders schnell und Rapp schloss in kürzester Zeit zu ihm auf. Mihran versuchte, den Rechner aufzuklappen, was den Amerikaner veranlasste, ihn mit der P226 ins Visier zu nehmen. Er drückte ab, verpasste dem anderen einen Schuss in den

Allerwertesten und schickte ihn eine kleine Düne zu seiner Rechten hinunter. Das Toughbook wirbelte durch die Luft und landete einige Meter weiter. Hoffentlich machte es seinem Namen alle Ehre und trug keinen Schaden davon.

»Was tust du da?«, fragte Mihran, während Rapp zu ihm spurtete. »Du hast Allah deine Ergebenheit geschworen.«

»Hab's mir anders überlegt.« Rapp kniete sich neben den Laptop und öffnete den Deckel. Ein Glück, er funktionierte noch und war weiterhin eingeloggt.

Er stand auf und zielte mit der Mündung der Pistole auf das entsetzte Gesicht des Arabers.

»Halt! Was willst du? Informationen? Die kann ich dir geben.«

»Raus damit.«

»Lässt du mich gehen, wenn ich dir alles sage?«

»Nein.«

Diese IS-Feiglinge unterschieden sich deutlich von den Al-Qaida-Kämpfern, auf die er es zeitlebens abgesehen hatte. Neben ihren vagen Zielsetzungen fehlte es ihnen vor allem an persönlicher Überzeugung. Sie schaukelten sich gegenseitig hoch und schafften es nur mit vereinten Kräften, sich für ihre Missionen zu motivieren. Sobald einer von ihnen vom Rest getrennt wurde, verkam er zu einem schwächlichen Häufchen Elend.

»Ich will …«, begann er und verstummte, als Rapp ihm brutal einen Fuß zwischen die Rippen stieß. Einige davon brachen beim Kontakt. Mitch stand einfach da und beobachtete, wie sich der Gegner unter Schmerzen wand. In Wirklichkeit sah er jedoch Laleh vor sich. Den Ausdruck blanken Entsetzens auf ihrem Gesicht, während sie von Mustafas Männern aus Jesems Apartment geschleppt wurde. Und die Erleichterung, als Rapp die Waffe auf sie richtete, um sie zu erlösen.

Er nahm die Schreie des Feindes nur beiläufig wahr und hätte nicht genau sagen können, wann sie letztlich verstummten. Irgendwann trat er einen Schritt zurück, atmete keuchend und betrachtete Mihran, der mit gebrochenem Genick, Schädelwunde und weit aufgerissenen Augen dalag, der Körper bereits teilweise mit Sand bedeckt.

Nach einer Weile ging er zum Laptop, kniete sich daneben und stellte eine Verbindung zum CIA-Mainframe her. Die Sicherheitsvorkehrungen waren immens, was sein Vorhaben in Kombination mit der ständig wegbrechenden Leitung, die vermutlich dem aufwirbelnden Staub geschuldet war, deutlich erschwerte. Nach fast zehn Minuten schaffte er es endlich, einen Software-Download einzuleiten und eine Voice-over-IP-Verbindung zu Kennedys Büro herzustellen.

»Hallo?«

»Jamie!«, rief Rapp. »Hören Sie mich?«

Es dauerte, bis eine Rückmeldung kam. »Mitch? Sind Sie das?«

»Verbinden Sie mich mit Irene.«

»Ich stell S…« – eine kurze Unterbrechung entstand – »…urch.«

Kennedy meldete sich Sekunden später. »Mitch! Alles in Ordnung? Wo bist du?«

»Alles okay. Etwa 130 Kilometer östlich von Riad.«

»Also mitten im Hauptfördergebiet der Saudis«, stellte sie fest, wobei er ihre abgehackten Worte nur mit Schwierigkeiten verstand. »Wir hatten recht.«

»Ja. Hör zu, ich lad gerade eine Software herunter, die es Marcus ermöglicht, die Kontrolle über diesen Rechner zu übernehmen. Er wird benutzt, um mindestens eins der Teams zu tracken, die der IS in Saudi-Arabien einsetzt. Ich vermute sogar, dass es möglich sein wird, alle sechs zu verfolgen, sobald sie in Aktion treten.«

»Marcus ist bereits auf dem Weg in mein Büro.«

»Was wissen die Saudis, Irene?«

»Ich habe ihnen gesagt, dass ich einen Informanten in den Reihen des IS habe und eine potenzielle nukleare Bedrohung existiert. Weitere Details kennen sie nicht. Ihre Sondereinsatzgruppe ist in Alarmbereitschaft versetzt und kann sofort ausrücken.«

»Haben die auch jemanden, der mich hier abholen kann?«

Keine Antwort.

»Irene!«

»Ich kann sogar noch einen draufsetzen«, meinte sie, als ihre Stimme nach längerer Unterbrechung zurückkehrte. »Ich hatte Fred Mason für den Fall, dass du eine Exfiltrierung anforderst, nach Riad beordert. Er und sein Co-Pilot schlafen im Helikopter, seit sie dort eingetroffen sind. Nenn mir deine Koordinaten. Die Wetterbedingungen sind furchtbar, aber irgendwie krieg ich ihn schon in die Luft.«

50

Riad, Saudi-Arabien

Ein heftiger Windstoß erfasste den Hubschrauber, als er nur noch zehn Meter über dem Boden schwebte, und schob ihn einer Reihe parkender Flugzeuge auf dem Rollfeld entgegen. Rapp klammerte sich unwillkürlich an der Sitzlehne fest, während der Pilot haarscharf am Learjet irgendeines Saudi-Moguls vorbeischrammte und den Vogel zu einer erstaunlich unspektakulären Landung bewegte.

»Danke fürs Mitnehmen, Fred.« Rapp setzte den Helm ab und trat an die geöffnete Luke.

»Nichts zu danken«, rief Mason über den Rotorenlärm hinweg. »Dafür dass ich hier und in Pakistan aushelfe, finanziert Irene meiner Tochter das Schulgeld.«

Rapp sprang mit dem Toughbook, das er Mihran abgenommen hatte, nach draußen. Ein weißer Geländewagen rollte über die Landebahn in seine Richtung.

Ruckartig kam das Fahrzeug einige Meter vor ihm zum Halten. Ein junger Mann in Special-Ops-Uniform stieg aus, machte ein paar Schritte und blieb stehen. Die Abruptheit der Bewegung irritierte Rapp, bevor er sich vor Augen führte, wie er auf den anderen wirken musste. Als wäre sein lädiertes Gesicht allein nicht bedrohlich genug gewesen, besudelten die Überreste von Mihrans letzten Sekunden auf Erden die untere Hälfte von Eric Jesems Hose. Außerdem klebte ein vertrocknetes Stück Schädel samt Haaren an Rapps Stiefelspitze. Im Nachhinein betrachtet hätte er es wohl besser abgekratzt.

»Mr. Rapp?«, fragte der Jüngling. Es klang leicht unsicher. Zweifellos hatte er eine Menge Geschichten über den CIA-Agenten gehört und tat sich schwer, seine Vorstellungen mit der Realität in Einklang zu bringen.

»Bringen Sie mich zu König Faisal«, bat Rapp auf Arabisch, lief an dem jungen Offizier vorbei und kletterte auf den Rücksitz des bereitstehenden SUV.

»Er ist derzeit leider nicht zu sprechen«, verkündete der andere, setzte sich neben ihn und knallte die Tür zu. »Ich bin Captain Bazzi. Man hat mich angewiesen, Sie in Ihr Hotel zu bringen. Dort erwartet Sie der Regierungsvertreter, der für diese Angelegenheiten zuständig ist.«

»Prinz Abdullah?«, fragte Rapp. Er verachtete den saudischen Sicherheitsbeauftragten mit einer Leidenschaft, die er sich sonst für die schlimmsten Mistkerle aufhob, die der Menschheit zu schaffen machten. Jedes Mal, wenn er in seine Nähe kam, kämpfte er gegen den akuten Drang, ihm das Genick zu brechen.

»Nein, Sir. Aber einer seiner Vertrauten. Mein Vorgesetzter, Colonel Wasem.«

Rapp inspizierte den jungen Mann durch die geschwollenen Augenlider. »Die Königsfamilie hat sich längst ins Ausland abgesetzt, oder, Captain?«

»Es sind viel beschäftigte Leute, Sir. Einige von ihnen müssen sich um dringende Aufgaben in Europa kümmern.«

Rapp nickte bloß und schaute durchs Fenster, während der SUV beschleunigte. Keine große Überraschung. Sie lagen faul auf den Sonnendecks ihrer Jachten und warteten darauf, dass er die Welt für ihre verwöhnten Ärsche wieder etwas sicherer gemacht hatte. Sollte er scheitern, blieben sie vermutlich, wo sie waren. Oder sie setzten sich in Monaco, Beverly Hills oder London zur Ruhe, während ihr Land überrannt wurde.

Seine Suite im Hotel war an Protzigkeit kaum zu überbieten. So etwas passierte, wenn man einem Innenarchitekten aus dem Nahen Osten finanziell freie Hand gab. Rapps Ungeduld schlug in Ärger um, als er die Räume durchquerte und feststellte, dass der angekündigte Gesprächspartner nicht auf ihn wartete.

»Wir haben Ihnen am Schreibtisch einen Rechner mit leistungsstarker Verschlüsselung und ein Satellitentelefon bereitgestellt«, verkündete Bazzi. »Saubere Kleidung liegt auf dem Bett.«

»Wo ist Colonel Wasem?«

»Meines Wissens ist er auf dem Weg. Er ging davon aus, dass Sie vorher Ihre Kollegen für ein Update kontaktieren möchten.«

Rapp gab sich keine Mühe, seine Verachtung zu kaschieren. Garantiert saß Wasem längst irgendwo im Hotel und wartete darauf, dass Rapp eins der Geräte in diesem Zimmer benutzte, um die Kommunikation zu verfolgen. Unter Garantie wurden jedes Bit und jeder Gesprächsfetzen strengstens überwacht.

»Im Wohnzimmer steht Essen. Brauchen Sie einen Arzt? Ich kann einen …«

»Was ich brauche, ist Wasem. Und fünf Spec-Ops-Teams in Hubschraubern, die zeitnah abheben können.«

»Ja, Sir. Wir haben Personal in Bereitschaft versetzt und erwarten die Befehle des Colonels.«

Rapp zeigte auf die Tür. Bazzi verstand die Aufforderung und wandte sich zum Gehen. Sobald er verschwunden war, zog Rapp die Warmhaltehaube aus echtem Sterlingsilber vom Teller, der auf einem Rollwagen bereitstand. Darunter fand sich ein Stück Filet im Speckmantel mit allen erdenklichen Beilagen. Ein ziemlich unüblicher Anblick in einem muslimischen Staat. Er nahm es in die Hand und nagte vorsichtig mit den unversehrten Zähnen das Ende ab. Das Kauen bereitete ihm Schmerzen. Nebenbei leitete er über den Rechner einen Download von einer unverdächtig wirkenden Website ein, die Marcus Dumond speziell für solche Zwecke eingerichtet hatte.

Als Nächstes widmete er sich Mihrans Toughbook. Es erwachte zum Leben, sobald er es aufklappte, aber vor dem schwarzen Hintergrund erschien eine Passwortabfrage. Dumond hatte sich offenbar bereits eingehackt und es entsprechend gesichert.

Rapp setzte sich mit dem Rücken zur Holzplatte an den Schreibtisch, um den Kameras, die garantiert im Raum installiert waren, den Blick auf den Schirm zu verstellen. Sein übliches CIA-Master-Passwort wurde abgewiesen, ebenso einige sekundäre, die er für den Zugriff auf Tarnfirmen der Agency benutzte. Er brauchte fast zehn Versuche, dann verschwand das Eingabefeld. Dumond hatte die PIN für Rapps privates Bankkonto verwendet. Dieser raffinierte kleine Geek!

Auf dem Bildschirm erschienen vier blinkende Punkte, die sich über eine Kartenansicht von Saudi-Arabien bewegten. Alle befanden sich derzeit westlich von Hofuf und schwärmten in die wichtigsten Fördergebiete des Landes aus. Die IS-Teams hielten sich von den Hauptdurchgangsstraßen fern und schienen selbst die unbefestigten Straßen zu meiden, die üblicherweise von Aramco-Mitarbeitern genutzt wurden. Offenbar zogen sie die Anonymität der Wüste schnellem Vorankommen vor.

Rapp fuhr das Toughbook herunter und überprüfte den Fortschritt seines Downloads auf dem saudischen Laptop. Noch etwa sechs Minuten. Gerade genug Zeit.

Er schnappte sich ein paar Kartoffeln und ging ins Bad. Bevor er sich auszog, stellte er die Dusche an und parkte das gedünstete Gemüse in der leeren Seifenschale. Sein Gesicht schien auf dem Weg der Besserung zu sein, denn das heiße Wasser, das auf die Haut spritzte, löste nur ein leichtes Kribbeln aus. Er schäumte die schweißverklebten Haare mit Shampoo ein und stopfte sich gelegentlich einen Happen in den Mund. Soweit er es beurteilen konnte, waren alle lockeren Zähne bereits ausgefallen. Ein paar frühere Problemkandidaten saßen stabil genug, um das Kauen der Kartoffeln zu ermöglichen. Fleisch in klein geschnittenen Stücken sollte ebenfalls kein Problem sein.

Rapp gönnte sich noch vier Minuten unter dem heißen Wasserstrahl, bevor er aus der Duschkabine stieg. Im Schlafzimmer wartete eine makellos gebügelte Flecktarnuniform zusammen mit einer Glock 19, Schulterholster und ein paar Ersatzmagazinen auf ihn. Kein Schalldämpfer, aber der junge Captain schien immerhin zu wissen, womit er ihm eine Freude bereiten konnte.

Der Download war mittlerweile abgeschlossen und er startete den bereitgestellten Rechner neu. Dumonds Programm überschrieb das ursprüngliche Betriebssystem und ersetzte es durch eine Variante mit eindeutigem Schwerpunkt auf Sicherheit.

Rapp nahm am Schreibtisch Platz, schob sich ein verkabeltes Headset ins Ohr und loggte sich ins WLAN des Hotels ein. Alle ankommenden und abgehenden

Daten wurden nun einer starken Verschlüsselung unterzogen und erreichten ihr Ziel über zahlreiche Zwischenstationen, um die Herkunft zu verschleiern. Außerdem verzichtete Dumonds OS auf jegliche Speicherfunktionen. Wenn man eine E-Mail erhielt und die Informationen daraus brauchte, blieb einem nichts anderes übrig, als sie abzufotografieren oder sich Notizen auf einem Zettel zu machen.

Rapp startete eine Voice-over-IP-Software und wählte Kennedys Privatanschluss an. Wenig überraschend nahm sie das Gespräch nach dem ersten Klingeln an.

»Hallo?«

»Hier ist Mitch.«

»Wenn ich richtig informiert bin, bist du in Riad eingetroffen.«

»Richtig. Was hat Marcus auf dem Toughbook alles entdeckt?«

»Leider nicht viel mehr als du. Es scheint einzig und allein dem Zweck zu dienen, das Vorrücken der IS-Teams zu verfolgen. Drei weitere sind online gegangen, seit wir zuletzt miteinander gesprochen haben.«

»Also sind keine Informationen über die Angriffsziele darauf gespeichert?«

»Nein. Allerdings gibt es Prognosen von unseren Leuten. Ich gehe davon aus, dass sie der Wahrheit ziemlich nahekommen. Krupin müssten dieselben Wetterdaten und geologischen Aufschlüsselungen wie uns zur Verfügung stehen. Marcus wird gleich alle vorliegenden Informationen in die Karte auf dem Toughbook eingespeist haben. In der Zwischenzeit übermittle ich dir ein paar Luftaufnahmen der Gebiete, die wir für potenzielle Ziele halten. Die Fehlertoleranz beträgt etwa einen

Kilometer, genauer geht es unter den herrschenden Umständen nicht.«

Einige Sekunden später blitzte das erste der versprochenen Satellitenfotos auf. Es zeigte einen wenig spektakulären Wüstenabschnitt. Längen- und Breitengrad wurden am unteren Bildrand ausgewiesen. Er scrollte durch vier weitere Aufnahmen, die sich kaum davon unterschieden, bevor er zur letzten gelangte, die eine Ansammlung glänzender Röhren und Lagertanks zeigte.

»Ist das eine Ölraffinerie?«

»Genau. Allerdings ist die Anlage nicht mehr in Betrieb. Sie befindet sich grob im Zentrum der anderen Ziele.«

Rapp nickte in sich hinein. »Ist es euch in der Zwischenzeit gelungen, mehr über Scotts Angreifer herauszufinden?«

»Wir wissen, dass es sich um einen ehemaligen russischen Soldaten handelt, der unter dem Namen Grischa Asarow auftritt. Schon mal gehört?«

Das klang vertraut, ohne dass er hätte sagen können, warum. Nach ein paar Sekunden fiel es ihm ein. »Der russische Verbrecherboss in Afrika. Vor seinem Tod drohte er, dass ein gewisser Grischa mich und alle, die mir wichtig sind, töten wird.«

»Ich weiß nicht, was es damit auf sich hat. Leider ist uns auch nicht bekannt, wo er sich derzeit aufhält.«

»Er ist hier«, vermutete Rapp. »An der alten Raffinerie.«

»Das ist eine Möglichkeit, die wir in Betracht ziehen. Unsere Analysten halten es für den idealen Kommandoposten. Er liegt strategisch günstig und ist relativ windgeschützt. Dort ließe sich das nötige Equipment aufbauen. Die Frage ist, ob Krupin seinen Mann tatsächlich persönlich hinbeordert hat.«

»Mein Bauchgefühl sagt mir, dass es so ist. Diese Operation ist zu wichtig und zu komplex, um einer Horde von IS-Spinnern blind zu vertrauen.«

»Das sehe ich ähnlich.« Sie überlegte, wie sie es ihm beibringen sollte. »Mitch, Scott wird bald vollständig genesen sein. Soweit ich es mitbekommen habe, hat Joe dich ziemlich übel zugerichtet.«

»Worauf willst du hinaus?«

»Ich möchte nicht, dass du gegen diesen Mann kämpfst. Nicht in deiner derzeitigen Verfassung.«

»Tja, ich auch nicht.«

»Erspar mir deinen Zynismus, Mitch. Ich mein's ernst. Wir …«

Wie von Rapp erwartet, flog die Tür im vorderen Teil der Suite auf. Er trennte die Verbindung, als vier Bewaffnete auf ihn zueilten. Zwei richteten ihre Waffen aus amerikanischer Fertigung auf ihn, während die anderen sich auf die elektronischen Geräte stürzten.

Sobald der Raum gesichert war, kam ein Mann in der Uniform eines saudischen Army-Colonels hereinspaziert. Bazzi folgte dichtauf, begleitet von einem noch jüngeren Burschen, den er spontan als Computerexperten einstufte.

»Wieso kommt ihr erst jetzt?«, fragte Rapp spöttisch.

Bazzi schenkte ihm nur ein müdes Lächeln. Wasem zeigte auf die Computer, neben denen sich die Überreste von Rapps Mahlzeit verteilten. Der Hacker kniete sich hin und machte sich am von den Saudis bereitgestellten Rechner zu schaffen.

»Das Betriebssystem wurde umgangen, Colonel. Er hat eine Telefonie-Software gestartet, aber die Verbindung ist unterbrochen.«

»Wer war der Gesprächspartner?«, wollte Wasem wissen.

»Es gibt kein Logfile.«

»Was soll das heißen, es gibt kein Logfile?«

»Das Betriebssystem scheint eine Eigenentwicklung der CIA zu sein. Soweit ich es einschätzen kann, werden sämtliche Daten gelöscht, sobald sie nicht mehr gebraucht werden.«

Der Jüngere wandte sich dem Toughbook zu und weckte es aus dem Stand-by. »Dieser Computer hat einen Passwortschutz, Sir.«

Wasem funkelte Rapp an. »Wie lautet das Passwort?«

»Ersparen Sie uns diese Albernheiten, Colonel.«

»Ich glaube, Sie erkennen den Ernst der Lage nicht.« Wasem zog die Pistole und richtete sie auf Rapp. »Mein Land sieht sich einer nuklearen Bedrohung ausgesetzt und Sie enthalten mir Informationen vor, die ich zu seiner Verteidigung benötige.«

Rapp stand auf, griff sich seelenruhig ein paar Stangen Spargel vom Teller mit dem Filet und biss eine Spitze ab. »Soll mir das etwa Angst machen?«

»Colonel«, schaltete sich Bazzi ein. »Die Amerikaner sind unsere engsten Verbündeten. Sicher wird Mr. Rapp alles unternehmen, was in seiner Macht steht, um uns zu helfen. Sonst wäre er wohl kaum gekommen.«

Der CIA-Agent beendete seine kleine Zwischenmahlzeit, schnappte sich eine weitere Spargelspitze und richtete sie auf Wasem. »Ich erklär Ihnen jetzt, wie es laufen wird, Colonel. Sie bringen fünf Kampfhubschrauber in die Luft. Keine Raketen. Nur Schusswaffen. Die Verbrecher, die wir jagen, sind mit schmutzigen Bomben unterwegs. Wir sollten ihnen nicht ihre Arbeit abnehmen. Sobald Ihre Leute gestartet sind, nenne ich Ihnen die entsprechenden Ziele. Ein Angriff erfolgt erst, wenn ich ihn ausdrücklich befehle.«

»Sie wollen das Ganze also aus dem sicheren Schutz Ihrer Hotelsuite heraus verfolgen?«, fragte Wasem spöttisch.

»Nein. Ich werde in einem eigenen Helikopter nachkommen und den Mann erledigen, der bei diesem Einsatz die Fäden zieht.«

»Das kommt nicht infrage. Sie werden mir umgehend sämtliche Daten aushändigen, die Sie haben. Ich kümmere mich persönlich darum.«

»Colonel«, meldete sich Bazzi erneut zu Wort. »Was halten Sie davon, wenn wir Mr. Rapp begleiten und den Einsatz vor Ort überwachen? Das wäre …«

»Halten Sie den Mund, Captain! Wenn ich Ihre Meinung hören will, frage ich danach.«

»Sie sollten auf Ihren Mann hören«, meinte Rapp. »Sollten diese Vögel nicht bald in der Luft sein, werden Sie nämlich den Rest Ihres kurzen Lebens damit verbringen, König Faisal zu erklären, warum er kein Land mehr hat, das er regieren kann.«

51

Östlich von Riad, Saudi-Arabien

Asarow ignorierte sowohl das Navi am Armaturenbrett als auch den Mann am Steuer. Stattdessen starrte er aus dem Seitenfenster auf den hochgewirbelten Sand. Sie hatten dem sorgfältig instand gehaltenen Straßennetz von Saudi-Arabien vor zwei Stunden den Rücken gekehrt und fanden sich nun mitten in der trostlosen Einöde der Wüste wieder.

Der kräftige Motor des Geländewagens drehte auf, um eine hohe Düne zu erklimmen und auf der anderen Seite in Schlangenlinien nach unten zu rutschen. Für einen Moment befürchtete Asarow, dass das Fahrzeug auf die Seite kippen könnte, doch der Fahrer gewann die Kontrolle rechtzeitig zurück und beschleunigte. Er fuhr bemerkenswert gut. Fast *zu* gut.

Mehr noch als über die Bombe, mit der Krupin ihn möglicherweise in die Luft jagen wollte, machte er sich Gedanken um seine beiden Begleiter. Verfügten sie über eine militärische Spezialausbildung? Wie lauteten ihre genauen Befehle? Natürlich sollten sie dafür sorgen, dass die Mission erfüllt wurde. Aber war das alles?

»Man kann es schon sehen«, meldete sich der Mann auf dem Rücksitz zum ersten Mal seit ihrer Abfahrt zu Wort. »Da vorn.«

Er hatte recht. Ein Netzwerk aus Röhren und Lagertanks kristallisierte sich aus dem flirrenden Dunst heraus. Im Näherkommen erkannte Asarow, dass der Sand einen Großteil der Südflanke des Geländes zurückerobert hatte. Das Logo von Saudi Aramco auf dem größten der Tanks konnte man jedoch nach wie vor deutlich ausmachen.

Er studierte die Aufbauten, die in der Frontscheibe heranrückten, und glich sie geistig mit der 3-D-Simulation ab, an der er trainiert hatte. Keine unerwarteten Überraschungen. Hier schien sich schon lange niemand mehr aufgehalten zu haben. Allerdings konnte dieser Eindruck täuschen, denn die Wetterverhältnisse in der Gegend verschleierten Spuren quasi im selben Augenblick, in dem sie hinterlassen wurden. In wenigen Minuten würde nichts mehr von ihrer Ankunft künden.

»Da rein«, verlangte Asarow und deutete auf eine Lücke zwischen einer hohen Säule, die zur Abfackelung von Erdgas benutzt wurde, und einem länglichen Tank mit den Abmessungen eines U-Boots der Foxtrott-Klasse. Der Fahrer kam der Aufforderung nach und fuhr weiter, bis die Sandverwehungen zwischen den Anlagen sie am Vorankommen hinderten.

»Einer von euch nimmt sich die nordöstliche Seite vor«, befahl Asarow beim Aussteigen. »Der andere die südwestliche.«

»Wir haben Anweisung, Sie zu beschützen«, protestierte der Fahrer. »Wir …«

»Das können Sie am besten, indem Sie mir Bescheid geben, sobald sich jemand nähert.«

Asarow hievte sich den Rucksack mit Krupins Bombe auf den Rücken und ging zu einem Treppenaufgang.

»Können wir vorher wenigstens die Umgebung sichern?«

Asarow würdigte die Frage keiner Antwort. Die Anlage war viel zu groß und verwinkelt, um sie verlässlich zu kontrollieren. Genau deshalb hatte man sie zur Kommandozentrale auserkoren. Der Hausherr befand sich hier eindeutig im Vorteil. Sollte es der CIA allerdings gelungen sein, vor ihnen auf dem Gelände einzutreffen, verkehrten sich die Verhältnisse ins Gegenteil und sie waren so gut wie tot.

Asarow zog seine Waffe, mehr aus Gewohnheit als aus der Erwartung heraus, sie zu brauchen. Er folgte dem in seiner Simulation errechneten Pfad und minimierte dadurch die Gefahr, dass sich jemand von hinten oder oben an ihn heranpirschte. Er brauchte fast eine halbe Stunde, um das Zentrum der Anlage zu erreichen. In dieser Zeit war ihm nichts Verdächtiges aufgefallen.

»Bericht«, forderte er und aktivierte das Kehlkopfmikro.

»Norden und Osten sind sauber«, traf die erste Rückmeldung ein. Kurz darauf wurde ihm versichert, dass auch aus Richtung Südwesten keine Gefahr drohe.

Asarow ließ die Sektion links liegen, die Krupins Leute für den Kommandostand ausgewählt hatten, und lief über eine abschüssige Rampe zu einer anderen Stelle. Insgesamt nicht ganz so gut geeignet, aber er ging davon aus, dass diese Änderung seinem persönlichen Interesse diente, diesen Metzgergang zu überleben.

Er ließ den Rucksack hinter einem massiven Ventilsystem auf den Boden gleiten und verwendete ein paar Sekunden darauf, einen schützenden Sandwall aufzuschichten. Ein Labyrinth aus Stahlwänden umgab ihn, schirmte ihn nicht nur von Windstößen ab, sondern auch vom ohrenbetäubenden Dröhnen des vibrierenden Metalls. Er zog das Handy aus der Tasche und rief die Ortungskarte auf. Drei Punkte blinkten rot, was signalisierte, dass die Teams noch in Bewegung waren. Bei ihnen selbst war die Anzeige auf grün gewechselt – das Signal, dass sie ihr Ziel erreicht hatten. Die beiden verbleibenden IS-Duos hatten sich noch nicht auf ihre relativ kurze Reise gemacht, weshalb sie erst später angezeigt wurden.

Asarow stellte fest, dass er sich zu einer etwas weniger stark abgeschirmten Position bewegen musste, um besseren Empfang zu bekommen Die Verständigung mit seinen zwei Begleitern ließ sich über die mit Lippenmikros verkabelten handelsüblichen Walkie-Talkies problemlos bewerkstelligen. Für eine Verbindung zu den übrigen Teams war er jedoch auf ein verschlüsseltes, deutlich störungsanfälligeres Signal angewiesen.

Sobald er sich erfolgreich eingebucht hatte, setzte er eine codierte Textnachricht an Maxim Krupin ab, dass alles in Ordnung sei.

Die Sonne schwebte als verschleierte Scheibe am westlichen Himmel und erzeugte etwas weniger Hitze als tags zuvor. Asarow saß an einem ungenutzten Öltank, im Wissen, dass das Metall auch ohne Füllung viel zu heiß war, um es mit bloßer Haut zu berühren. Die Teams sollten in etwas mehr als vier Stunden an ihren jeweiligen Positionen eintreffen, die Bomben zünden und damit den Auftrag abschließen.

Er wollte anschließend nach Hofuf, um sich mit den angeheuerten Spezialisten zu treffen, die ihn aus Saudi-Arabien hinausbringen sollten, bevor er seine etappenreiche Weiterreise nach Mittelamerika antrat. Danach würde Grischa Asarow für den Rest der Welt nicht mehr existieren.

52

Selbst mit einem Könner wie Fred Mason an den Kontrollen wurde der Helikopter wie ein Spielzeug in den Pfoten eines tollwütigen Hundes durch die Luft geschleudert. Ein heftiger Fallwind ließ ihn fast 20 Meter nach unten sacken. Captain Bazzi schien den Kampf, sein Essen im Magen zu behalten, am Ende doch noch zu verlieren.

Der junge Offizier hatte sich nach vorn gebeugt und schirmte den Kopfhörer mit den Händen ab, wollte den Lärm der Triebwerke, die sich kreischend abmühten, sie in der Luft zu halten, damit aussperren. Rapp brachte seine

Stiefel auf Sicherheitsabstand. Colonel Wasem musterte seinen Assistenten mit geringschätzigem Blick. Der Ältere hatte eine lange Karriere bei den saudi-arabischen Special Forces auf dem Buckel. Darum steckte er den ruppigen Flug vergleichsweise locker weg und schien verdrängt zu haben, wie schwer sich Neulinge taten.

Das Geplapper über den Bordfunk klang nicht länger nervös, sondern panisch. Fünf ähnliche Chopper machten Jagd auf die versprengten IS-Teams, deren Pfad auf Rapps Toughbook nachgezeichnet wurde. Die letzten zwei waren vor einer Viertelstunde endlich online gegangen und leisteten ihren Kameraden beim Vorstoß Gesellschaft. Der Hubschrauber, in dem er saß, war vor über einer Stunde an der verlassenen Förderanlage eingetroffen und übernahm seitdem die Führungsrolle.

»Hier Scout Four«, machte eine Stimme auf Arabisch Meldung. »Der Sturm in unserem Sektor wird zu stark, um den Vogel sicher in der Luft zu halten. Empfehle Abbruch.«

»Negativ«, kam Wasems Antwort. »Anflug auf Ziel fortsetzen.«

Rapp lugte durch den Staub auf den Monitor zu seinen Knien. Marcus Dumond hatte einmal mehr gezaubert. Die Positionen der Zieltrupps wurden in Echtzeit aktualisiert, was sie einer Reihe von Satelliten des Militärs und der Geheimdienste verdankten – und einiger kommerziell genutzter Erdtrabanten, die das clevere Computergenie kurzerhand gekapert hatte. Die von der CIA prognostizierten Ziele wurden in Orange eingeblendet, die roten Punkte der IS-Teams waren mittlerweile um einen Countdown mit der erwarteten Ankunftszeit ergänzt worden. Blaue Icons symbolisierten die Hubschrauber der saudischen Air

Force. Auch hier errechnete die Elektronik eine Prognose für den Erstkontakt. Scout Four befand sich südöstlich von ihrer Position mit einer ETA von 33 Minuten.

»Hier Scout Five«, brach eine weitere Stimme durch die Statik. »Ich habe Sichtkontakt auf mein Ziel.«

»Wie ist das Wetter bei euch, Scout Five?«, erkundigte sich Rapp.

»Beherrschbar.«

»Außer Sichtweite bleiben und Ziel beobachten.«

»Befehl ignorieren«, bellte Colonel Wasem in sein Headset. »Ziel sofort angreifen.«

»Anweisung widerrufen«, ging Rapp dazwischen und schaltete sein Mikro auf privaten Modus, damit nur die Insassen ihres Helikopters die Unterhaltung verfolgen konnten. »Wir haben doch schon vor dem Abflug darüber gesprochen, Colonel. Wir warten, bis alle Teams eingetroffen sind, um sie gleichzeitig auszuschalten.«

»Der Plan hat sich geändert«, erklärte Wasem. »Wir sind hier nicht in Amerika und ich nehme keine Befehle von der CIA entgegen. König Faisal hat eindeutig klargemacht, dass ich bei diesem Einsatz Oberbefehlshaber bin. Sie begleiten mich lediglich als Beobachter und halten den Mund, solange Sie nicht gefragt werden. Haben wir uns verstanden?«

Rapp bemühte sich, ruhig zu bleiben. Die Lage war zu ernst, um sich auf Schwanzvergleich-Niveau herabzulassen. »Wenn Sie dieses Ziel abschießen, bekommt es ihr Anführer sofort mit und wird den restlichen Teams die sofortige Zündung der Bomben befehlen, weil er davon ausgeht, dass sie aufgeflogen sind. Selbst wenn sie sich noch nicht an den endgültigen Positionen befinden, werden die Schäden verheerend sein, Colonel.«

»Sie haben keine Ahnung, was die Männer überhaupt vorhaben. Ich lasse mir doch nicht von einem Amerikaner Vorträge über Terroristen halten. Diese IS-Leute sind in der Regel Ziegenhirten und Kinder. Es mangelt ihnen an operativer Disziplin und klaren Kommandostrukturen. Wenn Sie zu feige sind, einen Zugriff zu befehlen, werde ich es eben tun.«

Rapp überlegte, ob er Wasem darauf hinweisen sollte, dass das ausgeklügelte Satelliten-Ortungssystem auf dem Toughbook zu seinen Füßen die Behauptung Lügen strafte, der Gegner verfüge über keine klare Kommandostruktur. Letztlich verzichtete er darauf, weil er es für zu offensichtlich hielt.

In Langley teilten alle die Einschätzung, dass die IS-Teams zeitgleich zuschlugen. Nichts sprach dafür, dass sie das saudische Militär aufschrecken wollten, bevor all ihre Leute in Stellung waren.

»Colonel«, versuchte es Rapp ein letztes Mal mit einem Appell an die Vernunft. Irene Kennedy war immer noch sauer auf ihn, weil er Senator Ferris vor ein paar Wochen einen körperlichen Denkzettel verpasst hatte. Er wollte ihr keinen weiteren Grund liefern, sich über ihn zu ärgern. »Fünf IS-Teams treffen im Abstand von zehn Minuten an ihren vorgesehenen Zielpositionen ein. Ein weiteres ist seit über einer Stunde auf dem Posten. Basierend auf den Ankunftsdaten, die Langley uns einblendet, werden wir bereits 40 Minuten vor der Ankunft alle auf dem Schirm haben. Es wäre in höchstem Maße unvernünftig, den sicheren Sieg leichtfertig aus der Hand zu geben.«

»Scout Five an Kommandozentrale«, drang eine Stimme aus dem Headset. »Warte auf abschließende Befehle. Bitte um Präzisierung.«

»Schalten Sie mich sofort wieder auf den allgemeinen Kanal«, forderte Wasem.

Rapps Geduld näherte sich im Rekordtempo dem Ende. Wasem war nicht nur ein Riesenarschloch, sondern auch ein entscheidender Faktor, was den saudi-arabischen Support für die muslimischen Extremisten betraf. Sympathisierte er unter Umständen sogar mit dem Islamischen Staat? Eher unwahrscheinlich. Bestimmt war er einer von vielen nutzlosen Befehlsempfängern, die alles taten, um bei einem Scheitern nicht zur Verantwortung gezogen werden zu können.

So oder so, die Zusammenarbeit mit ihm funktionierte einfach nicht.

Rapp streckte die Hand aus und löste die Arretierung des Haltegurts, der Wasem am Sitz fixierte. Die Beiläufigkeit der Bewegung überrumpelte den anderen. Er war überhaupt nicht darauf vorbereitet, abrupt vorn an der Uniform gepackt und zur offenen Luke des Helikopters geschoben zu werden.

Der saudische Colonel wollte sich am Rand des Sitzes festklammern, doch die fehlende Vorwarnung sorgte dafür, dass er zu langsam reagierte. Kurz darauf verriet nur das gegen den Rumpf pendelnde Headset, dass er eben noch dort gesessen hatte.

»Mitch!«, drang Fred Masons Stimme aus dem Kopfhörer. »Hast du gerade jemanden aus meinem Vogel geschmissen?«

»Ja.«

»Lass das bitte. Das bringt unsere Gewichtsverteilung durcheinander.«

Rapp starrte in das entsetzte Gesicht von Captain Bazzi. »Roger.«

»Scout Five an Kommandozentrale.« Die Stimme in seinem Ohr ließ nicht locker. »Ich erwarte eindeutige Befehle. Antworten!«

Bazzi blieb noch einen Moment wie erstarrt sitzen, dann nickte er.

Rapp schaltete die Verbindung zwischen ihren Mikrofonen und dem Hauptkanal scharf.

»Hier spricht Bazzi. Colonel Wasem hat ein Problem mit seinem Headset. Bis es gelöst ist, wird Mr. Rapp seine Befehle weitergeben.«

Der Sturm nahm weiter an Vehemenz zu, aber zumindest blieben ihnen die unkalkulierbaren Böen erspart. Auf diese Weise gelang es Mason und dem Co-Piloten, die Maschine stabil in der Luft zu halten. Dass Wasem hinter ihnen im Wüstensand zurückgeblieben war, wirkte sich auch auf die Stabilität ihrer Mission aus. Die Illusion, alles unter Kontrolle zu haben, währte zehn glorreiche Minuten. Dann wurde sie von einer panischen Stimme per Funk jäh zerstört.

»Mayday! Hier ist Scout Four. Wir werden …«

Stille.

»Scout Four, hier Kommandozentrale«, antwortete Rapp. »Wie ist Ihre Lage?«

Keine Antwort.

Rapp hielt auf dem Laptop nach Scout Four Ausschau. Das blaue Icon, das den Hubschrauber repräsentierte, blinkte südöstlich von ihnen auf, doch nach einigen Sekunden wurde klar, dass sich der Vogel nicht mehr vom Fleck bewegte. Das zugehörige IS-Team näherte sich dagegen unbeirrt dem Ziel.

»Scout Four, geben Sie mir einen Lagebericht«, drängte

Rapp. Nach weiterer Funkstille stellte er per Satellit eine Verbindung zu Marcus Dumond in Langley her.

»Marcus, hast du dieselben Daten auf dem Schirm wie ich? Wir scheinen Scout Four verloren zu haben. Kannst du das bestätigen?«

»Wart mal … okay, ausgehend von ihrem GPS-Signal sind sie am Boden. Entweder gelandet oder abgestürzt. Ich bin mir nicht sicher. Es dauert etwa fünf Minuten, bis wir die nächsten aktuellen Luftaufnahmen aus diesem Sektor reinbekommen. Selbst dann kann ich dir nicht garantieren, dass sich was damit anfangen lässt. Dieser verdammte Sand pfuscht uns überall dazwischen.«

»Ob es ein Crash oder eine Notlandung war, spielt im Prinzip keine Rolle«, meinte Rapp. »Wir müssen davon ausgehen, dass sie ausfallen. Setz dich mit Riad in Verbindung. Sie sollen einen Rettungshubschrauber hinschicken.«

»Wird erledigt.«

Ein kurzer Blick auf den Laptop förderte wenige Alternativen zutage. »Fred, stimmen meine Daten? Sind wir noch neun Minuten vom Ziel entfernt?«

»Kommt hin.«

Rapps Blick streifte das schwitzende Gesicht von Captain Bazzi, ehe er seine Aufmerksamkeit erneut dem Bildschirm widmete. »Marcus, bist du noch da?«

»Klar.«

»Wie wär's, wenn Fred mich absetzt und dann das ursprüngliche Target von Scout Four anfliegt? Schafft er das noch rechtzeitig?«

»Lass mich mal schauen.«

Rapp wartete und stellte fest, dass die Turbulenzen zunahmen.

»Marcus? Was zum Henker dauert da so lange? Ich hab dir eine simple Frage gestellt.«

»Hör auf, mich anzubrüllen, Mitch. Du weißt, dass mich das nervös macht. Wir versuchen gerade, die Windgeschwindigkeit und Richtung der Böen in Freds Flugzeit einzubeziehen.«

Dumond hatte nach einem Hackangriff eine längere Haftstrafe gedroht, als er durch Rapps Bruder in den Fokus der CIA geraten war. An seinem bemerkenswerten Talent gab es nichts zu rütteln, aber er mochte es überhaupt nicht, unter Zeitdruck Kalkulationen durchführen zu müssen, wenn es um Leben und Tod ging.

»Ich brauch keinen absolut präzisen Wert, Marcus. Gib Gas, okay?«

Dumond meldete sich endlich. »Wenn er ziemlich genau jetzt umdreht, könnte er's schaffen. Aber es wird eng. Unser gemütlicher 40-Minuten-Puffer schmilzt dadurch auf mickrige 180 Sekunden.«

»Mitch«, gab Mason über das Headset zu bedenken, »denk dran, dass ich nach diesem Abstecher nicht mehr genug Sprit im Tank habe, um zur Basis zurückzufliegen.«

»Dann musst du halt ein paar Schritte laufen.«

»Hab ich schon meinen Notlande-Bonus erwähnt?«

Rapp hielt Bazzi den Laptop hin. »Sie haben jetzt das Kommando, Captain. Sind Sie sich Ihrer Verantwortung bewusst?«

»Ja, Sir.«

»Ganz sicher? Andernfalls sollten Sie besser hoffen, dass wir nicht lebend zurückkehren.«

Der junge Saudi-Offizier nickte glaubhaft. »Wasem war ein arroganter Narr. Ihr Vorgehen ist das einzig logische.«

Rapp lehnte sich mehr oder weniger befriedigt zurück. Der Kleine war ein bisschen grün hinter den Ohren, aber nicht dumm. Und er schien keinerlei Ambitionen zu haben, ebenfalls durch die Luft zu segeln.

»Hast du dich entschieden?«, erklang Masons Stimme in seiner Ohrmuschel. »Steigst du nun aus?«

»Yep.«

»Dann hab ich schlechte Neuigkeiten für dich.«

»Es kostet extra?«

»Das sowieso. Aber darum geht's nicht.«

»Sondern?«

»Ich könnte diesen Vogel zwar landen, aber bei den momentanen Windverhältnissen bin ich mir nicht so sicher, ob ich ihn je wieder in die Luft kriege.«

»Haben wir Ausrüstung zum Abseilen an Bord?«

»Negativ.«

»Also muss ich springen?«

»Ja.«

»Wie tief?«

»Na ja, es …«

»Wie tief, Fred?«

»Ich käm wohl bis auf zehn Meter runter. Mehr ist nicht drin.«

Rapp schnallte sich los und näherte sich der offenen Luke. Er ließ die Beine nach unten baumeln und blickte mit zusammengekniffenen Augen auf den Wüstensand, der unter ihm vorbeizog.

Die Temperatur kratzte an der 40-Grad-Marke und er spürte, wie die Sonne die dünne Stoffschicht an den Beinen aufheizte. Er griff nach der Ein-Liter-Wasserflasche, die am Sitz hing, und stürzte den Inhalt in einem Schluck hinunter.

Dieser Teil der Operation hatte von Anfang an auf einer gehörigen Portion Wunschdenken beruht. Auf der Hoffnung, dass er die verlassene Förderanlage rechtzeitig erreichte, um den verantwortlichen IS-Kämpfer auszuschalten, bevor dieser den Befehl zur Zündung gab. Damit sank zwar das Risiko, dass die anderen fünf Bomben detonierten, aber hier ging es nicht bloß darum, ein paar Typen mitten in der Wüste umzulegen. Die Anlage war riesig, verwinkelt und verbarg einen Gegner, über den er so gut wie nichts wusste. Außerdem musste er jetzt den Rest der Strecke zu Fuß zurücklegen, ohne entdeckt zu werden, nur mit einer Glock bewaffnet und ohne Möglichkeit, Wasservorräte mitzuführen. Ob General Wasem die Waffe hatte manipulieren lassen, stand noch mal auf einem völlig anderen Blatt.

Fred Masons Stimme erklang, als sie wackelig über einer gewaltigen Düne schaukelten. »Dichter geht's nicht, Mitch.«

»Willst du mich verarschen?«

»Beschwer dich nicht. Ich seh jedenfalls keine Felsen weit und breit.«

Rapp schob das Headset in die Stirn und kletterte auf die Kufen, die über dem Wüstensand hingen. Ein Windstoß sorgte dafür, dass die Nase des Helis nach unten sackte. Er ließ sich fallen und segelte für seinen Geschmack viel zu lange durch die Luft, bevor er gegen den Sand prallte und einen Abhang hinunterrutschte. Er wehrte sich nicht dagegen, sondern entspannte den Körper und ließ die Schwerkraft ihr Werk verrichten, bis er wenige Meter vor dem unteren Ende stecken blieb.

53

Rapp blieb bäuchlings im Sand liegen und rührte sich nicht. Auf dem Gelände der Ölförderanlage, die zwischen den einzelnen Windstößen in knapp 400 Metern Entfernung kurzzeitig erkennbar wurde, rührte sich nichts. Damit hatte er gerechnet. Trotzdem ging er davon aus, dass die IS-Männer dort lauerten. Die Frage war nur: Wie viele, wie gut bewaffnet und in welchem der unzähligen taktisch günstigen Verstecke?

Ein besonders starker Windstoß fegte durch die Landschaft.

Rapp sprang auf und nutzte die Deckung für einen 50-Meter-Spurt, bevor sich der Dunst verzog und er in Deckung hastete.

Während er auf eine weitere Gelegenheit zum Vorrücken wartete, nahm er eine Bestandsaufnahme vor. Aus dieser Entfernung schüchterten einen Größe und Komplexität endgültig ein. Tausende Tonnen Stahl waren zu einem Irrgarten aus Röhren, Leitern und Laufstegen umfunktioniert worden. Sand bedeckte einen Teil der Aufbauten, ansonsten schien sich jedoch alles in einsatzbereitem Zustand zu befinden.

In seiner Ohrmuschel ertönte ein Knacken, aber das wuchtige Funkgerät am Gürtel schaffte es nicht, das schwache Signal aufzufangen. Er regelte die Lautstärke auf Maximum und lauschte den wenigen verständlichen Worten, die das Rauschen durchdrangen. Bazzi, der bei seinen Männern Statusberichte anforderte. Die Antworten bekam er aufgrund der geringen Reichweite seines Equipments nur teilweise mit, aber der ruhige Tonfall des saudischen Offiziers deutete darauf hin, dass sich alle übrigen Hubschrauber in der Luft befanden.

»Hier Scout Six«, keuchte Rapp ins Kehlkopfmikro. »Bitte melden, Kommandozentrale.«

»Ich hö…« Die Statik blendete Bazzis Stimme aus. »Ich wiederhole. Ich höre Sie, Scout Six.«

»Ich bin zu weit weg, um es rechtzeitig zu schaffen, Captain. Wenn ich mich zu sehr beeile, geh ich das Risiko einer Entdeckung ein. Dann fliegt uns alles um die Ohren.«

»Verstanden, Scout Six. Bleiben Sie in diesem Fall auf Position, bis ich den Befehl zum Angriff gebe. Bitte bestätigen.«

»Bestätigt, Kommandozentrale. Viel Glück.«

»Möge Allah Ihnen gnädig gesinnt sein, Scout Six.«

»Wie lange noch?«, erkundigte sich Captain Bazzi per Headset.

»Die ETA-Prognose auf dem Monitor ist relativ genau«, antwortete Mason. »In etwas weniger als fünf Minuten.«

»Das wird eng, Mr. Mason.«

»Ich muss mich leider mit den Gesetzen der Aerodynamik herumschlagen, Captain. Wenn Gott Ihnen nicht grad einen großen Gefallen schuldet, geht's nicht schneller.«

Bazzi sah keinen Grund, an der Autorität des anderen zu zweifeln. Er war mit den besten Piloten Saudi-Arabiens geflogen und nie einem so fähigen Mann wie Mason begegnet. Er kitzelte die Triebwerke bis ans Limit – vermutlich sogar darüber hinaus – und verzichtete auf übertriebene Vorsicht. Draußen vor der Luke raste der Wüstenboden in einer Geschwindigkeit vorbei, die unter den herrschenden Sichtverhältnissen eigentlich kaum zu verantworten war.

Auf dem Bildschirm des Laptops blinkten die Punkte monoton, ohne dem Ernst der Lage gerecht zu werden. Die CIA aktualisierte die Daten ständig. Aktuell wurde die frühestmögliche Detonation auf knapp sieben Minuten geschätzt.

»Statusbericht«, raunte er ins Mikro.

Alle Heli-Besatzungen bestätigten, dass sie eine Minute vor dem Ziel in Warteposition in der Luft hingen.

Bazzi wischte sich den sandigen Schweißfilm von der Stirn und starrte auf den Monitor. Am Ende blieb ihnen nur eine gangbare Option – Mitch Rapps Anweisungen akribisch zu befolgen. Der Mann verfügte über mehr Erfahrung mit solchen Missionen als jeder andere noch Lebende und die Liste seiner Fehlschläge fiel beeindruckend kurz aus. Im Fall eines Scheiterns stand zu erwarten, dass er die volle Verantwortung übernahm und sich schützend vor den für ihn bedeutungslosen jungen saudischen Captain stellte. Normalerweise neigten Männer wie er – und amerikanische Soldaten im Besonderen – dazu, selbst loyale Untergebene in solchen Situationen im Stich zu lassen.

»Auf Position bleiben und meine Befehle abwarten«, sagte Bazzi und erkannte, dass es sich um die entscheidendsten Worte handelte, die er je aussprechen würde. »Vorstoß in etwa zwei Minuten.«

Diese 120 Sekunden schienen sich schier endlos in die Länge zu ziehen. Er starrte stumm auf den Sitz und wünschte sich Mitch Rapp zurück. Endlich traf die ersehnte Nachricht von Mason über Bordfunk ein.

»Wir sind in einer Minute da, Captain.«

Bazzi aktivierte sein eigenes Mikro. »Angriff. Ich wiederhole, Angriff.«

Er bezog Position an der Bordkanone neben der Ausstiegsluke, während die einzelnen Teams die Order in kurzem Abstand bestätigten.

Augenblicke später meldete sich Mason erneut. »Ich habe Sichtkontakt. Knapp einen Klick entfernt im Nordwesten. Gut festhalten.«

Bazzi wurde gegen das Schott geschleudert und danach gegen die Waffe, während der Pilot versuchte, sie in eine möglichst optimale Gefechtsposition zu navigieren. Der Helikopter näherte sich dem Truck von Osten her. Bazzi bemerkte, dass der Fahrer zu einem Ausweichmanöver ansetzte. Sie waren entdeckt worden.

Mason schien zur gleichen Feststellung gelangt zu sein und ließ den Vogel so rotieren, dass die Bordkanone genau in Richtung Ziel wies. Der Wind traf sie nun von der Breitseite und der Chopper kippte wie ein Spielzeug hilflos nach vorn, während Bazzi den Abzug betätigte.

Die ersten Salven schlugen in die Kühlerhaube des SUV ein. Er bemühte sich, die Zieloptik anzupassen, um die Insassen zu erwischen. Die CIA ging davon aus, dass die Terroristen C4-Sprengstoff aus militärischen Beständen einsetzten. Ein vergleichsweise stabiler Sprengstoff, der eher selten explodierte, wenn er getroffen wurde. Dafür bestand die Gefahr, dass einer der Männer im Wagen die Hand am Zünder hatte und ihn vorzeitig auslöste.

Der Heli wurde nach hinten gerissen und Bazzi mühte sich, das Fadenkreuz stabil zu halten. Er fräste eine Reihe klaffender Löcher in das Fahrzeug, bevor die Geschosse in den Sand dahinter einschlugen.

»Runter!«, rief er. »Wir müssen dichter ran!«

Mason gab sein Bestes und es gelang Bazzi, die Windschutzscheibe anzuvisieren. Als er das Feuer eröffnete, schlingerte der Geländewagen nach rechts und überschlug sich, ehe er eine steile Böschung hinunterrutschte.

Mason versuchte, den Vogel nach oben zu ziehen, scheiterte jedoch. Die Rotoren wirbelten eine dichte Wolke aus Sand auf und raubten Bazzi die Sicht, der sich hastig von der Luke zurückzog.

»Keine Chance, Captain! Festhalten! Das wird 'ne harte Landung!«

Er schob den Kopf zwischen die Beine, während Mason alles tat, um den Sinkflug zu kontrollieren. Der weiche Sand würde einerseits die Wucht des Aufpralls dämpfen, schuf andernfalls jedoch eine unkalkulierbare Oberfläche, deren Wirkung unmöglich einzuschätzen war. Bazzi wurde nach hinten geschleudert, während eine Hälfte des Hubschraubers einsank und die Rotoren sich in den Untergrund wühlten.

Er kämpfte sich auf die Beine zurück und merkte sofort, dass sein rechter Arm gebrochen war. Allerdings konnte er ihn zumindest noch einsetzen, um ins Freie zu gelangen. Er kletterte aus der Luke, ignorierte den stechenden Schmerz und stürmte zum SUV, der 50 Meter weiter auf der Seite lag.

Der Mann auf dem Beifahrersitz war noch angeschnallt, dafür fehlte ein Großteil seiner rechten Kopfhälfte. Der Fahrer war hinausgeschleudert worden und lag mit dem Gesicht nach unten in der Wüste.

Keiner von ihnen schien in der Lage zu sein, die Bombe zu zünden. Das akute Risiko einer Fernzündung bestand jedoch weiterhin. Türen und Heckklappe fand Bazzi geschlossen vor. Es gelang ihm nicht, sie zu öffnen.

Stattdessen setzte er die unverletzte Hand ein, um die gesprungene Heckscheibe aus dem Rahmen zu drücken, und zerrte eine große Werkzeugkiste durch die Öffnung.

Es ging quälend langsam, aber er schaffte es, sie halb nach draußen zu ziehen, bevor sich in seinem Rücken ein Schuss löste. Schmerzen zuckten durch den rechten Oberschenkel und das Bein brach unter ihm weg. Von seiner Position aus konnte er erkennen, dass es dem Fahrer irgendwie gelungen war, sich aufzurichten. Stolpernd kam er mit einer Pistole in der Hand zu ihm. Das nächste Projektil schlug wenige Zentimeter neben Bazzis Kopf ins Blech ein, während er sich abmühte, die eigene Waffe mit dem verletzten Arm zu ziehen.

Eine rasche Folge von Schüssen brach los, bevor er es hinbekam, sie aus dem Holster zu befreien. Bazzi legte sich flach auf den Boden. Als der Lärm verstummte, blickte er vorsichtig auf, etwas erstaunt, dass er noch lebte. Das Erstaunen wuchs, als er den Fahrer reglos im Sand liegen sah. Er lugte über die Schulter und bekam gerade noch mit, wie Fred Mason mit einem Sturmgewehr in den Händen kraftlos auf die Knie sank.

Bazzi humpelte zum herausgebrochenen Heckfenster des SUV und schaffte es, die Werkzeugkiste endgültig durch die Öffnung zu bugsieren. Die Sekunden zogen sich endlos, bis er sie endlich ausgeleert hatte und auf den doppelten Boden stieß. Da er wusste, dass die Bombe jeden Moment explodieren konnte, wollten seine Hände gar nicht mehr aufhören zu zittern.

Den Mechanismus zum Öffnen des versteckten Fachs zu finden erwies sich als Klacks. Erleichtert stellte er fest, dass der Sprengsatz deutlich weniger komplex war als erwartet. Im Prinzip lediglich ein digitales Tastenfeld, verkabelt mit einem Block C4. Daneben befand sich ein relativ großer Behälter aus Stahlblech, in dem er das radioaktive Material vermutete.

Bazzi entfernte das Kabel zwischen Zünder und Sprengstoff und ließ die Luft aus der Lunge entweichen, bevor er die Schussverletzung am Bein mit der Hand umklammerte und zu Fred Mason taumelte. Der Pilot belohnte ihn mit einem gequälten Grinsen und Daumen-hoch-Zeichen, bevor er erschöpft die Augen schloss. Der saudische Offizier wandte sich in Richtung Hubschrauber, setzte ein Headset auf und versuchte, mit den anderen Teams in Verbindung zu treten, doch das Funkgerät verweigerte den Dienst.

Nach einigen erfolglosen Versuchen, es in Gang zu bringen, kümmerte er sich um Masons bewusstlosen Co-Piloten. Sie hatten ihre Aufgabe erfüllt. Der Rest lag in Gottes Hand.

»Kommandozentrale«, raunte Rapp ins Mikro. »Hier Scout Six. Bitte melden.«

Erneut erhielt er keine Antwort.

Er hatte zwei Meldungen über bestätigte Abschüsse aufgeschnappt. Aus dem Rest des verstümmelten Geplappers konnte er sich keinen Reim machen. Hatten Bazzi und die anderen ihren Job erfolgreich erledigt oder trieb inzwischen eine riesige radioaktive Wolke über die nördlichen Regionen Saudi-Arabiens?

Letztlich machte es kaum einen Unterschied. Die anderen Teilmissionen waren entweder geglückt oder gescheitert. Seine fing gerade erst an.

Rapp befand sich noch etwa 300 Meter von den äußeren Ausläufern des Komplexes entfernt. Ein Abstand, den er für sicher hielt. Falls einige dieser IS-Fanatiker tatsächlich im Inneren lauerten, würden sie die Explosion vermutlich im selben Augenblick auslösen, in dem sie mitbekamen, dass ihre Kameraden angegriffen wurden. Bisher war es nicht dazu gekommen. Die Anlage war noch intakt und nirgendwo gab es das geringste Lebenszeichen. Entweder hatten die CIA-Analysten allesamt den falschen Beruf gewählt oder der Mann mit dem Finger auf dem Knopf verspürte kein Interesse, als Märtyrer zu enden.

Asarow?!

54

»Bitte wiederholen Sie den letzten Satz noch mal.«

Grischa Asarow schob den Knopf zögernd komplett in die rechte Ohrmuschel. Die linke wurde bereits von einer Funkverbindung beansprucht. Gemeinsam dämpften sie das Geräusch des Stahlblechs, das sich oberhalb seines Kopfs gelöst hatte. Allerdings wurde er auf diese Weise auch von der Außenwelt abgeschnitten, was er für gefährlich hielt.

»Alle Teams nähern sich der endgültigen Position«, sagte Maxim Krupin. »Geschätzte Ankunft in acht Minuten. Bitte bestätigen.«

Er hielt den Wortwechsel für sinnlos, zumal sie alle die gleichen Satellitendaten vor sich hatten, aber der russische Präsident überließ nichts dem Zufall. Asarow schirmte das Handydisplay mit der Hand ab, um die verwaschene Kartendarstellung zu betrachten.

»Bestätige. In acht Minuten.«

»Du hast meine Ermächtigung, die Operation durchzuführen. Gib den Befehl zum Zünden, sobald alle Teams auf Position sind.«

»Verstanden.«

Asarow saß mit dem Rücken zu einer dicken Stahlplatte da. Teil eines Konstrukts, das zu den am besten zu verteidigenden auf der Anlage gehörte. Inzwischen schienen die Sekunden auf mysteriöse Weise wie in Zeitlupe zu verrinnen. Er war an die todlangweiligen Leerlaufphasen bei einem Gefecht gewöhnt, aber in diesem Fall kam noch dazu, dass es voraussichtlich sein letztes war. Er gestattete seinen Gedanken, auf Wanderschaft zu gehen, und gönnte sich den Luxus, über die Notwendigkeit des Triumphs am heutigen Tag hinauszudenken. Wie würde es sich anfühlen, zu Hause aufzuwachen, ohne sich um die Vorbereitung einer Mission kümmern zu müssen? Frei von Trainingsplänen, die akribisch eingehalten werden mussten, oder körperlichen Belastungsproben?

Womit verbrachte er künftig seine Tage? Mit Angeln? Etwas, das er nicht mehr getan hatte, seit er mit seinem Vater als Kind Löcher ins Eis gesägt hatte. Er liebäugelte auch mit Surfunterricht. Cara hatte ihm mehrfach einen kostenlosen Einführungskurs angeboten. Nun konnte er ihr Angebot endlich annehmen.

Ein schriller Alarmton erklang im Ohr. Er lugte auf das Telefon. Eins der IS-Teams war offline gegangen. Er hielt es zunächst für ein Verbindungsproblem, das sich von selbst erledigte. Stattdessen folgte ein zweiter Alarmton und noch einer der winzigen Punkte verschwand. Lag es am starken Sturm? Oder an etwas anderem?

Asarow funkte die Teams über die offene Frequenz an. »An alle Einheiten, bitte melden.«

Nichts als Rauschen.

»An alle Einheiten, bitte melden«, wiederholte er.

Immer noch keine Reaktion.

Das ließ sich nicht allein mit dem Sturm erklären. Die Bilder auf dem Handy wurden über eine Satellitenverbindung empfangen, während die Sprachkommunikation über ein funkbasiertes System abgewickelt wurde. Die Wahrscheinlichkeit, dass beide gleichzeitig ausfielen, tendierte gegen null. Eher musste er davon ausgehen, dass die IS-Teams aufgeflogen und entweder aus dem Verkehr gezogen waren oder die Explosion ohne seine Autorisierung vorzeitig ausgelöst hatten.

Das nächste Geräusch in seinem Ohr war kein Alarm, sondern der Hinweis auf einen weiteren Anruf von Maxim Krupin. Er verfolgte die Operation aus der Bequemlichkeit seines Büros heraus und dürfte von den jüngsten Entwicklungen beunruhigt sein.

Asarow ignorierte das Klingeln. Sollten die anderen Teams entdeckt worden sein, kannte der Feind auch seinen Aufenthaltsort. Den weiträumigen Komplex anzugreifen dürfte sich allerdings deutlich schwieriger gestalten. Blieb ihm genug Zeit zur Flucht? Der Sturm lieferte die nötige Deckung. Falls es nicht anders ging, konnte er …

»Kontakt im Norden.«

Die Stimme, die über Funk kam, sprach tadelloses Englisch, verfärbt durch einen minimalen holländischen Akzent. Hassan war der Sohn von Syrern, die sich in Amsterdam niedergelassen hatten – ein Ladenbesitzer, den sein normales Leben langweilte, weshalb er sich dem Islamischen Staat angeschlossen hatte.

»Details?«

»Offenbar ein einzelner Mann. Nähert sich zu Fuß.«

Asarow schloss die Augen und atmete vernehmlich aus. Das mentale Bild seines neuen Domizils in Costa Rica, das sich vor wenigen Minuten so lebhaft vor dem geistigen Auge abgezeichnet hatte, schien an Schärfe einzubüßen.

»Ein einzelner Mann, sagst du? Bestätigen.«

»Bestätigt.«

»Weiterhin verfolgen.«

Der Russe verließ seine geschützte Position und arbeitete sich durch das komplexe Geflecht aus Leitern, Catwalks und Rampen zum nördlichen Rand des Geländes vor. Die letzten zehn Meter legte er auf allen vieren zurück und erreichte eine gut getarnte Stellung mit einer Lücke, die gerade ausreichend dimensioniert war, um ein Spektiv hindurchzuschieben.

Er musste zugeben, dass ihn Hassans Wachsamkeit beeindruckte. Durch den aufwirbelnden Wüstensand dauerte es fast zehn Sekunden, bis er die Gestalt entdeckt hatte, die rund 150 Meter entfernt eine Düne hinuntereilte.

Als Erstes fiel ihm auf, dass der Fremde extrem flott war. Vielleicht nicht ganz so kräftig wie er, aber die Fähigkeit, sich mit hohem Tempo durch den weichen Wüstensand zu bewegen, überstieg eindeutig seine eigene.

Weitere Details wurden mit zunehmender Verringerung des Abstands zwischen ihnen deutlich. Er trug die Uniform eines saudischen Soldaten, jedoch ohne erkennbare Abzeichen oder Dienstmarken. Die Waffe schien sich auf eine Pistole zu beschränken, die er geholstert an der Hüfte trug. Weitaus interessanter fand er das Gesicht des anderen. Zunächst unterstellte er, dass es an der Verzerrung durch die flirrende Hitze lag, doch dann erkannte er, dass das nicht stimmte. Die Nase des Mannes musste mehrfach gebrochen sein und beide Augen ruhten in dunkel unterlaufenen Höhlen. Teilweise vom dichten Bartwuchs verdeckt blitzten gespaltene, deformierte Lippen auf, passend zu den in ähnlicher Weise geschwollenen Wangenknochen.

Unter anderen Umständen hätte er es vermutlich als Witz empfunden, dass sich ein Mann in diesem Zustand allein näherte. Aber es gab keine anderen Umstände. Außerdem fiel ihm nur einer ein, der sich mit einer so provokanten Mischung aus Geschwindigkeit und Unverfrorenheit anpirschte.

»Rohab«, stellte Asarow eine Funkverbindung zum zweiten Teammitglied her. »Stoß am nördlichen Ende des Geländes zu Hassan. Nehmt gemeinsam den Mann unter Beschuss, der vorrückt, und tötet ihn.«

»Verstanden«, kam die Antwort.

Wenn es sich wirklich um Mitch Rapp handelte, boten die taktischen Rahmenbedingungen einige interessante Optionen. Der Amerikaner war eindeutig verletzt, hatte eine nicht näher bekannte Distanz in drückender Hitze zurückgelegt und kannte sich höchstwahrscheinlich nicht mit den Gegebenheiten der Anlage aus.

Zu fliehen und Rapp nach Nordrussland zu locken hätte durchaus seinen Reiz, aber auch etliche Nachteile. In einem solchen Fall könnte Rapp auf sämtliche Ressourcen der CIA zurückgreifen, während er, Asarow, völlig auf sich allein gestellt wäre. Und wenn der Amerikaner nicht unter Zeitdruck stand, hätte er die völlige Kontrolle über den Zeitpunkt ihres nächsten Zusammentreffens, um bis dahin in Ruhe seine Wunden ausheilen zu lassen und Pläne zu schmieden.

Je länger Asarow sich die Sache durch den Kopf gehen ließ, desto klarer wurde ihm, dass an einer Konfrontation jetzt und hier kein Weg vorbeiführte. Sobald er Rapp getötet hatte, wollte er Irene Kennedy kontaktieren und ihr einen Waffenstillstand vorschlagen. Sie genoss den Ruf, eine ungeheuer vernunftorientierte Frau zu sein, und legte sicher keinen Wert darauf, das Leben weiterer Männer in einem sinnlosen Rachefeldzug aufs Spiel zu setzen.

Ein Windstoß von Süden her wirbelte einen undurchlässigen Schleier auf und malträtierte Asarows Hände und Gesicht. Nachdem die Sicht wieder frei war, entdeckte er den anderen nicht mehr.

55

Rapp ließ sich auf den Bauch fallen und ignorierte die sengende Hitze des Untergrunds. Es gab nach wie vor keine Zeichen von Gegenwehr, aber er hatte das nördliche Ende des Geländes jetzt bestens im Blick. Asarow blieb garantiert in Deckung und schickte zunächst seine Untergebenen vor, um auf einen Zufallstreffer zu spekulieren oder Rapp zumindest bis zur endgültigen Konfrontation auszulaugen.

Bei diesen Untergebenen handelte es sich um Kämpfer aus den Reihen des IS. Selbst wenn sie über militärische Erfahrung oder gar eine Spezialausbildung verfügten, operierten sie nicht auf dem Niveau eines SAS-Soldaten oder Deltas. Nach bisherigen Erfahrungen rechnete er weder mit subtilem noch mit sonderlich kreativem

Vorgehen. Sie bezogen einfach die erstbeste Stellung und drückten ab, sobald sich eine Gelegenheit bot. Egal worum es ging, Dschihadisten gingen konsequent mit dem Dampfhammer auf ihre Gegner los.

Als die nächste Böe kam, spurtete er durch die dichte Staubwolke, die sie hervorrief. Der weiche Sand wich Beton. Er verlangsamte seine Schritte und quetschte sich zwischen zwei senkrechten Röhren durch, huschte zu einer Stelle, an der das Gewirr besonders dicht zu sein schien. Das beraubte ihn zwar der Möglichkeit, mehr als zwei Meter in gerader Linie sehen zu können, aber dasselbe galt umgekehrt für die Gegenseite.

Rapp zog die Glock und schlängelte sich durch das stählerne Labyrinth. Etwa fünf Meter weiter gab es auf der zweiten Ebene einen günstigen Aussichtspunkt. In jüngeren Tagen hätte er ihn wohl selbst eingenommen, weil er einen ungehinderten Blick nach Norden erlaubte und halbwegs Schutz vor dem Wind bot. Fast noch besser: Von unten konnte man sich nicht ohne Weiteres anpirschen, weil ein massiver zylindrischer Tank den Weg versperrte.

Rapp entdeckte eine zugewehte Laufplanke in drei Metern Höhe. Er kletterte einen Verbindungssteg hinauf und musste oben angekommen erst mal eine größere Schicht Sand entfernen, um das Metallgitter greifen zu können. Er schaffte es, ohne ein Geräusch zu verursachen, das den Wind übertönte.

Er arbeitete sich auf dem gefährlich schmalen Grat langsam voran. Nach einigen Metern erspähte er einen Stiefel, der hinter einer Stahlplatte hervorragte. Rapp schaute auf die Glock in seiner Hand und steckte sie zögernd ins Holster zurück. Ohne Schalldämpfer hielt er den Einsatz der Waffe für ein zu großes Risiko.

Er fand ein herumliegendes Rohrstück und befreite es vorsichtig aus dem Sand. Nicht besonders scharf, aber die Bruchkante am einen Ende eignete sich ideal für seine Zwecke.

Er bewegte sich weiter vorwärts, schob sich unter einem Überhang entlang und lief auf der Verwehung weiter, bis er eine starre Decke erreichte, an der Kabelschächte entlangliefen.

Nach etwa einer Minute hatte er beste Sicht auf sein Ziel: ein Einheimischer, der auf dem Bauch lag und die Wüste mit dem Zielfernrohr eines AK-47 absuchte.

Der Einstrahlwinkel der Sonne wurde zum Problem. Rapp hatte sie im Rücken – normalerweise ein Vorteil, doch in diesem Fall führte es dazu, dass er einen verräterischen Schatten warf. Er hielt sich geduckt, um das Problem zu minimieren, aber die physikalischen Gesetze ließen sich nicht überlisten. Seine Silhouette erreichte den Rücken des anderen und schob sich schließlich in dessen peripheres Blickfeld, als Rapp noch fast drei Meter von ihm entfernt war.

Der Terrorist rollte auf den Rücken und mühte sich ab, die Waffe dabei mitzudrehen. Die beengte Umgebung, die Rapps Annäherung ausbremste, hatte einen ähnlichen Effekt bei der Zielperson. Der Zylinder der Waffe blieb an der Kante eines Ablaufventils hängen. Blitzartig rammte Rapp das schartige Ende des Rohrs in die Magengrube des Mannes. Er legte sein komplettes Gewicht in die Bewegung, bis das Metallstück austrat und gegen den Betonuntergrund stieß.

Rapp zog sich rasch zurück, weil er davon ausging, dass der Tote Teil eines zweiköpfigen Teams gewesen war. Der Verdacht bestätigte sich sofort. Automatikfeuer brach unter ihm los und Geschosse schlugen Funken an einem Lagertank zu seiner Rechten.

Er hechtete über ein Geländer und sprintete zu einer Treppenflucht im Westen, wobei er vergeblich nach dem Schützen Ausschau hielt. Die Stufen bestanden aus soliden Stahlplatten und er spürte die von den Einschlägen der Schüsse ausgelösten Vibrationen, während er jeweils drei auf einmal nahm.

Der Bewaffnete unter ihm blieb unsichtbar, aber es war eindeutig, dass er von links feuerte. Vor ihm mündeten die Stufen in eine T-förmige Struktur. Rechts führten weitere nach oben, bis sie im grellen Schein der Sonne verschwanden. Links blockierte ein niedriges Tor den Zugang zu einer Stahlnetz-Plattform.

Als er das T erreichte, täuschte Rapp eine Finte nach rechts an und lief links weiter, sprang über das Tor und landete auf den Stahlplanken. Der Schütze schien damit gerechnet zu haben, dass er weiter nach oben rannte, weshalb die Kugeln in die Treppe einschlugen. Rapp zückte seine Glock.

Durch das offene Netz unter den Füßen erhaschte er diesmal einen Blick auf den Gegner: ein einzelner Mann, der die Mündung der Waffe gerade von den Stufen zu der Plattform verlagerte, auf der der Amerikaner über ihm thronte.

Es gab keinen günstigen Schusswinkel, also zielte Rapp einfach durch eine Lücke im Boden und drückte ab. Er behielt den Tango im Visier und setzte fünf Schüsse in kurzer Folge ab, wobei vier gegen den Stahl prallten und erst der letzte sauber durchging. Er erwischte den anderen am Schlüsselbein. Dieser ließ die Waffe fallen und bespritzte dabei den Gitterträger über sich. Einen

Moment später wurde ihm die rechte Kopfhälfte weggerissen, verschuldet durch den eigenen Querschläger.

Rapp sprang über das Schutzgeländer und landete knapp drei Meter tiefer im feinkörnigen Sand neben der Leiche. Eine kurze Suche förderte ein Lippenmikrofon zutage. Er klemmte es sich am Hals fest und friemelte den dazugehörigen Knopf ins Ohr. Niemand war in der Leitung, also aktivierte er das Mikrofon und keuchte atemlos auf Arabisch: »Ich habe ihn getötet! Ich bin der einzige Überlebende, aber ich habe gewonnen. Der Mann ist tot!«

Die Stimme, die ihm antwortete, sprach mit hörbarem russischen Einschlag. Nicht unerwartet, trotzdem sorgte ihr Klang dafür, dass Rapps Hand die Glock etwas fester umschloss.

»Hassan, beruhig dich. Red Englisch.«

Rapp wiederholte die Aussage in der verlangten Sprache mit dick aufgetragenem arabischen Akzent.

Es dauerte gut fünf Sekunden, bis die Stimme antwortete. »Kompliment, wie schnell und unauffällig Sie zugeschlagen haben, Mr. Rapp. Und wie geschickt Sie meine Leute aus dem Verkehr gezogen haben. Aber Hassan war Holländer.«

»Manchmal liegt man halt daneben.«

»Hätte mir genauso passieren können.«

»Sie haben verloren, Grischa. Wie wär's, wenn Sie sich einfach ergeben? Sie sind Maxim Krupin nichts schuldig. Schon gar nicht Ihr Leben.«

»Was Sie sagen, stimmt. Aber ich befürchte, die Zukunft, die Sie für mich vorgesehen haben, gefällt mir nicht.«

»Vielleicht können wir uns irgendwie einigen.«

»Auf meine Forderungen würden Sie sich nie einlassen.«

»Sind Sie da so sicher?« Rapp überprüfte das Magazin und näherte sich einer Leiter südlich von ihm. »Lassen wir's doch drauf ankommen.«

Diesmal zog sich das Schweigen in die Länge. Schließlich antwortete Asarow: »Was ich will, Mr. Rapp … was ich von mir selbst verlange, ist, dass Sie hier nicht lebend wegkommen.«

56

Rapp bewegte sich zentimeterweise auf dem Stahlnetz voran und ließ die Mündung der Waffe mit einer geschmeidigen Bewegung um die nächste Ecke gleiten. Mit der Glock im Anschlag erkundete er den aus Röhren geformten Gang, hinter dem sich ein kleines Büro anschloss.

Er befand sich mit am höchsten Punkt der Anlage und mied gezielt alle Engpässe, an denen Asarow ihm auflauern könnte. Je länger er ihre unvermeidliche Konfrontation hinauszögerte, desto besser.

Es fiel ihm schwer, sich Namen oder Telefonnummern einzuprägen, aber wenn es auf Schlachtfeldern um die optimale Taktik ging, machte seinem fotografischen Gedächtnis so schnell niemand etwas vor. Er hatte auf dem College ein hübsches Sümmchen gewonnen, weil er Wetten eingegangen war, sich die genaue Position jedes einzelnen Spielers auf dem Lacrosse-Feld in jeder Phase des Matches einprägen zu können. Nun setzte er dieses außergewöhnliche Talent ein, um im Geiste eine detaillierte Karte des Geländes anzufertigen.

Bedauerlicherweise ließen Dimensionen und Komplexität der Umgebung selbst seine Fähigkeiten an ihre Grenzen stoßen. Das Areal unterteilte sich in drei Abschnitte, die quasi vollständig voneinander separiert waren – wahrscheinlich, um im Fall von Feuer oder Explosionen eine Ausbreitung des Schadens zu verhindern. Es gab grob vier unterschiedliche Ebenen, durch zahllose Leitern, Stufen und Rampen miteinander vernetzt. Die stählernen Laufgänge in verschiedensten Breiten und Ausprägungen wanden sich in sämtliche Himmelsrichtungen, verschwanden in der Regel nach einigen Metern außer Sichtweite, verschluckt von der staubigen Luft.

Er suchte den Schauplatz sorgfältig ab, ließ seinen Kopf für eine ausgiebige Bestandsaufnahme hin und her schnellen. Auf halbem Weg zum Büro ging er hinter einem schmalen Überhang in die Hocke. Die Stiefel, die er trug, taugten für Wanderungen im Sand, auf dem dünnen Stahl hier waren sie die reinste Katastrophe. Viel zu schwer, vor allem erzeugten sie bei jedem Schritt unweigerlich ein dumpfes Geräusch. Rapp zögerte, sie auszuziehen, entschied jedoch, dass es das geringere der beiden Übel war.

Er legte den verbliebenen Teil des Stegs auf Strümpfen zurück. Immerhin bewegte er sich jetzt absolut geräuschlos und kam trotzdem gut voran. Dumm nur, dass der Stahl unter seinen Füßen so heiß war, dass er am liebsten aufgeschrien hätte.

Rapp glitt durch die offene Tür in den Arbeitsbereich und duckte sich unter das zersprungene Fenster. Etwa neun Quadratmeter angefüllt mit Krempel, der bei Schließung der Anlage zurückgeblieben war. Zum Verwechseln ähnlich mit dem Kubus in der alten Fabrikhalle, in dem Asarow Scott Coleman erledigt hatte. Hoffentlich kein böses Omen für das, was ihm bevorstand.

Er wühlte sich durch die im Verschlag verteilten Akten, Möbelstücke und Werkzeuge auf der Suche nach etwas Brauchbarem. Leider waren weder eisgekühlte Colaflaschen noch Schalldämpfer im Angebot, dafür etliche abgelegte Arbeitsuniformen. Nachdem seine Flecktarnuniform in der Wüste ihren Zweck erfüllt hatte, ihm in einem Umfeld mit blankem Stahl jedoch eher kontraproduktiv vorkam, entschied er sich für einen der grauen Overalls. Diese boten eine bessere Tarnung und trugen sicher ein Stück weit zur Verwirrung seines Gegners bei. Er fand sogar einen in passender Größe.

Fast noch dankbarer war er für ein Paar stinkige Socken, die er als zweite Schicht über die eigenen streifte. Das reichte, um die Füße vor Verbrennungen zu schützen und Verletzungen zu vermeiden, wenn er beim Rennen an einer scharfen Kante hängen blieb.

Rapp krabbelte zurück zum Eingang, da entdeckte er einen massiven Schraubenschlüssel, der unter einer verblichenen Zeitung mit arabischen Lettern lag. Er wickelte ihn in die Uniformhose, die er ausgezogen hatte, und stopfte ihn hinten in den Overall. Nicht gerade die ideale Waffe, aber er rechnete fest damit, dass er ihm noch nützlich werden würde.

Rapp blieb in der Hocke und orientierte sich auf dem Laufsteg nach links. Er überwand weitere 50 Meter in unter einer Minute und ergänzte den mentalen Lageplan. Beim Erreichen einer Reihe von Stufen, die zwei Ebenen miteinander verbanden, nahm er am Rand des Blickfelds eine Bewegung über sich wahr. Instinktiv brachte er sich in eine bessere Schussposition und feuerte in die entsprechende Richtung. Im selben Moment schlug ein Projektil direkt links von der Stelle ein, wo noch vor Sekundenbruchteilen sein Kopf gewesen war.

Grischa Asarow duckte sich ungeschickt weg, als eine Kugel weniger als einen Meter an ihm vorbeizischte. Sein eigener Schuss war perfekt gezielt gewesen, aber Rapp musste kurz vor dem Einschlag ausgewichen sein.

Der Russe beschäftigte sich sofort mit der Analyse dieses raren Fehlschlags. Erwartungsgemäß war Rapp extrem wendig und verfügte über messerscharfe Instinkte in Kampfsituationen. Dass er noch lebte, verdankte er allerdings nicht diesen Gaben, sondern Asarows Patzer. Er hatte nach einem Mann in saudischer Armeeuniform Ausschau gehalten. Die abweichende Kleidung ließ ihn im entscheidenden Moment zögern. Eine minimale Zeitspanne, bei anderen Gegnern nicht der Rede wert. Im Fall von Mitch Rapp allerdings genau die Sekundenbruchteile, die den Unterschied zwischen Leben und Tod ausmachten.

Aktuell gab es für den CIA-Mann keine Rückzugsmöglichkeit. Er saß fest. Asarow sprintete zu einer Leiter und kletterte sie halb hinauf. Er sprang auf eine voluminöse Röhre, die bei der Landung einen glockenähnlichen Klang erzeugte, der durch die Luft hallte. Er ließ sich vom Schwung zu einer drei Meter breiten Lücke tragen, die den Blick auf die untere Ebene freigab. Er robbte auf dem Bauch weiter und schob die Pistole über den Rand der schmalen Plattform, auf der er sich befand. Einen Level tiefer rannte Rapp über den einzigen Laufsteg, der für ihn zugänglich war. Er wandte Asarow den Rücken zu. Selbst ein Anfänger hätte den Treffer gemacht.

Er nahm den Amerikaner ins Visier. Bevor er abdrücken konnte, schoss Rapp über die Absperrung und segelte durch die Luft zu einem Auffangbehälter. Er landete auf dem kaum zwei Meter durchmessenden Deckel. Der Grund, weshalb er sich so lautlos bewegt hatte, wurde beim Aufprall erkennbar. Er trug lediglich Socken, die auf dem glatten Stahl keinerlei Reibung erzeugten. Deshalb schlitterte er nun unkontrolliert dem Rand entgegen. Kurz darauf war er verschwunden. Asarow hörte, wie ein Körper mit dumpfen Schlägen gegen die Röhren prallte und schließlich auf der Erde aufschlug. Aus seiner gegenwärtigen Position konnte er es zwar nicht sehen, wusste aber, dass es sich um einen Fall aus mindestens 30 Metern Höhe gehandelt hatte. Selbst ein Könner wie Mitch Rapp überlebte so etwas nicht.

Der Russe visierte weiterhin die Plattform an, auf welcher der Amerikaner eben noch gestanden hatte. Sein Herz schlug so schnell wie schon seit Jahren nicht mehr bei einem Einsatz. Die Stiefel auszuziehen war eine taktisch clevere Entscheidung, die sich in diesem Fall nicht ausgezahlt hatte. Mitch Rapp musste entweder schon tot sein oder lag im Sterben, während er nach der harten Landung den Sand vollblutete.

Wieso fürchtete er den Rivalen trotzdem noch? Ihm fehlte die Fantasie, wie Rapp diesen Sturz überlebt haben sollte. Trotzdem entschied er, dass er die Möglichkeit so lange in Betracht ziehen musste, wie er die Leiche nicht gesehen hatte. Er wünschte sich zwar nichts sehnlicher, als zum Geländewagen zu laufen und durch die Wüste davonzubrausen, aber er konnte sich nicht dazu durchringen. Erst musste er sich persönlich überzeugen, dass der CIA-Agent nicht mehr unter den Lebenden weilte.

Rapp warf sich auf den Laufsteg, so gut wie sicher, dass sein Schuss auf gut Glück den Russen verfehlt hatte. Er rollte sich ab und spurtete zu einer Reihe von Tanks, die etwa drei Meter rechts neben dem rechten Handlauf in die Höhe ragten.

An Asarows Stelle wäre er die Leiter auf dessen linker Seite halb hochgeklettert, um über die lange Röhre zur Plattform zu gelangen, die darüber frei in der Luft schwebte. Eine perfekte Position, um auf Rapps dann ungeschützten Körper zu zielen.

Er hatte gerade erst die halbe Strecke zu den Tanks zurückgelegt, da landete bereits jemand mit einem lauten Dröhnen auf besagter Überkopfröhre – eine volle Sekunde früher, als er damit gerechnet hatte. Er zwang sich, einen Zahn zuzulegen, obwohl ihm dabei das verletzte Knie Höllenqualen bereitete.

Der andere erreichte die Plattform, als er noch mehrere Meter vom angepeilten Punkt am Geländer entfernt war. Der Russe hatte ihn garantiert bereits ins Visier genommen. Diesmal würde er ihn kaum verfehlen.

Rapp hechtete früher als geplant über den Handlauf, schaffte es aber trotzdem, die Lücke zu überwinden. Er landete auf einem Tank und rutschte unkontrolliert am anderen Ende hinunter, taumelte über den Rand und fiel etwa zwei Meter, bevor er glücklicherweise einen Gitterrost erreichte – der genau dort war, wo er es sich eingeprägt hatte. Da er die Glock nach wie vor in der linken Hand hielt, musste er den gesamten Schwung mit der rechten abfangen. Ein ungelenkes Manöver, bei dem er sich beinahe die Schulter ausgekugelt hätte.

Sobald er wieder sicher stand, riss er den Schraubenschlüssel aus dem Overall und schleuderte ihn auf die Röhren unter sich. Dass er in die Hose eingewickelt war, verhinderte, dass Metall gegen Metall schlug. Die gedämpften Geräusche dürften in Verbindung mit dem Heulen des Windes recht überzeugend nach einem Absturz klingen.

Der Russe hielt sich in der angrenzenden Sektion der Anlage auf. Es gab keine direkte Verbindung, weshalb Rapp sich beim Klettern nach unten Zeit lassen konnte. Er gelangte zu einem Verbindungssteg sechs Meter tiefer. Was tat Asarow wohl als Nächstes? Unterstellte er seinen Tod und lief zum Wagen, um wegzufahren? Oder vergewisserte er sich vorher, ob sein Widersacher tatsächlich tot war?

Vermutlich Letzteres, entschied Rapp. Die Frage lautete, wie er damit am besten umging. Obwohl Asarow nicht direkt zu ihm vordringen konnte, würde er von einem erhöhten Punkt aus bald feststellen, dass merkwürdigerweise keine Leiche auf dem Boden lag. Damit blieb ihm ein kurzes Reaktionsfenster, innerhalb dessen er vom Überraschungsmoment profitieren konnte. Das Problem war nur, dass er außer dem deutlich einsehbaren Laufsteg auf der höchsten Ebene keine andere Möglichkeit kannte, auf Asarows Seite des Areals zu gelangen. Bis er dort ankam, hätte der Russe längst erkannt, dass sein Gegner sich nach wie vor bester Gesundheit erfreute, und würde gezielt nach ihm suchen.

Rapp überquerte das Metallnetz. Eine feuerdichte Mauer auf der rechten Seite lieferte den nötigen Sichtschutz. Auf einer Höhe von anderthalb Metern wich das

Mauerwerk der üblichen Gitterstruktur. Er inspizierte den Bereich dahinter, bevor er auf die andere Seite kletterte und nach weiteren drei Metern abrupt stehen blieb. Die Unterkante des Stahlnetzes war ein Stück hinter ihm aus der verschweißten Verankerung gerissen, wodurch es gut 15 Zentimeter weit abstand.

Er lief an die Stelle zurück und beackerte die gelöste Kante mit dem Fuß. Er musste eine Menge Kraft aufwenden, doch es gelang ihm, die Schweißnaht an zwei weiteren Punkten zu lösen. War sie überall so instabil?

Rapp krabbelte über das Metall und suchte nach etwas, das sich als Stemmeisen eignete. Er entdeckte ein Absperrventil, das lediglich durch einen Metallstift fixiert wurde. Er hebelte eine Weile daran herum, dann hielt er das Ventil in der Hand.

Er zwängte es in das entstandene Loch und zog, so fest er konnte. Sekunden später belohnte ihn das leise Knacken, während sich weitere Teile der Verschweißung lösten.

Als die entstandene Lücke groß genug war, stopfte er die Glock hinten in den Overall und quetschte sich hindurch. Auf der anderen Seite gab es nichts, worauf man stehen konnte, also hielt er sich an einer Leitung über dem Kopf fest und hangelte sich vorsichtig daran entlang. Der Schmerz in der verletzten Schulter machte ihn fast wahnsinnig, aber für den Augenblick konnte er sie nicht entlasten. Sollten seine schwitzigen Hände abrutschen, hätte Asarow doch noch seine Leiche unten im Wüstensand gefunden.

Endlich erreichte er einen weiteren Steg und zielte mit der Glock über den Rand. Kurz darauf erhaschte er vorsichtige Bewegungen durch das Drahtgitter. Knapp 30 Meter weit weg.

Erneut keine freie Schussbahn, aber eine bessere Chance als diese bekam er garantiert nicht. Er musste Asarow irgendwie auf die besser erreichbare linke Seite locken. Ein halber Meter reichte völlig. Im passenden Moment feuerte er. Die Kugel schlug in eine elektrische Leitung direkt rechts von Asarow ein.

Doch statt nach links auszuweichen, duckte sich der Russe nach rechts in Richtung des Kabels, auf das Rapp gezielt hatte, und verschwand außer Sichtweite.

»Shit!«, fluchte Rapp unterdrückt. Der Typ war nicht bloß gut, sondern ein verdammter Wunderknabe.

Trotzdem hatte er den Gegner damit in die Enge getrieben. Auf demselben Weg zurück musste er mit sofortigem Beschuss rechnen. Allerdings gab es eine etwa zwei Meter durchmessende Röhre direkt vor ihm und nur die oberen zwei Drittel konnte Rapp von seiner Position aus überblicken. Es war Asarows einzige Chance, und nicht mal die schlechteste. Mit Sicherheit wusste er, wo sie hinführte, während Rapp nur spekulieren konnte.

Ein verzerrter Schatten erschien an der Öffnung der Röhre. Rapp entleerte das komplette Magazin in die grobe Richtung, wobei er auf zufällige Streuung setzte. Er zog sich zurück, rammte blitzschnell das letzte Ersatzmagazin ein und sah sich ratlos um. Der Schatten war verschwunden, dafür entdeckte er am Rand der Leitung etwas, das ihm vorher nicht aufgefallen war. Zuerst hielt er es für Rost, doch als er es mit zusammengekniffenen Augen näher untersuchte, konnte er den vertrauten Farbton auf Anhieb zuordnen.

Blut.

Asarow kroch hastig weiter und stoppte erst, als er eine scharfe Biegung nach rechts erreichte. Erst dann schob er den feuchten Ärmel vorsichtig nach oben, um den sauberen Durchschuss im Bizeps zu untersuchen. Es blutete heftig, aber das Geschoss war ausgetreten, ohne einen Knochen zu treffen. Er zog das Hemd aus und band es um die Wunde, lehnte sich gegen die gewölbte Außenwand und keuchte.

Wie hatte Rapp den Sturz vom Tank bloß überlebt? Und noch entscheidender, wie war es ihm gelungen, die Brandschutzbarriere ohne Benutzung des oberen Laufstegs zu überwinden? Offenbar kannte sich der CIA-Agent auf dem Gelände besser aus als er. In diesem Fall wusste er auch, wo diese Röhre endete und dass es nur einen erhöhten Punkt gab, von dem aus man beide Enden im Auge behalten konnte. Entschied er sich für die schwierige Klettertour dorthin oder ließ er sich auf eine riskante Verfolgungsjagd ein, um das verletzte Opfer zu stellen?

Spekulieren brachte ihn nicht weiter. Asarow hatte bisher alle Reaktionen des Gegners falsch eingeschätzt. Die Frage, die ihn schon so lange quälte, war nun beantwortet: Rapp war der überlegene Mann. Der schwächere, ältere Amerikaner würde ihn heute töten.

Nein.

Nicht heute. Nicht wo er so kurz davorstand, sich dem Einfluss von Maxim Krupin zu entziehen und ein neues Leben zu beginnen. Mit einer neuen Identität.

Asarow entfernte den provisorischen Verband und saugte mit der Rückseite des Hemds das Blut auf, das über den Arm floss. Als der Stoff vollständig durchnässt war, riss er einen Teil des linken Ärmels ab und benutzte ihn zum erneuten Bandagieren, ehe er in die Überreste des

Kleidungsstücks schlüpfte. Das Blut am Rücken ließ die Verletzung schlimmer erscheinen, als sie tatsächlich war. Hoffentlich reichte das, um Rapp zu einer Unachtsamkeit zu verleiten.

Asarow kroch weiter durch die Röhre, aufgrund der beengten Umgebung zu einer leicht geduckten Haltung gezwungen. Selbst wenn Rapp sich hier besser auskannte als er, dürfte es ihm schwerfallen, das hintere Ende rechtzeitig zu erreichen, um sich in eine günstige Schussposition zu bringen.

Der Russe spornte sich an, konzentriert zu bleiben. Wenn er das Timing perfekt hinbekam, bestand nach wie vor die Möglichkeit, dass er es war, der lebend aus dieser Auseinandersetzung hervorging.

Rapp hielt sich so weit oben wie möglich und huschte von Laufgang zu Laufgang, wobei seine Augen hektisch zuckten, um zu lokalisieren, an welcher Stelle die Röhre endete, in der Asarow sich verkrochen hatte. Nach einigen Minuten erkannte er, dass er den vorderen Teil aus den Augen verlor, wenn er weiterlief. Gut möglich, dass die Röhre keinen zweiten Ausgang hatte und der Russe kurz hinter der ursprünglichen Stelle auf eine günstige Gelegenheit zur Flucht lauerte. Oder er war bereits tot. Oder – ungefähr genauso wahrscheinlich – er rannte auf der Suche nach einem Ausgang hindurch.

Rapp blieb stehen, erfasst von einer seltenen Unschlüssigkeit. Nur eins wusste er mit Sicherheit: Er wollte nicht in diese Röhre klettern, um die Verfolgung aufzunehmen. Die Umgebung war zu beengt. Was also tun? Weiter oder zurück? Sein Bauch plädierte für Ersteres und er hörte darauf. Seine Intuition ließ ihn zwar ab und zu im Stich, aber in den meisten Fällen konnte er sich darauf verlassen.

Er setzte über mehrere parallel verlaufende Röhren hinweg, um einen benachbarten Gittersteg zu erreichen. Sobald er Asarows Fluchtweg aus den Augen verlor, rannte er weiter zu einer Stelle, an der es für den Russen unmöglich war, sich von hinten anzuschleichen. Selbst in diesem Tempo dauerte es noch fast fünf Minuten, bis er den Abschnitt erreicht hatte, wo die Röhre in einen riesigen Lagertank mündete. Die Klappe am oberen Ende stand offen und Rapp bremste ab und wollte gerade mit der Glock nach oben zielen, als er eine Bewegung wahrnahm.

Asarow war aus dem Tank geklettert und sprintete zu einem Gitter in knapp 50 Metern Entfernung. Die linkische Gangart und das viele Blut, das sein Hemd durchweichte, verrieten, dass er sich in ziemlich schlechter Verfassung befand.

Rapp brachte sich hinter ihm in Stellung, ließ sich dabei bewusst etwas zurückfallen, um das Risiko einer zufälligen Entdeckung zu minimieren. Schließlich überwand er den Abstand zum anderen, lief jedoch erst dann zügig weiter, als er sicher war, seine Umgebung genau zu kennen und den nach wie vor gefährlichen Rivalen gut im Blick zu haben.

Asarow blutete so stark, dass er eine weithin sichtbare Spur hinterließ und seine Bewegungen zunehmend angestrengter wirkten. Außerdem begab er sich in einen Bereich, der ihm einen massiven taktischen Nachteil verschaffte. Das Gelände wurde körperlich fordernder und am Rand der Aufbauten wurde es für Rapp einfacher, sich in eine erhöhte Position zu begeben. Schmerzen,

Blutverlust und Verzweiflung schränken das Urteilsvermögen eines Menschen zwangsläufig ein – insbesondere bei einem Mann, der solche Einschränkungen vermutlich gar nicht kannte. Er setzte sich quasi selbst schachmatt.

Oder sollte er das nur glauben? Rapp stoppte am Fuß einer Treppe.

Asarow erweckte zwar den Eindruck, als könnte er kaum noch einen Fuß vor den anderen setzen, aber die Röhre hatte er im Rekordtempo durchquert. Und die rote Spur am Boden erleichterte zwar die Verfolgung, wirkte aber definitiv nicht so schlimm, dass der andere auszubluten schien.

Der Russe wollte die Konfrontation gezielt herbeiführen, allerdings in einem Moment, in dem er sich taktisch im Vorteil wähnte. Diesen Vorteil hatte er jedoch eingebüßt und war schlau genug, um das zu erkennen. Was bedeutete, dass er auch schlau genug war, nach einem Ausweg zu suchen.

Rapp wirbelte herum und sprintete in die entgegengesetzte Richtung. Er ließ die Waffe fallen und setzte über einen drei Meter breiten Abgrund hinweg zu einer Leiter. Er klammerte sich mit Händen und Füßen an den Seitenstreben fest, wäre um ein Haar in die Tiefe gestürzt und rettete sich gerade so auf eine Plattform eine Etage tiefer. Das östliche Ende der Förderanlage befand sich direkt vor ihm. Er rannte dorthin und nutzte jede sich bietende Gelegenheit, tiefer zu gelangen. Kurz vor dem Ziel wurde er getroffen.

Die Wucht des Einschlags ließ ihn über die Schutzplanke segeln. Er versuchte gar nicht erst, sich irgendwo festzuhalten. Sand und Himmel verschmolzen zu einer Einheit, während er unkontrolliert durch die Luft trudelte und nur anhand der aufsteigenden Flammen mitbekam, wo oben und wo unten war. Er flog an einer Betonplatte vorbei und landete mit den Füßen voran im Wüstensand, wurde nach vorn geschleudert und nutzte die Wucht des Aufschlags, um sich abzurollen.

Benommen brauchte er einige Sekunden, um zu merken, dass seine Haare Feuer gefangen hatten. Sobald er es ausgeklopft hatte, lag er einfach nur da und starrte durch die herumwirbelnden Trümmer in den Himmel. Asarow musste sich nach Norden davongemacht und anschließend die Explosion ausgelöst haben, um sich vom Wind in ein radioaktives Niemandsland treiben zu lassen, in das ihm niemand freiwillig folgte.

Rapp überlegte kurz, die Hoffnungen seines Gegners zu enttäuschen und ihm nachzusetzen, verabschiedete sich jedoch umgehend von der Idee. Für heute hatte er genug von Grischa Asarow.

57

»Schön weiter den Eisbeutel gegen die Stirn pressen«, forderte ihn die Krankenschwester in Tarnmontur auf.

»Das ist alles?«, fragte Rapp. »Das ist Ihr fachlicher Rat?«

Seit der Explosion kämpfte er mit heftigem Nasenbluten. Trotz aller Anstrengungen von seiner Seite und dem medizinischen Stab der Armee wollte es einfach nicht aufhören.

»Ich hab ja schon eine Menge gesehen, Sir. Aber diese Nase … wie ist das passiert?«

»Eine wütende Frau.«

Sie stieß ein zögerndes Lachen aus, verstummte jedoch, als sie seinen todernsten Blick bemerkte.

»Sir, ich schlage vor, dass Sie sich so bald wie möglich in die Staaten ausfliegen lassen und dort nach dem besten plastischen Chirurgen umsehen, den Sie finden.«

Da es im Sanitätszelt offenbar niemanden gab, der ihm etwas Neues verraten konnte, wanderte er hinaus in die Nacht.

Scheinwerfer waren aufgestellt worden, um den temporären amerikanischen Stützpunkt in Helligkeit zu tauchen. Die kraftvollen Strahlen bohrten sich deutlich jenseits der 200-Meter-Grenze in den Boden. Er blieb stehen, um einen Truck mit Schutzanzügen passieren zu lassen, und erreichte eine Fläche aus festgeklopftem Sand, die als primitive Straße diente.

Zwei Hubschrauber zogen über ihn hinweg und näherten sich im Norden der verstrahlten Zone, die auf Grischa Asarows Konto ging. Überraschenderweise war es die einzige. Bazzi und seine Männer hatten es geschafft, die übrigen IS-Teams rechtzeitig vor der Zündung aufzuhalten. Damit musste Rapp sich den einzigen Fehlschlag anlasten lassen.

Nach seiner Rückkehr würde ihn Kennedy beiläufig, wenn auch zum wiederholten Mal darauf hinweisen, dass es ein Fehler gewesen war, Asarow in die Enge treiben zu wollen. Natürlich würde Rapp sein Vorgehen im Gegenzug vehement verteidigen, ohne dass ein klarer Gewinner aus ihrem verbalen Schlagabtausch hervorging. So lief es jedes Mal. In diesem Fall musste er ihr jedoch insgeheim recht geben. In der Hitze des Gefechts war ihm entgangen, dass es bei diesem Duell keinen Gewinner geben konnte. Vermutlich hatte er sich zu viele Jahre daran gewöhnt, Probleme allein durch das Zielfernrohr einer Waffe zu analysieren.

»Mitch!«

Rapp drehte sich um. Mike Nash joggte in seine Richtung und blieb völlig außer Atem neben ihm stehen. Die zusätzliche Muskelmasse schien zwar der Heilung seines Rückens gutzutun, nicht aber seiner Kondition.

»Ich weiß, ich hab das heute schon mal gesagt, aber ich wollte ganz sichergehen, dass die Message ankommt: Du siehst echt total beschissen aus.«

»Danke.«

»Schafft es denn keiner, die Blutung zu stoppen?«

»Sie empfehlen mir, in den USA 'nen Arzt aufzusuchen.«

»Unser Steuergeld hat auch schon mal kompetenteres Personal finanziert.«

»Wo stehen wir?«

Nash versenkte die Hände in den Taschen, weil ihn die zum Abend hin abkühlende Wüstenluft leicht frösteln ließ. »Bisher überlassen die Saudis uns die Führung. Die königliche Familie verkriecht sich nach wie vor in Europa, weshalb hier ein gewisses Machtvakuum entstanden ist.«

»Umso besser für uns.«

»Zweifellos. Ich hab noch mehr gute Neuigkeiten. Wir haben Colonel Wasems Leiche in der Wüste aufgelesen. Bazzi unterstützt unsere Version, dass es ein tragischer Unfall war. Er konnte dieses Arschloch wohl echt nicht leiden.«

»Gibt's auch schlechte Neuigkeiten?«

»Die Liste ist leider deutlich länger. Einer der Container mit spaltbarem Material wurde durch eine Bordkanone beschädigt. Nicht ideal, aber man kriegt es in den Griff, indem man ein paar Tausend Tonnen Sand entsorgt. So einfach läuft es bei der Förderanlage allerdings nicht. Wir sind immer noch mit Messungen beschäftigt, wie stark sich die Radioaktivität ausgebreitet hat. Der Sturm dürfte die Auswirkungen merklich verschlimmern. Selbst im günstigsten Fall wird die Dekontamination eine Dreiviertelmilliarde Dollar kosten und die geförderte Ölmenge in den nächsten fünf Jahren um mindestens zehn Prozent reduzieren.«

»Sag den Saudis, Sie sollen uns einen Scheck ausstellen. Wie steht's mit …«

»Sekunde, ich bin noch nicht fertig. Den Absturz des Choppers von Team Four hat niemand überlebt und die Pakistanis liegen uns bereits in den Ohren, weil sie den Rest von ihrem Atommüll zurückwollen.«

»War's das jetzt?«

»Ja.«

»Wie steht's mit Asarow?«

»Nichts Neues. Wir setzen Hubschrauber nur ein, wenn's gar nicht anders geht, weil die Windbedingungen zu heikel sind. Wegen der Strahlung gilt das Gleiche für Suchtrupps am Boden. Aber du sagtest ja, der Kerl habe ziemlich übel geblutet, und die Wüste ist riesig. Ich tippe mal, der ist längst auf der Suche nach einer Oase krepiert.«

Rapp beschränkte sich als Antwort darauf, den Eisbeutel auf den kläglichen Resten seiner Nasenwurzel zu verschieben.

»Sollte ich falschliegen, brauchst du dir trotzdem keine Sorgen zu machen. Wir haben andere Optionen, diesen Mistkerl zu finden, und nach dem Riesenchaos, das er hier angerichtet hat, traut er sich garantiert nicht mehr nach Russland. Früher oder später erwischen wir ihn.«

Rapp drehte sich um und lief zu einer Reihe von Militärfahrzeugen, die an der Westflanke des Lagers parkten.

»Wo willst du hin?«, fragte Nash. »In fünf Minuten findet eine Besprechung mit den Saudis statt.«

»Spring für mich ein.«

»Die rechnen fest mit dir. Was soll ich denen erzählen?«

»Sag ihnen, sie können mich mal. Ich flieg nach Hause.«

58

FAIRFAX, VIRGINIA

Rapp beschleunigte den Dodge Charger und schaffte es gerade so über die dunkle Kreuzung, bevor die Ampel auf Rot umsprang. Er hatte in Riad einen militärischen Transportflug erwischt und die letzten 15 Stunden auf einem Stapel kugelsicherer Westen im Laderaum verbracht. Nun, wo er nur noch fünf Minuten von zu Hause entfernt war, schien sich jede Sekunde wie eine Ewigkeit in die Länge zu ziehen.

Sein Telefon klingelte und er legte das Gespräch auf das kraftlose Soundsystem seines Wagens um.

»Hallo Irene.«

»Wie ich höre, bist du wieder in den Staaten.«

»Ja, noch knapp einen Kilometer von meiner Wohnung entfernt.«

»Oh«, meinte sie. »Die musst du dir abschminken.«

»Abschminken?«

»Ja. Wir haben sie ausgeräumt und vermietet. Dreh besser um und fahr nach *Hause.*«

Die Betonung war nicht zu überhören. »Mein Haus ist fertig?«

»Ich glaube, Claudia hakt noch ein paar letzte Punkte auf der Liste ab. Davon abgesehen ist es fertig, ja.«

Aus irgendeinem Grund traf ihn diese Mitteilung unvorbereitet. Er blickte auf die Uhr am Armaturenbrett. Kurz nach halb acht abends.

»Vielleicht sollten wir uns für ein kurzes Debriefing treffen?«, hörte er sich selbst sagen. »Bist du noch im Büro?«

»Schon, aber das kommt nicht infrage. Claudia hat für dich gekocht.«

Das erwischte ihn noch mehr auf dem falschen Fuß. Wieso? Warum verspürte er plötzlich den Drang, mit dem Dodge auf den nächstbesten Highway zu fahren und Vollgas zu geben? Hatte er etwa Angst? Nach allem, was hinter ihm lag, jagte ihm so etwas Angst ein?

»Dann gleich morgen früh?«, entfuhr es ihm, bevor er sich bremsen konnte.

»Nein. Morgen früh schläfst du dich aus und wirst in Ruhe frühstücken. Gegen elf Uhr hast du einen Termin bei einem plastischen Chirurgen. Claudia wird dir die Adresse nachher geben.«

»Gut. Dann komm ich hinterher …«

»Irrtum, mein Lieber. Denn anschließend wirst du bei einem Experten für restaurative Zahnmedizin vorbeischauen. Claudia wird …«

»… mir die Adresse nachher geben«, führte er den Satz zu Ende.

»Richtig. Der Nahe Osten und Russland sind auch übermorgen noch da, Mitch. Gönn dir mal einen netten ruhigen Abend.«

Die Verbindung wurde getrennt und Rapp fuhr noch einen knappen Kilometer weiter, bis er endlich den Mut aufbrachte, den Wagen zu wenden.

Die schmale Straße passierte abwechselnd dicht bewachsene Alleen und flaches Land, bis eine kleine Erhebung den Blick auf die angrenzende Landschaft freigab. Rapps 80.000-Quadratmeter-Grundstück befand sich am südlichen Rand eines großzügig aufgeteilten Wohngebiets mit insgesamt zehn Parzellen. Allerdings hatte sein Bruder, ein fast schon obszön reicher Finanzberater, die übrigen neun gekauft. Für den Fall, dass er mal eine Rückzugsmöglichkeit brauchte, wie er es ausdrückte.

Rapp erreichte das Haupttor der weitgehend unbewohnten Siedlung, um festzustellen, dass das Tastenfeld zur Codeeingabe durch einen Fingerabdrucksensor ersetzt worden war. Auf gut Glück presste er den linken Daumen gegen die Kontaktfläche. Gehorsam öffnete sich die stählerne Barriere.

Alle Markierungen und andere Hinweise, die auf die Existenz der übrigen Baugrundstücke hindeuteten, waren entfernt worden. Es gab nichts als natürliche Vegetation, makellosen Asphalt und dunklen Nachthimmel. Ein rustikaler roter Schuppen tauchte auf der linken Straßenseite auf, vom Mond in einen matten Glanz gehüllt. Ursprünglich war er als Stall für die Pferde der Bewohner gedacht gewesen, aktuell nutzte ihn der Generalunternehmer zum Einlagern von Baumaterial.

Die weiße Mauer aus Gipsputz, die sein Haus umgab, tauchte hinter dem kleinen Hügel auf. Dank matter Scheinwerfer wurde sie in ein verlockendes Licht getaucht. Das Eingangstor aus Kupfer setzte bereits leichte grüne

Patina an, wie er beim Vorfahren an die Sprechanlage feststellte. Darauf lag ein gepolsterter Umschlag, mit krakeliger Kinderhandschrift adressiert:

Führ Mitsch

Er riss ihn auf und holte eine Fernbedienung heraus. Ein Druck auf das Tastenfeld sorgte dafür, dass das schwere Tor seitlich in die Mauer glitt.

Die Garage war verschlossen, deshalb stellte er den Wagen neben einer modernen Außenskulptur ab: Flugzeugtrümmer mit blauer Rostschutzlackierung. Er erkannte die tiefere symbolische Bedeutung und nahm sich vor, Claudia gegenüber bei nächster Gelegenheit zu erwähnen, wie sehr sie ihm gefiel.

Das Haus selbst wirkte zugegebenermaßen etwas ungewöhnlich. Es bestand aus einer einzelnen Etage mit einem halben Souterrain und besaß kein einziges Fenster. Seine verstorbene Frau und der Architekt hatten alles getan, um durch raffiniert abwechselnde Strukturen und Formgebungen und ein geschwungenes Dach zu verhindern, dass der Bau wie ein Gefängnis wirkte. Größtenteils mit Erfolg. Einen derart ästhetischen Bunker hatte die Welt noch nicht gesehen.

Niemand kam ihm entgegen, als er durch den Eingang in den Flur trat, also gönnte er sich einen Moment, um die warme Beleuchtung und das sparsame Mobiliar im asiatischen Stil zu bewundern. Das extravagante Gemälde einer Blume an der rechten Wand war vermutlich fast so teuer gewesen wie die Wrackteile der abgestürzten Cessna draußen.

Am Ende des Eingangsbereichs wurde die rechte Außenmauer durch eine raumhohe Glaswand ersetzt, die den Blick auf einen wunderschön bepflanzten Innenhof freigab.

Der Wohnraum war ringförmig drum herum angeordnet, wobei so gut wie jedes Zimmer über einen direkten Zugang zum Gartenbereich verfügte. Jenseits der frisch gepflanzten Bäume erspähte er die eleganten Konturen einer topmodernen Küche und die rabenschwarzen Haare der Frau, die darin werkelte.

Er entdeckte eine Schiebetür und trat hindurch, näherte sich der Küche über einen Pfad aus Steinplatten. Als er das Gegenstück auf der anderen Seite erreichte, zog Claudia den Kochlöffel aus dem Topf, in dem sie gerade rührte, und drehte sich in seine Richtung. Irene schien sie über seine Ankunft informiert zu haben, denn sein Anblick zauberte nur ganz kurz einen Anflug von Erstaunen in ihre dunklen Augen.

»Mitch«, rief sie, ließ den Löffel auf die Arbeitsfläche fallen und schlang die Arme um ihn. Es tat ganz schön weh, aber er entschied, dass es ihn nicht im Geringsten störte.

»Tut mir leid, dass ich dich nicht vorn in Empfang genommen habe, aber sonst wär mir noch was angebrannt.«

»Macht nichts«, sagte er und wünschte sich sofort, er hätte die Bemerkung freundlicher verpackt.

»Na?«, fragte sie und breitete die Arme aus. »Gefällt's dir?«

»Und wie«, sagte er und fühlte sich ziemlich überwältigt. »Vor allem die Skulptur draußen.«

»Ist sie nicht fantastisch? Ein echter Aubarge.«

Er nickte, als ob er damit etwas anfangen konnte. »Wo kommen die ganzen Möbel her?«

»Wo sie herkommen? Magst du sie? Ich finde, es wirkt modern, aber nicht steril. Was meinst du?«

»Genau so hätte ich es auch formuliert.«

»Hättest du nicht«, widersprach sie, griff nach dem Kochutensil und rührte in einer der brodelnden Flüssigkeiten herum. Mit dem Ellbogen deutete sie auf eine offene Flasche Wein auf dem Tresen. »Schenk dir ein Glas ein. Ich warn dich allerdings vor, er ist ein bisschen kalt. Ich hab ihn gerade erst aus deinem Keller geholt.«

»Ich habe einen Weinkeller?«

Sie wechselte zu Französisch, weil sie sich mit der Sprache wohler fühlte. »Natürlich! Komplett bestückt!«

Er fand ein passendes Glas und überflog das Etikett. Kaum überraschend konnte er damit wenig anfangen, aber der Umstand, dass die Flasche schon vor seiner Zeugung abgefüllt worden war, beunruhigte ihn leicht. Dank einiger bizarrer Wendungen des Schicksals und der finanziellen Genialität seines Bruders hatte Rapp ein gewisses Vermögen angehäuft. Aber das fand er dann doch etwas übertrieben.

»Claudia?«

»Ja?«

»Lass mich zuerst sagen, dass du tolle Arbeit geleistet hast.«

»Du liebst es, nicht wahr?« Sie strahlte ihn triumphierend an.

»Absolut. Das tu ich. Aber darf ich fragen, was das Ganze gekostet hat?«

»Ach, halb so wild. Ich hab dein Budget zwar ein bisschen gesprengt, es aber einfach selbst bezahlt.«

»Was genau?«

»Den Teil, der über das Budget hinausgeht.«

»Von wie viel reden wir da?«

»Nicht viel.«

»Gibt es einen Grund, warum du mir den Betrag nicht nennst?«

»*Mit* der Kunst?«

»Ja. Mit der Kunst.«

»Aber ohne den Wein.«

»Mit der Kunst. Mit dem Wein. Komplett.«

Sie zuckte mit den Achseln, als hielte sie es für trivial, über so lächerliche Summen zu reden. Sie machte eine große Show daraus, die notwendigen Berechnungen im Kopf anzustellen.

»Och, so etwa zwo …«

»200.000?«, fragte Rapp und beschloss, sich ausnahmsweise ein Glas von dem offenbar sehr teuren Wein zu genehmigen. Nun, es hätte schlimmer kommen können. Das Geld konnte er ihr zurückzahlen, ohne sich allzu sehr strecken zu müssen.

»Zwei Millionen.«

Das Glas verharrte einige Zentimeter vor seinem Mund, doch dann entschied er, es im wahrsten Sinne des Wortes einfach zu schlucken. Der Betrag war so absurd, dass er sich darüber im Moment keinen Kopf machen wollte.

»Und jetzt verschwinde«, sagte sie. »Ich muss mich konzentrieren. Geh rüber zu Scott und Anna.«

»Scott?«

»Na, ich konnte ihn doch nicht in diesem schrecklichen Krankenhaus lassen. Sonst war keiner da, um für ihn zu sorgen. Die beiden sind im Gästezimmer und spielen Lego.«

Rapp lief Richtung Flur, bevor er stutzte. »Wo ist das?«

»Direkt auf der anderen Seite vom Haus. Du kannst es nicht verfehlen.«

Anna war ebenfalls auf sein Eintreffen vorbereitet worden, aber das änderte nichts daran, dass sie einen spitzen Schrei ausstieß, als er durch die offene Tür eintrat.

»Schon gut! Ich bin's doch nur, Mitch.«

Das kleine Mädchen rutschte von der Matratze, auf der sie zusammen mit Scott Coleman saß und sich an einer Nachbildung des Eiffelturms versuchte.

»Mom meint, du hast einen schweren Autounfall gehabt. Warst du angeschnallt?«

»Nein.«

»Du weißt, dass das verboten ist. Man *muss* sich anschnallen.«

»Du hast recht. Tut mir leid.«

»Anna«, sagte Coleman. »Deine Mutter braucht bestimmt Hilfe in der Küche. Geh doch mal rüber und frag.«

»Wann bauen wir es fertig?«, wollte sie wissen und zeigte auf die Lego-Steine. »Vielleicht hat Mitch auch Lust?«

»Hat er bestimmt, aber das heben wir uns für morgen auf, okay?«

Sie nickte, verpasste Rapps Bein eine kurze Umarmung und verschwand in Richtung Flur.

»Anna?«, rief ihr Mitch hinterher.

Sie blieb stehen und sah ihn an.

»Frag deine Mutter doch mal, ob sie mein Essen durch den Mixer jagen kann.«

Der Wunsch schien sie zu verwirren, aber sie nickte kurz und stürmte dann los.

Coleman wartete, bis sie außer Hörweite war, bevor er meinte: »Puh … Mas erwähnte zwar, dass er dich ziemlich übel zurichten musste, aber ich hatte ja keine Ahnung.«

»Du siehst auch nicht so prall aus, mein Lieber.«

Rapp stellte erfreut fest, dass seine Retourkutsche an der Wahrheit vorbeischrammte. Coleman hatte zwar eine Menge Gewicht verloren und wirkte käsebleich, aber seine Stimme klang erfreulich kräftig. Und er befand sich *über* der Erde.

»Wie ich hörte, wirst du dich vollständig erholen.«

»Ja. Aber da liegt noch ein weiter Weg vor mir.«

»Kein Problem. Du schaffst das bestimmt in ein paar Wochen.«

Coleman schaffte es, das Pfadfindergrinsen aufzusetzen, das seinen Freunden so vertraut war. »Die Ärzte meinen, ich müsste eigentlich tot sein. Ohne dich hätte mich die Infektion garantiert erwischt.«

»Ohne mich? Was hab ich denn damit zu tun?«

»Na, wie sich herausstellte, hat es meinem Immunsystem verdammt gutgetan, von dir durch so ziemlich jedes unterentwickelte Drecksloch auf diesem beschissenen Planeten geschleift zu werden.«

Sie schwiegen für eine Weile und Rapp ging den Einsatz in Pakistan noch mal in Gedanken durch – das geschrottete Bike, Scott in die Lagerhalle zu schicken, statt selbst reinzugehen …

»Tut mir echt leid, Kumpel. Eigentlich hätte es mich erwischen sollen.«

»Manchmal hat man Glück, manchmal hat man Pech. Lässt sich eh nicht ändern.«

Rapp nickte. »Machst du weiter, wenn du die Reha hinter dir hast?«

»Worauf du einen lassen kannst.« Coleman fuchtelte Rapp mit einem wackligen Finger vor dem lädierten Gesicht herum. »Wie's aussieht, kann man dich ja nicht allein lassen. Schau dich nur an.«

Claudias Stimme schwebte durch den Korridor zu ihnen. Das Abendessen stand auf dem Tisch.

Rapp bemerkte die Gehhilfe in der Ecke. »Soll ich dir helfen?«

»Nein, ich hab eh keinen Hunger. Ich werd mich ein bisschen hinlegen.«

Rapp wollte schon gehen, da hielt ihn Colemans Stimme auf.

»Kannst du mir einen Gefallen tun, Mitch?«

»Klar. Jeden.«

»Falls Asarow noch lebt, lass ihn in Frieden. Es ändert nichts an dem, was passiert ist.«

Rapp strich mit der Hand über den Rand einer chinesischen Vase, von der er hoffte, dass es sich bloß um eine Reproduktion handelte. »Natürlich, Scott. Ganz wie du meinst.«

EPILOG

In der Nähe von Dominical, Costa Rica

»Machst du dazu diese frittierten Kochbananen?«

»Wenn du möchtest?«

Cara öffnete ihr drittes Bier und runzelte übertrieben die Stirn.

»Musst du da wirklich fragen, Grischa?«

Er holte eine reife Frucht aus der Schale auf dem Tresen. »Aber du schneidest sie klein.«

Der Abend war ungewöhnlich warm und sie trug immer noch ein Bikinioberteil und Boardshorts und patschte in ihren geliebten Flip-Flops aus dem Secondhand-Laden über den Fliesenboden.

»Sei vorsichtig«, sagte er, als sie das Messer aus dem Block zog. »Das ist tierisch scharf.«

»Du und deine Messer. Man könnte meinen, du bleibst die ganze Nacht wach, um sie an irgendeinem riesigen Schleifstein im Keller zu wetzen.«

»Nur die *halbe*«, verkündete er grinsend.

Sie war die lebhafteste Person, der er je begegnet war. Ein stechendes Licht in der Finsternis, die ihn vor so vielen Jahren verschlungen hatte. Allerdings stellte sie in der Küche eine echte Gefahr für sich und ihre Mitmenschen dar.

Seine Flucht aus Saudi-Arabien lag inzwischen ein halbes Jahr zurück. Der IS hatte sich zu dem Anschlag bekannt, weshalb niemand nach ihm suchte. Die Dekontaminierung lief bereits auf Hochtouren und die Auswirkungen auf die Ölpreise erwiesen sich als minimal.

Maxim Krupin klammerte sich nach wie vor an sein Amt, sah sich jedoch mit einer zunehmend aufgebrachteren Bevölkerung und fordernden Oligarchen konfrontiert.

Eine Zeit lang war Asarow einfach davongelaufen. Er hatte sein Netzwerk aus geheimen Bankkonten und Unterweltkontakten genutzt, um sich in entlegene Winkel der Erde zurückzuziehen. Eine Strategie, die zwar das *Über*leben sicherte, aber mit Leben selbst nicht viel zu tun hatte. Eines Morgens wachte er in einem anonymen Hotelzimmer in Namibia auf, packte seine Koffer und beschloss, nach Hause zurückzukehren. Hier wollte er bleiben und sterben. In Frieden, wenn es ging. In einem blutigen letzten Gefecht, wenn es sein musste.

Zu seiner Überraschung schien sein Plan aufzugehen. Krupin behelligte ihn nicht länger. Keine Anrufe, keine Kurzmitteilungen und – fast das Wichtigste – kein russisches Sondereinsatzkommando, das an die Tür klopfte. Auch die Amerikaner glänzten verdächtigerweise durch Abwesenheit. Nach den politischen Tumulten, die eine von Dschihadisten ausgelöste Atomexplosion verursacht hatte, schienen sie andere Probleme zu haben als die Jagd nach einem in Rente gegangenen russischen Auftragskiller.

Nach seiner Rückkehr hatte Asarow den Reizen Caras zunächst tapfer widerstanden, doch irgendwann stieß seine Selbstbeherrschung an ihre Grenzen. Er lud sie zum Dinner in ein Restaurant am Strand ein und seit jenem Abend waren sie zusammen. Jeden Tag half sie, die Dunkelheit ein Stück weiter zu verdrängen.

Er griff nach der Platte mit den Steaks und zeigte zur Terrassentür. »Bist du so lieb und hilfst mir mit dem Grill?«

Der Himmel war bewölkt, aber die Poolbeleuchtung und die Lampen im Haus spendeten ausreichend Helligkeit. Cara hielt die Hand über den Rost, um die Glut zu testen. Nachdem die Kohlen heiß genug waren, griff sie nach dem Tablett und stutzte.

»Ist das ein Fleck auf deinem Hemd?«

Er schaute nach unten, als ihre Hand gerade an seiner Brust vorbeistrich. Ein roter Laserpunkt sprang vom weißen Stoff auf ihre gebräunte Haut.

Asarow ließ den Teller fallen und warf sich auf sie, schirmte sie dabei mit dem Körper ab. Trotz des Schocks entfuhr ihr ein gellender Schrei. Er rollte sich nach rechts ab und schleuderte sie mit Schwung in den Pool.

Als das Platschen ertönte, hatte er sich bereits hinter dem Grill verschanzt und griff zu der Pistole, die er darunter versteckte. Kaum wickelte sich seine Hand um den Griff, da streichelte ihn der kühle Stahl eines Schalldämpfers am Ohr.

»Grischa!«, keuchte Cara, als sie an die Oberfläche kam. »Was …«

»Sei ruhig und rühr dich nicht!«

So hatte er noch nie mit ihr gesprochen, deshalb verfehlte die Aufforderung ihre Wirkung nicht. Sie verstummte augenblicklich. Asarow hätte sich am liebsten umgedreht, um sie anzusehen, entschied jedoch, dass es zu heikel war, solange er nicht wusste, mit wem er es zu tun hatte. Wenn einer von Krupins Männern ihn aufgespürt hatte, zögerten sie seinen Tod bestimmt so lange hinaus, bis der Präsident anrief, um am Telefon damit zu protzen, dass sich niemand aus seinem Einfluss befreien konnte. Garantiert folgte dann eine endlose, großkotzige Rede, die Asarow eine Chance verschaffte, die Oberhand zu gewinnen. Anschließend würde er nach Russland fliegen und Krupin erschießen, danach seine politischen Verbündeten, seine ganze Familie und jeden, den dieser Großkotz kannte.

»Keine Spielchen, Grischa.«

Er keuchte, als er den amerikanischen Akzent erkannte. Mit fast schon grotesker Lässigkeit erhob er sich und sah dem Mann ins Gesicht, der mit einer Glock 19 zwischen seine Augen zielte.

»Sie sehen besser aus als bei unserer letzten Begegnung, Mr. Rapp.«

»Insgesamt drei kosmetische OPs und so viele Sitzungen beim Zahnarzt, dass ich sie gar nicht mehr zählen kann. Wie steht's mit Ihnen? Hab ich Sie damals wirklich getroffen oder war das Blut nur Show?«

»Bizeps. Glatter Durchschuss.«

»Grischa.« Cara konnte nicht länger an sich halten. »Wer ist das? Kennst du diesen Mann? Was will er von dir?«

Asarow bewegte den Kopf nach links, bis er sie im Augenwinkel wahrnahm. Das Haar hing ihr im Gesicht, aber das reichte nicht, um das Entsetzen zu verbergen, das sich bei ihr eingenistet hatte. Wie unfair. Eine Frau wie sie sollte sich niemals fürchten müssen.

»Bitte, Cara. Alles wird gut. Bleib im Pool.«

Rapp fuchtelte mit der Waffe vor ihm herum. »Gehen wir ein Stück.«

Der Russe folgte ihm über die ausgedehnte Terrasse zu dem Pfad, der zu seiner kleinen Trainingsanlage führte. Damit verschaffte er sich einen taktischen Vorteil. Der Schütze, der sich bisher nicht gezeigt hatte, war mit Sicherheit Charles Wicker, einer der besten lebenden Combat Sniper. Der dichte Bewuchs am Wegrand vereitelte so gut wie jeden direkten Schuss. Und Asarow fühlte sich nach all den Jahren auf diesem Terrain wesentlich sicherer als seine ungebetenen Besucher.

Auf einen ähnlichen Vorteil hatte er sich auch in Saudi-Arabien verlassen, wurde ihm bewusst. Mit dem Unterschied, dass er diesmal nicht gegen Mitch Rapp als verwundeten Einzelkämpfer antrat, hinter dem gerade ein längerer Marsch durch die glutheiße Wüste lag. Der CIA-Mann war kerngesund, ausgeruht und hatte Verstärkung mitgebracht.

Die einzig entscheidende Frage, die Asarow sich stellte, lautete daher: Wie will ich sterben? Bettelnd auf den Knien oder kämpfend? Interessanterweise gelangte er zu dem Ergebnis, dass es keinen Unterschied machte. In Gedanken ließ er die letzten paar Monate seines Lebens Revue passieren. Viel zu kurz und trotzdem ein großes Geschenk.

Sie erreichten die Übungshalle und Asarow blieb vor der verglasten Doppeltür stehen.

»Rein da«, forderte Rapp.

Er gehorchte und wurde von dem Amerikaner zu einem Stuhl neben der Hantelablage gelotst. Asarow setzte sich, während Rapp sich einen Meter weiter auf einen Tisch hockte.

»Es überrascht mich, dass Sie es mir so leicht machen, Grischa. Sie haben es sich hier zu gemütlich eingerichtet.«

»Sollte ein Zuhause nicht genau das sein? Gemütlich?«

»Nicht für Männer wie uns.«

Asarow nickte. »Und nun sind Sie gekommen, um mich zu töten.«

»Das hatte ich ursprünglich vor. Nun bin ich mir nicht mehr so sicher.«

»Was hat sich geändert?«

»Sie haben sich schützend vor die hübsche Surferbraut geworfen. Am klügsten wäre es gewesen, sie als menschlichen Schutzschild einzusetzen und sich mit ihrer Hilfe in Deckung zu begeben. Oder sie zumindest zur Ablenkung einfach dort stehen zu lassen. Ich frage mich, ob Irene Kennedy recht hat und Sie doch kein komplett herzloser Egoist sind.«

»Das hat sie gesagt?«

Rapp legte die Waffe auf den Tisch neben sich. Asarow konzentrierte sich im Augenwinkel darauf. Bei jedem anderen Gegner hätte er es gewagt, den kurzen Abstand zu überwinden. Nicht jedoch bei Rapp. Genauso gut konnte man direkt Selbstmord begehen.

»Wir finden keinerlei Anzeichen dafür, dass Sie nach Ihrer Rückkehr jemanden in Russland kontaktiert haben. Selbst in Ihrer Firma weiß niemand, wo Sie stecken. Man hält Sie dort für tot.«

»Nicht tot. Bloß im Ruhestand.«

»Ist es das, was Sie Krupin erzählt haben?«

»Maxim Krupin?«, heuchelte er Unwissenheit. »Sie meinen den russischen Präsidenten?«

»Für solche Manöver ist es ein bisschen zu spät, meinen Sie nicht auch, Grischa?«

Asarow lehnte sich im Stuhl zurück und begegnete dem Blick des Amerikaners. »Wir haben unsere Zusammenarbeit beendet. Endgültig.«

»Und falls er es sich anders überlegt?«

»Werde ich ihn töten.«

»Das ist ein Problem für mich.«

»Ich verstehe nicht. Maxim Krupin ist ein Soziopath, der Ihrem Land und dem Rest der Welt nichts als Probleme beschert.«

»Das stimmt. Aber wir haben ihn gerade voll an den Eiern. Für diesen Scheiß in Saudi-Arabien hat er alles riskiert, aber der Plan ist nicht aufgegangen. Sobald seine Beteiligung bekannt wird, stürzt sich der Rest der Welt auf ihn wie eine göttliche Armee der Rache.«

»Das können Sie doch ausnutzen«, meinte Asarow, »um Russland gezielt kleinzuhalten, ohne dass ein Machtvakuum entsteht.«

»Das schwebt Direktorin Kennedy und Präsident Alexander tatsächlich vor. Was mich betrifft, wär's mir lieber, nach Moskau zu fliegen und dem Vogel eine Kugel ins Hirn zu pusten.«

»Sie möchten sicher, dass ich Ihnen alles verrate, was ich über seine Beteiligung und die Anschlagsserie in Saudi-Arabien weiß.«

»Das ist eine Möglichkeit.«

»Wenn ich mich dazu bereit erkläre, werden Sie mich dann vor ihm beschützen?«

»Das ist nicht mein Job.«

Asarow richtete seinen Blick auf die Glasscheibe und die Düsternis der Nacht.

»Ich war noch jung, als ich Präsident Krupin zum ersten Mal begegnet bin. Ein simpler Soldat aus einfachen Verhältnissen. Sein Angebot bedeutete mir … alles. Geld, hübsche Frauen, Macht. Das alles ist mir nicht länger wichtig.«

»Was *ist* Ihnen mittlerweile wichtig, Grischa?«

Die Frage überraschte ihn. Noch mehr als die Tatsache, dass er keine Antwort darauf wusste.

»Patriotismus jedenfalls nicht«, soufflierte Rapp. »Auch keine religiösen Überzeugungen. Die Surferbraut vielleicht?«

Asarows Körper spannte sich an, ohne dass er es vermeiden konnte. Die Hoffnung, dass es dem anderen entging, verflüchtigte sich, sobald ein fast unmerkliches Lächeln auf die Lippen des CIA-Agenten trat.

»Sie weiß nichts über meine Vergangenheit. Bitte tun Sie ihr nichts.«

»Für wen zum Teufel halten Sie mich?«

Asarow ließ sich die Frage durch den Kopf gehen, bevor er antwortete: »Es tut mir leid. Ich habe normalerweise mit einer anderen Art von Gegnern zu tun.«

»Wir verstehen uns also?«, fragte Rapp und stand auf.

»Ja.«

»Und die Sache zwischen uns ist erledigt?«

»Ja. Die Frage, wer von uns der bessere Kämpfer ist, hat sich für mich in Saudi-Arabien eindeutig geklärt.«

Der Amerikaner ging mit der Glock zur Tür. »Dann lassen Sie sich die Steaks schmecken.«

Danksagungen

Erneut bin ich den Menschen zu großem Dank verpflichtet, die mich dabei unterstützt haben, dass aus den ersten Entwürfen für ORDER TO KILL ein fertiger Roman geworden ist. Zuallererst Simon Lipskar, Sloan Harris und Emily Bestler. Dann meiner Mutter, die den scharfen Blick eines wahren Genrefans mitbringt. Rod Gregg, der verhindert hat, dass peinliche Fehler in Sachen Schusswaffen durchrutschen, und meine politischen Grübeleien tapfer ertragen hat. Ryan Steck für sein lückenloses Wissen über das Mitch-Rapp-Universum. Und schließlich meiner Frau Kim, die mit meinen gelegentlichen Anflügen von Zweifel ebenso leben muss wie mit meinem Gejammer, das danach unweigerlich folgt.

www.vinceflynn.com

VINCE FLYNN wird von Lesern und Kritikern als Meister des modernen Polit-Thrillers gefeiert. Dabei begann seine literarische Laufbahn eher holprig: Der Traum von einer Pilotenlaufbahn beim Marine Corps platzte aus gesundheitlichen Gründen. Stattdessen schlug er sich als Immobilienmakler, Marketingassistent und Barkeeper durch. Neben der Arbeit kämpfte er gegen seine Legasthenie und verschlang Bücher seiner Idole Hemingway, Ludlum, Clancy, Tolkien, Vidal und Irving, bevor er selbst mit dem Schreiben begann.

Insgesamt 60 Verlage lehnten sein Roman-Debüt ab. Doch Flynn gab nicht auf und veröffentlichte es in Eigenregie. Der Auftakt einer einzigartigen Erfolgsgeschichte: *Term Limits* wurde ein Verkaufsschlager, ein großer US-Verleger griff zu, die Folgebände waren fortan auf Spitzenpositionen in den Bestseller-Charts abonniert.

Der Autor verstarb 2013 im Alter von 47 Jahren infolge einer Krebserkrankung.

Der Anti-Terror-Kämpfer Mitch Rapp ist der Held in bisher 15 Romanen. Aufgrund des bahnbrechenden Erfolgs wird die Reihe in Absprache mit Flynns Erben inzwischen von Kyle Mills fortgesetzt.

Die Mitch-Rapp-Serie:
AMERICAN ASSASSIN – Wie alles begann
KILL SHOT – In die Enge getrieben
TRANSFER OF POWER – Der Angriff
THE THIRD OPTION – Die Entscheidung
SEPARATION OF POWER – Die Macht*
EXECUTIVE POWER – Das Kommando*
MEMORIAL DAY – Die Gefahr*
CONSENT TO KILL – Der Feind*
ACT OF TREASON – Der große Verrat*
PROTECT AND DEFEND – Die Bedrohung*
EXTREME MEASURES – Der Gegenschlag*
PURSUIT OF HONOR – Codex der Ehre
THE LAST MAN – Die Exekution
THE SURVIVOR – Die Abrechnung (mit Kyle Mills)
ORDER TO KILL – Tod auf Bestellung (mit Kyle Mills)

* Neuauflage bei Festa in Vorbereitung

AMERICAN ASSASSIN und KILL SHOT handeln chronologisch vor TRANSFER OF POWER, wurden aber später veröffentlicht.

KYLE MILLS ist *New York Times*-Bestsellerautor, Jahrgang 1966. Er lebt mit seiner Frau in Wyoming.

VOM AUTOR DER ERFOLGREICHEN BOB-LEE-SWAGGER-SERIE!

ISBN: 978-3-86552-679-3

Drei bis an die Zähne bewaffnete Sträflinge bahnen sich ihren Weg in eine Welt, die auf etwas Derartiges nicht vorbereitet ist. Lamar ist eine böse, tödliche Bestie … Odell ist sein schwachsinniger Cousin, ein Riese ohne jegliche Gefühle … Und Richard ist ein elendiger Feigling …
Die drei ziehen eine Schneise des Terrors durch Amerika. Bis sich Sergeant Pewtie an ihre Fersen heftet.
Pewtie wurde vor Jahren von Lamar fast getötet. Nun treffen die beiden erneut aufeinander. Aber dieses Mal wird nur einer überleben …

Für viele ist Stephen Hunter der beste lebende Thriller-Autor.

Stephen King: »Ich liebe die Romane von Stephen Hunter.«

Infos, Leseprobe & eBook:
www.Festa-Verlag.de

Zuletzt erschienen in der Reihe FESTA ACTION:

Scott McEwen mit Thomas Koloniar: *Sniper Elite – Vernichtet Amerika*
Matthew FitzSimmons: *The Short Drop – Ein bitterer Tod*
Brad Taylor: *Von Feinden umzingelt*
Tom Young: *Stummer Feind*
Stephen Hunter: *Der 47. Samurai*
Dalton Fury: *Auf zum Angriff*
Matthew Betley: *Overwatch – Jagd auf Logan West*
Marc Cameron: *Akt des Terrors*
Brad Thor: *Der Pfad des Mörders*
Ben Coes: *Auge um Auge*
Vince Flynn: *Pursuit of Honor – Codex der Ehre*
Matthew Reilly: *Der Große Zoo von China*
Vince Flynn: *Transfer of Power – Der Angriff*
Mark Greaney: *The Gray Man – Unter Beschuss*
John Gilstrap: *Keine Gnade*
Joshua Hood: *Clear by Fire – Suchen & vernichten*
Matthew Reilly: *Das Turnier*
Scott McEwen mit Thomas Koloniar: *Sniper Elite – Der Wolf*
Vince Flynn: *The Last Man – Die Exekution*
Vince Flynn: *Survivor – Die Abrechnung*
Matthew Betley: *Treueschwur*
Scott McEwen mit Thomas Koloniar: *Sniper Elite – Geisterschütze*
Ben Coes: *Ein Tag zum Töten*
John D. Heubusch: *Das Blut des Messias*
Vince Flynn: *The Third Option – Die Entscheidung*
Joel C. Rosenberg: *Der dritte Anschlag*
David Ricciardi: *Warning Light – Notlandung in Sirdschan*
Bram Connolly: *Voller Wut*
Stephen Hunter: *Dirty White Boys*
Vince Flynn: *Order to Kill – Tod auf Bestellung*